河南财经政法大学
"三化"协调发展河南省协同创新中心
资助本研究及本书出版

公众行为与国家政策研究丛书

樊　明等／著

一位教授与二十三位本科生的作品

工业化、城镇化和
农业现代化：行为与政策

Industrialization,Urbanization and
Agricultural Modernization:
Behavior and Policy

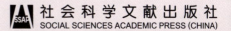

社会科学文献出版社
SOCIAL SCIENCES ACADEMIC PRESS (CHINA)

本书学生作者

许　妍　　姚瑞瑞　　张　博　　李　莹　　李　宁　　张　晶
赵二娟　　刘帅歌　　吴天艺　　宋兴娜　　宋媚婷　　毛雅婷
罗坦宁　　白一珂　　李松晖　　田家耀　　李小勇　　徐　培
王　洋　　车婷婷　　魏嘉迪　　刘梦瑶　　尹艳孺

我们一起走过

本书调查者

本次调查共获得五类有效问卷共 14686 份。河南财经政法大学等共 60 名本科生参加了调查。

张　博	刘帅歌	宋兴娜	宋媚婷	毛雅婷	李　莹
白一珂	李　宁	李洋洋	张　晶	邹　祎	赵二娟
吴天艺	王钰鑫	陈佳佳	兰九珍	李嘉欣	郭一斌
李小勇	许　妍	罗坦宁	董　芳	田家耀	陈　丽
李林峰	刘　佳	王睿莹	姚瑞瑞	宋丽丽	付　珍
孟艳君	张梦臻	车婷婷	郭雨璇	宗璐瑶	魏嘉迪
陈亚娟	陈笑楠	曹梦田	袁双凤	彭　光	刘梦瑶
李嘉豪	徐　培	杨万奇	刘敬可	史晓慧	姚洁铭
王　洋	张世良	鲁　芳	王　忍	罗群群	肖文慧
凌则严	来亚楠	李少卿	何雪瑶	刘志凯	马一辉

摘　要

　　工业化、城镇化和农业现代化"三化"协调发展是资源有效配置的具体表现。本研究提出基于一般均衡价格理论的"三化"协调发展模型，获得的结论为：如果存在统一高流动性的要素市场，尤其是劳动市场，则"三化"协调发展可期。中国现代意义上的工业化、城镇化和农业现代化，最早出现在洋务运动后。义和团运动以后，中国开始确立市场经济制度。总体来说，只要市场经济制度仍在有效运行，中国"三化"便可取得相当程度的协调发展。中国较为严重的"三化"失调首先开始于1949年后的计划经济时代，计划经济导致促进"三化"协调发展的市场机制难以发挥作用。改革开放后在建立统一高流动性要素市场方面始终进展缓慢，而经济的快速发展又加剧了"三化"发展的失调。然而，今天在建立统一高流动性要素市场方面仍然进展缓慢，甚至试图通过进一步对要素市场的干预来实现"三化"协调发展，其中包含诸多需要研究的问题。本书的基本政策建议是：要实现"三化"协调发展，关键在于建立统一高流动性的要素市场，尤其是劳动市场。

Abstract

The coordinated developments of industrialization, urbanization and agricultural modernization, which are called the three coordinated developments, are the results of efficient allocation of resources. Based on the gereral equilibrium price theory suggested by the authors, this research puts forward the theoretic model on the three coordinated developments, suggesting that if there are the unified and highly mobile factor markers, especially the labor market, the three coordinated developments should be able to be achieved. In China, industrialization, urbanization and agricultural modernization in the modern sense initiated after the Westernization Movement. After the Yihetuan Movement China started to establish the market system. Generally speaking, if the market economy system functions well, the three coordinated developments should be achieved to certain degree in China. The severe three non-coordinated developments appeared after 1949 when China practiced the planning economy, destroying the market mechanism. After the reform and opening up, the development of the unified and highly mobile factor markets are always slow, worsening the three coordinated developments. Today, however, the development of unified and highly mobile factor markets are still slow, and the government even tries further market intervention to achieve the three coordinated developments, which contains many problems needed to be studied. The basic conclusion of this research is that the key to achieving the three coordinated developments is to well build the unified and highly mobile factor markets, especially the labor market.

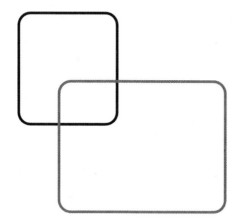

目　录

第二部分　理论与国外经验

第三部分　中国"三化"协调发展研究

第四部分　中国"三化"协调发展路线图

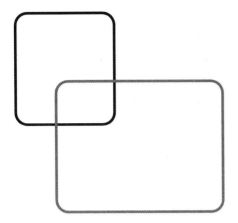

Contents

Part II   Theories and Foreign Experiences

Part Ⅲ   Research on the Coordinated Developments of Industrialization, Urbanization and Agricultural Modernization

Part Ⅳ The Route Map of the Coordinated Developments of Industrialization, Urbanization and Agricultural Modernization

代　序

蔡继明　教授
清华大学政治经济学研究中心主任

　　就像季风一样准时，我已连续 6 年在 8 月收到河南财经政法大学樊明教授发来的指导本科生合作完成的电子版书稿，这次收到的专著题目是《工业化、城镇化和农业现代化：行为与政策》。这部专著是社会科学文献出版社为樊明教授及他的本科生推出的"公众行为与国家政策研究丛书"的第六部。一位大学教授指导本科生合作出版六部专著的确少见。

　　首先我想说的是，樊明对教育的投入。我注意到在这本书的"后记"中有这样一句话："指导本科生合作写书在我看来首先是一项教学活动，是对创新教育的一种具体探求。"这句话中有两个关键词：一是教学；二是创新教育。教学的重要性，似乎无人怀疑。但抛开政府的投入不说，即使是全职教师，也并非都能全身心投入教育工作，至于创新教育更少有人关注。中国的教育几乎都是在为学生升学考试做准备，反复训练学生死记硬背，学生几乎不知批判、创新为何物，至多只是听说过而已。而批判和创新能力的培养无疑是成功教育的根本标志。樊明教授根据自己在国内外接受不同教育的体会，试图用自己的行动告知大家："中国的学生是可教的。"我读了这部书稿以及参与该书写作的学生的感言，深感大学教师肩负着培养学生批判和创新能力的神圣职责。

　　其次，这六部专著虽都是教师和本科生的合作，但并不意味着其学术水平低下。这六部专著都是基于调查所进行的研究，尤其是最后两部书的调查几乎涵盖全国。与缺少调查的专著相比，樊明的本科生团队完成的著作很有现实感，很接地气。当然，樊明和他的本科生的专著并非调查报告，而是在调查基础上进行了深入的理论研究。就第六部专著来说，和上一部一样，作者提出了自己的理论，政策建议都有数据和理论支撑。该书认为，工业化、城镇化和农业现代化"三化"失调的主要原因是政府对市场不恰当的干预，导致促进"三化"协调发展的市场机制难以发挥作用。这个观点对于我们如何在发挥市场配置资源的决定作用的同时，更好地发挥政府的作用，很有借鉴意义。

正如樊明在该书"后记"中所强调的，中国的教育问题表现在学校，但根源更多地在校园外。希望樊明教授在创新教育方面所做的有益尝试能够有助于推进我国教育体制的改革，使整个国家的政治体制、经济体制以及社会文化有助于大学生做原创性的研究，更好地培养学生的批判精神和创新能力。

2014 年 8 月于清华大学明斋

原始人类从山上下到平原以村庄的形式定居，开启了人类最初的城镇化进程。狼也追随人类到村庄周围觅食，竟然奇迹般地进化成狗，进入人类的村庄，找到了家和主人。狗的城镇化让狗获得人的关爱和呵护，过上有家的幸福生活，不再像狼一样在风雪中流浪。

　　人类需要自己解决在城镇化过程中遇到的各种难题，但人类从来没有放弃过自己的梦想：将来无论是城镇还是农村，都富庶美丽，蓝天白云，鲜花盛开，到处都是幸福的笑脸……

　　人的城镇化也许还有漫长的路需要探求，虽然几千年已经过去，但总有一群人向往远方。

第一部分

历史、现实与思想

第一章
中国工业化、城镇化和
农业现代化：行为与问题

中国自古到晚清，工业一直为简单的手工业。19 世纪 40 年代后晚清时期，西方开始在中国投资工商业，拉开了中国工业化的序幕。城镇的经济功能比较单一，主要为手工业聚集地和商品集散地。随着中国对外开放和工业化的进程，现代城市开始逐渐兴起。农业为小农经济，租佃关系盛行，自给自足。晚清开始引进西方农业科技，推行现代农学教育，开启了中国农业现（近）代化的进程。至此，中国开启了工业化、城镇化和农业现代化，简称"三化"。1949 年中华人民共和国成立后，实行计划经济体制，市场促进"三化"协调发展的机制受到破坏，导致"三化"失调。改革开放后，实行市场经济体制，由于改革的不彻底，在经济快速增长的背景下"三化"失调的问题日渐凸显。于是，"三化"协调发展成为当今中国重要议题。然而，政府寄希望于更多地采用行政措施以实现"三化"协调发展，但行政措施本身有可能带来更多问题。由此本书要探究，到底如何才能实现中国的"三化"协调发展，重点在于政府与市场应如何分工。

第一节　工业化、城镇化和农业现代化
协调发展的概论

要讨论工业化、城镇化和农业现代化"三化"协调发展，首先要明确工业化、城镇化和农业现代化的基本概念。要讨论"三化"协调就要讨论如何衡量"三化"是否协调。

一　工业化、城镇化和农业现代化的概念

世界范围内的现代工业化运动始于18世纪60年代的英国。英国通过多年的海外贸易和殖民扩张，积累了原始资本。随着市场需求的扩大，传统的工场手工业生产已经无法满足人们迅速增长的需求，工业化应运而生。工业化是工业在一国经济中比重不断提高并不断取代农业成为经济主体的过程。工业化过程的一个显著特征是，工业就业人数在总就业人数中比重不断上升，农村人口大量向城镇转移。

工业化的发展推动城镇化的进程。城镇化是农村人口不断向城镇转移，第二、三产业不断向城镇集聚，从而使城镇数量增加，城镇人口不断增加的过程。

农业现代化是从传统农业向现代农业转化的过程。农业日益采用现代工业、现代科学技术和现代经济管理方法进行操作，使农业由落后的传统农业日益转化为具有先进水平的现代农业。

二　"三化"协调发展的衡量

工业化、城镇化和农业现代化反映的是工业、城镇和农业的发展，三者相互关联。然而，这"三化"究竟如何发展才是协调发展？

我们认为，首先，工业化、城镇化和农业现代化三者本身均健康发展，这是"三化"协调发展的基础。其次，在完善的市场经济条件下，当城乡存在收入差距时，假设城乡之间存在统一高流动性的要素市场，尤其是劳动市场，农民受城镇高收入的吸引，自发地向城镇转移。农民的收入随之提高，增加对工业品及服务的需求，由此促进工业化和城镇化的发展。农民在离开农村时，把自己的土地转让给别人耕种。原本分散小规模经营的土地随着进城农民的增多集中起来，农业生产走向规模经营，进而推动农业机械化。由此，工业化、城镇化和农业现代化三者之间相互促进，相互推动，协调发展。

以上分析有着历史和逻辑的一致性。就逻辑而言，以上的分析是基于经济学的一般理论所进行的逻辑推导。对此，第四章第一节将有详细讨论。就历史而言，基本上反映了发达的市场经济国家工

业化、城镇化和农业现代化发展的历史进程。对此，第五章对市场经济发达国家的"三化"协调发展的回顾提供了较为丰富的历史材料。

根据经济学的理论和市场经济发达国家"三化"协调发展的历史经验，我们对"三化"协调发展的衡量提出以下意见。

"三化"协调发展的根本在于资源的有效配置，也可以这样说，"三化"协调发展是资源有效配置的具体表现。为此，我们对"三化"协调发展的衡量提出以下几点。

一是劳动力资源，如果是同质的，在城乡劳动市场配置的结果将实现城乡劳动收入均等化。如果农民的劳动收入低于城镇居民，则向城镇转移，即可实现与城镇居民的收入趋同，劳动力资源获得更有效的配置。如果存在某种制度阻碍劳动力从农村向城镇自由转移，如中国式的城乡分隔的户籍制度，则这种制度就是实现劳动力有效配置的障碍。

二是资本在城乡投入的回报均等化。如果资本投资于农业可获得比城镇工商业更高的回报，则通过增加资本对农业的投入，可实现资本更有效率的配置。在这种情况下，如果存在某种制度障碍限制资本对农业的投入，同样这种制度就是实现资本有效配置的障碍。

三是土地由于区位和肥沃程度的差异形成级差地租，级差地租指导土地资源的配置。土地在农业生产和城镇建设合理配置的表现之一是，在城市的边界农业用地地租（或地价）和城镇建设地租（或地价）相等，详见第八章第三节。

四是如果农产品生产所使用的资源由农民所拥有，而工业产品和服务的生产所使用的资源由城镇居民所拥有，如果实现城乡居民收入均等化则要求：农业劳动力的产出占国内生产总值的比重正好等于农业劳动力占总劳动力的比重。我们构造农民相对收入比重如下：

$$农民相对收入比重 = \frac{农业产出 / 国内生产总值}{农业劳动力 / 总劳动力}$$

农业产出在国内生产总值（GDP）中的比重与农业劳动力占总劳动力比重之比决定农民作为一个整体在社会中的相对经济地位。

以上分析可以表达为，当农民相对收入比重等于 1 时，则实现了城乡居民收入均等化。

图 1－1 报告了从 1978 年到 2012 年中国农民相对收入比重，表现出持续下降的趋势，这是中国"三化"发展不协调的基本表现，说明城乡收入差距拉大的基本趋势，背后反映的是资源没有能够在工商业和农业、城镇和农村之间合理配置。

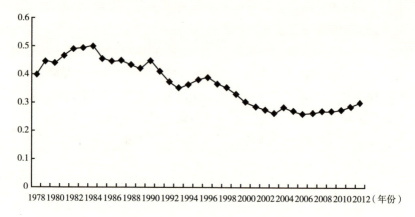

图 1－1　农民相对收入比重变化

资料来源：历年《中国统计年鉴》。

这一指标可用于分析"三化"协调发展条件下的城镇化率。农业产出与国内生产总值之比决定了农业劳动力占总劳动力之比，而 1 减去农业劳动力占总劳动力之比则为城镇化率，对此第七章第四节将有详细讨论。

三　"三化"与"四化"之辨析

中共十八大报告指出："坚持走中国特色新型工业化、信息化、城镇化和农业现代化道路，推动信息化和工业化深度融合、工业化和城镇化良性互动、城镇化和农业现代化相互协调，促进工业化、信息化、城镇化和农业现代化同步发展。"由此，工业化、信息化、城镇化和农业现代化简称为"四化"。

新型工业化，是坚持以信息化带动工业化，以工业化促进信息化，是科技含量高、经济效益好、资源消耗低、环境污染少、人力资源优势得到充分发挥的工业化道路。信息化是指培养、发展以计算机为主的智能化工具为代表的新生产力，并使之造福于社会的历史过程。信息化以现代通信、网络、数据库技术为基础，对所研究对象各要素汇总至数据库，供特定人群生活、工作、学习、辅助决策等和人类息息相关的各种行为相结合的一种技术。

由新型工业化和信息化的概念我们可以得知，"四化"更强调的是突出信息化对工业化的促进作用。显然，信息化与"三化"不属于同一范畴的概念，信息化更强调一种技术，而工业化、城镇化和农业现代化是三种经济活动或现象。因此本书仅将探讨关于中国的"三化"协调发展问题。

第二节 中国工业化、城镇化和农业现代化关系的行为演变

现代意义上的工业化、城镇化和农业现代化，最早出现在晚晴时期。然而历经一个多世纪的探索，中国"三化"协调发展仍然是一大难题。今天中国"三化"发展失调经过一个历史过程。总结中国"三化"发展的历史，有助于发现导致今天中国"三化"发展失调的原因。本节讨论中国工业化、城镇化和农业现代化及其关系的行为演变。我们把从晚清到今天分为四个时期：晚清时期，民国时期，1949 年至改革开放前的计划经济时期，改革开放至今市场经济制度逐渐建立时期。

一 晚清时期的工业化、城镇化和农业现代化

1840 年中英鸦片战争爆发，1842 年中国战败，同年 8 月签订《南京条约》，开放广州、厦门、福州、宁波、上海为通商口岸，允许英国人在通商口岸设领事馆。外国商人为了贸易和航运的需要，在通商口岸私自创办了一批船舶维修厂、砖茶厂和机器缫丝厂等。从 19 世纪 40 年代到 90 年代，外国商人陆续兴建了 100 多个工厂。外国企业在中国的开办，给中国带来了先进的机器和技术，拉开了中国近代工业化的序幕，出现了中国最早的一批近代工厂工人。

随着外国资本的不断侵入，外国廉价的工业品开始在中国市场

畅销，逐渐破坏了沿海、沿江各省的城镇手工业和农民的家庭手工业，使得大量的农民和手工业者破产。而这些破产的农民和手工业者形成了日益扩大的劳动市场，为中国近代工业的兴起准备了劳动力条件。

1861～1894 年，以奕䜣、曾国藩、左宗棠、李鸿章、张之洞为代表的洋务派以"自强""求富"为目的，在全国各地掀起了"师夷长技以制夷"的改良运动，是为"洋务运动"。在洋务运动的初期，以军事工业和重工业为主，在后期，开始兴办近代民用工业。随着这些企业的竣工投产，一些新兴工业城市诞生，一些项目所在地的老城得到扩张。1843～1893 年，城镇化率由 6.77% 增至 8.22%。

洋务运动拉开了中国近代化的序幕。但洋务运动本身有诸多问题，其中之一是政府和市场的分工问题。洋务运动初期采用官办的方式，因为资金的问题逐渐走向官督商办，采用官办和官督商办的方式基本上是不成功的，最后采用商办。中国的工业采用商办后才取得较为快速的发展。

1901～1911 年，为了改善清王朝的落后面貌，清政府在经济、教育、军事、政治等各个领域实行变革。调整管理农业的行政机构，鼓励兴办农会，奖励垦荒，改良农业技术，改良引进农产品种和生产工具，发展中国新式农学教育，由此开启了中国农业现代化的进程。在工业化发展、立宪运动的推动下，清政府实施了"振兴实业，奖励工商"的政策，并派出大臣出国考察外国工商各业。参考各国之法，颁布了一系列旨在发展实业的政策法令。1904～1910 年，设厂数和投资额占历年设厂数和投资额的60%以上。这一时期最值得肯定的是，中国逐渐选择了市场经济制度，使得经济得到快速发展。此外，民主制度的建设也成效显著。

晚清时期，中国的工业化、城镇化和农业现代化处于起步阶段。工业化推动了城镇化，农业现代化正处于酝酿时期，三者良性互动。

二 民国时期的工业化、城镇化和农业现代化

1912 年 1 月 1 日，中华民国成立。1912～1915 年，中华民国制定了一系列的工业法规，奖励促进工业的发展。从民国元年开始，

各地纷纷建立起了全国性和地方性的实业团体，大力提倡兴办实业发展经济。1912～1921年，中国的工业又进入了一个新的发展高潮，各工业部门新建厂数及资本额都有可观的增长。

1927年南京国民政府成立，国家逐渐走向统一，虽有局部的战争，但总的来说，政治上趋于稳定，中国迎来了民族工业发展的黄金期。这一时期国家资本进入，开始加大对经济的控制权。随着国民政府整顿税务，控制金融，改革币制，开展"国民经济建设运动"等措施，中国民族工业不仅在轻纺等产业上站稳了脚跟，而且重化工业在国家垄断日深的同时也有了明显发展。1936年中国工业生产总值达到102.35亿元，登记的工厂数目达到2441家。

日俄战争后，日本不断加强对东北的资本输出。1931年9月，日本投资约达17.8亿日元，占外国资本投资总额的72%。"九一八事变"后，日本在东北地区建立了当时世界上较发达的交通运输网。在日本统治东北的14年中，日本的资本大量流入东北，主要投资于煤炭、钢铁、石油、汽车、飞机制造，使东北的重工业在短期内得到较为迅速的发展。1931～1943年，东北的工业产值占工农业总产值的比重由26.9%增长为59.3%，工业飞速发展。

表1-1报告了1920～1949年根据不同数据来源给出的中国人口及城镇化率。从表1-1可以看出，1920～1936年城镇化率有较快的增长并达到峰值。之后到1949年中国城镇化率略有下降，可能与这段时期持续大规模战乱有关。

表1-1　中国1920～1949年城镇人口及城镇化率

年份	全国总人数（万人）	城镇人口数（万人）	城镇化率（%）	备　注
1920	44715	4742	10.60	赵文林、谢淑君：《中国人口史》，人民出版社，1988
1931	46884	5106	10.89	
1936	46962	5281	11.25	
1949	54167	5765	10.64	《中国人口年鉴1985》，中国社会科学出版社，1986

20世纪20年代，以晏阳初、梁漱溟等为代表的有识之士，在政府的支持下开展了影响深远的乡村建设运动。乡村建设运动持续了

二十余年，主要在较小的范围内较有深度地展开。就这些地区而言，取得了一定的实效，主要表现在：农民的识字普及率有一定的提高，也养成了一定的卫生习惯，采用一些良种和先进的农业技术后，农产品的产量有所提高。卢作孚的四川北碚实验更是推动了当地的工业化和城镇化进程。

民国时期，工业化的推进提高了城镇居民的收入，吸引农村劳动力向城镇转移，推动了城镇化。农业现代化主要表现为乡村建设运动，虽取得一定的成效，但总体而言，民国时期在农业现代化上并没有得到普遍的成功。我们认为，就"三化"协调发展而言，从民国建立到1949年，虽战乱不断，但这一时期市场机制并没有遭到严重破坏。在国家统一政治相对稳定的时期，市场规模扩大，市场运行的效率更高。总的来说，民国时期的"三化"发展具有一定的协调性。

三　计划经济时期的工业化、城镇化和农业现代化

1949年中华人民共和国成立，实行计划经济，统一由国家配置资源，限制了市场机制发挥作用。这一时期，工业化、城镇化和农业现代化的发展逐渐失调。

1949～1953年，中国进行了土地改革，实现了耕者有其田，极大地调动了农民的劳动积极性。虽然广大农民分得了土地，但是农民没有土地的处置权，不允许买卖和租赁土地，产权受到严格限制。

1953～1956年底，中国开展了农业合作化运动。第一阶段，以办互助组为主，同时试办初级形式的农业合作社，简称初级社；第二阶段，初级社在中国普遍建立并得到一定程度的发展；第三阶段，农业合作化运动迅猛发展。到1956年底，中国参加初级社的农户占总农户的96.3%，参加高级社的农户占总农户的87.8%，基本完成了农村社会主义改造，完成了农民个体所有制到社会主义集体所有制的转变。

1953年，中国开始执行第一个五年计划，大力发展工业，特别是重工业，并鼓励农村青年到城市来参加社会主义工业建设。随着大规模经济建设的全面展开，农业现代化的缓慢发展导致粮食和其

他农产品生产能力有限，短时期内难以满足国家迅速推进的工业化要求。粮食短缺让农民产生惜售心理，而私营粮贩囤积粮食以图牟取暴利，更进一步加剧了粮食供给的紧张。按照当时的粮价，要保证经济建设所需的粮食，需要一笔大的资金。为了以低价从农民手中获取粮食并保证城市粮食以低价供应，1953 年 10 月，中国开始实行粮食的统购统销，以政府规定的低价格向农民强制征购粮食，农民自己食用的数量和品种由国家批准后方可留下。此外，国家还严格控制粮食市场，禁止粮食自由买卖。

粮食统购统销政策的实施要明确，谁是粮食的生产者，谁是粮食的消费者。另外，随着第一个五年计划的执行，工业化的快速发展，导致大量人口涌入城市，给城市管理带来一些问题。于是，中央政府不断出台文件阻止农民向城镇流动。1958 年 1 月 9 日，全国人民代表大会常务委员会第 91 次会议通过《中华人民共和国户口登记条例》，从法律上实现了对农村人口转为城镇人口的严格限制，形成了中国特有的城乡分隔的户籍制度。这样，划定为农村户口的就是粮食的生产者，被强制交公粮，余粮也要求按国家规定的价格卖给国家，而划定为城镇户口的就是粮食的消费者，由国家负责粮食的定量供应。

一般认为，粮食的统购统销政策以及城乡分隔的户籍制度是牺牲了农民而保证了工业的快速发展，但这并不符合事实。粮食的统购统销严重挫伤了农民的生产积极性，特别是种粮的积极性，农业生产长期发展缓慢，粮食供应紧张，并不能为工业发展提供农产品的支持，尤其是粮食。此外，工农业产品的价格"剪刀差"使农民收入很低，消费水平低下，无法为工业的发展提供市场。农民的低收入更无法为工业，特别是重工业的发展提供资金。事实上，农民经常需要来自政府的补贴才能维持极低的生活水平。

城乡分隔的户籍制度，限制农民只能从事农业生产活动，农民的自由流动被迫停止，严重阻碍了中国正常的城镇化进程，导致农村剩余劳动力不断积聚。劳动力节约型的各种先进农业技术很难在农村推广，农业机械化水平难以提高。农业劳动生产率长期低下，进而导致农民收入难以提高，城乡收入差距不断拉大。

"一五"时期，通常被认为是中国计划经济时代的黄金期。我们认为，"一五"时期在经济上取得的成就不可否认，但"一五"时期所形成的计划经济制度是后来中国"三化"失调的基本原因，特别是其中的对私营工商业的社会主义改造、农业合作化制度、粮食统购统销制度以及城乡分隔的户籍制度。

1960 年，中国的经济进入困难时期。许多项目工程在 1961 ~ 1963 年被迫停止，直接导致在城镇工作的大批农村职工及其家属被遣回农村。3 年间城镇化率由 19.29% 降到 l6.84%。

1966 ~ 1976 年，中国开展"文化大革命"。据统计，约有 3000 多万名城镇知识分子和干部青年前往农村安家落户。城镇化率基本在 17% ~ 18% 之间徘徊，停滞不前。

1949 年中国的城镇化率为 10.64%，到 1978 年增至 17.92%，29 年的发展，城镇化率仅提高了 7.28 个百分点，发展缓慢，远低于这一时期世界平均水平，而且也低于发展中国家水平。城镇化严重滞后于工业化和经济发展。

在中国的计划经济时期，农业合作化、粮食统购统销以及城乡分隔的户籍制度严重扼杀了农民的生产积极性以及企业家精神，导致农业生产相当落后，农民生活水平低下，全国人民的温饱只能维持在相当低的水平上。

综上所论我们认为，中国的计划经济时期是"三化"不断走向失调的时期。计划经济制度严重限制了市场内在的促进"三化"协调发展机制的作用发挥，是导致中国"三化"严重失调的基本原因。

四 改革开放至今的工业化、城镇化和农业现代化

改革开放以来，中国不断实行市场经济体制。在农村首先实行了家庭联产承包责任制，调动了农民的生产积极性，有效地促进了农业的发展，但中国的农业又一次回到了小农经济。农村土地的集体所有制，限制了农民正常的土地兼并从而实现农业规模经营，使得农民难以和土地真正分离，为后来中国低质量的城镇化埋下了伏笔。中国城乡分隔的户籍制度，后来虽试图加以改革，但一直没有取得根本性的突破。随着中国工业化的进程，中国的农业机械化水平得到相当程度的提高，导致农村劳动力严重过剩。农村过剩劳动

力本应随城镇化进程转移到城镇就业，但农村土地集体所有制和城乡分隔的户籍制度严重阻碍了这一市场经济条件下本应有的进程。由此，严重拉大了城乡收入差距。

1979 年，农村开始普遍实行家庭联产承包责任制。这一时期政府还提高了粮食和农副产品的收购价格，极大地调动了广大农民的生产积极性，粮食连续 6 年增产。与此同时，乡镇企业逐渐兴起，吸收了大量农村剩余劳动力，提高了农民的非农收入。在城镇改革尚未开始、城镇工业没有得到较好发展的条件下，缩小了城乡收入差距。

工业随着市场经济的改革，特别是民营经济的发展，得到了快速的推动。与此同时，国有经济不适合市场机制的竞争，逐渐走向衰败。总体来说，民营经济主导了工业化的进程，在中国经济结构中所占的比重逐步扩大，取得了很好的成就，对农业的机械化，也发挥了积极的推动作用。工业走向了主要以民营经济为主导，比较好地采用了市场经济的模式。工业的发展同时带动了服务业的发展。工业和服务业的快速发展产生了对劳动力的巨大需求，农村劳动力开始向城镇转移，推动了中国的城镇化进程。

今天中国的"三化"失调问题比较严重。我们提出，如果实行市场经济，中国的"三化"失调问题应逐渐缓解，最终走向协调发展。可是当下在市场经济体制改革不断深化的条件下，"三化"失调问题仍未得到缓解。

我们的解释是，计划经济时期，工农业生产和城镇化水平都比较低，城乡居民的收入差距相对较小，农民很穷，城镇居民也不富裕。但到了市场经济时期，由于中国特有的土地集体所有制、城乡分隔的户籍制度等以及改革的不彻底，资源在城乡的配置越发不合理，城乡差距不断拉大，"三化"发展不协调。

当下中国的农业离农业现代化仍然相差甚远：小农经济仍占主导地位，虽然土地流转已在推动，但土地难以兼并从而有效地实现农业生产的规模经营，农业机械化水平仍然较低，城乡分隔的户籍制度阻碍农村剩余劳动力及时转入城镇就业导致农村劳动力剩余严重，农民收入尤其是农业收入仍然较低，城乡收入差距不断拉大。这些都是"三化"失调的重要表现。

五 基本观察

晚清时期，随着洋务运动由官办走向官督商办最后走向商办，工业的发展更多地交给市场，从而取得了一定的成功。民国时期，虽然国内战乱不断，但是市场机制仍在发挥作用，"三化"的发展仍表现为一定的协调性。在计划经济体制下，市场促进"三化"协调发展的机制难以发挥作用，"三化"逐渐走向失调，虽然这肯定不是当政者的主动选择。改革开放后，由于改革的不彻底，虽然政府采取了诸多措施试图促进中国的"三化"协调发展，但由于改革的滞后，市场促进"三化"协调发展的机制仍受到限制，实现"三化"协调发展仍有很长的路要走。

以上分析表明，市场经济对中国的工业化、城镇化和农业现代化的健康发展起到了基础性作用。即便在战乱的年代，如果市场机制并没有遭到严重破坏，那么市场促进"三化"协调发展的机制仍在有效发挥作用。相反，如果市场机制受到了破坏，那么不管是在什么样的年代，工业化、城镇化和农业现代化的协调发展都将受到阻碍，"三化"将会走向失调。

第三节 中国工业化、城镇化和农业现代化协调发展的主要问题

"三化"协调发展，是指工业化、城镇化和农业现代化三者本身均健康发展且三者发展协调。中国现阶段的工业化、城镇化和农业现代化的发展还存在诸多问题，且三者之间不相协调。为此，我们先梳理问题，再分析原因，为制定正确的促进"三化"协调发展的政策提供依据。

一 工业化发展

在"三化"协调发展过程中，工业化起着引领和带动作用。就中国的工业发展来说，改革开放后逐渐成为世界制造业大国，"中国制造"的产品遍布世界每个角落。一般流行的观点认为，中国的工业化对城镇化和农业现代化的带动作用不强，这是需要商榷的。可

能世界上没有一个国家的工业能像今天中国的工业这样带动着城镇化的发展。事实上现在正在城镇就业的农民工就达 2.69 亿人，这些都是被工业化以及由工业化带动的服务业的发展所吸引，由此导致中国城镇化水平不断提高。

中国的工业化对农业现代化的带动作用有限应是事实。但问题主要不在工业化，而是在农村。农村所实行的土地集体所有制把中国农业变成小农经济，限制了农业机械化的发展。中国城乡分隔的户籍制度使得农村剩余劳动力难以及时转移到城镇，导致农业劳动生产率低下，严重阻碍了在农业生产中资本对劳动的替代，又进一步限制了农业机械化的发展。小农经济使得农民收入低下，农民消费能力受到限制，难以给工业提供良好的市场。

工业化过程中产生了严重的环境污染问题，既污染了城镇的空气和水，也污染了农村，影响了农业和畜牧业发展。

二　城镇化发展

自改革开放以来，中国的城镇化取得了巨大的进步，但仍存在诸多问题。

虽然在过去的 20 年城镇化率提高较快，但相对于目前农村存在的严重的劳动力过剩，中国的城镇化进程还需进一步加快。中国城镇化的质量一直是一个问题，表现为两方面：一是城镇化不彻底，相当数量的农民工到达一定的年龄后将选择返回农村。根据我们 2014 年调查，有 57.34% 的农民工表示将来到一定年龄后会返回农村。二是半市民化，表现为农民工进城就业后，绝大多数不能获得城镇户口，不能享受与当地居民相同的经济权利和政治权利，导致农民工在城镇长期边缘化。

由此产生诸多的具体问题。农民工所享受的社会保障低（详见第十章第五节），导致一方面农民工因不能享受到应有的社会保障而给农民工带来困难；另一方面，得不到社会保障的农民工会成为社会不安定的因素。农民工子女的教育也是严重的问题。随农民工进城的子女通常不被正常的教育体系所接纳，他们通常在城镇接受质量较低的学校教育。而留在农村的子女，即所谓"留守儿童"，因得不到父母的照顾，也引发诸多成长和教育方面的问题。

此外，城镇的自身发展也面临诸多问题，如交通严重拥堵，空气严重污染，让普通市民难以承受的高房价，如此等等，客观上已导致城镇建设脱离了以人为本的宗旨。

三 农业现代化发展

中国的农业现代化可追溯到晚清，但一直进展缓慢，直到近些年才取得了较快的进步。目前粮食作物生产的机械化已达到较高水平。但总的来说，现代化水平比较低。根据樊明 2010 年组织的关于农民种粮行为的调查，在河南及周边省份，亩均生产工具的投入只有 1588 元，和西方现代农业有着天壤之别。根据 2013 年《中国统计年鉴》，2012 年占全国劳动力 33.6% 的农业劳动力只生产出 10.01% 的 GDP，农民相对收入比重为 0.30，远远低于实现城乡收入均等化的 1。

农村土地集体所有制是中国农业诸多问题的重要根源，所引发的问题包括：小农经济难以实现规模生产，又进一步妨碍了农业机械化。土地承包制度导致农民经营农业的短期行为。小农经济使得农民接受农学教育难以得到应有的回报，导致中国农学教育普遍落后，农民普遍缺少现代农学的基础和技能，难以进行科学种田。关于农村土地集体所有制的问题将在第八章第二节作详细讨论。

中国农业落后就难以对中国的工业化和城镇化提供良好的食物基础，尤其是粮食。为此，政府就要实施农业补贴。在取消农业税后，农村的公共开支基本由城镇纳税人支付，必然影响工业的发展和城市建设，减缓了中国工业化和城镇化的进程。中国农业落后使得中国农产品价格高，比如中国的粮价要高于国际市场的粮价，增加了城镇居民的生活负担。

中国农民的低收入难以为工业产品提供良好的市场，对此前文已提及，必然阻碍工业化的发展进而城镇化的进程。

从以上对中国工业化、城镇化和农业现代化的问题所进行的梳理我们可以看出，中国"三化"协调发展任重道远，需要我们进行深入的研究。

第四节 研究主题及方法

一 本书主题

我们把当今世界的市场经济分为两种模式：一类是自由市场经济模式，强调市场在资源配置中的决定性作用，政府对经济的干预相对较少，市场自由度高；另一类是政府导向型市场经济模式，虽也强调市场在资源配置中的作用，但政府仍以各种手段干预实际经济的运行和资源的配置。

"三化"相对协调发展的国家大多实行的是自由市场经济模式，如美国、英国等。这些国家市场经济高度发达，工业先进，城镇化水平高，农业实现了高度现代化，城乡收入差距较小，整体上城乡协调发展。然而，中国实行的是政府导向型市场经济模式，各级政府仍然掌握着相当大的资源配置的权力，市场在资源配置中的作用远未发挥出来，中国的"三化"发展失调较为严重。

"三化"协调发展需要市场和政府共同发挥作用。然而问题在于，是以政府为主导还是以市场为主导？后面的分析表明，中国"三化"失调的直接原因在于生产要素在农业与非农业、城市与农村之间的配置不合理，根本原因在于政府过度干预，妨碍了市场机制内在的促进"三化"协调发展基本功能的发挥。如果这一分析可靠，那么是否就意味着，为了实现"三化"协调发展，中国应进一步加快市场经济体制改革？为了实现"三化"协调发展，中国政府出台了诸多政策措施，但这些政策措施往往强调政府对资源的配置，如大规模的新型农村社区建设。从某种程度上来说，为了克服因政府过度干预市场而导致的"三化"失调问题，政府更多地干预了市场。那么这种通过政府干预市场来实现"三化"协调是否代表着实现"三化"协调的基本方向？

这些都是本书要讨论的问题。本书的主题是，为了实现"三化"协调发展，政府和市场应如何分工。

本书试图在解决中国工业化、城镇化和农业现代化"三化"协调发展的问题上，对政府与市场的分工提出一个理论框架，并在此基础上提出促进"三化"协调发展的政策建议。

二　研究方法

在方法上，本研究延续"公众行为与国家政策研究丛书"前五部（《退休行为与退休政策》、《生育行为与生育政策》、《种粮行为与粮食政策》、《房地产买卖行为与房地产政策》和《收入分配行为与政策》）所形成的学术传统，主要表现如下。

一是基于调查进行研究。目前，关于中国工业化、城镇化和农业现代化"三化"协调发展的研究和言论非常多，但就我们的阅读所及，基于问卷调查的经验研究非常少，这使得研究多而不深，依据我们的研究判断，错误甚多。基于我们调查的问卷数据，我们进行严谨的分析，提出可操作性强的政策建议。

二是基于行为讨论政策。明确政策和行为的关系是制定正确政策的基础。要制定一项好的政策，首先要确定什么是受政策作用的群体良好的行为。一项良好的"三化"协调发展政策应该使得受政策作用的群体产生良好的行为，否则政策本身就可能是问题政策。

就近年来普遍推进的新型农村社区建设来说，其中一个重要的政策目标是节省农民的居住用地以增加耕地，具体做法是建设高容积率的新型农村社区让农民搬入，然后将农民原来的住房拆除还田。但通常的情形是，新型农村社区建成后，原有农民住宅并没有拆除还田。其中重要的原因在于，除了部分农民不愿意搬离老宅入住新型社区外，把旧住宅拆除还田缺少经济上的合理性。

中国严格的耕地保护政策使得农地的地租或影子地租相当低，旧住宅拆迁费用相对较高，因而对旧住宅的拆除还田在经济上得不偿失，所以农民通常会保留旧住宅，即便任其荒芜。农民这样做显然有着经济上的合理性，从宏观上来说是资源有效配置的表现。有些地方政府用强制行政手段实现了农民旧住宅的拆除还田，但并不意味其经济合理性。这一案例说明，如果政府不尊重经济规律而实行某种政策，其结果往往导致受政策作用的对象并不能出现所期待的行为，这样政策就很难取得预期的效果，而且往往伴随着巨大的浪费。

三是建立在扎实调查和经验研究基础上的批判精神。通过调查研究，我们发现中国目前的工业化、城镇化和农业现代化政策有诸多需要调整之处，而文献中也有诸多在我们看来是错误的观点。基于调查研究，我们提出独立的见解，对我们认为不正确的政策和观点给予批判。我们仍然强调，不是为批判而批判，但需要批判时我们一定会表现出勇敢和直率；为建设而批判，批判不是为了否定，而是为了建设，因此批判后必有建设性的意见。可以这样说，批判和建设贯穿于全书。

四是研究的系统性。改革开放后，中国一直存在"三化"失调问题：城市发展有规模结构问题，如何接纳农村劳动力问题，工业如何发展，特别是能否实现在农村发展乡镇企业解决农民离土不离乡的就业。农业现代化如何推进也包含诸多问题，如农村剩余劳动力的处置问题，粮食安全以及新农村建设等。中国的工业化、城镇化和农业现代化问题不能仅就其某一方面的问题孤立地进行研究，需要将其联系起来系统地进行研究。本研究的重要特色是把工业化、城镇化和农业现代化"三化"联系起来进行系统的研究，以发现工业化、城镇化和农业现代化各自的问题及"三化"协调发展的问题。在政策研究的部分，不是强调各个局部细节，而是提出了一个系统的促进"三化"协调发展的改革框架。研究的综合性会使得建议更具可操作性。

我们相信，此项研究具有相当的理论和文献价值，并能对中国制定正确的"三化"协调发展政策提供有价值的参考。

第五节　调查与数据

一　问卷调查

2013 年 11 月至 2014 年 4 月，河南财经政法大学等 60 名本科生对与中国工业化、城镇化和农业现代化相关的城乡居民的行为进行了问卷调查。我们派出 10 个调查小组赴中国内地 18 个省、4 个直辖市和 2 个自治区对当地城乡居民进行了问卷调查。调查针对不同问题设计了 5 种问卷，最终获得有效问卷 14686 份，其中获得针对自然村劳动力结构及经济活动的有效问卷 1143 份，针对新型农村社区的有效问卷 176 份，针对农村劳动力转移（农村农民填写）的有效问卷 2681 份，针对农村劳动力转移（农民工填写）的有效问卷 3337 份，针对城镇居民劳动市场表现的有效问卷 7349 份。图 1 - 2 报告了问卷数量在内地 24 个省（区、市）的分布。5 种问卷均附于第一章之后，见附录 1 - 1 至附录 1 - 5。

图 1 - 2　问卷数量分布

　　调查主要采取随机访问路人的方式。这种方式既可获得较好的随机性，也是非官方机构比较具有可操作性的方式。这种方式还在一定程度上避免高收入群体拒绝接受调查的情况。一般来说，正式的官方调查不容易获得高收入群体的配合，而学生以社会调查的方式，高收入群体的配合度相对较高。

　　调查的具体实施有两种方式：一种是在受访者同意接受问卷调查后，调查同学和受访者各持一份问卷，由调查同学宣读，受访者回答，调查同学填写。这种方式调查的质量较高但效率较低。另一种方式是在受访者同意接受问卷调查后，调查同学给受访者发放问卷由其自行填写。这种方式效率较高，但会出现受访者不认真填写问卷的问题，也会出现拒填收入等敏感信息的问题。调查时，如发现受访者填写问卷不认真，则该问卷作废。对未填写收入的问卷，一律作废。

这是一次高难度但又是高质量的调查。后面的分析表明，几乎所有计量分析的结果都得到合理的解释，这只有在真实调查数据的基础上才能够做到。调查之所以能够取得这样高质量的一个重要原因是，同学是在为自己的研究做调查。他们清楚地认识到，如果调查不认真，所获得的数据不真实，则他们的研究将可能毫无成果。此外，我们对调查的全过程进行良好的组织与管理，仍沿用前五本书的原则：不奖励、不惩罚，较好地避免了同学做虚假问卷的动机。在问卷输入后，再对问卷质量进行检查，凡填写不认真、未填收入的样本一律删除。

当然，这次调查也有一些不尽如人意之处。和城镇问卷相比，农村问卷相对较少。其中一个重要的原因是，在农村调查效率较低，难度较大。一些地方的农民只讲方言，有着语言沟通上的困难。另外调查受天气、方言以及各地民众配合调查程度的影响，有些省市区的问卷数量相对较少。大城市的问卷要多于中小城市及乡镇。男性问卷多于女性，有两个原因：一是在调查相对集中的场所如火车站，男性多于女性，尤其是农民工。二是女性往往对调查不够配合，尤其是农民工和农村居民。

需要说明的是，调查所获得的数据主要不是为推测宏观指标，而是分析个体和"三化"协调发展相关的行为，尽管基于问卷数据所求得的一些宏观指标和年鉴所报告的宏观指标很接近，如城镇居民的工资收入等。

调查获得的所有数据放置在本书作者之一樊明的个人博客（www. fanming. com. cn），欢迎国内外学者使用。如果有更多的学者基于我们调查所获得的数据做出出色的研究，我们会由衷感到高兴，并会觉得我们过去所付出的所有艰辛更加值得。

二 描述统计

下面选取六个和"三化"协调发展相关的现象加以报告，从中可发现一些"三化"发展失调的具体表现。

1. 农民、农民工及城镇居民收入

表1-2报告了从2013年11月到2014年4月调查到的农民、在

农村从事非农职业的农民、农民工及城镇居民的收入。数据显示，这四个群体的收入存在巨大差距。造成这些差距的原因是多方面的，但制度对劳动市场的分割无疑是最主要的原因，使得农民无论是务农还是到城镇务工，都与城镇居民的收入存在相当大的差距。这也反映中国"三化"发展的不协调性。

表1-2　农民、农民工及城镇居民收入

	月收入（元）	样本数（个）
务农农民	960	2365
在农村从事非农职业农民	2197	1763
农民工	3358	3316
城镇居民	4682	7349

2. 亩均净得

务农农民的农业收入值得特别关注。农业很重要，但农业要发展好必须使务农农民可以挣得和城镇居民相仿的收入。2014年调查亩均净得，这是决定农民农业收入的最重要的因素之一。问卷询问：您所属自然村主要农作物，如小麦，一亩作物卖掉后扣除种子、化肥、请人等，还剩下多少钱？表1-3显示，新型农村社区的村民报告的为915.6元，自然村村民报告的为661.5元，都相当低。根据2014年数据，农户平均耕种土地面积仅为8.02亩，由此可以推算，每户农业收入仅在几千元。如此低的农业收入，中国纯务农农民生活必然相当贫困，由如此低收入的农民经营农业，农业很难经营得好。根据2014年调查，49%的受访者为纯务农农民，值得关注。农民务农收入如此之低是中国"三化"协调发展中必须要解决的问题，否则就难有农业现代化。

表1-3　亩均净得

	亩均净得（元）	样本数（个）
新型农村社区农民报告	915.6	143
自然村农民报告	661.5	1032

3. 农民种地态度

农业现代化是实现"三化"协调发展的关键环节，而要实现农业现代化就必须要有投身农业的农民，这就要关注农民种地的态度。2014 年调查在三份涉及农民的问卷中都设置了相关的问题。问卷请受访者对所属村的村民种地态度进行一般评价，或受访者自评自己种地态度，备选答案有：很认真、较认真、一般、不太认真和不当回事。表 1-4 显示，63.82% 的农民对种地态度"很认真"或"较认真"，但也有 8.80% 的农民对种地"不太认真"或"不当回事"，态度"一般"的有 27.36%。这就是说，有三成多的农民种地态度一般或较不认真，这个比例并不低。我们认为，这有两方面的原因：一是种地不赚钱，前面的数据已说明；二是种地有某种被强迫的成分，土地集体所有制和城乡分隔的户籍制度限制了农民的选择。这些都是导致"三化"发展不协调的重要原因。

表 1-4 农民种地态度情况

种地态度	很认真（%）	较认真（%）	一般（%）	不太认真（%）	不当回事（%）	样本数（个）
自然村劳动力结构及经济活动调查	33.24	36.48	21.35	6.12	2.80	1146
新型农村社区调查	22.41	28.73	35.05	11.49	2.30	176
农村劳动力转移调查（农民填写）	30.70	31.44	29.43	5.63	2.80	2683
加权平均	31.06	32.76	27.36	6.02	2.78	4005

4. 抛荒行为

中国土地资源紧张，但关于农民土地抛荒行为多有报道。2014 年调查关注了农民的抛荒行为。在我们针对新型农村社区调查和农村劳动力转移调查的问卷中提出相关问题。表 1-5 报告了在所调查的 177 个新型农村社区中，当地村民反映的当地农民抛荒程度，只有近一半（49%）的受访者反映当地没有抛荒现象，其余都有程度不同的抛荒现象。

关于农民工对承包地的处理，表 1-6 显示，有 4% 的受访者表示将承包地抛荒。

这是值得关注的现象，至少说明两个问题：一是种地不赚钱，导致农业地租很低，农民权衡地租所得和交易费用而放弃了承包地出租；二是土地市场问题，由于土地集体所有家庭承包，不能买卖，限制了土地出卖的选择。否则抛荒的土地可通过出卖而可能获得耕种。农民之所以会选择出卖而不出租，差别在于出卖只需一次谈判，交易费用较低。

表1-5　新型农村社区抛荒现象

抛荒程度	没有	少量	有一些	较常见	很常见
所占比重(%)	49	18	27	3	2
样本数(个)	177	177	177	177	177

表1-6　农民工承包地处理方式

农忙回来种 (%)	配偶耕种 (%)	父母耕种 (%)	出租他人耕种 (%)	抛荒 (%)	样本数 (个)
34	21	32	18	4	3317

5. 农村房屋闲置

农民工留在农村的房屋闲置是一个巨大的浪费。2014年调查关注了农民房屋闲置现象。在对新型农村社区调查时，问卷询问：据您观察，所属原自然村中因房主常年在外打工而闲置的房屋占全村的比例是多少？表1-7报告，在新型农村社区这一比例为21.49%。在对自然村调查时，问卷询问：您所属自然村中因房主常年在外打工而闲置的房屋占全村的比例约是多少？表1-7报告，这一比例是18.85%。两项调查的结果接近，在20%左右。这是一个相当高的比例，是"三化"发展不协调的表现。如果"三化"协调发展，随着农业现代化的推进，农村剩余劳动力转移到城镇就业，一般不会在农村保留价格昂贵而使用价值很低的房屋，否则就是一种经济非理性。这种经济非理性现象之所以普遍存在就在于，土地集体所有制和城乡分隔的户籍制度限制了农民向城镇做彻底的转移，所以将储蓄转化为农村中用处不大的房屋。

表1-7 农村房屋闲置现象

	因房主常年在外打工而闲置的房屋占全村的比例(%)	样本数(个)
新型农村社区	21.49	177
自然村	18.85	932

6. 种粮直补等支农政策对农民留村产生的影响

中国"三化"发展不协调的重要表现是城乡收入差距过大。为此，中央加大支农惠农力度，2004年实行了种粮直补、取消农业税等惠农政策。但这类政策可能存在一个副作用：把农民吸引回农村或减慢了农民进城的速度，从而减缓了城镇化进程，而现在农村的严重问题是劳动力过剩。为此，2014年调查关注，种粮直补、取消农业税等支农惠农政策有没有对农民决定留在农村产生影响。表1-8显示，影响"基本没有"和"完全没有"约占四成，其他的多少受到影响。这个案例说明，通过政府力量纠正"三化"发展过程中的不协调现象有着相当大的局限性和困难。

表1-8 种粮直补等支农政策对农民留村产生的影响

影响很大(%)	较大(%)	有一些(%)	基本没有(%)	完全没有(%)	样本数(个)
7.34	10.63	42.26	29.65	10.11	2683

第六节 以后各章要览

为了方便读者对后续章节的了解，在此对后续各章节的内容和重点作一简要介绍。

第二章回顾了中国关于农业与工商业关系的思想，包括先秦时期农业与工商业关系的思想，土地私有农业社会农业与工商业关系的思想，晚清农业与工商业关系的思想，孙中山农业与工商业关系的思想，民国时期关于重农与重工的争论，毛泽东农业与工商业关系的思想以及当代关于工业化、城镇化和农业现代化协调发展的文献回顾。不管对古人还是今人，介绍尽量独立、公正和客观，批评中肯。

第三章主要介绍马克思主义关于农业、工商业和城镇化关系的思想，对西方关于农业、工商业和城镇化思想的文献加以回顾。这一章对马克思主义关于农业、工商业和城镇化关系的思想提出大胆的批评，希望引发更多的思考和讨论。

第四章是在理论上富有建设性的一章，提出了工业化、城镇化和农业现代化协调发展的理论模型。为回答"三化"协调发展中的一个重要问题"人往哪里去"，本书提出劳动市场萨伊定律，可有助于思考"人往哪里去"的问题。

第五章就英国、美国、日本、韩国这些发达国家以及印度、巴西这些发展中国家的工业化、城镇化和农业现代化发展进行介绍并加以评析。总结这些国家工业化、城镇化和农业现代化发展的经验教训，对当下中国工业化、城镇化和农业现代化发展政策的制定有一定的参考价值。

第六章研究中国工业化，侧重评析中国工业化的发展，总结中国乡镇企业的兴衰，讨论工业化对农村土地租佃制度瓦解的作用，总结中国工业化过程中一些有价值的启示。

第七章研究中国城镇化，侧重介绍 1949 年后中国城镇化的行为演变，对中国城镇规模结构、中国城镇化发展道路进行研究，对中国未来城镇化率进行估计，讨论中国城镇化的资金问题以及中国城镇化与乡土文化保护。

第八章研究中国农业现代化，侧重分析现代农业的基本特征及中国农业的基本问题，农村劳动力向城镇转移，讨论实现农业现代化的土地制度以及中国城镇化的粮食基础。

第九章介绍一些网民、民间人士关于中国"三化"协调问题有个性的观点和看法，作为对本研究的补充，其中不少观点具有启发性。参加调查的同学在调查中听到不少故事以及受访者对一些问题的看法，选择部分加以介绍。

第十章对农民工城镇化进行研究，涉及的问题包括：农民工与城镇居民工资差距及影响因素，农民工与城镇居民工作时间差距及影响因素，农民工劳动市场歧视问题，政府针对农民工的职业培训，农民工城镇社会保障，农民工的留城选择，农民工对未来的信心以及城镇居民对农民工的接纳情况等诸多涉及农民工城镇化的问题。

第十一章对农村居民居住方式进行研究。分析新型农村社区建设的现状及问题，提出中国农村居民未来居住方式，进而质疑现在所推行的新型农村社区建设是否代表未来农村居民的居住方向。

第十二章对城镇化过程中的贫民窟、城中村进行研究。分析贫民窟形成的机理，研究国外贫民窟的治理，以及中国城镇化过程中贫民窟的防治。对城中村的形成提出一种理论解释，并在此基础上提出如何解构城中村。

第十三章分析中国户籍制度的形成及问题，提出中国户籍制度改革的方向。

第十四章首先对之前各章节的研究的主要结论进行总结，在此基础上提出实现中国工业化、城镇化和农业现代化协调发展路线图。回答本书的核心问题：要实现中国的"三化"协调发展应主要由市场主导还是应由政府主导？

附录1-1 自然村劳动力结构及经济活动调查

河南财经政法大学

为实现中国工业化、城镇化和农业现代化协调发展特进行本次调查。您的支持配合就是为中国"三化"协调发展做出了贡献。所有信息仅限研究，绝对保密，不会外泄用于商业或其他目的。

谢谢您的支持和配合。

受访者所属村所在地：_____省_____市_____县（市）

_____镇（乡）_____村_____组

1. 您所属自然村在：A. 平原；B. 丘陵；C. 深山
2. 您所属自然村灌溉用水的水源状况：

    A. 很好；B. 较好；C. 一般；D. 较差；E. 很差
3. 如何评价您所属自然村的农业条件？

    A. 很好；B. 较好；C. 一般；D. 较差；E. 很差
4. 您所属自然村对外信息交流如何？

    A. 对外面很了解；B. 比较了解；C. 一般；D. 所知很少；

    E. 闭塞
5. 您所属自然村农业机械化水平如何？

    A. 很低；B. 比较低；C. 一般；D. 较高；E. 很高
6. 您所属原自然村现在普遍小麦亩产_____斤，玉米_____斤，水稻_____斤。
7. 您所属自然村共有耕地多少亩？_____亩；现人均承包地多少亩？_____亩。
8. 您所属自然村主要农作物，如小麦，一亩作物卖掉后扣除种子、化肥、请人等，还剩下多少钱？_____元。
9. 本自然村户籍人口主要干农活的人中，

    男性约有_____人，年龄大多在：_____岁至_____岁；

    女性约有_____人，年龄大多在：_____岁至_____岁。
10. 本自然村户籍人口外出打工的人中，

    男性约有_____人，年龄大多在：_____岁至_____岁；

女性约有_____人，年龄大多在：_____岁至_____岁。

11. 您所属自然村人口在本村或附近乡镇企业或其他企业就业的人中，男性约有_____人，年龄大多在：_____岁至_____岁；女性约有_____人，年龄大多在：_____岁至_____岁。

12. 您所属自然村平时在村里或附近主要从事非农职业的人中（如开个小店、木匠、瓦匠等），男性约有_____人，年龄大多在：_____岁至_____岁；女性约有_____人，年龄大多在：_____岁至_____岁。

13. 您所属自然村留在村中还在干活的人中，教育程度估计是：未受正规教育的约占：_____%；小学程度的约占：_____%；初中程度的约占：_____%；高中程度的约占：_____%。

14. 您所属自然村已基本不干活的老年人有多少？_____人；大多年龄在：_____岁及以上。

15. 您所属自然村正上学及学龄前儿童约有：_____人，约有留守儿童（父母均在外打工的儿童）：_____人。

16. 您所属自然村的留守儿童普遍得到的照顾如何？
    A. 很好；B. 较好；C. 一般；D. 较差；E. 很差

17. 据您观察，您所属自然村中因房主常年在外打工而闲置的房屋占全村的比例约是多少？_____%。

18. 在本村或附近企业上班的人，一般一个月能挣多少？比较常见的在_____元至_____元。

19. 您认为还留在村里的年轻人，A. 准备外出打工的占：_____%；B. 主意还不定的占：_____%。

20. 据您观察，您所属自然村有没有抛荒现象？
    A. 没有；B. 少量；C. 有一些；D. 较常见；E. 很常见

21. 据您观察，现在村里人种地认真吗？
    A. 很认真；B. 较认真；C. 一般；D. 不太认真；E. 不当回事

22. 您所属自然村的人到地里干活一般要走多远？_____里。

23. 您所属自然村现地下水埋深一般是多少（比如水井打多深才能见水，地面高出水塘水面多高）？_____米。

24. 您所属自然村是否有在近期搬到新型农村社区的打算？

    A. 有；B. 没有；C. 还没定

25. 据您观察，村民大多对迁入新型社区的态度是：

    A. 很向往；B. 有些向往；C. 无所谓；D. 不太情愿；

    E. 坚决反对

26. 以您观察您如何评价所属行政村干部的贪腐？

    A. 很清廉；B. 较清廉；C. 一般；D. 较严重；E. 很严重

附录 1-2 新型农村社区调查

河南财经政法大学

为实现中国工业化、城镇化和农业现代化协调发展特进行本次调查。您的支持配合就是为中国"三化"协调发展做出了贡献。所有信息仅限研究，绝对保密，不会外泄用于商业或其他目的。

谢谢您的支持和配合。

受访者所属村所在地：＿＿＿＿省＿＿＿＿市＿＿＿＿县（市）

＿＿＿＿镇（乡）＿＿＿＿村＿＿＿＿组

1. 所属新型社区哪年建成？20 ＿＿＿＿年；约有当地户籍人口：＿＿＿＿人；约有外来人口：＿＿＿＿人（没有填0）。
2. 您所属自然村在：A. 平原；B. 丘陵；C. 深山
3. 您所属自然村灌溉用水的水源状况：
   A. 很好；B. 较好；C. 一般；D. 较差；E. 很差
4. 如何评价您所属自然村的农业条件？
   A. 很好；B. 较好；C. 一般；D. 较差；E. 很差
5. 您所属自然村对外信息交流如何？
   A. 对外面很了解；B. 比较了解；C. 一般；D. 所知很少；E. 闭塞
6. 您所属自然村农业机械化水平如何？
   A. 很低；B. 比较低；C. 一般；D. 较高；E. 很高
7. 所属原自然村现在普遍小麦亩产＿＿＿＿斤，玉米＿＿＿＿斤，水稻＿＿＿＿斤。
8. 所属原自然村共有耕地多少亩？＿＿＿＿亩；现人均承包地多少亩？＿＿＿＿亩。
9. 耕种所属原自然村主要农作物，如小麦，一亩作物卖掉后扣除种子、化肥、请人等，还剩下多少钱？＿＿＿＿元。
10. 所属原自然村户籍人口主要干农活的人中，
    男性约有＿＿＿＿人，年龄大多在：＿＿＿＿岁至＿＿＿＿岁；
    女性约有＿＿＿＿人，年龄大多在：＿＿＿＿岁至＿＿＿＿岁。

11. 所属原自然村户籍人口外出打工的人中，

    男性约有_____人，年龄大多在：_____岁至_____岁；

    女性约有_____人，年龄大多在：_____岁至_____岁。

12. 所属原自然村人口在本村或附近乡镇企业或其他企业就业人中，

    男性约有_____人，年龄大多在：_____岁至_____岁；

    女性约有_____人，年龄大多在：_____岁至_____岁。

13. 您所属自然村平时在村里或附近主要从事非农职业的人中（如开个小店、木匠、瓦匠等），

    男性约有_____人，年龄大多在：_____岁至_____岁；

    女性约有_____人，年龄大多在：_____岁至_____岁。

14. 所属原自然村留在村中还在干活的人中，教育程度估计是：

    未受正规教育的约占：_____%；小学程度的约占：_____%；初中程度的约占：_____%；高中程度的约占：_____%。

15. 所属原自然村已基本不干活的老年人有多少？_____人；大多年龄在：_____岁及以上。

16. 您所属自然村正上学及学龄前儿童约有：_____人，约有留守儿童（父母均在外打工的儿童）：_____人。

17. 所属原自然村的留守儿童普遍得到的照顾如何？

    A. 很好；B. 较好；C. 一般；D. 较差；E. 很差

18. 据您观察，所属原自然村中因房主常年在外打工而闲置的房屋占全村的比例是_____%。

19. 在本社区或附近企业就业的人，一般一个月能挣多少？

    比较常见的在_____元至_____元。

20. 您认为还留在社区的年轻人，A. 准备外出打工的占：_____%，B. 主意还不定的占：_____%。

21. 据您观察，您所属自然村有没有抛荒现象？

    A. 没有；B. 少量；C. 有一些；D. 较常见；E. 很常见

22. 据您观察，现在村里人种地认真吗？

    A. 很认真；B. 较认真；C. 一般；D. 不太认真；E. 不当回事

23. 所属原自然村的人到地里干活，过去一般要走_____里；到社区后一般要走_____里。

24. 您所属自然村现地下水埋深一般是_____米（比如水井打多深才能见水，地面高出水塘水面多高）。

25. 搬到社区后您感觉收入比以前：A. 大幅提高；B. 有所提高；C. 没改变；D. 有所下降；E. 明显下降

26. 搬到社区后您感觉生活比以前：A. 方便很多；B. 方便一些；C. 没改变；D. 不太方便；E. 很不方便

27. 搬到社区后您感觉居住条件比以前：A. 改善很多；B. 有所改善；C. 没改变；D. 有所下降；E. 下降很多

28. 您家有几口人？_____人；房屋面积多大？_____平方米；如有院子，面积多大？_____平方米（没有填0）

29. 搬迁到社区的新房屋，自己家庭花费_____万元；政府补贴_____万元；借债_____万元。

30. 您原自然村的房屋如何处理了？
    A. 拆除还田；B. 还保留着，计划要拆除还田；C. 继续保留

31. 以您观察您如何评价所属行政村干部的贪腐？
    A. 很清廉；B. 较清廉；C. 一般；D. 较严重；E. 很严重

附录1-3 农村劳动力转移调查（农村农民填写）

河南财经政法大学

为实现中国工业化、城镇化和农业现代化协调发展特进行本次调查。您的支持配合就是为中国"三化"协调发展做出了贡献。所有信息仅限研究，绝对保密，不会外泄用于商业或其他目的。

谢谢您的支持和配合。

受访者所属村所在地：＿＿＿＿省＿＿＿＿市＿＿＿＿县（市）

1. 您的性别：A. 男；B. 女。出生年份：19＿＿＿＿年。

   学校毕业后务农：＿＿＿＿年，进城务工：＿＿＿＿年

2. 您是：A. 中共党员；B. 团员；C. 民主党派；D. 群众。

   婚姻状况：A. 已婚；B. 离异；C. 丧偶；D. 未婚

3. 您的受教育程度：A. 未受学校教育；B. 小学；C. 初中；

   D. 高中；E. 中专。您的民族？A. 汉族；B. 少数民族

4. 您有没有可用于在城里打工的技能？

   A. 很高技能；B. 较高技能；C. 一般；D. 较低；E. 很低

5. 您的农业生产技能如何？

   A. 很高技能；B. 较高技能；C. 一般；D. 较低；E. 很低

6. 您有没有参加过政府组织的针对农民工的培训？

   A. 有参加；B. 偶尔去听过课；C. 没有（直接到第8题）

7. 如果您参加过培训，您感觉帮助大吗？

   A. 很有帮助；B. 有些帮助；C. 一般；D. 帮助较小；

   E. 完全没有

8. 如果没有外出打过工，原因（可多选）？

   A. 缺少技能；B. 农活离不开；C. 父母/子女无人照顾；

   D. 对城市不熟悉；E. 找不到工作；F. 离开后家中不安全；

   G. 满意农村的收入和生活；H. 健康不良；

   I. 出台了新支农政策收入提高；J. 年纪大了

9. 如果曾经打过工，为什么又回村务农了（可多选）？

   A. 实际收入并没有明显提高；B. 缺少技能；

C. 农活离不开；D. 父母/子女无人照顾；

E. 不喜欢城市打工生活；F. 找不到工作；

G. 歧视严重；H. 离开后家中不安全；I. 还是喜欢农村生活；

J. 回家结婚；K. 照看小孩；L. 健康不良；M. 拖欠工资；

N. 出台了新支农政策收入提高；O. 年纪大了

10. 您现在想外出打工吗？

　　A. 很想；B. 比较想；C. 一般；D. 不太想；E. 完全不想

11. 您在农村主要从事（可多选）：

　　A. 种地；B. 个体服务业；C. 做生意；D. 乡镇企业务工；

　　E. 任主要村干部；F. 照看小孩；G. 基本闲着

12. 您如果务农，您家的年净收入（收入减支出，加实物估价）估计为￥_____，您的贡献为_____%。

13. 您如果务农，估计每年劳动_____天，每天平均劳动_____小时。

14. 您如果在农村从事非农职业，您的收入每月是：￥_____。

15. 您如果在农村从事非农职业，每周工作：_____天；每天工作：_____小时。

16. 您享有：A. 养老保险；B. 失业保险；C. 医疗保险；D. 新农合；E. 住房公积金；F. 其他福利；G. 无福利保险

17. 您家耕种几亩地（承包＋租入－租出）？_____亩；您家有几个劳动力从事农业劳动？_____个。

18. 您家的小麦亩产_____斤，玉米_____斤，水稻_____斤。

19. 作为农民，您有没有遭受歧视的感觉？

　　A. 没有；B. 不明显；C. 一般；D. 有一些；E. 感受强烈

20. 所属自然村在：A. 平原；B. 丘陵；C. 深山

21. 您所属自然村灌溉用水的水源状况：

　　A. 很好；B. 较好；C. 一般；D. 较差；E. 很差

22. 您所属自然村现地下水埋深一般是多少（比如水井打多深才能见水，地面高出水塘水面多高）？_____米。

23. 如何评价您所在村的农业条件？

　　A. 很好；B. 较好；C. 一般；D. 较差；E. 很差

24. 您所在的村对外信息交流如何？

A. 对外面很了解；B. 比较了解；C. 一般；D. 所知很少；

E. 闭塞

25. 您所属自然村农业机械化水平如何？

A. 很低；B. 比较低；C. 一般；D. 较高；E. 很高

26. 与您周围人相比，您的健康状况：

A. 很健康；B. 比较健康；C. 一般；D. 比较差；E. 很差

27. 作为农民，如何评价您种地的态度？

A. 很认真；B. 较认真；C. 一般；D. 不太认真；

E. 不当回事

28. 近年实行的种粮直补、取消农业税等支农政策有没有对您决定留在农村产生影响？

A. 影响很大；B. 较大；C. 有一些；D. 基本没有；E. 完全没有考虑

29. 您会长期在农村就业和生活吗？

A. 肯定；B. 比较肯定；C. 不能肯定；D. 比较不会；

E. 肯定不会

30. 您对未来信心如何？

A. 充满信心；B. 有一些信心；C. 一般；D. 比较悲观；

E. 很悲观

31. 以您观察，您如何评价所属行政村干部的贪腐？

A. 很清廉；B. 较清廉；C. 一般；D. 较严重；E. 很严重

32. 您现有几个孩子？_____个；如果完全放开计划生育政策，您打算生几个孩子（已生＋未生）？_____个。

附录1－4　农村劳动力转移调查（农民工填写）

河南财经政法大学

为实现中国工业化、城镇化和农业现代化协调发展特进行本次调查。您的支持配合就是为中国"三化"协调发展做出了贡献。所有信息仅限研究，绝对保密，不会外泄用于商业或其他目的。

谢谢您的支持和配合。

受访者所属村所在地：_____省_____市_____县（市）

1. 您的性别：A. 男；B. 女。出生年份：19 _____年。
   学校毕业后务农：_____年，进城务工：_____年。
2. 您是：A. 中共党员；B. 团员；C. 民主党派；D. 群众
   婚姻状况：A. 已婚；B. 离异；C. 丧偶；D. 未婚
3. 您的受教育程度：A. 未受学校教育；B. 小学；C. 初中；
   D. 高中；E. 中专。您的民族？A. 汉族；B. 少数民族
4. 您有没有可用于在城里打工的技能？
   A. 很高技能；B. 较高技能；C. 一般；D. 较低；E. 很低
5. 您的农业生产技能如何？
   A. 很高技能；B. 较高技能；C. 一般；D. 较低；E. 很低
6. 您有没有参加过政府组织的针对农民工的培训？
   A. 有参加；B. 偶尔去听过课；C. 没有（直接到第8题）
7. 如果您参加过培训，您感觉帮助大吗？
   A. 很有帮助；B. 有些帮助；C. 一般；D. 帮助较小；
   E. 完全没有
8. 您打工的地点在：_____。
   A. 所在镇；B. 所在县县城；
   C. 所在地级市；D. 省城；E. 省内其他地方；F. 外省
9. 您打工的区域在：_____。
   A. 中部省份；B. 西部省份；
   C. 东部沿海省份；D. 东北；E. 广东福建；F. 北京
10. 您每年一般在外打工几个月？_____月；在家务农几个月？

_____月；在家休息几个月？ _____月。

11. 您平均一周工作： _____天；每天工作： _____小时。

月收入（如计件或计时工资请估计月收入）：￥_____。

12. 您目前所在行业： _____。

A. 制造；B. 建筑；C. 采掘；

D. 交通运输；E. 邮电通信；F. 餐饮；G. 零售；

H. 金融保险；I. 科教文卫；J. 其他服务业；

K. 公共设施（供水供电）；L. 政府行政管理；

M. 长期找不到工作

13. 您的工作层次： _____。

A. 高层管理（公司高管）；

B. 中层管理（部门）；C. 操作层（一般职员或工人等）

14. 您是： _____。

A. 个体户；B. 雇员；C. 雇主（自主创业，老板）

15. 您的工资经常被拖欠吗？

A. 从未；B. 偶尔；C. 有时；D. 经常

现拖欠金额估计为：￥_____。

16. 作为农民工您有没有遭受歧视的感觉？

A. 没有；B. 不明显；C. 有点；D. 有一些；E. 感受强烈

17. 您满意您现在的工作吗？

A. 很满意；B. 满意；C. 一般；D. 不太满意；E. 很不满意

18. 您享有： _____。

A. 养老保险；B. 失业保险；C. 医疗保险；

D. 新农合；E. 住房公积金；F. 其他福利；G. 无福利保险

19. 您认为您能融入城市生活中去吗？

A. 完全能够；B. 能够；C. 一般；D. 比较难；

E. 几乎不可能

20. 如果您有未成年子女您和您的配偶都不能亲自照看，如何评价您的孩子得到照看的状况？

A. 照看得很好；B. 较好；C. 一般；D. 较差；E. 很差

21. 所属自然村在： _____。

A. 平原；B. 丘陵；C. 深山

22. 您所属自然村灌溉用水的水源状况：

    A. 很好；B. 较好；C. 一般；D. 较差；E. 很差

23. 如何评价您所在村的农业条件？

    A. 很好；B. 较好；C. 一般；D. 较差；E. 很差

24. 您所在的村对外信息交流如何？

    A. 对外面很了解；B. 比较了解；C. 一般；D. 所知很少；
    E. 闭塞

25. 您所属自然村农业机械化水平如何？

    A. 很低；B. 比较低；C. 一般；D. 较高；E. 很高

26. 您家耕种几亩地（承包 + 租入 − 租出）？ _____亩；
    您家有几个劳动力从事农业劳动？ _____个。

27. 您家的小麦亩产_____斤，玉米_____斤，水稻_____斤。

28. 您承包地如何处理？（可多选）

    A. 农忙回来种；B. 配偶耕种；C. 父母耕种；
    D. 出租他人耕种；E. 抛荒

29. 家里农业生产人手够吗？

    A. 还很多余；B. 有些多余；C. 正好；D. 有些缺；
    E. 严重缺人手

30. 与您周围人相比，您的健康状况：

    A. 很健康；B. 比较健康；C. 一般；D. 比较差；E. 很差

31. 外出打工的原因：（可多选）

    A. 提高收入；B. 向往城市生活；C. 后代成为城市人；
    D. 超生孩子；E. 子女受到更好教育；F. 厌倦农村生活；
    G. 才能更好发挥；H. 村里外出打工流行；I. 村里太腐败

32. 您对未来有何打算？

    A. 一直留在城镇；B. 能留城镇就留；
    C. 到一定年纪回乡，估计是多大年纪？ _____岁

33. 您对未来信心如何？

    A. 充满信心；B. 有一些信心；C. 一般；D. 比较悲观；
    E. 很悲观

34. 您现有几个孩子？ _____个；如果完全放开计划生育政策，
    您打算生几个孩子（已生 + 未生）？ _____个。

附录1－5　城镇居民劳动市场表现调查
（农民工不填此问卷）

河南财经政法大学

为实现中国工业化、城镇化和农业现代化协调发展特进行本次调查。您的支持配合就是为中国"三化"协调发展做出了贡献。所有信息仅限研究，绝对保密，不会外泄用于商业或其他目的。

谢谢您的支持和配合。

目前就业居住地：＿＿＿＿省＿＿＿＿市＿＿＿＿县（市）＿＿＿＿镇

1. 在您就业城市（镇），您是：＿＿＿＿。

   A. 本市（镇）户籍；B. 其他城市（镇）户籍

2. 如您是本市（镇）户籍居民或本市（镇）范围内的城中村居民，那您是城中村居民吗？

   A. 是；B. 否

3. 您的性别：＿＿＿＿。

   A. 男；B. 女。民族：A. 汉；B. 少数民族。

   婚姻状况：＿＿＿＿。

   A. 已婚；B. 离异；C. 丧偶；D. 未婚

4. 您的政治身份：＿＿＿＿。

   A. 中共党员；B. 团员；C. 民主党派；D. 群众

5. 您的宗教信仰：＿＿＿＿。

   A. 无宗教；B. 佛教；C. 道教；

   D. 伊斯兰教；E. 基督（天主）教；F. 其他宗教

6. 您的受教育程度：＿＿＿＿。

   A. 未受正规教育；B. 小学；C. 初中；

   D. 高中；E. 中专；F. 大专；G. 本科；H. 研究生

7. 您的出生年份：19＿＿＿＿年。哪年开始正式工作？＿＿＿＿年。

8. 您的技术职称：＿＿＿＿。

   A. 正高；B. 副高；C. 中级；D. 初级；E. 无技术职称

9. 您目前工作所在行业：_____。

　　A. 制造；B. 建筑；C. 交通运输；

　　D. 邮电通信；E. 科教文卫；F. 金融保险；G. 餐饮；

　　H. 零售；I. 其他服务业；J. 公共设施（供水供电）；

　　K. 政府部门；L. 采掘；M. 就业年龄未就业；N. 退休

10. 工作单位类型：_____。

　　A. 政府事业单位；B. 国有或国有控股；

　　C. 集体企业；D. 私营企业；E. 三资企业；F. 个体户；

　　G. 自由职业；H. 主要靠出租房屋获得收入者；I. 家务劳动

　　（含男性）

11. 您的工作层次：_____。

　　A. 高层管理（高层政府官员或管理者）；

　　B. 中层管理；C. 操作层（一般职员工人）

12. 您是：_____。

　　A. 个体户；B. 雇员；C. 雇主（自主创业，老板）

13. 您平均一周工作：_____天；每天工作：_____小时。

14. 您的月收入（如计件或计时工资请估计月收入）：

　　¥_____，或年收入¥_____。

15. 您的工资经常被拖欠吗？

　　A. 从未；B. 偶尔；C. 有时；D. 经常

　　现拖欠金额估计为：¥_____。

16. 您享有：_____。

　　A. 养老保险；B. 失业保险；C. 医疗保险；

　　D. 住房公积金；E. 其他福利；F. 无福利保险

17. 与您周围人相比，您的健康状况：_____。

　　A. 很差；B. 比较差；C. 一般；D. 健康；E. 很健康

18. 跟您有较为密切工作关系的农民工多吗？

　　A. 很多；B. 比较多；C. 一般；D. 较少；E. 没有

19. 您邻居中农民工多吗？

　　A. 很多；B. 比较多；C. 一般；D. 较少；E. 没有

20. 您有农民工朋友吗？

　　A. 很多；B. 比较多；C. 一般；D. 较少；E. 没有

21. 如何描述您对农民工的印象（可多选）？

　　A. 能吃苦耐劳；B. 受教育程度低；C. 为人诚恳，值得信任；

　　D. 缺少远大理想；E. 给人卑微的感觉；F. 思想观念比较落后；

　　G. 不太注意卫生；H. 城市建设的功臣

22. 如何综合表达您对农民工的印象？

　　A. 很好；B. 较好；C. 一般；D. 较差；E. 很差

23. 如果现在完全开放让农民进城并享受城镇居民相同的待遇，您的态度？A. 很赞成；B. 比较赞成；C. 中立；D. 比较不能接受；E. 完全不能接受

24. 您如何评价这样的说法：农民工，城市离不开你们，但想爱你们也不容易？

　　A. 正是我想说的；B. 比较接近我想说的；C. 中立；

　　D. 比较不能接受；E. 完全不能接受

25. 您现有几个孩子？_____个；如果完全放开计划生育政策，您打算生几个孩子（已生＋未生）？_____个。

第二章
中国关于农业与工商业
关系的思想

在远古氏族时期，采集狩猎是人们主要的生产方式。后来随着生产力的发展，出现了社会的分工。正如恩格斯在《家庭、私有制和国家的起源》中所言，随着社会生产力的发展，手工业与农业分离，商人阶层也逐渐出现。中国人现在所讨论的"三化"协调发展问题的萌芽应出现在人类的远古时期。但在古代，思想家们的讨论更多地集中在关于农业与工商业的关系上，并出现了诸多的思想和政策实践。这些思想和政策实践对于我们今天思考"三化"协调发展问题依然有着借鉴意义。本章对从先秦时期至近现代关于农业和工商业关系的思想加以整理并评析。

第一节　先秦时期农业与工商业关系的思想

发祥于黄河流域的华夏民族以农耕为主。随着社会分工的深化，从夏朝始原始商业出现，发展到商朝成为独立的经济部门，商朝以商为名。这就产生出一个问题：如何处理农业与工商业的关系？为此，各个朝代的思想家们都有各自的主张，政府也有着不同的政策实践。这些思想和政策实践影响深远，启发后世。本节讨论先秦时期农业与工商业关系的思想。

一　夏商周时期工商业的发展

夏朝（约前2070～约前1600年）处于新石器时代的后期与青铜

时代的过渡阶段。相对于远古时代，这一时期生产力有了新的发展，社会生活由于生产技术的提高有了很大的变化。农业、畜牧业、手工业生产的规模进一步扩大，不同部门的生产分工形式已逐渐形成并有所发展，为当时的商品经济发展提供了物质前提。除此之外，在夏代，城市的前身也已经出现。据《吴越春秋》所载："鲧筑城以卫君，造城以守民，此城郭之始也。"不过从总体上看，夏朝尚未出现专门从事私人商品交换这一行业的"商人"，大多是生产者兼营商业交换活动，并没有形成专门的经济部门，仍处于原始商业时期。

相比于夏朝而言，商朝（约前 1600～前 1059 年）的农业、手工业都有了极大的发展。商朝以"商"为名，将商业作为重点来发展，商人也极为崇尚经商。商汤时期还任用伊尹，致力于发展经济，促进商品流通。但鼓励商业发展的同时，农业与手工业的发展也得到了重视，甲骨文的卜辞中曾多次记载统治者向上天祈求丰收。对于手工业，当时在王都和贵族都邑里都有专门制作陶器的专有作坊。手工业的各个生产部门内部分工已经趋于巩固和细化，并且日益复杂，更加专业化。而且，商朝农业和手工业的进步以及社会分工的细化，也促进了商品贸易的进一步发展。《周易·系辞下传》曾记载"日中为市，致天下之民，聚天下之货，交易而退，各得其所。"说明此时的商品交换已经有了很大程度的发展。商业逐渐成为社会上必不可少的一种社会分工，商业从这时出现。

西周时期（前 1046～前 771 年）统治者十分重视农业生产，将农业作为立国之本，并且主张农、牧、工、商共同发展。《礼记·王制》曾记载："大夫无故不杀羊"，从中可以看出，西周时期特别重视牛羊的饲养繁育。手工业的很多部门此时有了较大的发展，周王室和诸侯公室都拥有各种手工业作坊，有很多拥有专门技能的工匠，号称"百工"。

西周时期也极为看重商业的发展。在周文王的《告四方游旅》中有这样一段记载："四方游旅……津济道宿，所至如归，币租轻，乃作母以行其子，易资贵贱，以均游旅。无使滞，无粥熟，无室市，权内外以立均。"用各种优惠政策吸引商人，扶持商业发展。而此时农、牧、手工业的发展使得商品种类大大增加，进一步扩大了商品交换的市场。

综上可见，西周时期商品流通已经较为发达，市场也初具规模，商品经济获得了长足的发展。但西周时期推行"工商食官"制度。《国语·晋语四》曰："公食贡，大夫食邑，士食田，庶人食力，工商食官。"现今有些学者如韦注、杨鑫等认为，这种制度是指西周时期的手工业者和商贾受官府管辖，他们必须按照官府的规定和要求从事生产和贸易。国家的这种干预虽对农业生产有一定的保护作用，却在一定程度上也限制了商业的发展。

从整个夏商周的历史来看，在生产力水平低下的社会，农业依旧是最主要的生产部门，统治者也将以农业为本的思想作为国策。农具的不断进步，生产力的不断发展和手工业生产分工逐渐细化趋于稳定，促进了商品交换的发展。从夏朝的原始商业发展到商朝时专门的经济部门，商业作为一个独立的社会分工出现。对于能积累财富、促进社会发展的工商业部门，统治者持有肯定态度，采用各种措施促进并鼓励工商业的发展。但商朝时铸造作坊由官府管理，西周时的"工商食官"制度，足以说明虽然统治者重视工商业的发展，但对工商业的发展加以管制。直到春秋战国时期，这种局面才有了转变。

二　春秋战国时期工商业的发展

春秋战国（前770～前221年）是一个历史上的变革时代，也是一个以战争为背景的时期。春秋是战争的准备阶段，以争霸为核心。战国则以兼并为主，战争频发。但此时社会生产力有了很大的提升，独立手工业和商业开始蓬勃发展，作为商品交换中心的城市也逐渐兴起。对于手工业，一方面，是诸侯争霸的野心使得各国迫切需要大量的兵器，"百工"远远不足以满足战争的需要，冶铁等手工业的发展势在必行；另一方面，铁犁、铁镰等农具为农业的发展带来了极大的便利，农业方面的需求为手工业的进一步发展创造了条件。因此，这时期的手工业进入了一个较为兴盛的时期。

手工业的发展推动了农业生产技术的进步，农业开始出现剩余产品，出现了交换的必要。而随着社会分工和社会需求的扩大，商品经济也开始逐步发展。并且，在诸侯割据、政治动荡的背景下，大量的贵族和富足的平民迁入了当时作为军事中心、统治中心的城市，打破了城市自给自足的局面。为了满足他们的需求，工商业开始在城市云集，商业都会也成了城市的一大功能。如赵国邯郸、齐国临淄等，往来商户密集，城市极为繁荣，使得商业发展势头迅猛。正如马克思所说："商业依赖于城市的发展，而城市发展也要以商业为条件。"此时的城市的繁荣更进一步促进了商业经济的发展。

三　农工商并行的政策

在春秋战国以前，西周时期沿袭的是"工商食官"制度。国家严格控制了工商业，工商业很难得到自由发展。到了春秋时期，诸侯为争霸的野心积累财富，积蓄实力，以求富国强兵。但仅仅依靠农业收入，远远不足以满足争霸战争的需要，只有通过工商业的发展才能带来大量税收。因此，不同于西周时期的"工商食官"政策，各国采取了一系列鼓励工商业发展的措施，大多主张农工商并重，如卫文公曰："训农、通商、惠工。"晋文公云："通商、宽农、利器。"各国一般实行"轻关易道，通商宽农"的政策，注重工商业的发展。

以齐国为例，管仲主张实行本末并重，多种经营的农商政策。他认为，"无市则民乏"，"末业生财。"他提出增加剩余农产品的价格，提高农产品在市场上的流动性，同时发展林业、渔业等农商经济，不仅使得农民生产积极性大大提高，也使得农业与商业相互促进发展。他还提倡实行宽松开放的贸易政策。据《国语·齐语》中记载，管仲主张"通齐国鱼盐之东莱，使关市饥而不征，以为诸侯利"，"使关市饥而不征"就是指只设关卡而不征税。《管子·大匡》又载，"桓公践为十九年，弛关市之征，五十而取一"，意思是齐桓公放宽税收，对关卡只收五十分之一的税。他还重视技术学习，实行各类人员专业化，四民分业定居。总之，管仲任相期间，一直致力于营造宽松自由的商品经济环境，开放市场，减轻关市税，优惠商贾，发展手工业，农商并重。这种国家对工商业的鼓励，宽松自由的政策，不强加干预的态度，使得"天下之商贾归齐若流水"。

随着农业生产技术的提高，剩余劳动力也逐渐出现，各国所实行的"通商"政策促使劳动力向工商业转移。许多平民、奴隶、脱离土地的农民被工商业所吸纳，一时间工商业获得蓬勃发展，社会从单一的农业发展模式向农业与工商业并行发展。这一过程也有力地推动了当时城镇化的发展。

四　重农抑商政策的推行

由于社会上出现日益严重的商业与农业争夺劳动力从而影响了农业生产。战国的李悝最早提出了重农、轻工商、贱工商的思想。他在魏国任相时便极力推行自己的重农思想，曾有过两项主张：一是"尽地力之教"，鼓励农耕，增加粮食产量；二是创造"平籴"法，在灾年和丰年维持粮食的平衡。他重视农业的同时，却反对手工业和商业的发展："农伤则国贫"，又批判手工业"雕文刻镂，害农之事"，认为只有农业才是创造财富的部门，发展手工业会损害农业。李悝虽然率先提出了"重农抑商"的思想，却并未有实质性的措施。

在强调耕战、加强中央集权的战国时期，商鞅继承并发展了李悝的思想。他实行了一系列重农抑商的政策，限制商业的发展。如他在变法令中规定："僇力本业，耕织致粟帛多者复其身，事末利及贷而贫者，举以为收孥。"意思是，从事农业的人如果生产粮食和布匹的产量高的话可以免除徭役，而从事工商业和因为不事农业生产而贫困破产的人，没收其妻子儿女为官奴。又采用"粟米粟任""招募徕民，开垦荒地"的方法，一方面，鼓励农民的生产积极性；另一方面，吸收了其他境内大量的劳动力，促进了农业的发展。对于商业，他主张"不农之征必多，市租之利必重"，加重商人的税收。又通过盐铁专卖，独占山泽，控制私商的生产领域，抑制私商的发展。

商鞅在当时为什么会实行这样的政策呢？《吕氏春秋》中曾记载："耕田之利几倍？十倍。珠玉之利几倍？百倍。利弊殊。农不如工，工不如商。"从事工商业的利润要远远高于农业。《史记·货殖列传》也说："夫用贫求富，农不如工，工不如商，刺绣文不如倚市门，此言末业，贫者之资也。"也说明了农业无法像商业一样带来极高的财富。正是出于这样的原因，以商鞅为代表的重农派认为，农民会在面对暴利时，弃农从商或从事技艺，从而危及农业的发展。

在相对和平的时期，适当发展工商业可以积累财富，但在各国征战不休的战国时期，粮草即农业无疑是决定战争成败的根本，这正是商鞅奖励耕织、重农抑商的原因。而且，正如前文所说，城市是因为贵族和富有的平民聚集才得以出现，主要为他们提供生活用品和奢侈品，这在战争时期就显得"多余"了，尤其是刺绣类的奢侈手工业制品，更对农业毫无裨益。所以，商鞅才会实行"重农抑商"这样的"战时经济政策"。

不得不说，商鞅的变法取得了一时的成效，在一定程度上固定和增加了农业的劳动力，为秦的统一奠定了一定的物质基础。但弊处也显而易见，商品经济是一种自由竞争和开放经营的经济形态，国家对商业过多的干预，并不有利于经济的发展。尤其是秦后来实行了更为严厉的"上农除末"政策，曾一度将十万"贾人"和他们的后代作为罪犯流放到岭南。

正如马克思所说，君主在任何时候都不得不服从经济条件，并且从来不能向经济条件发号施令。但以后的封建社会统治者却将"重农抑商"这一政策奉为圭臬，使"重本轻末"的思想延续了几千年，对后世产生了极大的影响。

第二节　土地私有农业社会农业与工商业关系的思想

在中国传统的史学中，一直有封建社会的概念，其前后有奴隶社会和资本主义社会与之相连。封建社会形态的划分来自对欧洲历史的考察，而欧洲的封建社会更接近于中国的奴隶社会。为了避免概念使用的混淆和表达的不准确，我们提出土地私有农业社会来表示这一时期的社会形态。"土地私有"反映了这一时期土地的基本特征，区别于奴隶社会的土地最终归国王所有。"农业社会时期"用于区别资本主义土地私有制下的工业社会。这样，"土地私有农业社会"既反映这一时期的土地制度的基本特征，又与前后两个时期相区别。前594年，鲁国实行初税亩制度，标志着中国奴隶社会土地国有制的瓦解，进入土地私有农业社会。本节将讨论土地私有农业社会时期农业与工商业关系的思想。

一　秦汉时期

前 221 年秦始皇统一六国后，在商贸方面继承了商鞅重本抑末的政策，但抑商并不是消灭工商，而是重视工商业的投资，允许大的商人继续经营手工业和商业，真正受到抑制的是小商人。

西汉时期，出现了不同的思想，可以分为两大派：一派是以贾谊（前 200～前 168 年）、晁错（前 200～前 154 年）为代表的重农抑商的儒家思想；另一派是以司马迁（前 145～前 87 年）为代表的发展自由经济的重商思想。

儒家思想重本抑末，强调农业在一个国家经济中所起到的基础作用，主张国家驱民归农，并以粟作为赏罚的标准，反对商人对农业的压迫，使农民能够安心积极地从事农业生产，从而增加国家的粮食贮备。

自由经济思想则正视了商人在经济发展中起到的作用。司马迁在《史记·货殖列传》中提出农工商并重论。他以齐国由穷至富的例子作为论证，用以说明商业对于国家经济发展的重要性。司马迁在提出调整好农业和工商业关系的同时，提出要处理好农民和工商业者利益分配的问题。他明确指出，人们经营农工商各业都是为了最基本的生活保障，从而形成社会经济活动的有效分工。他主张采取自由开放的经济政策，促进农工商协调发展，反对官府对私人工商活动的过度干预，更反对官府直接经营工商业。他认为，如果官府对商业加以控制和干预，就会妨碍社会经济活动的正常进行。

二　魏晋南北朝及隋唐时期

魏晋南北朝时期是中国经济社会转化期，这个时期的代表人物有傅玄（217～278 年）、贾思勰（公元 6 世纪）。

傅玄，提出了农本思想，是战国及两汉以来农本思想的直接延续和发展。一方面继承了传统的重农抑商的思想，但另一方面更多地从社会现实出发，提出商人"甚可贱"而"其业不可废"（《傅子》）。

贾思勰在《齐民要术·腰仓自序》中一再强调农业生产的重要性，把农业生产视为国家赖以强盛和社会安宁的根本。不过，他不同于战国时期那些典型的重农主义者，他把农产品的加工和商品流通纳入了农业经济的范畴中，使其农业经济的概念具有了大农业的色彩。

经过魏晋南北朝400多年来的分崩动乱，到隋朝统一，人口数量大规模增加。隋朝统治者逐步认识到，要调动从事工商业者的积极性，对增强国力维护统治有着重要意义。继隋朝之后，唐朝统治者改变了以往所推崇的重本抑末的政策，对民间商贸活动采取鼓励政策。

白居易（772～846年）提出和谐的农工商经济发展观。农工商三者从事的都是有利于社会发展的经济活动，三者之间应该均衡发展，调节社会经济实际上就是调节农工商三者之间的关系。针对当时社会中出现的舍本逐末的现象，他提出平均调节的主张，认为两种行业之间只要存在较大的利益差距，人们就会见异思迁，投奔有利行业。

三　宋明清时期

由于唐代的商贸提供了良好的基础，自宋代开始，商人阶级的力量不断壮大。因此，反对轻商的观点也越来越多，主要代表人物有苏轼和叶适。苏轼（1037～1101年）主张农工商协调发展，甚至建议驱民归商。但苏轼的驱民归商并非要使所有的农业劳动者都转向商业经营，而是要使一些原本经营商业却因为国家商税过重而从商业改从他业的商业经营者，在国家弛禁和放宽政策后回归本业。叶适（1150～1223年）则公开要求在政治上平等地对待工商之民，提高他们的社会地位。

明清时期，中国的商贸思想发展进入了一个新的阶段。在这一过程中，许多传统的观念发生了改变，最本质变化就是人们对待工商业态度的转变。这个时期的进步思想家们的商贸见解和主张大多都在不同的程度上批判了传统的重农抑商思想。

明代的邱浚（1421～1495年）是传统的重农抑商观点的修正者。他反对由官府经营或控制工商业，要求尽量采取私人经营的方式。他鼓励农民从事商贸活动，并要求给予商人充分的经营自由，认为汉初的抑商政策在当时以农业为本的特定条件下是可以理解的，但是不能对商人的限制太过分。

明清之际的三大思想家之一黄宗羲（1610～1695年）提出工商皆本论，把位居末业的工业和商业提到与农业相同的本业的地位。

顾炎武（1613～1682年）认识到要想使国家富强，就必须大力发展农业和工商业。在贸易通商的问题上，他极力为商人辩护，主张无地域限制的自由贸易，支持开放海禁，允许民间商人出海从事贸易活动。

清初的王源（1648～1710年）提出重本而不轻末论。他坚决反对传统的轻商观念，指出如果一个国家只有农业而没有商业，那么这个国家就难以生存下去。他在反对轻商的同时，注重工农业并将农业生产放在首位，认为工商业的发展必须以农业发展为前提，还明确表示土地应该归劳动人民所有。总之，他的重本而不轻末的观点，有机地把农业和工商业结合起来。

四　基本观察

在中国土地私有农业社会，粮食短缺是常态，即便在所谓的盛世时期，而在频繁的灾荒年份，更是饿殍千里。重视农业生产、保障人们的基本温饱，是这一时代的基本主题。因此，在土地私有农业社会的各朝代以农业立国，视农为本，担心如果民众弃农经商，则会造成农田荒芜、粮食短缺。因此重农抑商自秦以后仍为主流。

但重农抑商的思想随着经济条件的变化也随之调整。在唐宋之后经济有所发展，粮食短缺的状况有所缓和，商业的地位才明显得到提升，但从来没有动摇重农抑商思想的主流地位。

重农抑商的思想占据主流地位还受到传统义利观的影响。传统义利观强调"重义轻利"。商人被视为逐利之徒，投机取巧分子，势利小人。甚至直到今天，"商人习气"也是一个贬义词。商人的公共形象如此之差也导致商人地位下降，只能居士农工商之末。这也是中国重农抑商思想占据主流地位的重要原因。

第三节　晚清农业与工商业关系的思想

1840年的鸦片战争，中国惨败，逐渐开启了中国闭关锁国的大门。之后中国与列强的战争都以失败告终，使国人认识到西方国家坚船利炮的威力以及其背后西方工业的强大。随着西方国家在华投资办厂，国人进一步认识到工业对国家富强的重要性。在此背景下，中国先进的思想家们重新审视农业与工商业的关系，反思自身问题，由此形成了新的不同于以往的关于农业与工商业关系的思想，并对以后晚清的洋务运动以及初步酝酿的农业现代化发挥了积极的影响。魏源是最早重新思考农业与工商业关系的代表人物，随后有李鸿章、曾国藩、左宗棠、张之洞等洋务派官员不仅在思想上更在实践上探讨了工业化和农业现代化，是为洋务运动。本节选择晚清时期部分代表性的思想家对中国农业与工商业关系进行的思考加以介绍并评析。

一 魏源、严复的"本""末"思想

魏源（1794~1856年）是晚清时期为数不多从鸦片战争中觉醒的杰出人物。他积极学习了解西方国家新的事物，加之其深厚的学术造诣，对中国的本末思想进行了深刻的反思。魏源对传统的本末思想赋予新的含义，主张"重本"的同时强调"言利"，反对"抑末"，注重维护商业、商人的利益。他在《古微堂外集》中提出："官告竭，非商不为功也。"也就是说，当今形势依靠商人已是必然之势。商利则国利、民利、官利；商兴则国兴、民兴，故而商末不仅不能贬抑，反而要大兴。他在《圣武记》中提出："语金生粟死之训，重本抑末之宜，则食先于货，语今日缓本急标之法，则货先于食。""缓本急标"的提出既是魏源对传统"重本抑末"思想的修正，也是对龚自珍、包世臣"食固第一，货即第二""本末皆富"观点的发展。魏源提出先进的"本末"观点，为后世研究此类问题的思想家抛弃传统的"重本抑末"思想提供了阶梯。

严复（1854~1921年）是中国近代著名的启蒙思想家，是"向西方寻找真理的一派人物"，先后在北洋水师学堂等校任教并主持校政。在农业与工商业关系的问题上，严复十分赞同亚当·斯密的观点，并在其所翻译的亚当·斯密所著《原富》的序言中指出："农工商贾分四业而不可偏废，亡其一则三者不能独存，乱其一则三者不能独治。"他摆脱传统重本抑末思想的同时发展新的本末思想。他认为农业与工商业之间的确存在"本"与"末"的关系，但是农之所为本是因为农业生产的一定剩余是工商业独立的前提。此处的农业也不再是自然经济下自给自足的农业，而是受到工商业和交通运输业影响带有现代意义的农业。故严复认为，农业与工商业虽有本末之分，但绝不应该"贵本而贱末"，而应是"于国为并重"。

二 王韬、马建忠的"商本"思想

商本思想，即提倡将工商业作为立国之本。其首次提出者为王韬（1828～1897年），他在《代上广州府冯太守书》中明确提出："商富即国富，一旦有事。可以供输糇饟。此西国所以恃商为国本欤？"王韬所提出的"通商"并非单指贸易，而是以商业为中心囊括了一切近代机器工业生产等事业。其益处有二：一是工于贸易可以致富。二是发展近代机器工业，使工商业齐头并进（王双，1995）。因此，他提出的是一个重视工商业，大力发展工商业的主张。王韬不同于当时启蒙思想家的"工商皆本"的思想，也不赞同由政府控制和垄断工商业，而是强调要大力发展民族资本主义经济，在大工商业者富裕的情况下才有可能支持和带动全社会走向富裕。

马建忠（1844～1900年）对商本思想做了进一步的发展，强调外贸在国家经济中占头等重要的地位，认为外贸是国家财富的来源，而外贸顺差，就是财富增值。他分析西方国家之所以富强，其根本原因不在于"船坚炮利"，而是在于商业，尤其是对外贸易的高度发展。他在《富民说》中指出："若英、若美、若法、若俄、若德、若英属之印度，无不以通商致富，尝居其邦而考其求富之源，一以通商为准。"他指出国际贸易不同于国内贸易。国内贸易不过是"中国之人运中国之货，以通中国之财，即上有所需，亦不过求之境内，是无异取之中府而藏之外府"，是不存在增值的。

马建忠的"商本思想"主要强调在对外贸易上，明显深受西方重商主义的影响，虽不尽正确且也并不切合当时中国的实际，但对倡导发展商业仍有着积极的意义。

三 郑观应的新式思想

郑观应（1842～1922年）面对当时的现状提出商战思想，富强自主的思想和商办工业的思想。郑观应所提出的"商战"包含了商业竞争并以生产为中心，强调发展现代化机器大工业进而使国家实现富强，由此抗衡乃至超过外国在华投资。他在《盛世危言》中说："西人之富，在工不在商"，而提出商办工业的主要目的在于调动民间发展工业的积极性，摆脱官办压制民办的现状。郑观应还倡导办学，学习西方先进技术。商战是郑观应思想的核心，而商办工业则是其延伸。

四 陈炽的《续富国策》

相较于前面几位思想家的思想，陈炽（1855～1900 年）的思想更为全面，克服了前期的重商思想，更加强调以生产为本，农工商同时发展。1896 年他所著的《续富国策》包含农书、矿书、工书、商书四部分。陈炽认为，虽然中国自鸦片战争起中西通商后国家财政日益紧张，无数财富流向国外，但他认识到阻止这种现象绝不能"绝市闭关"，也不能"禁民使用洋货"，解救问题的根本在于"振兴商务，开拓利源，出土地之所藏以与之征逐互市而已"。同时他又强调，与外国"征逐互市"是流通的事，如果没有生产，哪来物品流通呢？于是提出："商之本在农，农事兴则百物蕃，而利源可浚也。商之源在矿，矿务开则五金旺而财用可丰也。商之体用在工，工艺盛则万货殷闻而转运流通。可以通行四海也。"显然，陈炽明确认识到，生产决定流通。没有一定的生产，通商就会是无本之木，无源之水，成为一句空话。

陈炽在"农书"中论述了发展农业问题，强调农业可为全社会提供生存资料，没有它各业无法发展，即农业是国民经济的基础。陈炽所论农业不限于种植业，而是强调农林牧副渔并举。他还提出用现代化农业机械和技术武装农业，用科学农艺知识教育农民，采用英法经营方式生产。

他在"工书"中指出，中国提供出口的都是未经加工的"生货"，获利极低，因此大声疾呼"劝工"，即发展中国自己的机器加工业，采用机器生产。生产出产品必然要靠商业经销，其"商书"写道："太史公《货殖传》曰：太上任之，其次教诲之，其次整齐之，其次利导之。盖商人牟利之心，无孔不入，其操奇计赢，因利乘便，先知逆测之桑要，父且不能传之子，徒且不能受之师，无中外古今一也。苟宫为经理，或加以限制，或侵其事权，必将掣肘多方，弊端百出，欲振兴商务而商务益衰。所谓'太上任之'者，诚千古之要言妙道也。"从这句话中我们可以了解到，陈炽其实是在赞美经济自由主义，认为通商一事只有让商人自己来经营，才能洞察微妙，应变灵活。若由国家越俎代庖，只会作茧自缚，事倍功半，甚至得不偿失。陈炽并不认为实行经济自由主义后，国家就无所事事了。国家还有"教诲""整齐""利导"的责任，即"商力所不能及者，官辅之；商情所不愿者，官通之；商之计所不能及者，官成之。"

五　洋务派的"重工"思想

曾国藩（1811～1872 年）是洋务运动的首创者，也是中国近代最早由官僚转化为洋务派的重要人物之一。鸦片战争打开中国国门后，曾国藩认识到西方科学技术的先进，极力倡导兴办近代工业。首先倡导购买洋枪洋炮，其次设厂制造，兴办军工企业，培养人才。

李鸿章（1823～1901 年）曾师从曾国藩，学习经世致用之学，是洋务运动的带头人。在中国领土被侵占、主权被破坏、签订了一系列不平等条约的背景下，本着"自强""求富"，李鸿章提出一系列措施：强化交通物流基础建设，发展机器纺织业、电报业等新兴产业，自主开采铁、煤炭等资源，实施"官督商办"的企业机制，力求中国走向自强的道路。

张之洞（1837～1909 年）是继曾国藩、李鸿章之后洋务运动后期的领导人。他深刻认识到实现工业化对中国来说刻不容缓。在《筹设炼铁折》中提出："世人皆言外洋以商务立国，此皮毛之论也。不知外洋富民强国之本实在于工。"同时，他认为建立近代工业体系是"养民之大经，富国之妙术，不仅为御侮计，而御自在其中矣。"这样，张之洞便把工业化放到了"养民、富国、御侮"的高度上认识。根据中国当时机器工业相对薄弱的情况，张之洞提出了轻重工业并举的主张，此外他还主张实行专利政策，奖励私人办工业。

综观晚清期间著名思想家提出的关于农业与工商业关系的思想可以看出，在国门被西方列强打开后，思想家们开始学习西方，逐渐认识到发展工业和商业的重要性，进而开始抛弃传统的"重农抑商"思想，转而对工业和商业的关系进行了新的探索，从而使得人们认识到工商业的重要性。

这些新的思想认识的价值不仅在于理论上突破了传统的重农抑商的思想，更在于掀起了一场影响深远的洋务运动，开启了中国工业现代化的历史进程，引发了后来的实业救国风潮。

当然清末思想家们关于农业与工商业关系的讨论也存在相当的局限性。首先，这些思想家们对西方的考察不够深入，难免只知其表不知其里，认识到近代工业的重要性，却不了解西方工业文明背后的经济制度和政治制度以及西方的文化背景。其次，当时的思想家们的思考缺少经济学理论的基础，缺少理论深度。最后，洋务运动作为这一时期思想成果的实践也没有取得应有的成功，原因是多方面的，但显然和缺乏兴办现代工业企业所需要的知识和经验有关。

第四节　孙中山农业与工商业关系的思想

孙中山（1866～1925年），名文，字德明，号逸仙，广州香山翠亨村人。他提出三民主义，是中华民国的主要缔造者，被尊为"中华民国国父"。他先后求学于檀香山、香港，游历欧美国家和日本，内观中国之情势，外察世界之潮流，兼收众长，提出了一系列具有前瞻性的思想，其中也包含关于农业与工商业关系的思想，影响深远，对中国当下正努力推进的工业化、城镇化和农业现代化"三化"协调发展富有启发意义。本节介绍孙中山关于农业与工商业关系的思想并加以评析。孙中山对农业与工商业关系思想主要体现在其所著《农功》、《上李鸿章书》和《实业计划》等一系列文献中。

一　以农为经，以商为纬

孙中山并没有继承古代传统的"重农抑商"思想，而是在强调农业基础地位的同时，正确认识农业与工商业之间的关系。1891年他在《农功》一文中首次论述了农业与工商业的关系："以农为经，以商为纬，本末具备，巨细毕赅，是即强兵富国之先声，治国平天下之枢纽也。"他在倡导商品经济发展的同时，并没有忽视农业基础性的作用，期待"农"与"商"能像"经"与"纬"那样相互促进，互相协调。

孙中山的农业与工商业协调发展思想在《实业计划》中也得到体现。《实业计划》是孙中山以工业化为立足点发展中国经济的规划蓝图，包含了发展中国工农业的一系列的思想、策略与方针。他构想的中国近代化体系的具体构架是：以交通建设为先导，以重工业、农业为重点，基础工业与民用行业之间协调发展。孙中山的协调发展思想体现在社会的方方面面，不仅包括农业与工商业关系的协调，还包含经济部门内部、经济部门之间，最后达到整个经济社会的协调发展。

孙中山重视农业商品经济的发展，主张顺应工业化发展趋势，推动中国自然农业向商业性农业转变。如孙中山主张采用科学的方法种植粮食和经济作物，因地制宜开设各类经济作物工厂，采用科学的方法生产和加工，提高产品质量，降低生产成本，实现农业近代化。

孙中山在《上李鸿章书》中写道："夫百货者，成之农工而运于商旅，此地之盈余济彼方之不足，其功亦不亚于生物成物也。"孙中山希望农业、工业与商业能够互相配合，相互促进。他力图构建全国统一的商品流通体系，使在工农业中生产的商品，经过商业运转流通而调剂到各地，实现其价值。

二　农村与城镇的协调发展

孙中山不仅注重农业与工商业之间的协调发展，还关注中国城市与农村之间的发展问题。他强调农村发展对城市发展的支持与促进，城市发展对农村发展的带动；强调工业的近代化离不开农业的近代化。孙中山在《实业计划》中，将城市与农村的发展作了综合规划，强调中国经济建设要将城市和农村联系起来，正如农业的振兴要与工商业发展结合起来，从而实现城市与农村的良性互动，达到全社会的和谐有序发展，实现城乡人民的共同富裕。

孙中山十分重视交通建设，设想通过修建公路、铁路和水运交通将农村与城镇联结起来，使人口、货物能够在城镇与农村之间流通，从而促进资源的开发，货物的流通与交换。在《实业计划》中他还以粤汉铁路建设为例说明，便利的交通对城乡物资流通的促进以及对农村发展的带动。

此外，为了实现农村与城市的近代化，孙中山提出了实行农村自治、加强农村教育、工业化带动城市发展等构想。

三　诸多政策主张有助于农业与工商业的协调发展

孙中山不仅提出了关于农业与工商业以及农村与城镇协调发展思想，还提出了诸多改造农业和农村、促进工商业发展的政策主张：在农业方面，孙中山提出了一系列改革来提高农产品的产量和土地生产率，学习西方国家先进科学技术和方法发展农业商品经济，改造传统农业实现农业近代化。他提出"耕者有其田"用以解决农村的土地问题。在工业方面孙中山主张，"节制资本"和"资本国有"；引进西方先进技术，发展机械制造业；广泛使用机械，提高产品生产率；构建工业化管理体制。在商业方面孙中山主张，"国政商政并兴"，颁布"保商"法规，保护商人合法权益，鼓励商人投资商业，提高商人地位等。

四　对孙中山农业与工商业思想的评析

中国有着深厚的重农抑商的思想传统。孙中山强调农业与工商业相互促进、协调发展，代表着对传统思想的超越。与晚清同时代的思想家相比，孙中山关于农业与工商业关系的思想显然是那个时代先进的思想。孙中山提出的诸多改造农业工商业的具体政策主张，有着同时代人难以超越的科学性和前瞻性，启发当今。

孙中山作为主要生活在晚清时代的一位思想家，仍不可避免受到当时的知识和时代的局限。关于农业与工商业关系的思想虽有所讨论，但总的来说讨论目标较多，而讨论具体措施较少，不够深入，因而削弱了其思想的可操作性。孙中山提出农业与工商业关系的思想受到西方的思想和实践的影响，对实现农业与工商业协调发展所要求的经济制度和政治制度少见讨论。孙中山所提出的一些关于发展农业、工商业的政策主张也有诸多值得商榷之处。

比如，孙中山提出"节制资本"和"资本国有"，其目的是实现资本国有，避免市场经济中出现过大的贫富差距。但之后的理论发展和实践的结果表明，国有经济往往缺少效率，相反私人资本是更有效的一种制度安排。孙中山所提出的一些具体发展经济的计划也有诸多不切合实际之处，甚至带有空想的成分。比如，他提出 10年修建 20 万公里铁路的计划，在当时的条件下完全不可能，故孙中山获得"孙大炮"的绰号。

第五节　民国时期重农与重工的争论

1912 年 1 月 1 日，中华民国正式成立。初期政治动乱，军阀割据。1927 年南京国民政府成立，结束了中国长达十几年的混乱局面。民国时期重视经济建设，但如何确定经济发展战略是这个时期面临的一个重要问题，引起各方的讨论。本节侧重介绍发生在 20 世纪 30年代南京国民政府时期关于重农与重工的争论。

1929～1933 年，资本主义爆发经济大危机，导致西方将大量货物销往中国，给国内市场带来冲击，一些民族工商企业受到来自国际竞争的压力。这一时期中日关系紧张，战争随时可能爆发，振兴经济以利备战也是重要的时代主题。在这种背景下，1935 年 4 月蒋介石发起国民经济建设运动，希望通过政府的倡导、民间响应来振兴国民经济。这一运动引发一场关于中国经济发展战略问题的讨论，重农与重工关系是讨论的重点之一。

在关于重农与重工的争论中，重农派的主要代表人物有晏阳初、梁漱溟等，重工派代表人物有吴景超、周宪文等。

一　重农派思想

晏阳初（1893～1990 年）最突出的思想是乡村建设思想，以发展农村生产力为主要内容，其理论核心在于农村劳动力的培养和开发，最终目的是让旧社会的农民具有现代科学知识，从而提高农村生产力以加快农业的发展。

梁漱溟（1893～1988 年）提出由农业引发工业，引领中国走向农业现代化。他认为，中国当前面临的问题是急需恢复生产力，增进生产力，因此通过发展农业来恢复发展生产力之一途径是相对容易的。当时中国的经济被西方各国干预，而中国内部没有形成适合工商业发展的环境，所以中国不能走重工这条路。他还从生产角度论述随着农业的发展就会带动工业的发展。从农业发展的途径，他提出农业合作化思想，要求革除农业发展的障碍。

重农派以农业为工业化发展之基础立论，从当时中国农业极端落后以及当时的国情出发，强调农业在中国工业化发展中的重要意义。

二　重工派思想

吴景超（1901~1968年）的工业化思想主张调节工业与农业的比例关系，提出更多地把重心放到工业上。他在《第四种国家的出路》（1937）一书中提出，中国没有重工业就不可能形成自己独立的工业体系，没有强大的国防工业，工业的基础就会极其薄弱。

周宪文（1907~1989年）针对重农派的观点指出，中国在过去的年代是以农立国，但是针对中国的现状，继续发展农业是否能使中国的农业振兴是一个挑战。他认为，即使中国的农业能够振兴，但中国也不能长期以农业立足。他把发展重工业和建立现代国防联系起来，认为中国目前急需解决的问题是发展重工业，建立国防。"在以人力为重要生产力的时代，则以人力为生产基础的农业自然占据着最重要的地位，这一时代的国家必以农立，毫无疑义。但是历史进步到以机械为主要生产力的时代，则以机械为生产基础的工业（机械工业）自然取得了过去农业的地位，所以在这一时代，立国以工，那也是必然的结果（周宪文，1945）。"

三　农工兼重派

针对究竟是以农立国还是以工立国的争论，一些思想家认为两个派系的思想都过于片面。但是，认识到这一情况的思想家并不多，主要以马寅初、董修甲为代表。

马寅初（1882~1982年）注意到农业与工业在原料和市场方面有着密不可分的联系，认为如果忽略这种关系，单纯的重农或者重工，就会有诸多的条件限制（李晓波，2013）。他还提出如果只重视农业的发展，则农业技术改良的问题便无法得到解决。现有的农业生产工具不能满足现代农业发展的需要，需要通过工业生产出更加先进的工具使农业实现现代化。他还提出，中国工业化的实现取决于农民的购买力，如果缺乏农民的购买力，中国也就无从工业化，因此中国工业化的问题最后又会归结到农业问题上来。在《中国经济改造》（1935）一文中提到："欲解决农民生活问题，只有一面复兴农村，提倡工业，使一部分之农民得在工业上谋生活。一面开垦荒地，增加每户农家享有之亩数，以维持其生活，且重农亦必须重工，否则农产品在工业上之需要，不能增加。而重工亦必须重农，否则工业品在农村中之销路，不能推广。故农与工两者相依为命，不可偏重。"

董修甲（1891～？）认为，国民经济建设无论偏重哪一方对国家而言都是有害而无益的，同时发展农业工商业是提高生产力的根本途径。只有农工商并重，方可发展整个国家的国民经济。其次，他以世界发达国家来作为论证，认为发达国家经济之所以繁荣，根本原因在于既重农业，又重工商。他指出，现在的中国是一个开放的国家，如果没有农工商业的共同发展，即使农业十分发达，也只是为外商提供原材料，然后经由外商制成工业品再卖给我国，从中获利。这种状况正是长期以来导致中国经济面临崩溃的重要原因，因此应该建立中国的工业化市场。

四　思考与讨论

民国时期的思想家所提出的观点与看法，与过去的传统思想不同，旧时期思想家所提出的观点主要基于自己对问题的主观判断，往往缺乏理论基础。而民国时期的思想家很多都学习到西方先进的理论，在此基础上提出自己的观点，有的加以实践。比如民国时期乡村建设运动中晏阳初的定县实验和梁漱溟的邹平实验。

但他们关于重农与重工的争论在一定程度上反映了他们没有弄清农业与工业、农村和城市在整个国民经济中的关系。重农派片面强调农业和农村的重要性，重工派片面强调工业和城市的重要性，这些都不符合当时的国情。中国的经济发展更多关注的应该是"三化"协调发展的问题。通过这场争论，我们应该认识到，这个时期的思想家没有从本质上去解决如何使中国尽快地走向工业化的道路的问题。

这场讨论因 1937 年抗战暂告段落，但问题始终没有得到解决。从某种程度上来说，1949 年中华人民共和国成立后，农业和工业的关系问题始终在探讨。今天我们讨论"三化"协调发展问题，从某种意义上来说，还在继续着从民国开始的讨论。

第六节　毛泽东农业与工商业关系的思想

毛泽东（1893～1976 年），字润之，中华人民共和国最重要的奠基者和领导者。毛泽东思想自其形成后一直是中国各项事业的主导思想，包括 1949 年以后中国的经济建设。毛泽东思想中有不少关于农业与工商业关系的论述，其影响一直持续至今。因此，要讨论中国的工业化、城镇化和农业现代化及其协调发展，就离不开对毛泽东关于农业与工商业关系思想的讨论。由于毛泽东关于农业与工商业关系的思想并不很系统，且前后并不完全一致，其思想与政策也并不完全一致，所以我们侧重讨论毛泽东关于农业与工商业关系的主导思想以及主导的相关政策。

一　毛泽东农业与工商业关系的思想来源

毛泽东的农业与工商业关系思想的形成主要受三方面影响：马克思主义、中国传统的农本思想以及苏联社会主义建设的实践。

1. 马克思主义

马克思主义是毛泽东农业与工商业关系思想的重要理论来源。马克思主义关于农业与工商业关系的思想在第三章第一节将会有较为详细的讨论，在此我们讨论的重点在于指出对毛泽东农业与工商业关系的思想形成有重要影响的马克思主义关于农业与工商业关系的思想。

马克思主义中对毛泽东农业与工商业关系思想的形成影响较大的有：城乡关系理论、"三大差别"的思想、生产劳动和非生产劳动的思想以及社会资本再生产原理。

马克思主义城乡关系理论起源于资本主义社会大变革时期。在当时资本主义社会各种矛盾不断凸现，其中城乡之间的矛盾就是十分突出的社会问题之一。马克思、恩格斯考察了城市和乡村的矛盾运动，揭示了在城乡关系的运动过程中经历"城乡分离"、"城乡对立"、"城乡差别"和"城乡融合"四个阶段。马克思、恩格斯认为，由社会生产力发展引起的分工，导致城乡走向分离、对立，而这种分离状态又会在较长时期内使社会资本不断向城市集中，城乡关系最终随着分工的消除，城乡对立消失，城乡走向融合。

"三大差别"是指工农差别、城乡差别、脑力劳动与体力劳动之间的差别。马克思、恩格斯认为在资产阶级剥削制度下，"三大差别"不能被消除，提出在以社会生产力高度发展为前提的共产主义社会，消除剥削制度，打破旧有的分工，"三大差别"才会被逐渐消除。

马克思依据劳动的社会形式，把劳动区分为生产劳动和非生产劳动。马克思关于生产劳动和非生产劳动的思想强调，生产具有物质形态产品的劳动是生产劳动，相反生产非物质形态产品的劳动是非生产劳动。由此，工业、农业是生产劳动，商业、服务业等第三产业是非生产劳动，只有产生剩余价值的物质生产部门的生产劳动才能为社会创造价值。

马克思的社会资本再生产原理指出，全部社会生产分为生产资料生产和消费资料生产两大部类，只有优先发展生产资料生产，才能实现扩大再生产。为了使再生产不断扩大，就要求在处理农轻重关系上优先发展重工业。

马克思主义的城乡关系理论、"三大差别"的思想、关于生产劳动和非生产劳动的思想以及社会资本再生产原理对毛泽东后来重视农业相对不重视商业，在处理农轻重问题上更多地强调重工业，发起知识青年"上山下乡"运动等，产生了重大影响。

2. 中国传统的农本思想

中国有着悠久深厚的农本传统。"以农立国"的思想成为中国历代统治者奉为圭臬的经济思想，认为农业是人民衣食和富国强兵的源泉，因此，中国自古以来就非常重视农业生产。古代中国把农业称为"本"，把工商业称为"末"，重本抑末这一经济思想中，"重本"特别强调巩固农业的基础地位，"抑末"特别强调抑制商业的发展，尤其是大商大贾势力的发展，而且认为重农必须抑商，以保证农业部门的劳动力和农民的生产积极性。中国传统的农本思想与毛泽东后来重视农业而相对轻视服务业特别是商业有着一定的关系。

3. 苏联社会主义建设的实践

1918～1921年，由于苏维埃俄国国内战争需要，苏维埃政权采取了余粮征集制。由政府规定农民消费所需的粮食、种子和饲料量，然后由国家按固定价格强行向农民征购全部余粮，并没收富农的粮食，完全禁止粮食的私人买卖，实行粮食垄断贸易，后来对其他农产品也采取了类似的政策。

1922年底，苏维埃社会主义共和国（简称"苏联"）正式成立。1924年列宁逝世后，斯大林的领导地位逐渐确立，此时的苏联处在西方资本主义国家的经济封锁和政治孤立之中，国内工业生产极其落后。为了迅速增强经济实力和国防实力，苏联选择了优先发展重工业的经济发展模式。为了给重工业提供资金，政府提高工业产品价格，降低农产品价格，遏制农民消费，试图通过牺牲农业发展重工业。

从1929年开始，苏联加快了实现农业集体化的步伐，把分散的农民集中到集体农庄里，采取强制暴力手段实行全盘集体化，消灭个体农民的私有制。政府对集体农庄和农民的全面控制，使他们绝对服从国家利益，并且使农业完全服务于工业。农业集体化是造成苏联农业长期落后的根本原因之一。

中华人民共和国成立后，毛泽东采取了统购统销的方式解决中国当时的粮食短缺问题，这与苏联采取的余粮征集制相仿。在农村实行人民公社也肯定受到苏联集体农庄实践的影响。

二 毛泽东的农业与工商业关系的思想

1. 毛泽东重视农业

受马克思主义和中国传统的农本思想的影响，毛泽东重视农业。毛泽东认为，农业是发展工业并实现社会主义工业化的基础，农业为工业和整个国民经济提供粮食、农副产品等基本生活资料。1933年8月，毛泽东在赣南县经济建设工作会议上发表了《必须注意经济工作》的演说，提出了努力发展农业和建立革命战争和经济建设的物质基础的问题。1934年毛泽东提出："在目前的条件之下，农业生产是我们经济建设工作的第一位。"在当时的社会背景下，调动农民生产积极性对于革命胜利非常重要。

从土地革命时期毛泽东主持修订的土地法及其实践来看，在当时毛泽东更加重视农业。在当时粮食短缺的状况下，强调粮食生产，而工商业则不太受到重视。

在1943年的整风运动中，毛泽东指出："1943年的生产任务，一切部队、一切机关、学校都要将重点逐渐转到农业、工业与运输业上去，而在我们的条件下，特别重要的是农业。"

在解放战争即将胜利前的1948年，毛泽东在论述农业与工业的关系时指出："发展农业是发展工业的基础。"

2. 在处理工业与农业关系时，更偏向于工业

尽管毛泽东重视农业，但是在处理农业与工业的关系时，毛泽东更偏向于工业，特别是重工业，甚至寄希望于通过牺牲农业发展工业，但是最后却以失败而告终。

在1949年《目前形势和我们的任务》一文中，毛泽东在论述农业社会化与社会主义工业化的关系问题时指出："欲农业社会化，必须发展以国有企业为主体的强大的工业。"这说明毛泽东关于农业与工业关系的思想发生转变，开始强调以发展工业为主导。

1949年中华人民共和国成立后，美国等西方国家对中国实行军事敌对、经济封锁、政治孤立政策。毛泽东提出并确立中国经济建设的方针是，优先发展重工业并且采用粮食统购统销的方法解决粮食问题。

1955年毛泽东提出了发展农业机械化的思想，在《关于农业合作化问题》的报告中，全面阐发了农业现代化与国家工业化的关系。他指出："我国的商品粮食和工业原料的生产水平，现在是很低的，而国家对于这些物质的需要却是一年一年的增大，这是一个尖锐的矛盾。如果不能在大约3个五年计划时期内基本解决农业合作化的问题，即农业由使用蓄力农具的小规模经营跃进到使用机器的大规模经营，就不能解决年年增长的商品粮食和工业原料的需要同现时主要农作物一般产量很低的矛盾，我们的社会主义工业化事业就会遇到困难……"1959年4月29日毛泽东在《党内通讯》中提出："农业的根本出路在于机械化。"所以毛泽东期望通过提高工业化水

平对农业进行技术改造，用先进的技术和工具装备农业，实现农业机械化。

1958年，毛泽东提出发展农村并使农村工业化。他提出，发展地方工业、乡办企业、社办企业。但实际上发展的数量很少。对于当时农村工业的发展，毛泽东提出了一些基本原则：一是要实现公社工业化和农村工业化。二是使农民就地成为工人。三是社办工业要发展轻重工业生产。四是人民公社的工业生产要为发展农业和实现农业机械化、电气化服务，为满足社员日常生活需要服务，为国家的大工业和社会主义的市场服务等。

在盲目求快、急于求成的思想影响下，1958年的"大跃进"运动片面追求工农业生产和建设的高速度。毛泽东在农业上强调"以粮为纲"，在工业上强调"以钢为纲"。毛泽东甚至非常乐观地提出，要在5年甚至3年内提前完成原定15年的钢产量，赶上或超过英国。这时在毛泽东的"以钢为纲"的指导思想下，全民开始"大炼钢铁"，并且在"大跃进"的浪潮中，全国农村开始大办人民公社。

1959年，在纠正"大跃进"运动"左"倾错误的过程中，毛泽东强调"把农业放在国民经济的首要地位"。1962年1月正式将"以农业为基础，以工业为主导"定为发展国民经济的总方针。尽管如此，当时实行的政策还是更重视发展工业。

3. 与农业、工业相比，商业相对不受重视

受马克思关于生产劳动和非生产劳动思想的影响，与农业、工业相比，毛泽东相对来说不太重视商业，对于发展商业的论述较少。当然，毛泽东也提出过一些重视发展商业的思想，尽管不是很多。毛泽东曾在20世纪50年代末提出过发展农村商品经济的思想，主要观点是：一是发展商品经济不等于发展资本主义；二是中国农村需要发展商品经济；三是发展商品经济生产对工人和农民都有利。毛泽东指出，如果公社不搞商品生产、交换，那么工人就没有饭吃，没有衣穿，就得不到拖拉机等农业生产资料，就没有货币收入。毛泽东提出："中国原来是商品生产很不发达的国家，比印度、巴西还落后。比如，我国1957年生产了3700亿斤粮食，而商品粮只800～900亿斤。"

1953年上半年，粮食供销矛盾进一步加剧。从1953年开始，政

府出台了在农村实行粮食计划征购，在城市实行定量配给的统购统销政策。1953 年 10 月，毛泽东在中共中央政治局扩大会议上谈了对粮食统购统销的认识："粮食征购、整顿私商、统一管理这三个问题，势在必行。配售问题可以考虑，我观察也势在必行。"1957 年 1 月 27 日，毛泽东在《省市自治区党委书记会议上的讲话》中明确指出："统购统销是实行社会主义的一个重要步骤。"

虽然毛泽东提出要在农村发展商品经济，但事实上在农村却少有实施。统购统销政策是限制商品经济的表现。到后来的"文化大革命"中，毛泽东甚至认为商品经济体现的是资产阶级法权。

三　对毛泽东农业与工商业关系思想的评析

通过对毛泽东农业与工商业关系思想的回顾，我们对毛泽东关于农业与工商业关系的思想作如下评析。

一是毛泽东主张更多地通过发挥政府的作用来发展经济，忽视市场机制作用的发挥。毛泽东对发展商业的论述较少，而且对商品经济相当排斥，担心市场经济会使中国走向资本主义，试图通过计划经济来解决生产流通问题，如统购统销。统购统销禁止市场买卖粮食，通过政府的强买强卖来解决当时中国的粮食短缺问题。

二是毛泽东对工业发展规律和工农业协调发展问题的认识有相当的局限性。毛泽东把优先发展重工业甚至简化为"以钢为纲"。在"大跃进"和人民公社化运动中，"大炼钢铁"而忽视农业生产。实行平均分配，"吃大锅饭"，忽视了经济发展的客观规律，导致农民缺少生产积极性，大量耕地荒置，中国的农业和工业比重严重失调。"大炼钢铁"的运动是失败的，通过牺牲农业发展重工业，重工业非但没有得到发展，农业也遭到了破坏。

三是毛泽东的工农业关系思想不明晰或者思想与政策不一致。虽然毛泽东有很多重视农业的思想表述，但是有一些思想实际上并不很明确。比如，"以农业为基础，以工业为主导"，到底强调发展农业为先还是发展工业为先？并不明确。而且毛泽东虽然出身于农民家庭，很重视农业生产，但是到了 1953 年，借鉴苏联斯大林模式，通过牺牲农业发展重工业，无论是从理论上还是从实践上来说，都是不正确的。虽然毛泽东讲了一些重视农业生产以及合理调整农轻重比例的话，但是从他的政策实践来看，占主流的还是优先发展重工业。

总的来说，毛泽东在理论上不恰当的农业与工商业关系的思想及其政策，是当时中国的农业、工业和商业没有得到较好发展及相互协调的重要原因。一直到毛泽东去世，中国的农业、工业和商业仍相当落后且不协调，甚至连中国的温饱问题也没有解决好。

第七节 当代关于工业化、城镇化和农业 现代化协调发展的文献回顾

改革开放以来，一方面中国工业化、城镇化和农业现代化快速推进，但另一方面，"三化"协调发展出现诸多问题。针对这些问题，国内学者进行了大量研究，富有启发意义。本节选择部分代表性的观点加以整理并评析。

一 当代关于工业化的文献回顾

1949 年中华人民共和国成立，实行了计划经济体制，牺牲农业，大力发展重工业，但成就并不大。总体来说，中国工业化对农业现代化带动不强。

陈志峰等（2012）认为，在加快工业化进程的同时，势必会推动农业现代化，而农业现代化水平提升又会为工业化提供有力的支撑。在中国的现代化进程中，新型工业化是主导，农业现代化是基础。工业化发展可以有效合理转移农村剩余劳动力，可以为农业发展提供技术支撑、提供财力支持等，进而加快农业现代化的发展步伐，工业化进程的发展必然伴随着科学技术的进步，伴随着产业结构的优化升级，伴随着劳动力的转移和集聚，而这些都将带动农业现代化水平的提升。

钟钰（2014）认为，目前中国农业现代化与工业化协调发展的主要困难与问题，主要体现在工业化过快发展与农业争夺资源的形势日益严峻，如工业化带来的资源环境载荷，工业化推动的农业成本上升，重工轻农取向造成的农业投入不足，资本倾向工业化引发

的农业融资不畅等。

姜爱林（2005）认为，中国改革前的国家工业化促进了大中城市的发展和城镇人口比重的提高，改革开放以后的农村工业化的快速发展进一步加快了城镇化的进程。在城镇化和工业化快速发展的同时，工业化与城镇化之间的不协调表现，即"工业化超前，城镇化滞后"，直接导致城乡经济差距与社会不平等。这与中国乡镇企业的发展和农村工业化的快速推进密切相关。

长子中（2011）认为，若工业化不能更好地吸收农村剩余劳动力进城，并为城镇化发展提供资金支持，将不利于优化城乡土地资源配置和基础设施建设，不利于加速农民工市民化，不利于顺利推进城乡一体化。

宋洪远等（2012）认为，城镇化滞后于工业化，其中一个重要的原因就是整个社会的经济系统没有在工业化的带动下有机地整合起来。中国工业的吸纳就业能力不强，就业结构转变没有跟上产业结构转变。这导致中国工业的发展没有对城镇化的发展带来更强的促进作用。

二　当代关于城镇化的文献回顾

20 世纪 80 ～ 90 年代，中国学者对城镇化道路的讨论激烈，主要有大城市论、小城镇论、多元发展论、中等城市论以及城市体系论等。

1. 小城镇论

20 世纪 70 年代末，时任国家主席胡耀邦就提出要发展小城镇。费孝通（1986）指出："农民从农村转移到小城镇，目前采用了离土不离乡的形式。……客观条件引导中国农民做出了这个离土不离乡的选择，这是符合当前中国的具体情况的。我们的城市没有能力在这样短的几年中吸收如此众多的人口。国家现有财力不可能创造这样大量的就业机会。农民充分利用原有的农村生活设施，进镇从事工商业活动，在当前不失为最经济、最有效的办法。"费孝通在调查研究的基础上撰写了一系列关于小城镇的文章，他提出了小城镇发展的苏南模式、温州模式等概念，对于小城镇建设做出了非常详尽的研究。

2. 大城市论

20 世纪末中国小城镇的发展带来了一系列的经济社会问题，如城镇规模小，聚集效益低，占用耕地以致破坏生态环境，城市文明欠发展等。针对这些问题，一些学者提出了大城市发展论。

王小鲁等（2001）认为，大城市会产生明显的聚集效应，带来更多的就业机会和更强的经济扩散效应，因此规模合理的大城市所产生的经济效益要远远高于中小城市和小城镇。与小城镇相比，大城市能节省土地，在建立良好的资金回流机制的基础上能够回报用于城市建设的巨额投资。发展大城市将创造更多的就业机会，提高居民收入水平，缩小城乡差距，有利于社会稳定。

3. 中等城市发展论

这种观点中和前两种观点，认为中等城市兼有大城市和小城镇的优势，并避免了两者的缺陷。王文元（1990）认为，中等城市不仅有利于缓解"城市病"，改善生活质量，保证城市建设，而且解决了小城镇过于分散的问题，提高了空间聚集效益，间接提高了城镇化的水平和质量。

4. 多元发展论

一些学者试图从上述三种观点中寻求平衡，提出"走提高中心城市内涵同时促进农村城镇化，大中小城市互相协调，东中西部差异化发展道路"。这种多元发展论又被称为城市体系论。他们认为，中国人多地广，地域差异大，工业水平低的国情决定了中国不可能采取单一战略模式去解决城镇化问题。周一星（1986）指出："不存在统一的能被普遍接受的最佳城市规模，城镇体系永远是由大中小各级城镇组成，而各级城镇都有发展的客观要求，所以城镇化的规模应该是多元的、多层次的。"

除了这些观点，一些学者也提出了自己的设想。蔡继明（2010）提出了关于中国城镇化道路的设想："鼓励发展 100 万~400 万人口规模的城市；适当限制 400 万~800 万人口的城市；严格限制 800 万以上人口的城市，争取有更多特大和超大城市发展成具有较强竞争力的国际化大都市。撤并未建制的镇，严格新城镇建设的审批。对已建制镇，鼓励人口在原有规模基础上聚集，提高土地集约利用的程度，严格控制建设用地的增加。"

三 当代关于农业现代化的文献回顾

农业现代化是中国追求了很久的一个目标，但一直没有能很好地实现。当前关于中国农业现代化的研究主要集中在以下几个方面。

1. 土地制度改革

中国目前实行的农村土地制度是按人口平均分配、按户占有产权。这为农民维持基本生活提供了保障。但是，这种土地制度阻碍了农业现代化的发展。一些学者就提出要在中国实行土地私有制度。周其仁（1995）提出："土地改革形成的产权制度无疑是一种土地的农民私有制。"

然而大部分学者对此持相反意见。温铁军（2009）认为："一旦允许土地私有化和自由买卖，那么，一方面，经营农业本来就无利可图的小农会在地方权力和资本结盟的强势介入下大批失去土地，尽管表面是资源交易，其实质还是被强势集团所迫。另一方面，丧失了在农村生存的根基之后，农民又无法在城市完全立足，最终结果可能是城市贫民窟化与农村社会冲突的同步加剧，大规模社会动荡将不可避免。"

李昌平（2004）认为，土地私有化会使干部成为大地主，出现土地兼并，农民成为游民。他断言，农民绝大多数没有土地私有化的要求。

2. 中国农业现代化道路问题

一些学者认为，农业现代化应该走一条以生物技术创新为核心、以城镇化拉动为手段、以农业产业化为基础的可持续发展的道路。农业现代化要以渐进方式发展，长期稳定家庭承包经营不变，依靠科技发展先进生产力，建立以市场配置资源为主导的农业（孔祥智，1999）。

还有学者认为，中国农业现代化发展的路径应该从以下几方面考虑。一是要深化土地制度改革，实现规模经营。二是要加快农业产业结构调整，加速农业劳动力向非农产业转移的步伐。三是要加强农业市场体系和产业化组织建设，进一步协调小生产和大市场的矛盾。四是要推动农业科技进步，加快其转化和应用步伐。五是要加大农村人力资本的投资力度，提高农民的科学文化素质（叶普万等，2002）。

3. 小农经济问题

20 世纪 80 年代，中国全面推行家庭联产承包责任制。但是随着时代的发展，家庭联产承包责任制反映出了小农经济的局限性。在现代社会和市场经济条件下，小农经济缺乏大规模农业生产建设能力，抗风险能力差，无法解决农村剩余劳动力转移的问题，生产效率低下，具有高成本、低收入的特点，并且阻碍技术进步。所以要实现农业现代化，就必须解决小农经济出现的问题。

张晓山（1999）提出，要发展农民专业合作社，在农村家庭承包经营基础上，同类农产品的生产经营者或者同类农业生产经营服务的提供者、利用者，自愿联合、民主管理成立互助性经济组织。农民专业合作社提供农业生产资料的购买，农产品的销售、加工、运输、贮藏以及与农业生产经营有关的技术、信息等服务。

薛少仙（2009）认为，实现小农经济的破局，在观念上要破除"小农"意识，在制度上要积极推进土地流转，在组织上要建立适应产业化经营的现代组织体系，在服务上要建立社会化服务体系。他强调，实现小农经济的破局最为关键的一点，就是在主体上，要大力培养职业农民。为了给农业现代化提供强有力的保障，当务之急是抓紧建立社会安全网。

四 当代关于工业化、城镇化和农业现代化协调发展的文献回顾

当前中国在经济社会发展过程中，工业化、城镇化和农业现代化并未出现协调发展的局面，主要体现在工业化对农业现代化带动不强，城镇化对农业现代化带动不强，导致农业现代化明显滞后于工业化和城镇化。这说明中国的城乡一体化进程出现了问题。城镇在向农村土地扩张的过程中，并没有为向城镇转移的农村劳动力提供足够的就业机会。

殷际文（2010）认为，改革开放前，中国实行"重工抑农"的工业化战略、"重城轻乡"的城市化战略和城乡分割的社会管理体制，形成了中国城乡二元体制，使城乡之间未能建立起均衡增长和协调发展的关系。农业生产方式和农村公共事业落后，农民收入增

长缓慢，拉大了城乡差距，这成为阻碍中国"三化"协调发展的一个主要障碍。

要实现中国的"三化"协调发展，需要走一段很长的艰难道路，要进行改革，要进行农业规模经营，要完成劳动力转移等。对此，一些学者提出了一些建议。

张晓山（2011）提出："让农民能够更多的分享城市化进程的收益，土地增值的收益，促进农民增收，对整个国民经济的健康发展，转变发展方式有诸多益处。它有利于促进农民消费，扩大内需；另外，这部分收益不止补偿给当地的农民，也可以补偿给转移出去的农民，为他们建立起完善的社会保障体系，使他们转变为真正的城镇居民。"

蔡继明（2011）提出，要改革城乡就业制度，加快户籍改革，并完善社会保障体系。要纠正中国存在的城乡经济失衡的现状，必须突破城乡经济二元结构，统筹兼顾，协调发展，实现城乡经济发展一体化。"加快我国的人口城市化进程，既需要政府动用财政资源为进城务工农民提供住房保障、社会保障和基本医疗保障，又需要政府拆除阻碍农民进城落户的制度藩篱，深化包括土地制度、户籍制度、就业制度在内的各项改革，为加快城市化进程提供必要的制度保障。"

农业部部长韩长赋（2011）认为，要深化户籍制度改革，引导农业劳动力和农村人口合理有序地向城镇流动，实现农民工身份的转变，并享有与城镇居民同等的待遇。

五 评析

上述文献对如何实现"三化"协调发展提供一些有一定启发意义的思想。然而大多学者所提出的政策建议隐含的政策执行者是政府，他们希望通过政府来实现这些良好的政策建议。本书以后的研究将表明，政府并不是这些学者政策建议合适的执行者，因为在市场经济条件下，政府所能发挥的作用是有限的，尤其难以仅通过政府力量实现这些学者的政策建议。这些学者没有认识到，在市场经济条件下，具有可操作性的政策建议往往是在政府和市场分工的基础上实现的。

　　此外，在市场经济条件下，一个经济现象的出现有其自身的规律，不是人们希望达到什么结果就会出现什么结果的。在上文提到的有关城市规模结构的论战中，学者们提到的那些城市发展战略只是一种理想状态。实际上，在市场经济条件下，一个国家的城镇规模结构更多地是由市场决定的，政府能做的是很有限的。对此，第七章第二节将有详细讨论。

第三章
西方关于农业、工商业
与城镇化关系的思想

工业化、城镇化和农业现代化首先发端于西方，因而关于工业化、城镇化和农业现代化的思想理论大多来自西方。西方的思想有两大体系：一是以马克思为代表的以批判为基本特色的理论体系；二是以西方主流经济学为理论基础以建设与改造为基本特色的理论体系。这两个理论体系都为全人类实现工业化、城镇化和农业现代化协调发展做出了重要的理论贡献。当然，这两个理论体系也都存在各自的问题。今天，我们讨论中国如何实现工业化、城镇化和农业现代化的协调发展，就需要从这两大理论体系中汲取营养，同时也要批判其中过时或不正确的东西。本章侧重讨论马克思主义关于农业、工商业和城镇化关系的思想，以及基于西方主流经济学关于农业、工商业和城镇化关系的思想。

第一节 马克思主义关于农业、工商业和城镇化关系的思想

中国的革命和经济建设一直在马克思主义理论的指导下进行，直到今天马克思主义的经济理论仍然是指导中国经济建设的重要思想来源。马克思主义的经济理论对中国的经济建设的影响是多维甚至复杂的，但有一点可以肯定，我们今天讨论中国工业化、城镇化和农业现代化协调发展就不能不讨论马克思主义关于农业、工商业和城镇化关系的思想及其政策实践。本节主要评析马克思主义关于

农业与工商业关系及城镇化的思想，并评析列宁、斯大林在苏联社会主义建设中的政策实践。

一 马克思、恩格斯的思想

马克思、恩格斯关于农业与工商业关系及城镇化有诸多直接或相关的思想，这些思想也是以后诸多社会主义国家制定农业、工商业和城镇化政策的指导思想。

1. 社会主义农业合作

马克思、恩格斯在《共产党宣言》和《论土地国有化》等著作中，提出了社会主义土地国有化基础上农业合作的思想。其中主要包括两种方式进行农业合作：一是国有土地上的农业工人合作社；二是土地集体所有的农民合作社。

关于社会主义农业合作，马克思、恩格斯在《中央委员会告共产主义者同盟书》中提出："把没收下来的封建地产变为国家财产，变成工人农场，由联合起来的农村无产阶级利用大规模农业的一切优点来进行耕种。"也就是说，在社会共同占有土地基础上实行共同耕种，形成国有土地上的农业工人合作社。他们认为，社会主义土地国有化主要是在大土地私有制占优势的国家和地方实行，而对小土地私有制占优势的国家，提出了土地集体所有前提下的农民合作社经营的思想。

2. 农业的工业化改造

关于农业的工业化改造，马克思在《资本论》(第三卷)中提出，工业化是资本主义发展必不可少的过程。资本主义工业化的不断发展，必然要求以大农业生产方式取代小农生产方式，并逐步形成和实现农业机械化，进一步实现农业生产的工业化。

在小农经济阶段，农民的生产经营是分散的。这种生产方式落后，只有采用机器大工业才能为资本主义农业生产创造良好的条件。在这种情况下，虽然种地的农民比原来少了，但是农业产出和效益却会不断地增加。

3. 社会主义城乡一体

马克思、恩格斯在《共产党宣言》中提出："代替那存在着阶级和阶级对立的资产阶级旧社会的，将是这样一个联合体，在那里，每个人的自由发展是一切人的自由发展的条件。"正是基于全人类的自由发展，马克思、恩格斯提出了城乡一体的理论。社会主义和共产主义社会是在资本主义取得物质成就的基础上，消灭一切阶级的生产者的联合组织。在这个联合组织里，每个人充分自由发展，还有一切人的自由发展。而做到这一切的前提条件是实现生产者联合的社会占有，在生产力高度发展的情况下，消灭城乡差别、工农差别、脑力与体力劳动差别即三大差别，废除生产资料私有制。

4. 农业、工商业和城镇化的关系

马克思、恩格斯认为，农业的充分发展是城镇发展的基础、前提和初始动力。马克思在《资本论》（第一卷）中提出："因为食物的生产是直接生产者的生存和一切生产的首要条件，所以在这种生产中使用的劳动，即经济学上最广义的农业劳动，必须有足够的生产率……使农业剩余劳动，从而农业剩余产品成为可能。"农业劳动生产率的提高导致了社会分工，手工业同农业的分离就是早期的社会分工。手工业是以乡村工业的形式存在的。手工业的独立与发展不仅聚集了大量的农业剩余人口，而且也打破了传统的农业主导的社会生产结构，促使农业向非农化转变。

马克思主义对工业与城镇化的关系也有所论述，提出工业发展是城镇人口聚集的强力引擎，是城镇化的根本动力。在工业日益集中的趋势下，人口就像资本一样集中起来。恩格斯在《英国工人阶级的状况》中提出："大工业企业需要许多工人在一个建筑物里面共同劳动；这些工人必须住在近处，甚至在不大的工厂的近旁。他们也会形成一个完整的村镇。他们都有一定的需要，为了满足这些需要，还须有其他的人。于是手工业者、裁缝、鞋匠、面包师、泥瓦匠、木匠都搬到这儿来了……当第一个工厂很自然地已经不能保证一切希望工作的人都有工作的时候，工资就下降。结果就是新的厂主搬到这个地方。于是村镇就变成小城市，而小城市又变成大城市。城市越大搬到里面也越有利……这就决定了大工厂城市惊人的速度地成长。"工农业劳动生产率的提高作为农民转移最大的推力，不仅加速了乡村城镇化的步伐，使原有城镇规模不断扩大，同时形成了许多新城镇。

随着商品经济的发展，从农业中游离出一部分人专门从事商品流通和其他为生产和生活服务的业务。伴随着商品经济的进一步发展，从事服务业务的人员和许多有一技之长的艺人就聚集在那些工业生产和商品交易集中的场所，于是乡村就转变为了城镇。

二　列宁的思想及实践

1917 年苏联十月革命爆发，建立了第一个苏维埃政权。领袖列宁把马克思主义的理论运用到苏联的社会主义建设中，其中包括农业与工商业关系的调整，并在实践中发展了马克思主义关于农业与工商业关系的思想。

1. 战时共产主义经济政策

十月革命后，为了应对战争给苏联的经济带来的破坏，列宁推行了战时共产主义经济政策。这一时期的苏联实行余粮征集制，由国家直接实行工农业之间的产品交换，由此割断了小农与市场的联系。其结果导致农业生产率下降，粮食短缺，严重损害并剥夺了工农的利益，尤其是农民的利益，使工农联盟濒于瓦解，国民经济濒临崩溃的边缘。

该政策还大范围地将中小型企业收归国有，并建立以一长制为核心、以行政命令方式为主的高度集中的管理体制，对小生产企业实行监督。禁止集市贸易和取缔私商，并且否定商品货币关系和市场调节的作用，强调实物交换与实物分配，推行经济实物化和平均主义，导致工农业之间、城乡之间交换与结合渠道的堵塞和中断，窒息了经济和城镇化的发展。

2. 新经济政策

战时共产主义政策带给列宁惨痛的教训，使得他开始考虑"市场"这个重要因素，实行了新经济政策，强调利用市场、商品货币关系发展商业和自由贸易。

国内战争结束后，经济受到严重破坏。列宁意识到，只有发展商业才能满足工农业生产的需要和人民生活的需要，才能促进经济建设的发展和社会的进步。于是提出利用货币关系即市场的力量来恢复和发展工农业之间的经济关系。着力于发展商品生产和多种形式的经营，活跃市场经济和自由贸易，由此改善和巩固了工农联盟，在一定程度上加快了苏联城镇化的进程。新经济政策虽取得一定的成功，但并没有使列宁对市场的作用真正予以重视。

3. 城镇化思想

关于城镇化，与马克思、恩格斯的思想保持一致，列宁强调城市的中心作用，提出"城市中心理论"。列宁早在十月革命以前就认识到了城市的重要性，指出："大家知道，在现代各个国家甚至俄国，城市的发展要比乡村迅速的多，城市是经济、政治和人民的精神生活中心，是前进的主要动力。"

列宁还认为，要加速城镇化发展就必须大力发展商品经济，指出："商品经济的发展就是一个个工业部门同农业分离。商品经济不发达（或不完全发达）的国家的人口，几乎全是农业人口。"而"商品经济的发展也就意味着越来越多的人口同农业分离，就是说工业人口增加，农业人口减少。"

三　斯大林的思想及实践

1924 年列宁逝世后，斯大林开始领导苏联社会主义建设。与列宁有所不同，斯大林更加重视工业，特别是重工业。苏共十四大、十五大通过了社会主义"工业化"的总方针：大力发展工业，实施两个五年计划，有计划全面地系统地发展工业，形成比较齐全的工业体系。经过两个五年计划时间的建设，实现了以重工业为中心的国家工业化。

马克思主义关于社会主义农业合作化理论，为斯大林的农业合作化运动提供了理论指导。1927～1928 年，由于苏联国家规定的粮食价格太低，农民并不急于卖粮，使得粮食收购出现困难，粮食严重短缺。斯大林分析造成危机的原因是，农民阶层的蓄意破坏。在十五大确立了农业集体化的方针，采取强制手段取消小农经济，强迫农民加入集体农庄，以实现农业现代化，为工业化服务。但在实施集体化运动的过程中，强迫农民加入集体农庄，严重侵犯了中农利益，在执行消灭富农的政策中出现了严重的过激行为。

四　对马克思主义思想的评价

综上所述，马克思主义关于农业与工商业关系及城镇化的思想可以概括为：实现农业集体化，通过基于农业集体化的大规模农庄实现有组织的农业生产并实现农业机械化；通过政府协调农业与工商业、城市与乡村的关系；通过消除分工消除城乡差别、工农差别、脑力与体力劳动差别。列宁、斯大林主要基于马克思的思想理论在苏联的社会主义建设中加以实践。总的来说，问题多于成就。

我们对马克思主义关于农业与工商业关系及城镇化的思想提出以下评析。

一是受时代的局限。基于当时的农业实践，马克思相信，只有集体化才能实现机械化。他没有能够看到19世纪后期的美国等发达国家，随着农业机械化的推行，以家庭农场为单位也能实现大规模的农业生产，这是一种高效且管理成本极低的农业生产方式，成了今天世界农业的主流。

二是农业与工商业存在合理的比例关系，通过政府协调农业与工商业的关系是一个解决方案，也就是实行计划经济。但这一方案有两个问题：其一是政府并不能够通过计划有效地协调这二者之间的关系。如果政府为了发展工业而牺牲农业，则是对这二者关系主动的破坏。很遗憾的是，这是多数社会主义国家的实践，包括苏联和中国。其二是由政府通过计划的手段控制农业与工商业，也就消除了竞争，将不可避免地扼杀企业家精神和创业实践，其结果必然是经济的窒息，也就谈不上良好的农业与工商业的关系。

三是马克思试图通过消除分工来消除城乡差别、工农差别、脑力与体力劳动差别，这显然是退回到亚当·斯密分工理论前的水平。随着现代生产活动的日趋复杂，分工走向更加的细密，而不是相反。

第二节　西方关于农业、工商业和城镇化思想的文献回顾

工业化、城镇化和农业现代化发端于西方。总的来说，在西方市场经济条件下，没有出现今天中国式的"三化"协调发展问题，所以在西方的文献中几乎找不到直接关于"三化"协调发展的文献。

在西方工业化、城镇化和农业现代化的发展过程中，除有大量直接针对这些问题的讨论外，还有一些关于农业、工商业和城镇化关系的探讨，这些探讨与我们今天讨论"三化"协调发展问题联系较多。这些讨论主要分为三个时期：16 世纪开始的古典经济学时期，20 世纪 50 ~ 60 年代的发展经济学时期和当代。这些讨论对中国的"三化"协调有着重要的借鉴意义。本节侧重就西方不同时期关于农业、工商业和城镇化思想学说进行回顾并评析。

一　早期及古典经济学关于农业、工商业和城镇化的思想

文艺复兴以后，西方资本主义开始萌芽。在这个过程中，西欧一些国家的工业、商业和城市开始得到一定程度的发展，与此同时也开始了农业现代化的过程。工业化和城镇化不仅促进了城市发展和生活水平提高，也对人们的生活和城市建设带来一些负面影响。为此，一些思想家进行了讨论和设想。

16 世纪初，英国著名思想家、人文主义者莫尔在《乌托邦》中就对理想社会做出了设想。作为空想社会主义者的莫尔通过描述"乌托邦"探讨了关于城乡结合的问题。莫尔认为，"乌托邦是一个城乡一体化的社会，农村没有固定的居民，而是由城市居民轮流种地。农村中到处都是间隔适宜的农场住宅，配有足够的农具。城乡物资是交流的，农村无法得到的工业品就到城市去取。农作物的收割是突击性的，选好一个晴朗的天气，城乡居民一齐出动，在短期内全部完成。"

随着社会和经济的发展，之后的空想社会主义者对莫尔的"乌托邦"进行完善。其中代表人物是法国空想社会主义者圣西门、傅立叶和英国的空想社会主义者欧文，他们对资本主义进行了尖锐而深刻的批判，提出了在维持资本主义制度的条件下消除城乡对立的空想社会主义学说。他们主张，未来社会要消灭城乡差距、工农差别以及脑力劳动和体力劳动之间的差别。城市规模不能够过大，要接近农村，这样才能更好地促进城乡的结合，并且有可能缓解城市中各种矛盾。这种设想提出要建立公共设施、改良住房等措施，体现了对城市居民公共生活的重视。这表明人们开始从社会改革的角

度对城市进行探索。他们的理论和实践对后来的城市规划理论颇有影响。但是这些思想属于空想社会主义范畴，脱离了社会实际，无法在现实生活中进行实践并检验。

随着工业革命的产生和发展，工业、农业和城市建设出现越来越多的问题。这一时期的思想空前活跃，在欧洲重商主义和重农主义的论战中逐步发展出了古典经济学。在古典经济学中，一些代表人物对工业、农业以及城市作了论述。

1672 年，古典经济学创始人威廉·配第指出，随着工业革命的进行，工业生产水平超过农业生产水平，劳动力逐渐由第一产业向第二产业转移。随着社会经济的进一步发展，克拉克指出劳动力又逐渐向第三产业转移。这被称为"配第－克拉克定理"。

1776 年亚当·斯密发表《国民财富的性质和原因的研究》，提出用增加的农业产品和剩余产品去支持城市的工业发展，工业才可能发展起来。另外农业的发展为工业发展提供了劳动力。也就是说，当农业生产水平提高时，原来同量的耕地现在只要少数人就能完成生产，剩余的人就可以来生产其他物品，这就为工业的发展提供了劳动力。亚当·斯密认为，城乡在分工体系中相互依存，农业发展是城市发展的基础。城市发展依赖于乡村发展，只有当农业劳动生产力高到能够生产超过农民自身需要的剩余物时，才谈得上增设城镇，并且城镇发展不能超过农业所能支持的限度。同时城镇发展又为农村剩余物提供广阔的市场。而且，城乡需要按比例发展，农村居民和城市居民是互相服务的关系（王拓，2003）。

世界上最早提出城乡一体化发展的学者是英国城市学家埃比尼泽·霍德华，在其著作《明日的田园城市》中说："城市和乡村都各有其优点和相应的缺点，而城乡一体则避免了二者的缺点……城市和乡村必须成婚，这种愉快的结合将迸发出新的希望、新的生活、新的文明。"

在古典经济学思想中，这些思想家认识到了工业革命存在的问题，因此，发展了相关的城乡理论，也提出了相关的解决方案。但是这些思想很大程度上有着时代局限性，并不能够完全解决目前中国发展中所面临的问题。尽管如此，他们思想中的精华部分仍然对我们今天选择发展道路有着重要的借鉴意义。

二　发展经济学关于农业、工商业和城镇化的思想

20世纪40年代，现代意义上的发展经济学兴起，主要研究贫困落后的农业国家或发展中国家如何实现现代化的问题。发展经济学以资本主义发达国家的往日经验来规范发展中国家的经济发展，并从发达国家的立场看待发展中国家面临的一些问题。发展经济学的一些代表人物根据各国发展状况和经济发展规律，在工业、农业和城镇化的问题上提出了一些观点和模型。

诺贝尔经济学奖获得者、发展经济学家刘易斯于1954年提出二元经济结构理论来解释人口流动的问题。他把发展中国家的经济结构划分为现代工业和传统农业。他认为，由于传统农业从事传统的农业生产，而且发展中国家的土地相对有限，人口增长过快，这就出现了大量的剩余劳动力存在于传统农业领域的现象。另外传统农业的收入也比现代工业的收入少很多。所以，现代工业可以从传统农业中获取大量的剩余劳动力，同时这些劳动力也可以从现代工业中获得更高的收入。在这种情况下，农村大量的剩余劳动力就会涌入城市，在这个过程中，农村剩余劳动力被城市逐渐吸收，农村收入和城市收入越来越接近，城乡差别逐步消失，国民经济逐步实现现代化。

1961年拉尼斯和费景汉在刘易斯二元经济结构理论的基础上做了补充，提出"刘易斯－拉尼斯－费景汉"模型。他们认为，农业总产出在农业劳动力下降到一定程度时也会减少，这时就会因为粮食短缺引起粮食价格上涨和工业部门工资上涨。经济结构中同时存在扩张的现代工业和停滞的传统农业。但是如果此时提高农业劳动率，就可以保持农业继续为工业提供剩余劳动力。

1969年美国发展经济学家托达罗提出"托达罗模型"，认为由于存在"期望收入"，所以发展中国家大量的农村劳动力就会涌入城市。然而城市中又存在越来越严重的失业现象。农村劳动力在"期望收入"和失业率同时存在的情况下，最终依然选择进入城市。他提出，农村要想留住劳动力，缓解城市的就业压力就必须促进农村和农业的发展。

美国经济学家戴尔·乔根森于1967年提出"乔根森模型"。"乔

根森模型"探讨了工业增长是如何依赖农业发展的。他指出，工业不断发展，劳动力从农业向工业转移的充分必要条件就是出现农业劳动力剩余。

美国经济学家、诺贝尔经济学奖获得者弗里德曼提出"中心 – 边缘"模式。这种新型的农业城镇发展模式强调通过城乡联系形成经济与社会均衡发展的新格局。他认为，城市中心区作为人口、资本、技术、权力等生产要素聚集的中心，在工业化加速发展的过程中，需要获取来自于周围非中心区域的资源，从而形成二元空间结构。但是，随着政府干预的加强、社会和经济发展以及区域结构的调整，中心区域和非中心区域的差距逐渐缩小，形成城乡一体的新型格局。

舒尔茨在《改造传统农业》中指出，改造传统农业要引进现代农业生产要素。他主张建立一种适合改造传统农业的制度，从供给和需求两方面为引进现代农业生产要素创造条件，同时对农民进行人力资本投资。

一般认为，发展经济学对后来发展中国家的经验并没有给出很好的解释，所提出的一些政策建议后来也没有得到有效的实施，发展经济学的弊端开始显现。它从发达国家的视角来解释发展中国家存在的问题。然而，当今发展中国家的现状和发达国家在发展前期的状况存在差异，发达国家的成功经验并不一定普遍适合发展中国家，很难得出关于发展的普遍有效的一般性结论。特别是 20 世纪 80 年代以来，在新的经济全球化的浪潮中，面对众多经济学派的发展，发展经济学既出现了新的发展趋势，也面临着困境。

三 当代西方关于农业、工商业和城镇化的思想

20 世纪 70 年代以来，全球经济发展进入一个新的阶段。在世界范围内，特别是发展中国家，又出现了一个大量农村人口涌入城市，城市规模迅速扩大，城市经济结构发生重大变化的时期。这些变化给城市发展带来一系列社会和经济问题。一些经济学家为了探索产生这些问题的根源，寻求解决问题的方法，把城市作为一个整体进行研究，重视城乡关系和工业与农业的生产关系，由此提出了新的理论和设想。

罗吉斯等通过考察世界各国乡村聚落发展，把乡村聚落结构的发展划分为三个阶段，即未中心化阶段，没有乡村市集的中心化阶段和乡村市集中心化阶段。未中心化阶段由于生产力水平低下，农村居民之间交换范围有限，未形成固定集市。没有乡村市集的中心化阶段由于农民收入水平低，交换费用高，市场交换没有形成固定的位置。乡村市集中心化阶段在市场交换位置固定以后形成，乡村已经初步具有相当的农业商品化和农村城镇化的特点。

麦吉等提出乡村"聚落转型"的概念，指出研究城市化不能只以城市和乡村为基本单位，而要以大范围的区域来研究城市化。要将区域发展与城市化相结合，将城市与乡村互相联系，拓展城市化发展的范围，用一个新的视角来看待城市与乡村的发展。

一些学者从产业结构的视角解读二元经济结构的转换。Matsuyama 建立的模型显示，在一个封闭的经济体中，农业高产出可以通过满足工业需求来促进工业化，从而推动工业产出的进一步增加。与之相对，在一个开放的经济体中，如果在工业发展的初期国家并未给予相应的保护政策，那么农业产出的增加会阻碍工业化的发展。但是实际上一些未给予保护政策的国家，工业仍然迅速发展。因此，Eswaran 等人用新的模型解释了农业高产出对于工业化的影响。在新的模型中，他们指出，服务业在工业化的过程中起到了极为关键的作用。农业高产出提高了人们的收入水平，从而导致对于服务业需求的增加，间接降低了本国工业产品的生产成本。这就是农业高产出能够促进工业化发展的原因。

这些学者关于工业、农业、城镇化的思想或多或少都是以某些国家或某个区域的发展经验研究为基础的。但是，这些思想对当代中国的"三化"协调发展研究有着重要的借鉴意义。

第二部分

理论与国外经验

第四章
工业化、城镇化和农业现代化
协调发展的理论

工业化、城镇化和农业现代化"三化"协调发展问题是一个深具中国特色的问题，在西方市场经济国家基本上没有出现过中国式的"三化"失调问题，因此在理论上也缺少直接针对"三化"协调问题系统的理论分析。今天我们研究中国的"三化"协调问题时，就必须建立关于"三化"协调的理论基础。本章讨论"三化"协调的理论，侧重讨论为什么完善的市场经济条件存在实现"三化"协调的内在机制。此外，在中国城镇化过程中有一个所谓"人往哪里去"的问题，即关于大量农村剩余劳动力去哪里的问题。其中有一个普遍的担心是，城镇无法容纳太多的农民进城。为此，本章提出劳动市场萨伊定律，以为讨论这一问题提供理论基础。

第一节　基于一般均衡价格理论的
"三化"协调模型

在"公众行为与国家政策研究丛书"第五部《收入分配行为与政策》（樊明、喻一文等，2013）中首次提出一般均衡价格理论。基于这一价格理论对"三化"协调进行研究，可以帮助我们在更深的层次上理解为什么市场经济具有实现"三化"协调发展的内在机制，为什么中国出现了严重的"三化"失调问题，进而可以帮助我们分析寻找哪些因素影响了市场机制对"三化"协调发展的作用发挥。

为了阅读的连续性，在此将一般均衡价格理论作简要回顾，详见《收入分配行为与政策》。

一 一般均衡价格理论概要

考虑产品和要素两类市场。设在一个经济社会，有 m 种供给有限的生产要素，包括不同类型的劳动、资本、土地、自然资源等，生产 n 种最终产品。

用 $Q_i^S(P_i)$、$Q_i^D(P_i)$ 分别表示给定产品 i 在价格 P_i 条件下对产品 i 的供给量和需求量，用 P_i^* 代表产品 i 的市场均衡价格，要实现全部产品市场的均衡则有：

$$Q_i^S(P_i^*) = Q_i^D(P_i^*), i = 1, \cdots, n \qquad (4-1)$$

用 $q_j^S(p_j)$、$q_j^D(p_j)$ 分别代表给定生产要素 j 在价格 p_j 的条件下对要素 j 的供给量和需求量，用 p_j^* 代表要素 j 市场均衡价格，要实现全部要素市场的均衡则有：

$$q_j^S(p_j^*) = q_j^D(p_j^*), i = 1, \cdots, m \qquad (4-2)$$

上述所有产品市场和要素市场要实现均衡还必须保证整个经济社会的生产与消费的均衡，这就要求所有产品的价格之和 $\sum_{i=1}^{n} P_i^* Q_i^*$ 等于所有要素收入之和 $\sum_{j=1}^{m} p_j^* q_j^*$，即：

$$\sum_{i=1}^{n} P_i^* Q_i^* = \sum_{j=1}^{m} p_j^* q_j^* \qquad (4-3)$$

方程（4-3）所决定的一般均衡价格可以理解为，经过一次生产过程生产出产品，所有要素所有者同时也是消费者谈判如何来分配以及产品如何定价，这是两个关系紧密的问题，谈判的语言就是各个产品和要素市场的供给和需求。当生产完成后所有市场参与者的谈判地位就决定了：所生产的产品或所提供的要素相对稀缺，谈判中就处于相对优势地位；相反，如果所生产的产品或所提供的要素相对剩余，谈判中就处于相对劣势地位。于是有人满意，有人不满意，然后重新决定生产和消费。上次价格卖得高的增加生产，而价格卖得低的则减少生产。于是，经过一次再生产过程上次价格高的产品价格下降，而上次价格低的价格上涨。经过多次再生产调整，最终所有市场的参与者都接受了价格，调整停止，长期均衡实现。

一般均衡价格论强调，一般均衡价格的实现必须做到：一是产品和要素各个局部市场实现了均衡；二是各要素的收入可正好购买完产品市场的产品。

二 市场经济条件下"三化"协调的实现

假设存在城乡两个产品市场和要素市场。起初处于农业社会，其基本特征是：农业生产在农村进行，手工业和商业在城镇进行。农民、手工业和商业从业人员获得相仿的收入。樊明等（2013）对中国农业社会城乡收入差距进行了研究，发现城乡劳动者的收入差距应不会太大，因为在中国农业社会不存在显著的限制城乡劳动力转移的制度障碍，如果城乡劳动者收入差距过大，就会启动城镇化进程，从而可有效缩小城乡收入差距。

地主对土地投入的回报和城镇工商业主对工商业投入的回报也相仿，否则资本会通过行业间、城乡间的流动以实现更高的回报从而缩小行业间、城乡间资本投资回报的差距。为了分析简化，我们把城镇手工业和商业统称工商业，所生产的产品和服务统称工商业品。

农产品和工商业品的生产函数为：

$$Q_i = f_i(q_{iK}, q_{iN}, q_{iL}) \qquad (4-4)$$

这里，Q_A 代表农产品（$i = A$），Q_I 代表工商业品（$i = I$），q_{iK}、q_{iN}、q_{iL} 分别代表投入于农产品（$i = A$）和工商业品（$i = I$）的资本（K）、劳动（N）和土地（L）。

用 $Q_i^S(P_i)$、$Q_i^D(P_i)$ 代表对农产品和工商业品的供给与需求，要实现全部产品市场均衡则有：

$$Q_i^S(P_i^*) = Q_i^D(P_i^*), i = A, I \qquad (4-5)$$

这里，P_i^* 为产品市场的均衡价格。

用 $q_{ij}^S(p_{ij})$、$q_{ij}^D(p_{ij})$ 分别代表生产要素 j（$j = K, N, L$）在价格 p_{ij} 的条件下在农业（$i = A$）或工商业（$i = I$）对要素 j 的供给量和

需求量，用 p_{ij}^* 代表要素 j 在农业（$i=A$）或工商业（$i=I$）市场均衡价格。如果不考虑区位对土地价格的影响，则所有生产要素的价格在农业和工商业相等，即：

$$p_{Aj}^* = p_{Ij}^*$$

要实现全部要素市场的均衡则有：

$$q_{Aj}^S(p_j^*) + q_{Ij}^S(p_j^*) = q_{Aj}^D(p_j^*) + q_{Ij}^D(p_j^*), j = K, N, L \qquad (4-6)$$

为了实现生产和消费的均衡，还需要：

$$\sum_i P_i^* Q_i^* = \sum_j p_j^* q_{Aj} + \sum_j p_j^* q_{Ij}, j = K, N, L \qquad (4-7)$$

这里，$\sum_i P_i^* Q_i^*$ 代表产品市场的总价格，包括农产品和工商业品，$\sum_j p_j^* q_{Aj} + \sum_j p_j^* q_{Ij}$ 代表生产要素的总收入。只有二者相等，所有产品市场的产品为消费者所购买，才能实现生产和消费的平衡。

在农业社会，由于生产率水平低，需要很多的劳动力从事农业生产，即 q_{AN} 数量较大，且一般远大于在城镇从事工商业的劳动力 q_{IN}，即 $q_{AN} > q_{IN}$，这时用城乡劳动力衡量的城镇化率 UR $[= q_{IN}/(q_{AN} + q_{IN})]$ 相当低。

当时代进入到工业化时代后，科学的发展促进了生产技术的进步，首先开始于工业，工商业资本（q_{IK}）的利润率增加，导致投资快速增加，劳动生产率（Q_I/q_{IN}）也快速提高，生产和消费的平衡要求工人的工资（p_{IN}）也随之增加，在短期超过农民的收入，即 $p_{IN} > p_{AN}$，引发了城镇化进程，导致城镇在工商业就业的人员（q_{IN}）增加，与此同时，农民的数量 q_{AN} 减少，城镇化率 $[q_{IN}/(q_{AN} + q_{IN})]$ 不断提高。

在城镇工商业取得技术进步的同时，农业也不断取得进步，表现为农业机械化和科学技术在农业生产中的应用，导致农业劳动生产率（Q_A/q_{AN}）不断提高，继续留在农村从事农业生产的农民的收入（p_{AN}）也随之提高。

长期均衡要求，城乡劳动者的收入必须均等化，即：

$$p_{IN} = p_{AN} \qquad (4-8)$$

在宏观上，农民的相对收入比重等于1。所谓农民相对收入比重的概念在"公众行为与国家政策研究丛书"第三部《种粮行为与粮食政策》（樊明等，2011）正式提出，在第一章第二节再次阐发，为阅读的连续性，再次表达如下：

$$\text{农民相对收入比重} = \frac{\text{农业产出}/\text{国内生产总值}}{\text{农业人口}/\text{总人口}} \qquad (4-9)$$

构造这个指标的基本思路是，农业产出在 GDP 中的比重与农业劳动力占总劳动力比重之比决定农民作为一个整体在社会中的相对经济地位。如果农民的人均收入水平和城镇居民的人均收入水平无差距的话，则这个指标应等于1。比如说，全部农产品在总产品中的比重为10%，则农业人口在总人口的比重只能是10%，这时方可保证城乡劳动者收入的均等化，即 $p_{IN} = p_{AN}$。试想，如果这时农业劳动力占总劳动力比重为20%，则农业人口的收入就只能为工商业人口的一半。如此则有：

$$\frac{\text{农业产出}}{\text{国内生产总值}} = \frac{\text{农业劳动力}}{\text{总劳动力}} \qquad (4-10)$$

用本章的符号来表示就是：

$$\frac{P_A Q_A}{P_A Q_A + P_I Q_I} = \frac{q_{AN}}{q_{AN} + q_{IN}} \qquad (4-11)$$

资本为追求更高的回报，也会在行业间转移，导致利润率平均化，包括在农业和工商业。

前面的分析假定土地地租不受区位的影响，但事实上无论是城镇土地还是农业用地都受区位的影响。就农业用地来说，由于距离市场远近不同，如果农产品交易主要在城镇进行，则距离城镇近的，由于运费的节省，地租（或地价）会有所上升；相反，如果远离城镇，则地租会下降。在城镇内部，假定城镇为单中心城镇，城镇中心因有最好的通达性从而地租最贵，则从城镇中心（通常是 CBD 所在地）到城镇边缘地带地租呈下降趋势。在城镇的边界，城镇用地地租和农业用地地租相等，否则城镇就会向农村扩展。

总结以上分析可以得到这样的基本结论：如果城乡的产品和要素市场是统一流动的，则"三化"协调发展。其基本机制是，各生产要素通过流动试图实现最大回报，其结果实现回报均等化。这时农村劳动力和城镇工人的收入是相等的，否则城镇化进程将持续，假定城乡劳动力是同质的。资本在城乡间自由流动导致利润率趋同。

三　"三化"失调的理论分析

根据以上理论分析，我们可以进一步分析可能导致工业化、城镇化和农业现代化"三化"失调的因素。

一是某些制度因素限制了农村劳动力及时向城镇转移。其实，即便在中国古代农业社会这种限制农村劳动力向城镇转移的制度障碍也是存在的，主要是城镇社会的街坊制和行会制，但总的来说，这些障碍对农村劳动力向城镇转移的作用是有限的（樊明、喻一文等，2013）。但在 1949 年后，特别是 1956 年中国逐渐开始实行城乡分隔的户籍制度后，严重限制了农村劳动力及时向城镇转移，是导致"三化"失调的重要制度因素。

二是农村集体土地制度以及土地承包制。在实行土地私有制的西方，农民离开农村一般是出售农村土地后到城镇寻找就业机会，所实现的城镇化是比较彻底的。但中国农村实行的土地制度是集体所有制，家庭承包经营，不允许土地自由买卖。这样，农民进城就业往往具有兼业的性质，一些农民工农忙时会选择短暂回乡务农。不少农民工到达一定年龄后，会选择回乡养老。

三是城镇政府及民众对农民工的排斥。城镇政府往往需要利用农民工从事城镇居民不愿从事的工作，但同时又不愿承担相应的政府职责，如给予农民工城镇居民所享受的社会福利。一般民众也存在对农民工不接纳甚至排斥的现象，这与农民工和城镇居民在文化教育上的差异有着直接的关系。

四是城乡劳动力的异质性。以上的分析模型假定城乡劳动力是同质因而可完全相互替代。但城乡劳动力从来就具有异质性。樊明等（2013）认为，在古代农业社会城乡一般教育水平的差异以及城镇职业教育的家庭传承，在一定程度上限制了农村劳动力及时向城镇转移。1949 年后，城乡不均衡的发展，特别是教育的不均衡，严重限制了农村劳动力向城镇转移以及转移后的行业和职业分布，进而导致农民以及进城的农民工与城镇居民收入的差距。

第二节 劳动市场萨伊定律及农民工就业

工业化、城镇化和农业现代化"三化"协调发展需要农村剩余劳动力能及时畅通地转移到城镇就业。一个普遍担心的问题是：如果农民工大量流入城镇，其就业是否会是一个问题？会不会给现有的城镇居民带来就业上的冲击？这是一个非常值得关注的问题。如果农民工大量进城难以避免带来严重的就业问题，包括农民工自身就业以及对现有城镇居民的就业，政府就需要适当采取措施控制农民工进城的规模和速度。相反，如果这不是一个严重的问题，甚至根本就不是问题，而政府因担心农民工进城对就业产生严重影响而对农民工进城就业采取了不必要的限制措施，如 20 世纪 80 年代中国政府所采取的种种限制农民工进城就业的措施，就可能让农民不应有地失去改善生活甚至命运的机会，也阻碍了城镇化进程。本节不直接讨论农民工进城对就业的影响，而是提出一个更一般的问题：如果在一个劳动市场劳动供给增加，对就业将产生如何的影响。所获得的发现称为劳动市场萨伊定律，可帮助我们在更深刻的理论层次上理解农民工进城对就业的影响，此外还可应用于讨论延长法定领取养老金年龄对就业的影响，国际移民对本国就业的影响等涉及劳动供给增加对就业影响的问题。

一 劳动市场萨伊定律

当劳动供给增加时，传统的劳动市场分析一般在需求给定的前提下分析工资与就业量的变化。然而，这种传统的分析具有局部均衡的性质，忽视了劳动市场与产品市场的互动关系。从一般均衡的视角来分析，由于劳动力同时具备生产者和消费者的二重性，增加劳动力就意味着同时在产品市场增加了需求，进而对劳动市场产生引致需求，从而使得新增劳动力得以就业，在劳动市场实现新的均衡。新增劳动力增加了产品的产量使得产品市场的供给增加，在产品市场实现新的均衡。以上的逻辑就意味着，劳动供给的增加本身将内生地导致对劳动需求的增加。为了更细致地分析这一过程，我们建立以下模型。

假定起初产品市场和劳动市场均处于均衡状态，均衡点分别为 E_L^0

和 E_Q^0（见图 4 - 1 和图 4 - 2）。现劳动市场的供给增加，从 $S_L(Q_0)$ 增至 $S_L(Q_1)$。需要说明的是，现在产品市场的均衡产量仍然是起初的产量 Q_0。新增加的劳动力必然要消费，从而增加产品市场的需求，从 $D_Q(L_0)$ 增至 $D_Q(L_1)$。其消费资金可能找到工作后的就业所得，也可能是过去的储蓄或他人资助。产品市场的需求增加必然导致在劳动市场对劳动需求的增加，从 $D_L(Q_0)$ 增至 $D_L(Q_1)$。这时劳动市场新增劳动力就业。

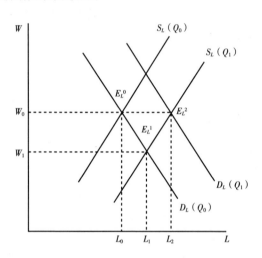

图 4 - 1　劳动市场供给增加对均衡就业量的影响

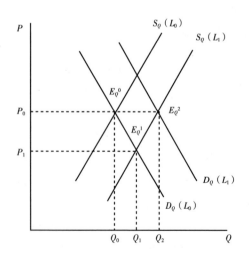

图 4 - 2　产品市场供给增加对均衡产量的影响

关于新的均衡工资水平需要讨论。图 4 - 1 显示，均衡工资与原均衡工资相等。那么这个结果是否是一个一般性的结果？或当劳动供给增加后，是否需求会以相等的幅度增加？

这个模型隐含假定，新增劳动力与原有已就业的劳动力是同质的（否则就是两个劳动市场的问题）。如此就意味着，新增劳动力与原有劳动力的劳动能力是相等的，那么新增劳动力与原有劳动力是否能有同样的劳动生产率就取决于新增劳动力是否可与同样的资本结合进行劳动。

要恰当地回答这个问题，先要对我们以上所采用的分析方法作一讨论。以上所采用的分析方法是最常用的比较静态分析法，强调的重点是如何从起始的均衡状态变化到最终的均衡状态。这种分析方式往往省略了过程，把从一种均衡状态过渡到新的均衡状态隐含地视为一瞬间完成的过程。

比如，就我们现在讨论的问题来说，我们讨论劳动供给增加对就业的影响。叙述时我们说："现劳动市场的供给增加，从 S_L（Q_0）增至 S_L（Q_1）。"这样的叙述似乎在暗示，这个劳动力供给的增加是在一瞬间完成的。于是劳动市场的均衡工资从 W_0 降至 W_1。然而实际情形是，所论劳动供给的增加是一个流量，是在一个时间段逐渐完成的。就本节所关注的两个具体案例而言，农民工进城就业所增加的劳动供给，是发生在全年的过程。年末农民工进城时，年初进城的农民工已工作快一年了。延长退休年龄所导致劳动供给的增加更是一个渐进的过程。

因此，一般来说，劳动市场的供给增加并不会导致劳动市场的均衡工资如模型所预言从 W_0 降至 W_1。劳动供给增加更接近现实的过程是，先增加的劳动力参与了生产过程，参与的利润的创造和资本的积累，如此又为后来增加的劳动力的就业创造了资本条件。

基于这一动态的分析我们可以这样理解：从静态的视角来看，新增劳动力加入到生产过程会降低人均资本量因为新增劳动力并不携带资本加入到生产过程。但从动态的视角来看，新增劳动力仍然可以理解为自己为自己创造了资本。只有这样理解，我们才能解释一个经济在劳动力不断增加的过程中，人均资本拥有量在持续增加而不是减少。

再回到我们的主题。根据以上分析，我们可以假定新增劳动力和原有劳动力在同样的资本技术条件下参与生产过程，劳动生产率相等。由于新增劳动力和原有劳动力生产出等量的产品，也就意味着所增加的对劳动的需求也和过去一样，这样均衡工资将维持不变。

劳动供给的增加本身将内生地导致对劳动需求的增加这一表述结构与萨伊定律的表述结构甚为相似。萨伊定律的核心思想是"供给创造其自身的需求"（Say，1880）。如果劳动供给的增加本身将内生地导致对劳动需求的增加具有一般性，则这一现象就可以命名为一个定律："劳动市场萨伊定律"。劳动市场萨伊定律可表述为：

劳动市场供给创造其自身的需求。

有多种原因导致劳动供给增加。劳动供给增加的原因不同，所引发的劳动市场需求增加的机制、过程也不尽相同。以下侧重论述农民工进城就业以及延迟法定领取养老金年龄所导致的劳动供给增加对劳动市场就业的影响。

二　农民工进城就业对劳动市场均衡就业量的影响

农民工进城就业是指，农村劳动力脱离农村劳动市场转移到城镇劳动市场就业的过程。农民工进城就业一般有着城乡二元结构的背景：城镇劳动市场工资较高而乡村劳动市场工资较低。种地农民可以视为自我雇佣者，其收入中主要为劳动收入，当然也包含隐形地租等收入。如此，农民劳动力为挣得更高工资而放弃在农村就业转移到城镇就业。

考虑一位本在农村就业的农民。这位农民可能在农村从事农业，在村里从事服务业或在乡镇企业从事制造业。为了获得更高的收入，这位农民选择进城就业。下面分析这一行为对就业的影响。

如果这位农民原本在农村从事农业，其离开农村后其承包地或由其家庭成员增加劳动时间耕种，或转包给其他村民，则会增加这些人的劳动供给。由于中国农村普遍存在劳动力过剩，农业产量应不会降低，而这位农民进城就业后可增加城镇劳动力的供给。整个过程所增加的产品市场需求包括以下方面：这位农民工在城镇消费所增加的需求；把部分收入汇回农村由其家庭成员消费所增加的对产品市场的需求；被转包土地的农民因耕地增加而增加收入进而增加的产品市场的需求。如果不考虑家庭成员增加劳动供给的影响，则整个产品市场至少增加因农民工进城就业获得收入所增加的需求，这个需求在劳动市场导致需求增加。

如果这位农民原本在农村从事服务业，如果原来这位农民所在村的服务业市场是均衡的，则这位农民的离去会产生出对当地劳动市场的需求，最可能的是当地又一位农民选择当地的服务业并因此有可能增加收入。同样，整个产品市场至少增加因农民工进城就业获得收入所增加的需求。

如果这位农民原本在农村乡镇企业从事制造业。进城就业后，原就业的乡镇企业很可能会在当地招收新的工人。同样，整个产品市场至少增加因农民工进城就业获得收入所增加的需求。

当然还有一种更常见的可能性：这位农民工进城是初次就业。这时这位农民工的家庭可节省出抚养开支用于消费的增加，而这位农民工因开始就业所获得的收入在劳动市场所增加的需求应可至少增加一个劳动力。

以上分析说明，不管一位农民工在进城就业前从事何种职业或未就业，一定至少可因农民工进城就业获得收入所增加的产品市场需求应可至少增加一个劳动力。这也就意味着，一个国家不会因城镇化进程，至少在长期，会导致失业问题。这一推论使劳动市场萨伊定律在因城镇化所导致的劳动供给增加的条件下获得一次检验的机会：我们可以检验不同国家的城镇化率是否与其失业率无关。如果劳动市场萨伊定律成立，则意味着不会因城镇化导致失业增加，则城镇化率与失业率无关。为此，我们进行检验。

联合国粮农组织提供了不同国家和地区"农业经济活动人口占经济活动人口比重"，1减去这一比例可求得这些国家和地区的城镇化率。这一城镇化率是基于职业，是和我们所要讨论的问题相关的城镇化率。国际劳工组织报告了不同国家和地区的失业率，都采用2002年数据，去除数据不全的国家和地区（大多为贫困落后国家和地区），找到167个国家和地区同时有城镇化率和失业率的数据。如果劳动市场萨伊定律在因城镇化所导致的劳动供给增加成立，则城镇化率和失业率相关系数会很低。

图 4－3 报告了 167 个国家和地区的城镇化率和失业率，无论是从散点图直观地来看，还是从所报告的相关系数 R^2 只有 0.0412 如此之低来说，我们都可以得出结论：城镇化率与失业率无关。

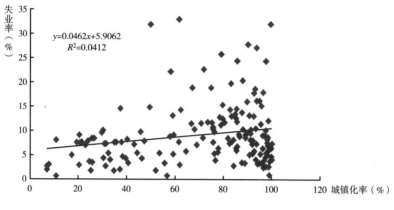

图 4－3 城镇化率与失业率的关系

三 延长法定领取养老金年龄对就业的影响

延长法定领取养老金年龄（通常被称为延长退休年龄）是当下中国的一个热门话题，赞成者、反对者激烈争论。反对者的一个重要理由是，现在中国的就业形势不乐观，如果延长退休年龄则会导致就业形势更加严峻。对此，政府也不无担心。但根据劳动市场萨伊定律，延长领取养老金年龄所导致的劳动供给增加应不会影响就业。下面我们就因延长领取养老金年龄所导致的劳动供给增加对就业的影响进行具体讨论。虽然这个问题和我们所讨论的"三化"协调发展问题并无直接关系，但这一讨论会加深我们对劳动市场萨伊定律的认识，从而进一步支持刚刚获得的"城镇化率与失业率无关"结论。

有以下两方面的原因导致延长领取法定养老金年龄对劳动市场需求的增加。

一是对产品市场需求的增加。一个工人退休后以养老金为基本生活来源。由于收入水平降低，其消费水平也随之降低。此外，一个工人退休也意味着正就业工人要拿出其产出的一部分以上缴养老保险的方式提供给退休者消费，而正就业工人的消费水平也随之降低。退休工人和正就业工人的消费水平降低就意味着产品市场的需求将因此降低。但如果这个工人延迟退休，其收入就会在产品市场创造出需求。正就业工人将减少养老保险的缴纳，本来要发放的养老金可以转化为正就业工人的收入从而在产品市场形成需求。由此可以判断，一个工人延迟退休可在产品市场增加需求，而这个产品市场的需求可导致对劳动需求的增加。这也意味着，一个工人延迟退休并不会因此剥夺另一个工人或潜在工人的就业机会，或一个工人退休就可腾出一个就业岗位。

二是劳动成本降低，公共服务水平提高。领取养老金年龄是决定企业劳动成本的一个重要因素。如果领取养老金年龄过低，退休群体就会庞大，全社会养老支出就会不断增大，其结果必然要求正在就业的工人缴纳更高的养老保险以筹集到足够的养老金，由此将导致劳动成本的不断攀升。显然，如果劳动成本不断攀升，供给减少，产品的价格将随之上升，均衡产量减少，从而对劳动的需求减少。此外，劳动成本的上升将降低一国出口产品在国际市场的竞争力，也将影响国内就业。因此，从这个意义上来说，延迟领取养老金年龄可降低企业的劳动成本从而增加就业。当然养老保险缴纳标准并不会经常变更。延迟领取养老金年龄从微观来说可能并不马上改变企业和职工所缴纳的养老保险的标准，但可能增加社会养老保险的结余或减少了财政对养老金的补贴，这时政府可获得更多的税收用于提供公共产品和服务，这又在一定程度上改善企业的经营环境和工人的生活环境，促进投资和消费的增加，由此进一步促进就业。

劳动市场萨伊定律强调，因劳动供给增加在长期引发对劳动的需求增加将导致新增劳动力在原均衡工资水平上实现充分就业。如果劳动供给增加是法定领取养老金年龄（Statutory Pensionable Age，SPA）的延迟所导致，这就意味着在长期法定领取养老金年龄与失业率无关。这样，我们可以采用国别的法定领取养老金年龄和失业率数据对劳动市场萨伊定律再进行一次检验。如果劳动市场萨伊定律成立，我们期待法定领取养老金年龄与失业率在统计上不相关。相反，如果劳动市场萨伊定律不成立，则法定领取养老金年龄长的国家的失业率会高。

联合国经济和社会事务部（Department of Economic and Social Affairs）发布的《全球社会保障（2002）》，提供了诸多国家和地区分性别的法定退休年龄。同样，国际劳工组织报告了不同国家和地区提供的 2002 年失业率数据。删除不能同时提供这两个数据的国家和地区（大多为贫困落后国家和地区），共保留了 139 个国家和地区样本。

图 4 - 4 和图 4 - 5 分别报告了这 139 个国家和地区分性别法定领取养老金年龄和失业率。男性样本的相关系数 R^2 只有 0.0184，女性为 0.0179。无论是从散点图直观地来看，还是从所报告的相关系数 R^2 来看，我们都可以得出结论：法定领取养老金年龄与失业率无关。

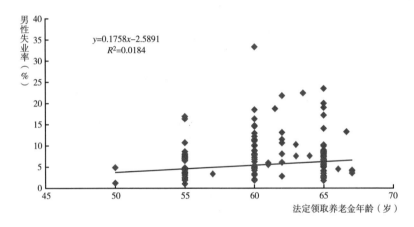

图 4 - 4　法定领取养老金与失业率（男性）

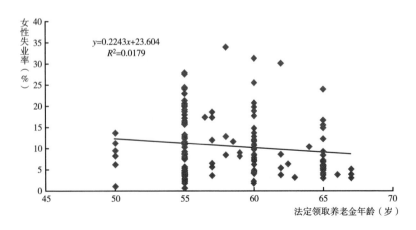

图 4 - 5　法定领取养老金年龄与失业率（女性）

　　根据以上统计分析，我们认为，劳动市场萨伊定律在统计上得到一定的支持，这就意味着至少在长期城镇化进程和延迟法定领取养老金年龄并不会对就业产生显著的负面影响。

　　需要指出的是，劳动供给增加导致对劳动市场需求的增加有一个时间过程。在短期由于劳动供给增加而资本一时难以调整以及公共产品和服务的提供在短期也难以快速得到改善，这就可能导致新增加的劳动力一时难以充分就业。但劳动的增加将增加资本的边际产出，导致投资增加，资本增加又导致边际劳动生产率的提高，带来对劳动需求的增加。劳动的增加带来产品市场需求的增加，为投资增加提供了市场条件。因此，劳动供给增加所引发的对劳动需求增加有一个过程。如果短期大量农民工涌入城镇，或大幅延迟领取养老金导致劳动供给增加过快，则有可能导致失业率上升。从这个意义上来理解，劳动市场萨伊定律更多地表现为长期现象。或者说，在长期劳动市场萨伊定律将表现得更为充分。

第五章
国外工业化、城镇化和
农业现代化发展

工业化、城镇化和农业现代化首先发端于英国，进而波及西方以及整个世界。如果这一过程从 18 世纪 60 年代英国的工业革命开始计，至今已持续了 150 多年。各国在工业化、城镇化和农业现代化发展过程中都留下了诸多的经验教训，值得我们总结，这对我们今天正在推进的工业化、城镇化和农业现代化"三化"协调发展有着重要的借鉴意义。本章选择有代表性的六个国家，介绍其工业化、城镇化和农业现代化以及"三化"协调发展的过程并加以评析。

第一节　英国工业化、城镇化和
农业现代化的发展

由于工业化、城镇化和农业现代化首先发端于英国，而英国又是最早实行市场经济制度的国家，其经验具有先导和示范作用，值得首先介绍。

一　英国的工业化

英国是工业现代化最先开始的国家，最早开始了工业革命。但工业革命发生于英国并非偶然，是英国社会、政治、经济、生产技术以及科学研究发展的共同结果。

1688 年英国资产阶级革命推翻了封建君主专制，建立了君主立宪制。这种制度满足了英国国内政治和经济发展的需要，从而为在英国发展资本主义和进行工业革命提供了制度保证。早前英国的圈地运动产生并聚集了大量的廉价劳动力，并且扩大了英国的国内市场。英国的殖民扩张也为英国积累了原始资本。海外市场的迅速成长，使得全球对英国商品的需求量越来越大。英国手工工场的生产已经不能适应广大国内外市场的需求，技术改革成为迫切需要，这就出现了发展机器的巨大需求。在自然科学进步以及放任自由的经济政策的推动下，新兴产业开始出现。所以，到18世纪60年代，英国工业革命首先从新兴棉纺织业的技术革命开始。蒸汽机及一系列技术发明的出现推动了原有生产方式的变革，英国工业革命使机器操作代替了手工操作，劳动生产率大幅度提高。

英国的工业化推动了英国城镇化和农业现代化。工业革命的迅速发展，为城镇化的发展提供了物质技术基础和其他必需条件，推动了城镇化。同时，工业革命中一些先进的机械设备运用到农业中，为农业的发展提供了强大的动力，促进了农业现代化。

英国自由放任的经济政策对英国的工业化发挥了积极的作用，但也不可避免地引发了一些问题，其中最为严重的是环境污染问题，主要是水污染和空气污染。当时英国大部分城市没有良好的排水系统，连续不断的工业废水和生产污水的自然排放，完全超过了河流和大地的自净能力，形成日益严重的水污染。最典型的是伦敦的泰晤士河，由于工业污水不加处理直接排放到河中，使得本来清澈宜人的"母亲河"变成了奇臭无比的污水河。空气的污染也相当严重。工业革命时期以煤为燃料的各类工厂和家用炉灶所排放的烟尘以及硫氧化物、碳氧化物等有害气体，是主要的空气污染源，严重地危害了人和动植物的健康。各种烟气、热气和毒气也直接带来了多种呼吸道疾病的流行。仅在伦敦，1873年、1880年、1892年和1952年就发生过四次毒雾事件，导致非常惨重的伤亡。

由于英国是第一个开始工业化的国家，没有任何国家为其提供环境污染的先例，所以并不十分了解环境污染对人类健康所带来的严重后果，直到他们深受其害时才意识到这一问题的严重性。19世纪中后期，日益严峻的环境污染问题和疾病的流行引起了社会的强烈反映，民众反抗斗争，要求改善自己的生存现状和生活环境。英国良好的民主制度促使了英国社会的各个阶层广泛参与到环境治理中去。通过英国政府和民众近 100 年持之以恒的不懈努力，工业革命时期所造成的环境污染得到了较为有效的治理。

二　英国的农业现代化

在工业革命时期，一些先进的机械设备运用到农业中，为农业的发展提供了强大的动力，推动了英国的农业现代化。

对英国农业现代化的发展起着重要作用的是土地私有制度的建立。英国中世纪的土地制度是在封建社会土地制度基础上运作的。在中世纪的分土制下，土地产权是不完整的。早期英国的圈地运动消除了土地的共权，确立了私权。在圈地运动中，涌现出许多拥有大地产的地主。他们以垄断的方式购买了许多农场，然后又向农场主出租。在土地私有制下，土地可以通过不断买卖进行兼并，家庭农场的规模不断扩大，为农业现代化的发展提供了重要的条件。同时私权的确立为技术的投资创造了前提条件，为了追求利润，人们不断引进新技术，推动了英国的农业现代化。

在自由放任的市场经济制度条件下，英国更加重视具有比较优势的工业的发展，实行"英国工业、其他国家农业"的国际分工。第二次世界大战及战后一段时间英国及欧盟部分国家粮食短缺甚至引起粮荒。为提高国内食物生产自给程度和避免此类困境重现，英国在欧盟共同政策框架内对国内农业大力度地实行补贴和保护政策。政府的农业补贴政策虽然在一定程度上促进了英国农业的发展，但是政府对农业的干预不仅加重了财政负担，而且不利于农村剩余劳动力从农村及时转移，进而不利于农业土地的兼并，并由此阻碍了农业规模经营的发展。

三　英国的城镇化

英国是世界上最早推进和实现城镇化的国家。18 世纪之前，英国城市的数量还不是很多，城市规模很小，发展速度相对缓慢，所以还不是现代意义上的城镇化。除伦敦等大城市外，多数城镇只是地区性商业中心，其辐射面仅及周围的农村。在交通运输条件非常落后的情况下，城市之间处于相互隔绝状态，人员的交往和物资的交流非常困难。但是随着工业化和农业现代化的发展，从 18 世纪后期到 19 世纪中叶的近 100 年的时间里，城市人口比例从 20% 跃升到 51%，初步实现了城镇化。

英国工业革命中一些先进的机械设备应用到农业生产，农业生产力有了大幅提高，使农村产生出剩余劳动力。同时，工业化促进了第三产业的发展，为农村剩余劳动力提供了广泛的就业机会。英国实行的是自由放任的经济制度，农业人口可以无阻碍地不断流入城镇。农村人口不断减少，随之城市人口不断增加。

但农村劳动力转移的实际过程并不如理论描述的一样顺利和简单。在英国工业化初期，工业部门需要大量的劳动力，失地农民本可以比较容易地在工厂谋到一份工作。但是由于当时工厂工作条件恶劣，工资低，工作时间长，且广大失地农民的思想观念还没有转变，他们过惯了"日出而作，日落而息"的农家生活，不习惯现代工厂生活。因此他们宁愿行乞、打短工或依靠亲友的资助，也不愿到工厂做工。后来工人的生活和劳动条件得到改善，工作时间不断缩短，工资水平得到提高。由于城乡收入存在差距，失地农民逐渐愿意到工厂工作，逐渐实现了英国的城镇化。

但随着英国城镇化的发展，城镇化过程中表现出了速度快、城镇化率高却盲目无序的特点。英国城市人口急剧膨胀，住房短缺，就业竞争激烈，公共卫生设施匮乏，环境污染，犯罪率居高不下，城市景观丑陋等"城市病"初露端倪。由于英国现代的城镇化无任何可借鉴的经验，在自由市场经济制度下政府未对城市盲目发展进行必要的干预，使得"城市病"愈演愈烈，带来了一系列不良后果。英国社会各界就英国自由放任式城镇化发展模式展开了批判，对城市的发展尤其是城市的布局、运行模式及城市生活各方面产生了深远的影响，英国城市开始朝着健康的方向发展。

四　英国"三化"的协调发展

英国通过工业革命开启了工业化之路，使英国成为工业化强国。同时工业革命中先进的技术运用到农业生产，提高了农业劳动生产率，推进了英国的农业现代化。英国的工业化和农业现代化又促进了英国城镇化的发展。在英国的工业化、城镇化和农业现代化的发展中，工业化起到了先导作用，"三化"彼此相互作用、相互促进，协调发展。

在英国"三化"协调发展过程中，自由市场经济制度起到了决定性的作用，是英国"三化"协调发展的基础条件。同时政府也发挥了重要的作用，主要表现在规则的制定和执行、社会保障以及环境的治理。

值得注意的是，"三化"发展中一些不协调的部分往往可以追溯到政府的干预。英国的农业补贴政策旨在保护农业和农民的利益，但迟滞了农业人口向城镇转移，不利于劳动力资源在城乡间的有效配置，并增加了政府财政支出的负担。这样的分析并非试图全面评价英国的农业补贴政策，只是说明如果市场机制的作用得不到充分发挥，就可能带来"三化"的某些不协调。

第二节　美国工业化、城镇化和农业现代化的发展

美国是当今世界的头号经济强国，实行的是世界上最完备的市场经济制度和民主制度。美国的工业化、城镇化和农业现代化均取得令世人瞩目的成就，且"三化"较为协调，其中有诸多值得借鉴之处。本节对美国工业化、城镇化和农业现代化以及如何实现"三化"协调发展加以介绍并评析。

一　美国的工业化

美国从建国开始就选择了自由的市场经济制度，强调个人奋斗，自由竞争，优胜劣汰。在政治上，美国实行了较为完善的民主制度，鼓励政治上的创新改革。美国从建国起就十分重视教育，培养了大批各类专业人才。美国作为一个移民国家，在文化上强调创新。美国的经济制度、政治制度、教育制度以及美国的文化为美国的工业以及整个经济的发展奠定了良好的基础。

1775～1783年的独立战争后，美国摆脱了英国的殖民统治获得独立。之后大量移民流入，不仅为工业化的发展提供了源源不断的廉价劳动力，而且人口的增加也带来市场。

美国的工业发展主要由市场主导，工业发展各个阶段的产业结

构主要由市场决定。随着人们消费需求结构的转变，美国的产业结构自 20 世纪 50 年代起逐渐发生了重大的变化：以制造业为代表的第二产业占国民生产总值的比重大幅下降，第三产业比重迅速上升，甚至超过第一、第二产业的比重之和，这说明美国的"产业空心化"现象已经非常明显，美国进入了去工业化的阶段（尹豪，2007）。

2007 年次贷危机以来，美国的经济遭受重创。美国认识到，具有竞争力的制造业是经济活力的重要源泉，因此，需要重新认识制造业的地位和作用。奥巴马政府于 2009 年重启"工业化"发展战略，意在通过"再工业化"重构实体经济。

自由的经济制度培养了美国的企业家精神，推动创新。创新是美国工业发展的基本动力。19 世纪中叶以来，美国产生了诸多的改变人们生活的发明创造，如爱迪生发明的电灯使人们在晚上也能继续工作学习。福特发明的流水线则大大提高了生产效率，降低了生产成本。美国自第二次世界大战以来一直保持着世界科学技术中心的地位，为美国的工业发展提供了坚实的技术基础。

二　美国的城镇化

1830 年以前，美国城市较少。由于海洋贸易的兴起，大西洋沿岸逐渐出现了一批城市，这是美国城镇化发展的最初形态。受工业革命的影响，美国大规模工业资本主义得到迅速发展，对劳动力产生出巨大的需求，是美国城镇化的基本动力，城镇得以快速向全国蔓延，西部开发是其重要的表现，出现了西海岸的城市群。随着蒸汽机的应用和钢铁技术的进步，美国形成了全国性的铁路交通网络，在交通枢纽诞生出一大批新兴城市。到 1920 年，美国城市人口比例已经超过了 50%（王克忠，2012）。

第二次世界大战后，随着高速公路的建设和汽车的普及，美国出现了城市人口向郊区移动的趋势，即郊区化，但导致一些问题出现。首先，高收入阶层迁往郊区居住，中心城市则留下中低阶层的居民，导致中心城区衰败。其次，郊区化过程中形成的"过滤机制"使大多数白人居住在郊区而黑人则多留在中心城市，从而形成了中心城市和郊区之间的种族隔离。此外，居住地和工作地的分离，导致私家车使用率的大大提高，产生了严重的交通拥堵现象。

　　有一种流行的观点，把美国的郊区化称为逆城市化（孙群郎等，2012）。我们认为，郊区化并没有改变产业结构，不是农业在国民经济中比重的上升，或非农业人口转为农业人口的过程，而主要表现为部分经济活动从城市中心地带转移到当时的城市郊区，在郊区只是在短期人口相对稀少而已。

　　目前美国的城镇化率是多少是一个需要讨论的问题。根据2012年《中国统计年鉴》，2011年美国的城镇化率为82.38%。但根据联合国粮农组织提供的数据，同年美国农业经济活动人口占经济活动人口的比重为1.51%。《中国统计年鉴》报告的美国城镇化率应是指在城镇中居住的人口占总人口的比重，而并非农业劳动力占总劳动力的比重。由美国的郊区化现象可知，一些高阶层的人虽迁往郊区居住，但并未转为农民。这也正是造成这两种数据差异的原因。

　　我们认为，基于职业的城镇化率，也就是非农劳动力占总劳动力的比重，是和我们研究"三化"协调发展更相关的城镇化率。现在不少学者在讨论中国目标城镇化率时，以美国城镇化率只有82.38%为重要参考。我们认为就讨论中国城镇化来说，基于职业的城镇化率才是更相关的，这个数据是98.49%。

三　美国的农业现代化

　　美国是世界上农业现代化最发达的国家。美国1.51%的人口从事农业生产，不仅养活了美国人，而且还大量出口农产品到国外。美国农业现代化能取得这样的成就由诸多原因促成。

　　一是土地私有制。美国在建国之初，就实行土地私有制，将公有土地以拍卖、出售、无偿赠予私人的方式分配给农民，使得农场主自己拥有土地。美国法律还规定，允许土地自由买卖及出租。宽松的土地制度使农民之间可以进行自由的土地兼并，而劳动力在这种兼并中得以自由地转移。

　　二是家庭农场经营。美国以家庭农场作为农业生产的基本单位。1862年颁布的《宅地法》为美国农业奠定了家庭农场的基础。在家庭农场制度中，农场的产权归家庭所有，由家庭参与生产并经营，所有权与经营权合一，有效地促进了农业的发展。家庭农场有效地避免了管理者代理问题，以及对农业工人的管理问题。

三是规模农业。美国实行规模化的经营模式，据统计，2007年，美国共有220万个农场，土地面积为3.73亿公顷（1公顷=15亩），平均每个农场土地面积为170公顷。美国的规模农业得益于其实行的土地私有制和家庭农场经营。

四是现代科学技术在农业中的广泛应用。美国在农业现代化的发展过程中重视农业发展的科技支撑，加大对农业的科技和教育投入，提高农产品科技含量，不断推进科技创新。在高度发达的工业支持下，美国农业早在19世纪40年代就已经实现了农业生产的机械化。而在19世纪50年代后期，农业生产机械化水平进一步提高，其中畜牧业和种植业更是逐渐实现了全面的机械化。

五是促进农业发展的法律体系。美国农业现代化的发展在一定程度上得益于其完善的农业法规和配套体系。美国十分重视对农业的保护，从立法、制度、政策等多个层次扶持农业发展。20世纪80年代后，美国农业法已经成为一个独立的法律部门。在不同的发展阶段，美国针对农业发展中存在的矛盾和问题，适时出台一系列农业保护政策，形成了完备的政策体系。

六是农业补贴。美国农业实行多种形式的补贴，主要包括差额补贴、直接收入补贴、反周期补贴、资源保育补贴和农产品贸易补贴五大类。这些补贴政策为美国农产品在国际市场的竞争中带来了价格优势，拉低了农产品的国际价格。因此，美国的农业补贴政策在国际中一直存在争议。

此外还有美国针对农业良好周全的社会服务，美国的配套设施和服务体系十分完善。各种农民协会等，都对美国农业发展有着积极意义。

四　基本观察

根据以上对美国工业化、城镇化和农业现代化的介绍来看，其工业化、城镇化和农业现代化不仅取得了较好的成就，而且也比较协调。其协调性表现在，城乡收入差距不明显，存在城乡统一高流动性的劳动市场，使得农村因机械化不断提高而产生的剩余劳动力能及时转移到城镇。

工业化催生了较为完善的教育制度以及高度的科技发展，从而新型的高科技得以运用到农业中，促进了农业现代化的发展。农业技术的进步使得农村产生了大量的剩余劳动力，而由于美国实行土地私有制，使得土地得以自由流转，有利于农民之间实现土地的兼并，释放出农村剩余的劳动力，从而有效促进了城镇化的发展。另外，农业现代化的发展提高了农民的收入，而高收入的农民又反过来为工业化提供了市场，从而进一步推动了工业化的发展。

我们认为，从根本上来说，美国之所以能够较好地实现"三化"协调发展与美国所实行的自由资本主义市场经济制度有着直接的关系。市场发挥着主导作用，而政府也发挥了积极的作用。政府的作用主要表现在制定了有效的政策、法律法规以弥补市场的缺陷。

当然美国的"三化"协调发展并非完美无缺。比如，现在美国占人口 1.51% 的农民只生产出 1.245% 的 GDP，农民相对收入比重仅为 0.824（=1.245%/1.51%）。这说明美国城镇化率虽已非常高，但仍存在剩余劳动力，城镇化进程还有待进一步推进，一些美国的文献也持此看法。我们认为，导致美国"三化"发展这一不协调之处的一个重要原因是农业补贴。农业补贴弱化了剩余劳动力向城镇转移的动力，不利于劳动力在城乡间的有效配置。

总的来说，我们认为，美国"三化"发展仍存在不协调之处是政府干预了市场的结果，这也正是值得我们深思的地方。当然，我们这里并不是在完整评价美国的农业保护政策，只是说明政府对市场的干预就可能导致"三化"发展的失调，即便市场经济最发达的美国也是如此。

第三节　日本工业化、城镇化和农业现代化的发展

日本和中国同属于东亚国家，在文化上一脉相承。在历史上几乎同时开启了近代化的进程，都有向西方学习的经历。本节从日本明治维新开始，分析日本在经济发展的过程中，如何在亚洲率先实现了工业化、城镇化和农业现代化的快速发展。第二次世界大战后，日本在工业化和城镇化快速发展中，又是怎样进行农业现代化，有哪些经验和教训。

一　日本工业化、城镇化和农业现代化的历史演变

我们对日本工业化、城镇化和农业现代化发展阶段的划分主要基于郝寿义等（2007）的研究。

1. 工业化、城镇化的准备阶段：1868～1919年

1868年明治维新前，日本是一个以农为主的封建国家。政府的收入80%来自农业。自明治维新开始，日本选择了"全盘西化"和"脱亚入欧"，开始大力发展本国工业。第一次世界大战后，日本经济快速增长，工业产出首次超过农业。从明治维新到1920年，日本开始从一个农业国向工业国转变，同时工业化促进了城市化的发展，人口逐渐向城市集中。1920～1930年，大约有半数的工人在第二和第三产业就业，1/4的日本人居住在城市（高桥幸八郎，1988）。为支持工业化的快速发展，日本政府通过制定多种政策措施促进农业变革。这些政策措施的实施，本质上是由于工业化的发展要求农地制度进行相应变革。另外，从工业化推动农业生产增长来看，从19世纪末到20世纪20年代，农业总产值增长完全依赖于较高的农业生产效率增长。最重要的原因是，工业化的发展推动了以品种改良为中心的技术进步（南亮进，1992）。这一阶段奠定了日本工业化、城镇化的早期基础，也促进了农业的进步。但从根本上来说，日本的农地制度仍然延续明治维新时期的以地主土地所有制和土地租佃制为主的封建土地制度，虽然这种土地制度大大影响了日本农业的发展，但在一定程度上还是适应当时的工业化对农村剩余劳动力的需求和城镇化的发展要求。

2. 工业化、城镇化的初始阶段：1920～1949年

从1920年开始日本的工业逐渐具备自我积累的发展能力，工业化进入了第二发展阶段。工业化的发展进一步带动了城镇化的发展，表现为工业劳动力向城市大量集中。1937年后劳动力加速向重工业城市集中。1920年以前，大城市仅仅吸收新增人口的三成，而此后的15年吸收了七成以上。1940年人口城市化率已达37.9%（郝寿义，2007）。逐渐形成了著名的四大工业带：京滨、中京、阪神和北九州。工业的发展对城镇化促进作用明显。

这一阶段，农业方面的一个重要措施就是实施了农地改革。第

二次世界大战结束后，美国占领当局对日本战后处理的方针之一就是，把实施农地改革作为推行日本民主化的一项措施。日本也以此为契机进行了土地改革。这次改革对占土地 1 公顷以上的地主的土地进行强制收购，以极为低廉的价格转卖给佃农，实现"耕者有其田"，并且对农户拥有土地的最大面积及对土地出租和买卖加以限制，因此形成了分散的小农经济格局。通过改革几乎使所有的无地农民都有了自己的土地，在当时的环境下在一定程度上提高了农民的生产积极性，农业生产较快恢复。但这种在政府干预主导下进行的土地改革产生的是小农经济，为以后日本农业难以规模化经营埋下了伏笔，又导致农民兼业现象严重，城镇化不彻底以及农业的贸易保护主义。

3. 工业化、城镇化飞速发展阶段：1950～1976 年

从 20 世纪 50 年代开始日本进入了工业化发展的第三阶段，工业化基本完成。特别是 1950 年朝鲜战争爆发以后，日本进入战后经济高速增长和快速城镇化阶段，城市化率从 1950 年的 37% 上升到 1977 年的 76%（汪冬梅，2005），工业产值平均每年增长 13.6%（郝寿义等，2007）。工业化的迅速发展需要大量的劳动力作为支撑。此时的日本经过农地改革后，形成的小农经济使农村产生了大量剩余劳动力，而且工业化的发展，为农村农业机械化耕作提供了条件，农民在更有效率完成农业活动后，也有更多时间从事兼职活动，农民通过种地之外也希望获得更多的额外收入。这样在城市工业引力和小农经济的推力下，大量农村人口涌往城市，在推动工业化发展的同时，也进一步促进了大城市的发展和城镇化水平的提高。这段时期日本形成了三大城市圈，使日本成为城市和郊区人口占多数的国家。1955 年城市人口比例升至 56.1%，农业人口下降至 41%。在 1963～1973 年的十年间，农村平均每年向农外部门提供 80 万个劳动力，将近 60% 的劳动力在第二和第三产业就业。1960～1970 年城市化水平以年均 2.51% 的速度增长，是整个国家增长速度的两倍多。到 1970 年，72.1% 的日本人口居住在城市中（郝寿义等，2007）。

在农业方面，工业化的发展会吸纳农村劳动力转向城市就业，并带动农业机械化，提高农业生产效率进一步使农村剩余劳动力转往城市。但是日本政府农地改革推行的是"耕者有其田"的小农经

济政策，限制农户拥有土地的最高上限。因此，虽然农业收入微薄，但是土地不能通过自由买卖形成规模经营的农场，如此农民普遍采取兼业的方式增加收入。

农村的小农经济和农民兼业的普遍存在，使农村和农业的发展一直缓慢，与工业化的高速发展和城市的繁荣相比，存在巨大反差。为了改变这种局面，1955 年，日本政府开始了第一次新村建设，主要是加大对农村基础设施建设和资金扶持。但是这种做法并没有改变小农经济的状态，因此并没有取得预期效果，日本区域间和行业间的收入差距并没有妥善解决。

为了有效地解决这些矛盾，日本政府于 1967 年 3 月开始了第二次新村建设。其主攻方向首先放在提高农业经营现代化水平上。在此期间，日本政府颁布了一系列农业政策法规，促进农村发展。1967 年日本农林省制定了《农业结构政策的基本方针》，提出了以促进农村土地流转与集中为中心的一系列措施。1970 年又对《农地法》做了重大修改，放宽了为保护佃耕权而设立的种种限制，以土地租赁为主要方式来扩大土地的流转与集中。同年又制定《农民年金基金保障条例》，鼓励老年农民退出土地。《农业基本法》和一系列政策措施实施的结果是，农业机械化程度提高了，达到 90% 以上，但是并没有实现规模经营和增强日本农产品国际竞争力。通过关税保护和各种补贴，农产品的价格普遍高企，农民收入的 60% 来自政府的补贴（刘国华等，2010）。由于农产品价格较高，即便是小规模经营，也依然有利可图。从经济上说，保留农地对农民来说是划算的，因为随着经济的飞速发展，农地价格也不断快速上升，使得农户把农地作为资产来保存可获得巨大投资回报。虽然 20 世纪 60 年代后日本政府一再鼓励土地流转和规模经营，但众多农户依然不愿出售土地，由此也使得兼业现象依然严重（刘国华等，2010）。

4. 后工业化时代和再城镇化阶段：1977 年至今

20 世纪 70 年代，日本的经济增长速度放慢，进入后工业化时期，第二产业的产值在国民生产总值中的比重逐年下降，而第三产业逐渐成为国民经济的重要组成部分。据《日本统计年鉴》，从 70 年代开始，服务于第三产业的工人数量大幅增加，农村人口从 4819 万人减少到 2005 年的 1750 万人，仅 1990 年到 2005 年的 15 年中就减少了 1046 万人。这一阶段，日本在农田耕作方面已经基本实现了全机械化作业，释放出的劳动力进入到其他领域。大城市第三产业的发展，使生活与社会文化更加丰富多彩，吸引了大量农村劳动力，农村又面临劳动力短缺而萎缩衰退。

在日本经济开放有限的条件下，日本农业所面临国际竞争相对来说并不很激烈。但 70 年代末由于石油危机，政府对农业的补贴力度大幅度下降，日本农村和农业面临严重的危机。20 世纪 80 年代中期开始，经过乌拉圭回合谈判，农业的相对弱势使日本承受来自国际上的压力，政府不得不正视如何提高农产品竞争力这个难题。

在这样一种情况下，日本相对于欧美国家的大农业低成本，走上了特色农业或者说是精细农业的道路，以避免形成成本竞争。这样就形成日本的以"一村一品"运动为特色的第三次新村建设。其特点是每个村庄结合自身优势，开发地方特色产品，形成产业基地，并积极开拓国际市场。总之经过长期分阶段推进的综合建设，日本逐步缩小了城乡差距，使农民的生产生活条件赶上甚至超过了城镇居民，新农村建设取得了一定成效。但总的来说，日本农业到现在仍然没有脱离小规模的格局。

二 对日本"三化"发展的评析

日本的工业化、城镇化和农业现代化经过长期发展，虽有挫折，但总的来说还是比较协调的。这和日本一开始就选择向西方学习，借鉴西方的经济制度和民主制度有很重要的关系。和维新变法时的中国相比，日本走的是"全盘西化"和"脱亚入欧"的模式。这使日本在"三化"发展过程中的市场经济作用能够发挥。虽然日本注重保留自己文化传统，但它只是文化层面的一些东西，在政治制度和经济制度方面基本是学习西方，这是日本能够实现"三化"协调发展的一个重要原因。

但是日本"三化"发展仍有一定的问题。日本在第二次世界大战后所推行的土地改革，不是通过市场机制实现的，而是在政府强力干预下得以完成。虽然在较短时间内实现了耕者有其田，调整了农村不合理的土地结构，但是它导致了小农经济的产生，使日本农业没有实现有效的规模经营，进而又导致日本农民的兼业问题，降低了日本城镇化的质量。日本政府为了保护本国农业采取贸易保护主义，使国内农产品价格偏高，农民不愿放弃高补贴的农田。随着全球一体化不断向前推进，全球统一的农产品市场将不断发展，日本所面临的来自国际以及国内的压力将会越来越大。

第四节　韩国工业化、城镇化和农业现代化的发展

韩国是亚洲四小龙之一，曾经创造了"汉江奇迹"。韩国仅用了30年就实现了从农业国向工业国的转变，是"三化"发展比较协调的国家之一。韩国和中国同处东亚，在文化上有诸多相通之处。因此，研究韩国"三化"的协调发展对我们今天思考中国的"三化"协调发展具有更直接的启发意义。

一　韩国的工业化

朝鲜在历史上曾是中国的附属国。日本明治维新后，制定了对外扩张的"大陆政策"，第一步就是吞并朝鲜。由于清政府多次以宗主国身份帮助朝鲜摆脱日本威胁，于是日本决定不惜与中国一战以达到侵占朝鲜的目的。1894年日本借东学党起义之机发动了甲午战争，清朝战败，清朝势力退出朝鲜。1895年后朝鲜置于日本控制之下，其间在朝鲜半岛开办了一批工业企业，开启了朝鲜的工业化进程。1945年日本在第二次世界大战中战败，韩国由美国"托管"。1948年大韩民国建立，韩国成为美苏意识形态斗争的主战场之一，在美国的干预下选择了西方的自由经济制度。美国通过军统政治以及对韩国政府成立工作的参与，将西方的自由经济思想渗透到韩国社会的各个领域。但政府在经济发展中也扮演着重要角色，如朴正熙上台后强化了总统权力，制定经济发展五年计划，确立政府主导型金融体制，发展教育事业等。

从1962年开始，韩国实施了6个五年计划，经历了从轻工业向重工业、技术密集型产业转变的过程。韩国没有像其他社会主义国家如中国那样优先发展重工业，而是选择了先轻工业后重工业的道路。当然有其自身的原因，但更多的是适应了经济发展的要求。

20 世纪 60 ~ 70 年代是西方国家产业升级、迫切需要转移劳动密集型产业的时期，而这些产业大多为轻工业。韩国凭借自身劳动力资源丰富的优势，承接了西方国家的产业转移。同时，政府采取了出口导向型的工业发展战略，并确立了政府主导型金融体制，为工业发展提供资金支持。在这个过程中，政府和市场进行了明确的分工。市场为工业发展提供自由竞争的环境，而政府为工业发展提供资金支持。政府没有对工业发展方向加以过多的干预，而是主要由企业根据市场的需求及自身的条件选取其产业发展方向。结果韩国的轻工业获得较快发展，并为重工业的发展打下了基础。

韩国政府尽可能多地把调节经济的职能交给市场。经过调整，韩国主要的重化工业部门几乎全部交给私营大企业集团，逐步由政府主导型转变为企业主导型。此外，韩国还积极推行新自由主义经济政策，支持全球性的自由贸易和国际分工。1993 年，韩国提出"世界化"战略，进一步与世界接轨。这使得韩国的工业面临着国际竞争的巨大压力，但正是在这种压力下，韩国的工业获得了更好的发展。

韩国工业的发展还归功于对教育的重视。韩国历来注重发展教育事业，在这一点上必须肯定政府的作用。政府对教育的高投入满足了工业化对人才的需求，为经济发展提供了大量专业性人才。韩国从模仿、借鉴外国技术到自主研发，技术密集型产业和尖端产业得到了较快发展。

二　韩国的农业现代化

韩国的农业现代化的开启可以追溯到 1895 年以后的日治时期。随着 1895 年甲午中日战争的结束，清政府退出朝鲜，日本开始主导朝鲜的发展。日本确立了韩国的土地私有制度，开启了农业转型的大门。1945 年日本投降撤出朝鲜，但其对韩国农业生产关系的转变保留了下来，也为后来 1948 年韩国成立后农业的改革奠定了基础，扫除了部分障碍，尤其在 1948 年大韩民国正式成立后农业现代化建设进入了新阶段。

1. 土地改革

建国初期，在美国的主导下，韩国进行了大规模的土地改革。

1948 年 9 月政府最终采纳了一项"以有偿征用和有偿分配为基础的改革土地所有制"的政策，即政府从土地所有者那里购买土地分配给实际耕作的农民（郝宏桂，2008）。这项制度的实施废除了租佃关系，实现了平均地权与耕者有其田。特别是通过对地主阶层所拥有的土地进行购买及限制农户土地最高拥有量不得超过 3 公顷，消灭了地主所有制与地主阶级，扩大了自耕农阶级，也确立了小农场的主导地位。这项政策的实施在当时稳定了农业的发展。

但是，土地政策限制每户最多 3 公顷的土地量，使得韩国农业成为小农经济，限制了规模农业在韩国的发展，造成了韩国农产品成本高、价格高。面对农产品的国际竞争，韩国不得不对农产品价格进行保护，采取高补贴政策以保护农民的利益。农产品价格高一直困扰韩国至今。这实际上是以降低城市居民生活水平为代价实现农民的收入增加，扭曲了资源的有效配置。

随着工业的快速发展，大量农户离开农田务工或经商，以此为背景，韩国对农地占有和转让的法令进行了一系列的修改并制定了一些新法令，其基本精神是解除对土地买卖和占有的限制性规定，鼓励务工经商的农民交出土地，使农户扩大经营规模，以提高农业科技水平。1994 年韩国制定了新的《农地基本法》，新法进一步放宽土地买卖和租赁限制（蒋和平等，2011）。但是，受小农经济的惯性等诸多因素的影响，这些政策的效果并不显著。直到 1999 年韩国户均耕地约为 20 亩，仍没有超出小农经济。小农经济导致韩国农民兼业较为普遍，有违现代经济专业分工的要求，降低了城镇化的质量。

2. 新村运动

在 20 世纪 70 年代，韩国的工业化和城镇化都得到了快速发展，而农业相对滞后。此时城乡收入差距不断增大，社会不公现象严峻。为适应工业化的发展，农业亟须转型。在此背景下，朴正熙政权拉开了新村运动的序幕，希望通过政府的强制性手段实现农业的现代化。工业的快速发展为新村运动提供了物质基础，同时也增强了政府的财政力量，使政府有充足的资金来支援新村运动。1971 年，以工业化推动农村发展的新村运动正式展开。

朴正熙政权开展的新村运动主要分为三个阶段：第一阶段是

1970～1973 年，着重加强农村的生活环境及居住环境等基础设施的建设，主要有水泥、钢筋的发放与电力公路等。第二阶段是 1974～1976 年，重点是对农业新品种的培育及农业价格补贴，如高产水稻的培育，农业种植结构的调整，农产品收购价格的提高。第三个阶段为 1977～1980 年，主要是对农村居民教育与素质的培养，加强农民基础教育，提高其受教育程度（金英姬，2006）。此外，政府大力发展农产品加工业和特产农业，增加农民收入。新村运动逐渐从农村向工厂、学校、城市扩散，成为一种广泛的社会互助协作运动。

综观这一时期韩国的新村运动，我们认为，新村运动虽然取得了一定的成效，但新村运动并不符合农业现代化的发展方向。韩国的新村运动开展时期正是工业化、城镇化发展的高速时期，新村运动阻碍不了农村人口向城镇大规模迁移。据统计，在新村运动开展前韩国的城镇化率为 52%，但在新村运动基本完成后城镇化率已高达 90%。如此一来必然造成大规模的农村住房及基础设施闲置，很多建设好的新农村成了"空心村"，造成了巨大的资源浪费，农户大量负债。

三 韩国的城镇化

韩国的城镇化可以分成三个阶段：一是建国以前及建国初期的起步阶段；二是 20 世纪 60 年代至 90 年代的高速发展阶段；三是 90 年代后的平稳发展阶段。

在建国以前的日治时期，日本在朝鲜半岛开展工业化运动，开始了现代意义上的城镇化进程，产生了一批聚集在大城市的产业工人。到 20 世纪 40 年代中期，朝鲜半岛的城市人口比例已达到 11.6%。

韩国城镇化的真正发展是在 60 年代后的工业化时期，是在工业化和农业现代化双重推动下发展的。工业的发展使得农业机械化程度提高，极大地提高了农民的劳动生产率，在农村产生出大量剩余劳动力。以轻工业为主的劳动密集型工业对劳动力产生了巨大的需求。韩国没有实行城乡分隔的户籍制度，农民可自由地到城市就业。于是，大量农村剩余劳动力转移到城市就业，人口主要集中在仁川等几个较大的城市。随着"五年计划"的不断推进，越来越多的农民涌入城市，导致大城市人口迅速增长。1977 年，韩国城镇人口数首次超过农村，首都汉城的人口在 60 年代末不足 300 万，而 1988 年已猛增至 1000 万，一跃成为世界性的大城市之一（金柱哲，1994）。出口导向型的工业发展战略使大量人口流动到沿海地区，提升了沿海地区的城镇化水平。

随着人口不断向城市涌入，为防止人口过分集中，70 年代，韩国政府制定了"建设卫星城市，积极分散人口"的方针。在汉城周边 10 个城市建立卫星城，发展轨道交通，缓解了大城市的人口及交通压力，并形成了包括汉城、仁川、京畿道在内的首都经济圈。政府还加强中小城镇的建设，完善基础设施，提高中小城镇吸纳农村人口的能力。

90 年代后，城镇人口开始进入缓慢增长期，但是人口高密集现象仍十分严重。全国人口的一半以上都集中在首尔、釜山等六大城市。于是，政府不得不采取"人口上限制"控制中心城市区的人口增长。

四 韩国"三化"协调发展的观察

总的来说，韩国的工业化、城镇化和农业现代化得到较为协调的发展。首先韩国的工业化、城镇化和农业现代化各自得到了较好的发展。今天韩国已是工业强国，城镇化率也达到了发达国家的高水平，农业相对较弱但也实现了农业现代化。"三化"之间也较为协调，表现为工业有效地推动了农业现代化，农村剩余劳动力能比较及时向城镇转移，即便新村运动也不能改变这一基本态势。

市场和政府相互配合，对韩国"三化"协调发展共同发挥了积极作用。大韩民国建立后实行市场经济制度，有效地促进了经济发展。政府虽对经济予以一定的干预，但总的来说，是顺应经济发展的方向。

如果说韩国的"三化"发展有不协调之处，往往与政府的干预有一定的关系。政府主导的土地改革使得韩国农业走小农经济的道路，影响了农业的现代化水平，使得农产品成本高、价格高，影响了农民的收入。由此又选择了农业补贴和农业贸易保护政策。小农经济加农业补贴政策导致农民普遍兼业，有违现代经济专业分工的要求，又降低了城镇化的质量。政府主导的新村运动不符合农业现代化的基本方向，导致空心村大量出现，造成浪费。

第五节　印度工业化、城镇化和农业现代化的发展

印度，作为南亚次大陆的大国，和中国有着同样悠久的历史以及相似的历史经历。印度在工业化、城镇化和农业现代化的发展及其协调方面取得了一定的成就，但存在的问题也较多。印度"三化"发展的经验教训对中国实现"三化"协调发展具有启发意义。

一　独立前印度的工农业发展

1757 年英国在普拉西战役中打败印度，印度成为英国的殖民地。早在英国全面入侵之前，印度的封建生产关系非常牢固。农业和手工业相结合的自给自足的自然经济加上农村公社这种结构，形成了一种超稳定的机制（周娜，2008）。从 17 世纪起，印度出现了资本主义的萌芽，但没有得到快速发展。正如马克思所言："英国在印度要完成双重的使命：一个是破坏性的使命，即消灭旧的亚洲式的社会；另一个是建设性的使命，即在亚洲为西方式的社会奠定物质基础。"英国殖民者在印度建立各种交通体系和通信体系，投资设厂，把资本主义的生产经营方式引入印度，促进了印度民族资本主义的发展，开启了印度工业化的进程。

棉纺织业是近代印度民族资本主义的摇篮。19 世纪 50 年代，孟买就出现了最早的一批工业资本家。他们原是买办商人，后来学会了资本主义的经营方式，遂投资于棉纺织业。当时印度的棉纺织制品大量出口中国，孟买利用地理优势更是成为对华贸易最大的受益者。丰厚的利润加速了印度民族资本的积累，为印度民族工业的发展奠定了基础。印度还兴起了如黄麻业中心加尔各答等一些新兴工业城市。

土地制度方面，英国在印度进行土地整理，推行了莫卧儿帝国时期的柴明达尔制。柴明达尔制是政府通过中间人柴明达尔向佃户

征收田赋的制度。政府为了使柴明达尔交足田赋，允许他们在领地内享有行政、司法和军事权力。柴明达尔也就从以前的包税人变成包税地主。他们为政府征税，政府允许其保留税收之外的部分作为报酬。所以这些地主尽可能地向农民征收赋税，不少农民因此失地变成佃农，造成了土地分配的不平均。

这一时期印度的民族工业有所发展，农产品商品化程度不断提高。随着柴明达尔制推动的土地私有制以及商业型农业的发展，19世纪土地市场在印度形成且地价不断提高，土地买卖和抵押加速。大量失地农民变为自由劳动力，为工业化提供了充足的劳动力基础。

二　尼赫鲁模式下的印度"三化"发展

1947年印度独立。由于印巴分治、教派流血冲突和大规模的迁徙打乱了原有的经济秩序，国民经济遭受巨大的破坏（李德昌，1998）。恢复发展成为印度政府巩固政权的急迫任务。在此背景下，印度借鉴苏联和中国的经济模式实行计划经济体制，即尼赫鲁模式。

在工业领域，实行混合经济体制。1948年和1956年印度政府分别颁布了《工业政策决议》，主要内容包括：国民经济中公营经济和私营经济并存，以公营经济为主导，限制私营经济。决议规定国有企业垄断重化工业以及交通运输等行业，其余的交给私营部门经营。为限制私营经济的发展，政府颁布了一系列法令：一是实行工业许可证制度。不在允许经营的范围内的企业，必须经过中央政府的批准；对于经营不善的企业，政府可以监督或接管；企业的建设以及产品的生产必须得到政府批准。二是实行主要商品法制度。对于认定的主要商品，政府可以调配使用和控制价格。三是建立合股公司。政府可以给私营企业提供资金，转化为私营企业的股份或债务，与私营企业合资经营。

在农业领域，印度独立之初进行了土地改革，主要包括三方面内容。

一是废除中间人制度。殖民时期印度的土地制度以柴明达尔制、莱特瓦尔制等中间人租佃制度为主。独立以后，印度废除了中间人制度，使农民直接与土地联系起来。具体措施为，政府从地主手中购买大量土地分给农民，使得相当一部分农民获得了土地。

二是改革租佃制度。各邦通过了一系列有关租佃改革的法案，旨在解决"公平地租"和"保障租佃关系"的问题（张力群，2009）。各邦还规定了地租占农业收入的比例，允许地主以自耕的名义收回土地。

三是实行土地持有最高限额制度。把超出限额的土地分给无地农民，遏制了土地垄断。

在尼赫鲁模式下，印度的工业化发展较快的同时也存在一些问题。政府大力支持公营经济的发展，对于私营经济却通过各种行政手段加以控制，使得印度公营经济所占的比例很大，而私营经济所占比重相对较小。公营经济难以避免地带有管理体制僵化，官僚主义盛行，效率低下，资源浪费严重等问题。由于长期优先发展重工业，致使轻重工业比例失衡。重工业发展快，但轻工业得不到充分发展，人民的生活水平长期得不到改善。

印度的这次土地改革是不彻底的，只是对殖民时期的土地制度进行的一次温和改革，未能实现耕者有其田的目标，实际取得的效果远没有达到预期。土地仍然高度集中，以前的地主以自耕的名义保留了大量的土地。根据印度官方调查，占印度人口仅为1.3%的最大的富农却占有耕地的14%，而占人口50%的最贫困的小农只拥有1%的土地。在土地改革执行的过程中，土地政策遭到了很多利益集团的抵制。一些政府官员为维护个人和种姓集团的利益而变相抵制土地改革。因此印度的土地改革也被称为土地改革的"豆腐渣工程"。

由于尼赫鲁模式具有强烈的管制特点，不符合市场经济的要求，所以这一时期印度的工业化、城镇化和农业现代化虽获得了一定的发展，但问题甚多。1950～1980年，印度的人均GDP年增长率仅为1.38%，远低于英、美、法等发达国家，甚至低于一些发展中国家，被称为"印度教徒式的增长"。

印度的就业结构也不合理。1983～1984年印度的农业从业人口达63.2%，服务业从业人口为21.2%，工业从业人口仅为15.6%。农村劳动力存在大量剩余，被束缚在农村，无法有效地向城镇转移。到1990年拉奥改革前夕，印度的城镇化率仅为26%，远低于世界平均水平。

三 新经济政策下的印度"三化"发展

尼赫鲁模式下的印度经济增长缓慢，产业结构不合理，恰逢1991年印度爆发了财政危机，于是时任印度总理拉奥开始了新经济改革，放弃了尼赫鲁模式，实行市场经济体制。主要内容有：一是改变传统的经济结构。拉奥改革缩小了公营经济的专营范围，除了几种关乎国家安全和国计民生的行业，其余全面对私人资本开放。"八五"计划规定，公营部门投资在整个社会总投资中的比重由一半以上降至45%。二是对国有企业实行私有化。允许一部分金融机构、企业员工和社会公众购买国有企业的股票，同时还允许一部分国有企业通过市场进行融资。三是全面放开市场，禁止国企垄断。这为私营企业提供了发展空间，搞活了私营经济。四是吸引外资，为外国资本进入印度投资提供优惠条件。

在农业领域，拉奥政府进行了较为深入的改革。在土地制度方面，进行了土地所有制的改革。为此拉奥政府废除了中间人制度，让农民直接租种土地；规定土地拥有的最高限额，以防止土地兼并。在农业生产方面，加大了农业生产的科技投入以及对农业的扶持力度，引进培育了一批高产作物，推行"绿色革命"，提高了农产品价格。在农业经营方式方面，引入市场化机制。拉奥政府放宽了对农产品进出口的限制，除了一些关乎国家经济命脉的产品外，其余都向国际市场开放。

经过拉奥政府的农业改革，印度的农业产业结构逐步得到完善，农民的生产积极性有所提高，农产品的国际竞争力有所增强，逐步向市场化、自由化和全球化迈进。

虽然拉奥改革实行了市场机制，使印度的经济得到快速发展，但由于长期的历史欠账，印度的工业化、城镇化和农业现代化还是没能实现协调发展。

在城市，贫民窟现象较为严重，高楼大厦与贫民窟并存的现象在很多城市出现。印度贫民窟的成因非常复杂，涉及一系列公共政策。一是虽然经过了土地改革，但土地仍高度集中在地主手里，无地少地的农民甚多。经过"绿色革命"后，小自耕农无力与现代化的农业竞争，往往被迫卖出土地，更是加剧了土地的集中。据统计，

1961～1971 年无地农业工人增加了 1900 万。二是贫民窟的居民大多为低级种姓，收入水平往往很低。三是印度人口增长速度居全球之首，人口呈现无节制的增加，特别是低收入群体。四是土地产权制度不完善。印度没有全国统一的土地立法，土地管理部门的职权也划分不清，缺乏合理的规划，导致土地利用混乱，造成大量进城的无地贫民乱搭乱建棚户，形成贫民窟。

四 印度"三化"发展评析

印度实行的计划经济体制，限制了私营经济的发展，过多地干预了市场，破坏了市场机制，使得在尼赫鲁时代"三化"严重不协调。经过拉奥的市场化改革，印度的"三化"协调发展取得了一定的成绩，但问题仍然较多。印度"三化"不协调的根源是政府没能处理好与市场的关系，集中表现为"越位"和"缺位"。越位是指政府过多地干预市场，如尼赫鲁模式对于私营经济的诸多限制，破坏了市场机制；缺位是指政府在某些方面的管理缺失，如没能有效治理贫民窟。这一问题至今仍没能得到很好的解决。另外印度的社会文化中的不利因素，如种姓制度，也阻滞了印度"三化"协调的发展。总之，印度在"三化"协调发展的道路上还任重道远。

第六节 巴西工业化、城镇化和农业现代化的发展

巴西是南美洲国土面积最大且经济发展水平较高的国家，和中国同属"金砖"五国。巴西在"三化"发展过程中，有诸多的经验和教训，富有启发意义，对中国的"三化"协调发展有借鉴价值。

一 巴西工业化、城镇化和农业现代化发展演变

1. 初级产品出口时期工农业发展

巴西于 1822 年摆脱葡萄牙的统治获得独立，独立后巴西依然继承了殖民地时期的经济发展的主要特征：以大地产主为基础的商品农业，实行"初级产品出口"的发展模式，即对外出口农副产品和矿产资源等。

由于处于工业化高潮时期的欧洲国家对食品和原材料有巨大需求，巴西的出口商品农业持续发展。巴西出口的优势农作物有咖啡、大豆、甘蔗、柑橘和可可等。19 世纪初，在"以农产品为主的初级产品出口就可以实现国家富强"思想影响下，农产品出口一直得到支持。农业的发展也促进了巴西工业化进程。出口农业为巴西换回大量外汇，为工业化发展提供了资金支持。这一时期，大庄园主为了获取更多利益要求扩大农业生产。由于政府明令禁止买卖奴隶，所以大庄园主只能把用于购买奴隶的资金投资于工商业活动，对刺激工业的发展起了一定作用。同时，为了促进农业的发展，修建了许多与之相关的基础设施。

19 世纪后期，农奴制的废除和大庄园主经济的发展，为了获得更多劳动力从事劳动生产，巴西自 1819 年开始引进欧洲移民。1870 ~ 1880 年形成了移民高潮，期间大约有 400 万外国移民定居巴西（李瑞林等，2006）。大量的移民人口为巴西工业化提供了极大消费市场，推动了工业的发展。同样，人口的外来和奴隶变身自由人，也促进了巴西的城镇化进程，城市容量不断扩大，城镇化进一步发展。

2. 进口替代化工业时期

20 世纪 30 年代的经济危机终止了巴西以初级产品出口为特征的经济发展模式。危机的爆发导致巴西初级产品出口价格的剧烈下滑，巴西的出口总值也从 1929 年的 44590 万美元锐减至 1932 年的 18060 万美元（Bear，2001）。

这种情况下，巴西依靠初级产品的出口换取工业制成品和机器等资本品发展模式无以为继，开始了"进口替代工业化"道路的探索。

在瓦加斯执政的 20 世纪 30 年代至 50 年代中期，巴西大量投资于原材料生产，重视能源建设，兴办交通等基础设施，并借助国家资本创办国营企业，迈开了发展重工业的步伐。在实施面向国内市场的"进口替代工业化"战略时，采取提高关税，降低出口税等措施对国内工业进行保护，并采取"以农养工"的政策，把农业获得的收入投资于工业的发展。1933 ~ 1939 年，农业年均增长率仅为 1.7%，而工业高达 11.3%。1929 年，巴西工业在总产出的份额已经提高到了 43%（Bear，2001）。工业获得快速发展，但是这一政策造成了产业结构的不协调，与之相应的保护主义还导致国内产业缺乏竞争力。

1964 年，巴西通过政变进入到军人政府时期。面对经济出现的停滞趋势，政府提出了"高投资、高增长"和"出口即出路"的口号，实行外向型进口替代工业化发展战略，并大举外债进一步兴办国有企业。到了 70 年代末，巴西的国有企业垄断了石油、钢铁、采矿、港口、银行等部门，国有企业达近千家。国有企业高速发展推动了巴西经济迅速增长。1968～1974 年，巴西年经济增长率高达 10%以上，出现了"巴西奇迹"。但国有企业弊端也日益显露：强调投资，忽视效益；强调就业和工人福利，忽视利润；国有企业为执政党贪污腐败提供了条件，贪污腐败时有发生，导致国有企业严重亏损，联邦财政的补贴成为中央公共财政赤字的重要原因。此外，国有企业对经济的垄断限制了私人企业的发展，也限制了外国资本投资的积极性。

在农业领域，面对巴西高度集中的土地状况，瓦加斯及其以后的几届民众主义政府都采取了一些相应的改革措施。但都没有被特权阶层把持的议会通过。1964 年政变上台的军人政府在大力推进工业化的同时，也进行了土地改革的努力。1964 年起草公布的《土地章程》，是对土地改革起指导作用的纲领性文件。但是涉及大部分权贵的利益，土地改革再次面临重重困难。这一时期巴西农村中并存着前资本主义和资本主义的大庄园、大种植园，农村中的贫富分化不断加剧。

这一时期经济高速发展还促进了城市化飞速发展，新城市不断产生。1950～1980 年，巴西城镇化率从 36.2%上升到 67.6%，同样的增幅发达国家多花 200 年才得以实现（李瑞林，2006）。但是，随着 20 世纪 80 年代世界性经济危机到来，巴西政府长期对经济不合理干预弊端也日益暴露，经济形势日益恶化也引发严重的社会问题，尤以贫民窟问题最为显著。

巴西土地占有极为不平等，是世界上土地集中率排名第二的国家（李瑞林，2006）。大量农民没有土地，处境艰难，于是向城镇转移，过度的城镇化带来的是城镇人口的过度膨胀。而此时产业发展多以资本和技术密集型产业为主，所创造的就业岗位供不应求，导致失业率居高不下。大批农民缺乏知识和技术，很难在现代化的产业部门中找到合适工作。

此后伴随着经济衰退和巴西公共政策不完善，巴西的贫民窟问题一直没有得到有效解决。

3. 债务危机以来巴西"三化"发展

军人政府统治下的巴西，为了维持其统治，长期采用高增长换取合法性，并长期大举外债维持经济高速增长，但这却加剧巴西经济的脆弱性。80 年代初石油危机引发严重债务危机，使巴西陷入了极度的通货膨胀。经济危机引发政治危机，导致军人政府下台。1985 年文人政府执政后，采取了一系列措施抑制通货膨胀和减缓债务危机，但巴西的经济依然波动停滞。

1990 年，随着科洛尔上台，巴西经济发展道路发生重大转折。科洛尔进行了一系列市场化改革，推行了新自由主义经济模式，主要措施有：对外扩大开放，吸引外资；对内减少国家对企业的干预。而之后的继任者佛朗哥和卡多佐在经济改革和对外开放方面继续迈出了新的步伐，使其工业从衰退逐渐走上了增长之路。巴西经济步入一个新的时期。

这一时期农业领域，由于政府的土地"分散化"改革一直没有有效实施，土地高度集中反而促进了巴西的农业走上了规模道路。随着现代化的深入，农村的土地关系逐渐开始向资本主义性质转变，以出口经济作物为主的商业型大庄园得到更大发展，逐渐成为资本主义性质的农业企业。巴西土地高度集中的特点符合现代农业规模经营、集约经营的要求。在土地私有制条件下，大农场主拥有大片的土地，有利于实现农业的机械化，提高劳动生产效率，实现农业生产的集约化。2009 年巴西农产品出口额为 647 亿美元，占出口总额的 42.5%。同年，巴西的农产品进口额为 118 亿美元，使得农业领域顺差达到 549 亿美元。

在应对城市减贫方面，卢拉政府进行了较为深刻的改革，取得了较好社会效果，缓解了社会矛盾。其中最为瞩目的便是"零饥饿计划"。该计划由食品保障、加强家庭农业、改善收入、社会动员四个主要部分组成。通过这一系列措施，只用了 8 年时间就完成了联合国千年计划提出的 25 年内将贫困人口减少一半的目标。2000 万人摆脱绝对贫困，约 3000 万人进入中产阶层，贫困人口减少了 50.64%（聂泉，2013）。使城市化过程中的贫民窟现象有了一定程度的缓解，但依然相当严重。

二 巴西"三化"协调发展评析

一般来说，"三化"发展是以工业化为主导，而在初级产品出口时期的巴西，经验较为特殊，是农业带动了工业的发展。我们认为，工业化作为"三化"发展的引领，更多的是针对人类历史发展的一般进程而言，但并不排斥在个别国度或地区，农业的发展先于工业的发展。这里的关键在于，其他国家工业化已得到充分的发展。

回顾巴西的经济发展历程，特别是其中的"三化"发展，我们有一个基本观察：经济出现问题，"三化"发展不协调，往往和市场机制作用不能有效发挥、政府对经济的不恰当干预有着直接的关系。

20 世纪 30 年代的工业与农业失调和政府主导下的发展重工业政策有着直接的关系，且是通过创办国营企业来发展重工业。保护主义还导致国内产业缺乏竞争力。

20 世纪 60 年代开始的"巴西奇迹"也是在军人政府强力干预经济下的产物。通过大举外债兴办国有企业，靠国有企业高速发展推动巴西经济迅速增长。但国有企业的低效率性注定了"巴西奇迹"的短暂性。国有企业对经济的垄断限制了私人企业的发展，还限制外国资本的投资，使国有企业的弊端更加凸显。到 1990 年巴西进行了一系列市场化改革后，才使其工业从衰退逐渐走上了增长之路，巴西经济步入一个新的时期。

"三化"协调发展，政府也需发挥积极的作用。但由于种种原因，巴西政府的作用并没有得到有效的发挥。政府所推动的土地改革一再受挫，导致农村问题严重。农民受教育水平低，也和政府对农村教育的投入不够有直接的关系。当一个国家存在大量剩余廉价劳动力时，如果市场机制能较好地发挥作用，这时的产业选择应是以劳动密集型为主，但政府主导的产业政策是大力发展重工业，使得大量流入城镇的农民难以就业，且政府对农村教育的低投入导致农民素质低更加剧了流入到城镇的农民就业的困难，产生出对贫民窟的巨大需求。而此时，政府既不能为这些困难的农民以及城镇低收入群体提供必要的社会保障，又无力对贫民窟的形成和发展采取有效的措施，导致贫民窟大量出现，成为巴西"三化"不协调的标志性事件。

第七节　国外工业化、城镇化和农业现代化发展的基本观察

本章前六节分别介绍了英、美等六个国家工业化、城镇化和农业现代化的发展历程。这六个国家的"三化"发展各有成功的经验教训。在分别总结了这六个国家"三化"经验教训的基础上，再进行整体的观察，更容易从中找出对"三化"协调发展更具普遍意义的经验教训。

一　良好的市场机制是"三化"协调发展的基础

工业化、城镇化和农业现代化的协调发展是一个国家经济良好运行的具体表现。综观第二次世界大战后世界各国经济的发展，从整体上来说，较好地实行了市场制度的国家，其经济相对来说运行良好。市场经济制度对一国经济良好发展的促进作用的机制涉及复杂的经济学理论，但已获得越来越多证据的支持。由此我们获得了一个基本观察是，良好的市场机制是"三化"协调发展的基础。

就所分析过的六个国家而言，英国、美国、日本和韩国是较好地实行了市场经济制度的国家。这些国家首先工业得到良好的发展。工业的良好发展需要有公平的竞争环境，创新和企业家精神得到来自市场的鼓励，良好的市场经济体制正可以为工业的发展提供所需要的环境。

相反，没有能够很好地实行市场经济制度的国家，如印度、巴西，"三化"没有得到较好的发展，也缺乏协调。印度在尼赫鲁的强制性计划经济体制下，工农业发展缓慢。拉奥推行了市场化改革，经济才得到较为快速的发展。

二　政府对"三化"协调发展发挥着重要的作用

"三化"协调发展基本表现为资源的有效配置，或反过来说，如

果实现了资源的有效配置也就实现了"三化"的协调发展。市场在资源有效配置中发挥着基础性的作用，但市场并非万能。在市场失败的条件下，就需要政府的干预。

在工业化发展过程中环境污染是普遍现象，是市场失败的表现。在工业化、城镇化发展的过程中，英美都曾出现过严重的空气污染与水污染，严重影响了人们的健康，引发了一系列的社会问题。曹文慧（2008）认为，治理环境污染就需要政府发挥作用。政府可以采取立法保护环境的方法，限制污染物排放，征收环境污染税，明晰环境污染产权等措施。从实践效果来看，英、美等国的环境治理取得了较好的效果。

在印度与巴西的贫民窟治理中，政府也在发挥作用。但由于种种原因，这些国家政府所采取的治理贫民窟的措施并没有取得理想的效果，是这些国家贫民窟长期存在并没有得到有效遏制的重要原因。

三 "三化"不协调往往与政府干预有关

就"三化"协调表现较好的英国、美国、日本和韩国来说，如果存在某些"三化"不协调的现象，往往与政府的干预有关。

发达国家的农业通常都实现了现代化，但由于诸多原因，以政治原因为主，往往实行各种形式的农业保护政策，如农业价格补贴、农产品关税保护、限制进口等。这种对农业的保护政策具有扭曲资源配置的性质，也是导致"三化"失调的因素。

就农业价格补贴来说，会吸引更多的农民留在农村，需要政府补贴才能获得正常收入，阻碍了城镇化进程，加重了全体纳税人的负担。

日本、韩国的土地改革是在政府主导下进行的。其初衷是好的，要废除不平等的封建租佃关系，实现耕者有其田。但要推行这种改革并维持改革的成果，就需要限制农民拥有土地的最高限额。其结果导致日本、韩国小农经济的产生，妨碍了农业的规模经营，进而导致农产品成本及价格高企。为了保护国内弱势农业，政府实行关税保护。最终埋单的是农产品消费者，要付出高价格购买农产品。

在经济相对落后的国家，政府对工农业的干预更为强势，但未必能取得理想的效果。印度的尼赫鲁模式采取优先发展重工业的计划经济体制，但在尼赫鲁时代经济增长缓慢，轻重工业比例严重失衡。经过政府主导的土地改革，土地仍然高度集中在少数大庄园主手中，被称为土地改革的"豆腐渣工程"。巴西经济增长在20世纪70年代中断也与政府的制度政策选择有很大的关系，以至于长期陷入"中等收入陷阱"，徘徊不前。政府对经济的过多干预往往导致经济效率低下，滋生贪污腐败，政府财政负担严重。

综上所论，总体来说，实行市场经济体制的国家经济都取得了较好的成就，"三化"发展基本协调。相反，没有能够很好地实行市场经济的国家，经济状况多有不尽如人意，没有能够实现"三化"的协调发展。能够有效实施政府管理的国家，也有助于"三化"协调的实现，但政府的有效管理也与市场经济制度和民主制度相关。一般来说，在市场经济制度与民主制度下政府才能同时具备足够的财力与政治权威。

第三部分

中国"三化"协调发展研究

第六章
中国工业化研究

在工业化、城镇化和农业现代化三者关系中，工业化起到先导和引领作用。工业化推动城镇化和农业现代化。因此，要研究工业化、城镇化和农业现代化的协调发展，首先要对工业化进行研究。本章对中国工业化的行为演变进行分析，讨论乡镇企业的兴衰，进而讨论中国工业化。

第一节　中国工业化的行为演变

中国工业化从 19 世纪 60 年代始至今已经过一个半世纪的发展历程，其中包含了诸多经验和教训。对中国工业化行为演变的考察，可以帮助我们进一步认识和理解未来工业化的发展方向。本节将中国工业化行为演变分为两个大的阶段：1949 年新中国成立之前以及之后。

一　1949 年之前的工业化

1. 晚清时期的工业化

1840 年第一次鸦片战争爆发，中国的大门被迫打开，与英国签订了《南京条约》，被迫要求开放广州、厦门、福州、宁波、上海五处为通商口岸，允许英国人在通商口岸设领事馆。通商口岸，又称"商埠"，是一个国家对外开放的特定通商地区。外国商人为了贸易和航运的需要，在通商口岸私自创办了一批工厂，如船舶维修厂、砖茶厂和机器缫丝厂等。列强纷纷在通商口岸开设工厂，给中国带来了先进的机器与技术，中国开始有了外国人所办的大机器工业，拉开了中国工业化的序幕。这五处通商口岸是中国工业化的起点，也是中国近代化的起点。

1856～1860 年，第二次鸦片战争发生。1858 年清政府与英法签订《天津条约》，增开沿海沿江十处通商口岸。1860 年，又签订《北京条约》，增开天津为商埠。1894～1895 年，甲午中日战争爆发，与日本签订了《马关条约》。条款之一要求中国开放重庆、沙市、苏州、杭州为商埠，允许日本在中国通商口岸开设工厂。

《马关条约》签订后，列强在中国大规模建立外资工厂，带动了民族工业的发展，再加上当时的清政府为了解决财政困难，放松了对民间设厂的限制，民族工业发展态势良好。外资与华资所设工厂吸引了大量农村人口流入通商口岸寻求生计，为工业化的发展带来充足的劳动力，也有助于解决晚清日益加剧的农村剩余劳动力问题。更多沿海沿江通商口岸的开放，带动了中国内地工业化的发展。单就上海一地而言，据中国著名历史学家全汉升统计，1911 年上海共有工厂 48 家，全国工厂总数 171 家，上海占全国工厂总数的 28.1%；1930 年上海共有工厂 837 家，全国工厂总数 1975 家，上海占全国工厂总数的 42.4%。

19 世纪 60 年代兴起的洋务运动，是近代中国第一次大规模的学习西方工业化的运动。洋务派以"自强"为旗号，引进西方先进生产技术，创办了一批近代军事工业企业。19 世纪 70 年代，洋务派打出"求富"的旗号，创办了一批近代民用工业，以解决军事工业资金、燃料、运输等方面的困难。洋务运动开始于官办，之后演变成官督商办、官商合办等模式，具有很强的官方色彩。

越来越多的研究发现，洋务运动的官办企业发展得并不很成功。洋务运动主要是为了提高清政府的军事装备能力，而不是为了满足民用市场的需求。这些工厂的产品由于其非商品性，因而不计成本，不计价格，由政府统一调拨到各军事部门。生产什么，生产多少，怎样生产以及生产规模的扩大与缩小，都由政府决定，整个过程都缺少市场参与（王晓燕，1996）。官办企业的经营者主要为政府官员，缺乏企业家精神，贪腐严重，企业衙门风气浓厚，缺少现代企业制度的约束，因而效率低下，亏损严重。

随着清政府财力的日益减弱，官办企业所需要的资金已难以维持，考虑到当时已有相当数量有一定经济实力的商人，于是洋务派通过民间集资的方式创办了一批民用企业，出现了"官为维持、商为承办"的局面。洋务企业逐步由官办转为官督商办。与官办企业不同的是，官督商办企业主要是根据市场需求创办的，产品大多用于满足市场需要，企业生产产品是为了获取利润。因此，官督商办企业较官办企业更具有商业性，更能适应市场需求，具有市场竞争意识，因此官督商办企业的经营状况比官办企业要好。

从整体上来说，洋务运动取得一定的成就。洋务运动时期创办的军事工业是中国最早的装备制造业。1881年，在洋务派支持下修建的唐胥铁路是中国第一条自主修建的铁路。1886年成立了中国第一个自办的铁路公司——开平铁路公司，拉开了中国铁路建设的序幕。

洋务运动开办的一批近代军事工业和民用工业企业为城镇化起了推动作用。上海在这一时期就有了一定的发展，华北地区秦皇岛至天津一线的城市带的形成与开平矿务局的兴办直接相关，湖北地区的洋务运动使一些荒野村庄建立起具有近代都市雏形的新兴市镇。工业化加速了人口的聚集并形成了移民浪潮，一些农民开始务工或经商。近代文明开始缓慢地向农村渗透，但这一时期的工业发展对农业现代化的影响是比较弱的。

袁伟时（2012）认为，义和团事件以后，中国开始确立市场经济制度；民国成立后继承了清末新政的成就而且有所发展。很明显的记录，是民国最初几年一直到1920年，工业发展的速度达到年均13.8%。一直到抗战前，经济发展记录都是很不错的。清末新政以后到抗战前，是中国经济发展的一个黄金时代。国民党为了党派宣传，说抗战前是黄金十年，年均经济发展将近10%。其实义和团运动以来都是这样，这是市场经济的功劳。北洋这方面的记录也不差。

2. 民国时期的工业化

辛亥革命推翻了中国两千多年的专制统治，1912年中华民国成立，实行了自由的市场经济制度，提高了民族资产阶级的政治地位，为民族工业的发展扫除了一些障碍。为了发展实业，南京临时政府颁布了一系列发展实业的法令，激发了民族资产阶级投资近代工业的热情。各种实业团体如雨后春笋般纷纷涌现。海外华侨也竞相投资国内工商业。政府实行有利于经济发展的政策，也促进了民族工业的发展。民国以后，中国工业持续发展，其中电力工业、煤炭工业和钢铁工业等最为显著。

黄汉民通过对 1930 年中国工业产值发展趋势的分析发现，虽然 1930 年前期中国的经济面临前所未有的困境，但中国工业生产的总趋势却仍在跌宕起伏中有所发展，并在 1936 年达到了近代历史上最好水平。

南京国民政府比较好地实行了市场经济制度，一般不对工业发展进行过多的干预，但也发挥着积极的作用。如南京国民政府的外贸政策，宽松的进出口贸易政策实现了当时工业化所需的资本要件和技术要件。1935 年实行币制改革，使币制混乱的局面得以改观，为进出口贸易提供了稳定的金融市场，促使物价回升，这对工业发展具有一定的积极意义。1935 年开展"国民经济建设运动"，鼓励发展工农业，注重改良和推广新农具，促进了工业化和农业现代化。

抗日战争期间（1937～1945 年），集中在东部沿海地区的民族工业迁往大西南抗战后方地区，建起了水力发电、冶金、机械、化工、电器仪表、石油化工等一批工矿企业，为西南地区并不发达的工业带来了契机，缩小了东西部的工业发展差距。

要全面分析中国的工业化就不能忽略日占时期东北的工业发展。自清朝建立以来，东北地区一直被视为"龙兴之地"，为了保护东北地区不受汉族影响，清政府实行了长达 200 余年的"封禁政策"，严格限制东北的开发，导致东北地区长期落后。1931 年"九一八"事变爆发，东三省沦陷。1932 年日本在东三省建立伪满洲国。为了进行经济掠夺，日本占据东北后就把东北当作工业基地来开发，开办工厂和矿山，修建铁路，实现了初步的工业化。1937 年，伪满洲国推行"产业开发五年计划"，采取统治计划的方法，有意识地加速军事工矿业的发展。到 1945 年日本战败投降时，东北的铁路长度占全国的一半，钢铁、煤炭、电力、化工在全国都处于领先地位（苏崇民，2012）。工业发展推动了城镇化，以长春为首的城市在这一时期迅速发展。

这里，我们并不是要表彰日本其"行"，而是要强调指出，日本在东北的经济建设包含严重的对东北资源的掠夺以及对东北人民残酷的剥削和压迫。但要全面考察中国近现代工业的发展，无视东北在伪满时期的工业成就也未必客观。

1946～1949 年三年内战时期的民族工业发展困难重重。战争带来的社会混乱、官僚资本的急剧膨胀、国民政府的苛捐杂税以及滥发纸币带来的严重通货膨胀，使这一时期的工业发展趋于停滞。全国工商业集中的上海市，1949 年 7 月 87 个工业行业 13647 户中，开工的仅占 25%，开工的企业也多开工不足，全国工业一片萧条。

二　1949 年之后的工业化

1949 年中华人民共和国成立，中国的工业化进入了一个新阶段。由于改革开放前后中国的经济体制有所不同，我们以改革开放为界，分别介绍两个时期的工业化。

1. 1949～1978 年计划经济时期

新中国成立后，经过三年国民经济的恢复和发展，国内经济有所回升。1952 年，中央政府提出了过渡时期总路线：要逐步实现国家社会主义工业化，完成三大改造。根据过渡时期总路线，国家编制并实施了"一五"计划（1953～1957 年），优先发展重工业，实行高度集中的计划经济体制。到 1957 年，"一五"计划在苏联的帮助下超额完成。虽然这一时期的工业有了较大发展，但仍落后于世界平均水平，农、轻、重比例极不协调，并且完全是在政府扶持下发展起来的，随着苏联停止对中国的援助，工业遭到极大的破坏。

1958～1962 年，中国进入了"二五"计划时期，轰轰烈烈的"大跃进"、"大炼钢铁"、人民公社化运动就发生在这一时期，追求高指标、高积累。各部门、各地方都把钢铁生产放在首位，群众大搞土法炼钢，造成极大的资源浪费。工业增长速度大大低于"一五"计划时期。"大跃进"造成了经济极端困难的局面，不得不暂时停止工业化进程，1962～1965 年，中国进入了三年调整时期。

1966～1975 年执行的"三五"和"四五"计划，正好是"文化大革命"的十年。这一时期给人们的印象是政治混乱、经济发展停滞不前，是历史倒退的十年。但从"文化大革命"后国家统计局公布的经济统计数字上看，"文化大革命"时期的经济还是取得了一定的发展。尽管当时存在盲目追求高速度的现象，但不可否认工业在这一时期仍取得了一定的成就。

到改革开放前，中国已建立起独立的比较完整的工业体系和国民经济体系。但在计划经济条件下，政府决定了工业的发展方向，各项经济活动都在指令性计划范围内运行，由政府决定资源配置。政府的一个错误决定往往会给经济带来巨大的打击，如"大跃进""大炼钢铁"运动。这一时期市场作用没有得到发挥，与外界的交流甚少，几乎是关起门来搞建设，导致技术长期落后，缺乏竞争力。因此，计划经济时期的工业是非常脆弱的。

工业化带动了城镇化的发展。城镇化率从1949年的10%左右上升到1960年的20%左右，1960~1963年城镇化率有所下降，"文化大革命"时期由于政治原因城镇化水平十年来几乎停滞不前，一直到改革开放前城市化率才达到17.92%，城镇化滞后于工业化。

工业化的发展推动了农业现代化进程，中国的农业机械化主要从这一时期开始。先是推广新式农具，1957年，全国农机制造业企业发展到276家（武少文，1991），奠定了农机工业的基础，但是农业机械化水平总体上不是很高。

2. 1979年后改革开放时期

改革开放后，中国开始了从计划经济向社会主义市场经济的转变，这一时期的工业化呈现出两大特点：一是政府行为逐渐减弱；二是市场作用逐渐增强。

1979年，经过了一段时间的扩大企业自主权的试点后，国务院颁发了《关于扩大国营工业企业经营管理自主权的若干规定》，旨在放权让利，进一步扩大企业自主权。这一措施给企业带来了巨大活力，使企业逐步成为自主经营、自负盈亏的商品生产者和经营者。随着城市经济体制改革的不断展开，市场力量逐渐显露，企业的经营活动由听命于上级转向市场导向，企业的市场竞争意识逐渐增强。

20世纪80年代后，乡镇企业"异军突起"。乡镇企业多为合作企业和个体企业，由农民自主经营，产销活动主要靠市场调节。乡镇企业的兴起促进了中小城镇的发展，转移了农村剩余劳动力，推动了农村的城市化进程。但乡镇企业在自身发展中存在很多问题，在本章第二节会有详细的分析。

尽管在改革开放初期已经进行了扩大企业自主权的改革，但企业的产权组织形式、管理制度等都还存在很多问题。1993 年十四届三中全会提出了建立"产权明晰、权责明确、政企分开、管理科学"的现代企业制度。这是一种适应市场经济发展的新型企业制度，对规范市场行为、促进资源的有效配置具有积极意义。至此，市场对企业的作用已经十分明显，在市场调节下，工业得到了快速发展。

对外开放是中国工业化进程的加速器，1979 年建立了深圳、珠海、汕头、厦门四个经济特区，此后对外开放逐渐从沿海走向内地，对工业发展具有极大的促进作用。2001 年，中国加入了世贸组织，参与国际分工与合作，工业化水平得到较大提升，一般工业品的档次和规模与工业发达国家的差距逐渐缩小，世界各地遍布"中国制造"。但随着中国在资源、劳动力成本上比较优势的逐渐丧失，如何将"中国制造"转变为"中国创造"成为一大难题。

改革开放后的工业化极大地推动了城镇化和农业现代化，中国的城镇化率从 1978 年的 17.92% 上升到 2012 年的 52.57%，乡镇企业为广大农村地区实现城镇化发挥了历史性作用。改革开放为长三角、珠三角、京津冀等地的工业化发展带来了契机，吸引了大量农民工进城就业，提升了城镇化率。同时，农村劳动力的大量转移在一定程度上促进了农业的规模化经营。农业机械化水平在这一时期明显提高，1978 ~ 2010 年，农业综合机械化率从不足 20% 提高到 52%。大规模的机械化经营使农产品商品率逐年提高，促进了农业现代化。

回顾从洋务运动以来中国工业化的历史可以获得以下发现。

一是市场经济制度是工业化取得成功的关键。洋务运动时期的工业化逐渐取得一定的成就和政府逐渐放弃对企业的干预有关，从官办逐步走向官督商办、官商合办。民国时期的工业化所取得的成就也和民国时期所实行的市场经济制度有关，如果市场经济制度和和平建设相结合，工业可获得较好的发展。

二是计划经济制度时期中国的工业虽取得一定的成就，但问题甚多，大多和计划经济有关。这可以帮助我们理解，为什么中国的经济体制改革的核心就是要破除计划经济。改革开放后，中国逐渐走上市场经济的道路，中国的工业也逐渐走向健康的道路，取得较大的成就。

三是中国的工业化道路还有大量问题需要探索，核心的问题仍然是市场和政府分工问题。现在中国工业的诸多问题不少和政府对工业的过多干预有一定关系。比如政府为保持国家社会主义的性质，保留一部分国有企业以带有垄断的方式经营。但垄断带来的低效率以及国有企业贪污腐败问题，一直为社会所诟病。中国的工业化所面临的市场化改革依然任重道远。

中华人民共和国成立以来，中国已为工业化奋斗了半个多世纪，计划经济时期的工业虽然在量上取得了一定的成功，但总体来说还是相当落后的，实践证明，改革开放更有利于工业化发展，处理好政府与市场的关系是核心问题。随着工业化进程的深入，工业化对城镇化和农业现代化起着越来越重要的作用，但是怎样实现"三化"协调发展仍是一个大问题。

第二节　中国乡镇企业的兴衰

乡镇企业，根据1997年《中华人民共和国乡镇企业法》，是指"农村集体经济组织或者农民投资为主，在乡镇（包括所辖村）举办的承担支援农业义务的各类企业"。乡镇企业是中国特有的一种经济现象，也是中国工业化过程中的重要组成部分。在乡镇企业高度发展的背景下，农民"离土不离乡"曾代表中国工业化、城镇化的重要方向。今天中国农村普遍推行的新型农村社区建设也包含了一种希望：通过建设新型农村社区在农村就地实行工业化和城镇化。本节回顾中国乡镇企业兴衰，探讨其中的原因，进而分析新型农村社区建设是否是实现农民就近就业并实现工业化、城镇化的重要方向。

一　1978年前乡镇企业的顽强发展

中国的乡镇企业开始于1953年后农业合作化时期的"社办企业"，人民公社化时期称为"公社企业"或"社队企业"。1958年的人民公社化运动中，社队企业经历了一次跃进式发展。到1959年底全国农村陆续建立了70多万个小工厂，从业人员达500万人，产值超过100亿元，占当时全国工业总产值的10%（国家统计局，

1999）。之后随着"大跃进"的失败，中国乡镇企业大多关闭，仅留下了一点创办企业的经验和设施。随着1960年国家"调整，巩固，充实，提高"方针的提出，乡镇企业进入到一个逐渐恢复的时期。1963年，社办工业产值为4.1亿元，到1965年，恢复到了5.3亿元（王凤林等，1988）。

1966年5月，毛泽东在"五七"指示中提出："人民公社以农为主（包括林、牧、副、渔），兼要学习军事、政治、文化，在有条件的时候，也要兴办小工厂。"毛泽东的这一指示为后来乡镇企业的发展提供了重要的政治指导。1970年，国家提出了在农村利用本地资源兴办为生产、生活服务的小工厂。

在东部沿海地区，由于人口增长过快和人多地少等各种矛盾十分突出，发展社队企业已成为转移农村剩余劳动力、壮大集体经济的重要途径。而且当时正处"文化大革命"时期，许多城市国营集体企业生产秩序受到严重破坏，导致市场供应十分紧张，为东部沿海地区社队企业发展提供了良好的市场环境。

社队企业兴起最初的目标是为了解决农村的致富问题，特别是在东部沿海地区普遍形成了"无工不富"的共识。乡镇企业的初步实践让农民充分认识到，农村想要富裕，一定要发展工业，在当时几乎是在经济上摆脱贫困的必由之路。

在计划经济时代，国营集体企业的产供销受制于国家计划，意味着由国家解决国营集体企业的原材料、能源、运输和销售。但乡镇企业在国家计划体制外发展，几乎所有的生产销售环节都由乡镇企业自己解决，所面临的困难是显而易见的。乡镇企业的生存和发展基本上靠自力更生。资金来自农村社队内部积累，技术设备因陋就简，产品则在乡村当地销售，是游离于计划经济"缝隙"中自我满足型或市场导向型经济。

1952～1978年，中国资本固定投资绝大部分用于重工业，仅有10%左右用于轻工业，这10%的轻工业投资又基本上用于国营企业，而乡村企业的融资渠道相当狭窄，其向正式银行的贷款十分有限，基本上依赖于家庭储蓄和非正式金融市场借款（斯蒂格利茨等，2003）。

尽管如此，在计划经济体制中乡镇企业仍然表现出顽强的生命力，得到快速发展。到1974年社队企业总产值为180.9亿元，而到1978年已达493亿元（国家统计局，1999）。

二 1978年后乡镇企业迅速发展

1978年改革开放后，中国的乡镇企业得到进一步发展。尽管从1978年到1983年，乡镇企业的企业个数由152.4万个减少到134.6万个，然而乡镇企业的总产值却从492.9亿元增加到1016.7亿元（张毅，1990）。这一阶段是改革开放以来乡镇企业增长幅度比较大的阶段。

乡镇企业能够在改革开放以后迅速发展壮大的一个重要背景在于，价格双轨制为其发展提供了良好的契机。价格双轨制是中国价格改革的过渡形式，但客观上为乡镇企业发展提供了相对规范的市场，乡镇企业从中比较好地解决了原材料、能源及产品的销售问题。当时的卖方市场继续为乡镇企业提供了良好的市场环境。

中国的改革由农村推向城市，城市的改革滞后于农村。城市改革的滞后使得整个中国的市场仍然处于卖方市场，市场短缺依然相当严重，为乡镇企业的发展提供了巨大市场空间，是乡镇企业发展的"黄金期"。在这一时期，乡镇企业的发展还得益于地方政府的支持和国际市场的开放。对外开放力度的加大，为乡镇企业产品出口提供了外部市场条件，进一步促进了乡镇企业的快速发展。

三 乡镇企业在艰难发展中走向衰落

1992年是中国经济体制改革的重要转折点，然而正是这一时期乡镇企业出现了衰落的迹象，是各种因素共同推动的结果。

党的十四大确定了经济体制改革的目标是，建立社会主义市场经济体制，实现由计划经济向市场经济体制的转变。这一政策背景十分有利于中国民营经济的发展以及外商投资，部分国有企业通过改制以及国家赋予其垄断地位，效益也得到了一定的提升，市场供给增多。因此，市场从过去的卖方市场逐渐转变为买方市场，市场竞争不断加剧。

经济环境的变迁给乡镇企业的发展带来了不利的影响。乡镇企业规模小、规模效率低下导致其生产成本相对较高。乡镇企业普遍技术水平低，创新能力弱。职工素质较低，大多为受教育程度较低的农民。体制也有问题，当时大多乡镇企业由社队集体经济所办，国有企业的大部分问题也在当时的乡镇企业里有所体现。乡镇企业通常地处农村，交通不便，信息不畅通，在交通、信息方面处于弱势地位。在过去卖方市场时期，由于产品可以卖个好价格，乡镇企业的这些问题被掩盖起来。但到了买方市场时期，这些问题的严重性不断显现出来，使得乡镇企业在和已经壮大起来的民营企业、三资企业以及改制后国有企业的竞争中逐渐处于不利地位。

这时，乡镇企业出现了分化：大多乡镇企业不能适应新的市场竞争而逐渐走向衰落，少部分乡镇企业脱胎换骨成为一般企业，这些企业或迁移到城镇，或迁移到各地后来兴建的各类产业集聚区，基本不再被划分为乡镇企业的范畴。

四　乡镇企业兴衰的启示

中国乡镇企业在过去取得的辉煌成就是在非常特定的历史时期出现的，当中国经济进入到一个比较完善的市场经济建设期以后，乡镇企业的弊端日益显露。

当前中国许多地方都在进行新型农村社区的建设，其中包含着一个希望就是，通过建设新型农村社区来就地解决农村农民的就业。然而乡镇企业兴衰的经验提醒我们，依托新型农村社区兴办乡镇企业基本上是在重复过去乡镇企业的经验。以上分析表明，乡镇企业的成功，是特定历史条件下的产物，已很难再被普遍复制。我们认为，试图通过依托新型农村社区兴办企业以解决农民就地就业需要反思。

第三节　工业化对土地租佃制度的瓦解

我们认为，通过土地改革瓦解土地租佃关系的国家可以分为两类：第一类是通过政府的力量强行剥夺地主的土地甚至其他财物；第二类是政府强行从地主手中以低价购买土地，再低价卖给农民。第二类土地改革因其温和而得到今人更多的肯定，代表性的国家有日本、韩国等。然而，日本、韩国的土地改革导致这些国家成为小农经济，由此引发诸多问题，如小规模农业导致农产品价格高，农民普遍兼业而非专业农民，政府实施农业保护，农产品市场难以对外开放而受到来自国际社会越来越大的压力，如此等等，而这些问题的产生与当年所进行的土地改革有着直接或间接的关系。现在的问题是，当时日韩式的土地改革是否为不二选择？为什么西方不借助土地改革的方式也能实现耕者有其田且还实现了土地的规模经营？本节试图对此进行理论分析，这对中国在工业化背景下进行土地制度改革应有启发意义。

一　前工业化时代的农村土地租赁市场

前工业化时代的传统农业社会，农业劳动生产率很低，整个社会的绝大多数人口从事农业生产，城镇化水平低，城镇数目少且规模小，城镇中的经济活动规模也相当小，特别是生产活动。在这样的社会，留给生活在农村的人的职业选择几乎是唯一的：做农民，从事农业生产。

传统农业社会的土地分布通常不均衡，有的农民拥有较多甚至大量的土地，而大部分农民少地甚至无地。传统农业社会还存在一定的土地集中的现象，表现为拥有较多土地的农民凭借其经济力量不断购买其他农民的土地，是为土地兼并。有时这种土地兼并的过程还包含带有强制性的非市场因素，甚至暴力。当然，传统农业社会的土地并不只有兼并的一面，也有分散的一面，特别是在实行分户析产制的中国传统社会，对此樊明等（2011）曾有过较为详细的讨论。

总的来说，土地的不均匀分布在农业社会是一个普遍现象。对于拥有较多土地的农民来说，由于耕种技术的落后，自己可有效耕种的土地面积有限，这就需要将自己不能有效耕种的土地出租给他人耕种，这就构成了土地租赁市场的供给。当然也有的土地所有者并不想自己耕种土地，或对土地租赁的管理已构成一种职业，也就是职业地主。

对于少地或无地的农民来说，在农业社会由于职业选择的限制，绝大多数只能务农，而务农所需土地只有通过租赁的方式获得，这就产生出土地租赁市场的需求。有人需要出租土地，而有人又需要租种土地，土地租赁市场就此产生。出租土地的农民就成了地主，而租赁土地耕种的农民就成为佃农，二者构成租佃关系。

地租以及租赁条件随土地市场的供求变化而改变。一般来说，由于土地的有限性，随着人口的增加，人地关系趋于紧张，地租趋于上涨，且租赁条件越发苛刻（樊明、喻一文等，2013）。

根据以上分析我们提出租佃关系形成的一般条件。

一是土地分布不均匀，有的农民有较多的耕地，而有的则较少甚至无地。

二是在给定农业生产技术条件下，地多的农民不能有效耕种完自己所拥有的土地，或不愿意自己耕种土地，如此产生出土地租赁市场的供给。

三是少地无地农民缺少比租赁土地耕种更好的职业选择。

需要指出的是，在传统农业社会，土地租赁市场的形成有其必然性，但这并不意味着这是一个好的制度安排，主要表现在：一是佃户的劳动积极性受到影响，因为劳动所得的相当一部分，甚至大部分，要缴纳地租。二是交易成本相当高，因为地主和佃农要定期谈判合约，地主要监督合约的执行，而佃户总想方设法突破合约获得更大的利益。三是地主佃户关系通常并不协调，严重的甚至出现地主凭借其经济力量甚至政治力量压迫佃户。四是贫富严重不均，佃农收入水平低，而地主不劳而获，尤其在人地关系紧张的时期。正是因为如此，才有了土地改革。

二　工业化时代的农村土地租赁市场

工业化时代的到来改变了农村的土地租赁市场。先讨论工业化对土地租赁市场供给的影响。

工业化推动了农业现代化，其重要表现是农业机械化，使得农业生产的规模经济性得以展现，农民采用农业机械从事农业生产，其有效耕种的面积增加。这一过程可通过图 6 - 1 得到更准确的表达。$LRAC_A$ 代表农业时代的长期成本曲线，Q_A^* 代表对应长期最低成本的农产品产量。$LRAC_I$ 代表工业时代的长期成本曲线，Q_I^* 代表对应长期最低成本的农产品产量。$LRAC_I$ 置于 $LRAC_A$ 下方，反映工业化导致农业生产成本下降，Q_I^* 在 Q_A^* 右方反映农业生产的最佳规模在增加。

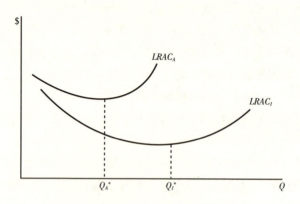

图6-1　工业化对农业生产成本的影响

在给定土地生产效率的前提下，对应最低成本产量的耕地面积就是农户的最有效耕种面积。在工业化时代，随着农业现代化水平的提高，农户最有效耕地面积会不断扩大。如果自耕土地面积未达到最有效耕种面积而此时又有土地出租在外，地主就会把出租出去的土地收回，直到自己耕种的面积等于最有效耕种面积，由此导致出租土地的面积减少，这也就意味着，在土地租赁市场，供给减少。

再讨论工业化对土地租赁市场需求的影响。工业化给农村居民带来的重要改变就是，增加了职业选择：过去农村居民只能从事农业，而现在可以到城镇就业，从事工业或服务业。选择的依据主要在于不同职业的收入差异。一般来说，在工业化时代，城镇就业的收入通常高于在农村务农，否则就不会有城镇化。如此，随着工业化进程不断向前推进，农村居民纷纷离开农村。

相信最早离开的应是无地少地农民，因为他们从事农业生产的收入较低。就今天中国的经验来看，农民工输出大省大多为经济相对落后的省份，道理一样。无地少地农民的离开，就减少了农村土地租赁市场的需求。

图6-2显示了在工业化推进的过程中，土地租赁市场均衡的改变。S_A 和 D_A 代表农业时代土地租赁市场的供给和需求。均衡土地租

种量和地租分别为 L_A 和 r_A。随着工业化推动农业现代化，土地出租减少，同时对土地租赁的需求也减少，导致土地租赁市场的供给和需求同时减少，均衡土地租种量从 L_A 降至 L_I，这就意味着土地租佃制度开始式微。

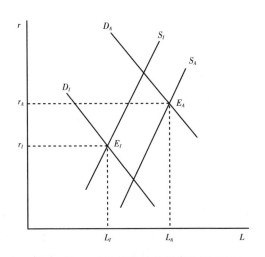

图 6 – 2　工业化时代土地租赁市场演变

当供给和需求同时减少时，土地市场的地租的变化是不能确定的。但就基本趋势来说，地租下降是必然的，这是因为佃户可接受的地租在下降。当佃户有了在城镇就业的选择后，在和地主谈判地租时筹码大增，要求交纳地租后获得与城镇居民相仿的收入，否则就不会租种土地。

有一个需进一步研究的问题：在工业化时代，自耕农的收入应高于城镇居民才是合理的。理由在于，自耕农要提供所有的生产要素方可生产，包括资本、劳动和土地。如果自耕农通过在城镇就业获得和城镇居民相仿的收入，则自耕农应比城镇居民有一个额外的收入，这就是对资本和土地投入的回报。但事实是，农民的收入低于城镇居民的收入是常态，如此才有关于农业补贴问题。虽然这是一个需要进一步研究的问题，但一个事实可以认定：发达国家农民收入和城镇居民收入相仿或比较接近，极少有农民收入超过城镇居民的现象。如果存在，也往往与政府的高额农业补贴有关。

自耕农与城镇居民收入相仿就意味着，如果佃农缴纳地租，其收入就低于自耕农以及城镇居民，而佃农只要到城镇就业就可获得与自耕农及城镇居民相仿的收入。这将使得佃农能接受的地租下降。与此同时，农业现代化带来农产品价格大幅降低，进一步导致地租及地价下跌。地租下降导致可供租赁的土地也越来越少。至此，租佃制度就难以为继，大规模的家庭农场就成为农业生产组织的基本形式。

大规模家庭农场的形成除了租佃关系不断自行解体外，还在于自耕农之间通过土地买卖实现集中。其实土地集中通过土地所有者相互租赁土地也能实现，就像今天中国提倡的农村土地流转。但为什么通过租赁实现土地集中经营始终不是主流，相反农民退出农业后出卖土地才是主流？

这可以从交易成本的视角给予解释。巴泽尔指出，自耕农由于土地所有权和使用权的统一而不会产生由产权分散导致的委托代理关系，因而也就不会产生交易成本问题。对于农民而言，出卖土地意味着一次性付清成本，而出租土地意味着多次付出成本。高彦彦（2009）进行了进一步的解释：在租佃关系中的交易成本分为监督成本、合约签订成本等，由于土地产权的分散，佃农投机的可能性更大，居住在城市的地主很难监督佃农的行为，进而增加了交易成本。

三　工业化背景下英国租佃制度的演变

英国在工业化背景下租佃制度的演变可为以上讨论提供部分佐证。英国作为第一次工业革命的发源地，经历了封建租佃制度瓦解的过程。第一次工业革命促成了新的生产方式——工厂制度诞生，资本家在城市建造厂房，雇佣工人工作，采矿业、纺织制造业等行业提供了大量的就业机会。英国农业地区的人口从工业革命开始前夕的1701年到工业革命完成后的1831年增加了89%，而同时期的工商业地区人口增加了223%，工商业地区的人口增长速度为农村人口增长速度的2.5倍（王乃耀，1992）。这些数据可以帮助我们理解当时城镇化的规模和速度。

在英国工业化进程中，自耕农数量减少。到19世纪末，英国4000万人口中只有32万人（不到总人口的1%）有土地。在英格兰，一半的土地被大土地所有者占有，在苏格兰占有的比例更高，达到 3/4（刘运梓，2006）。

　　农业现代化极大地提高了农业劳动生产率，导致农产品价格下降，与此同时，农民纷纷离开农村导致租佃需求降低，由此导致地租降低，地价也下跌。租佃制度在英国的瓦解的具体表现是，19 世纪至 20 世纪以来不少地主出售土地给佃户，导致自有自营或半自有半佃耕者日益增多。有些规模不是很大的地主或雇工的农场主，还采用机械由自己和家人来经营，把雇工农场变为家庭农场。20 世纪初在英格兰和威尔士，自耕农仅占 1/8，1930 年上升到 1/3，到 1990 年达到 2/3。爱尔兰都是自耕农，没有租佃农场。当然，租佃或半租佃经营的农场，在英国仍占一定比例，大多为夫妻二人经营，靠机械化和服务业，一般不需要雇工（刘运梓，2006）。随着农业技术的进步，英国农村中自耕农的比重逐渐上升并占据主流地位，租佃制度不断解体，家庭农场制成为农业生产基本的组织形式。

四　日韩式土地改革是不二选择吗？

　　根据以上分析，日韩式土地改革并非不二选择。我们不妨设想如果当时政府不直接主导土地改革，日韩的土地制度将如何演变？

　　假设这两个国家的工业化仍是后来的历史进程，结果导致对劳动力产生巨大需求，给农民带来新的职业选择和大量的就业机会。佃农和少地农民会首先离开农村走向城镇就业。工业化推动农业现代化，提高农业劳动生产率，同时国外农产品也会大量进口，共同拉低农产品价格，又进一步降低地租。此时，不用政府强行减租，地租自会降低。佃农、半自耕农租种的土地会退租还回地主。如果地主采用现代农业技术耕种，就会演化为大规模家庭农场主。如果出售土地，购得土地的农民可能也逐渐成为大规模家庭农场主。土地兼并过程也会在自耕农之间展开，因为农场规模太小导致亏损而不得不出售土地。这个过程要达到均衡就要求：通过反复的土地兼并，实现了大规模的家庭农场。这时，每个留在农村种地的农民都应是自耕农了，也就实现了"耕者有其田"的土地改革的目标。日韩的农业也会表现出农业强国的基本特征：大规模家庭农场，实现了农业生产的规模经营，农业现代化将被推进，实现的是建立在大型高效农业机械基础上的农业机械化，而非现在的建立在中小型农业机械基础上的农业机械化，农业生产效率将会进一步提高。

政府主导的日本、韩国式的土地改革导致小农经济，严重影响了农业的生产效率并引发出诸多的问题。日本、韩国已认识到这些问题，并推出种种政策试图提高家庭农场规模，如提高家庭农场耕地亩数的限制等，但没有取得成功。不成功的重要原因是，农业的高补贴导致本该离开土地的农民留在农村领取国家补贴，甚至导致农地进一步碎片化。

我们认为，要解决日本、韩国式的小农经济问题的关键在于补课，补上去没有完成的农业市场化改革。具体做法有，取消农业补贴和农业贸易保护政策，开放农产品市场的国际竞争。如此，可以预见，美国等农业发达国家的低价农产品将在日本、韩国畅销，导致部分日本、韩国小农破产，破产农民将土地卖掉或出租后实现土地集中，最终实现大规模的家庭农场模式。于是，获得了和欧美大农业直接竞争的能力。日本、韩国的市民发现农产品价格下跌了，继续留在农村的农民发现，不用政府补贴，收入一样可观。

五 启示

对比日本、韩国和以英国为代表的西方土地制度的变革可以发现，依靠市场力量所推动的土地制度演变更符合农业生产力发展的要求，表现为以自耕农为主的家庭农场制度以及大规模的农业经营方式，进而发展成基于大型农业机械的农业机械化，生产效率高，农产品价格低。而依靠政府力量推动以废除土地租佃关系为基本目标的土地改革，只能产生出小农经济，为了防止土地租佃关系的复活还必须限制农户拥有土地数量，不允许土地自由交易。小农经济必然带来农业生产的低效率，所实现的农业机械化也只能是基于中小型农业机械的农业机械化，生产效率相对要低，农产品价格相对要高，面对国际农产品市场的竞争，只能选择贸易保护主义。

小农经济一旦形成再改革，难度就相当大。据前分析，就要求放弃对农业的政府保护，包括国内农业补贴和贸易保护，让本国农业直接面对国际竞争，让国外大规模农业摧毁国内的小农经济，让部分小农破产，进而放弃土地，由此实现土地集中，实现农业生产的规模经营，获得与农业强国相竞争的实力。但这是非常难以做到的，尤其在实行西方民主式的国家。这也可以帮助我们理解，为什么 WTO 多哈回合的谈判总难取得突破。

对于土地制度面临改革的国家来说，如果实行的是土地私有制，最需要做的不是政府如何直接设计改革方案并通过政府的力量去强制推行，而是工业化加国际竞争就可把一国的农业塑造成较为理想的大规模的家庭农场体制，从而实现基于大型农业机械的农业机械化，进而获得与农业强国相竞争的实力。当然，变革的阵痛是无以避免的。

如果实行的土地制度是集体所有制，则这种土地制度难以为工业化所瓦解，且如果政府要坚持土地集体所有制，则基本上很难有很理想的改革方案。如果实行土地集体经营，显然不是普遍适合经营农业的方式。如果通过有偿流转实现土地集中，则形成佃农经济或接近佃农经济。如果我们把租佃关系广义地理解为支付价格获得耕种土地的权利，而佃农经济本是土地改革的对象，是一种落后的土地制度，为此，要首先实现土地私有化，在没有政府对农业过多干预（如农业补贴和贸易保护主义）的情况下，则在工业化不断向前推进的过程中，将实现大规模的家庭农场制度，因为只有这样的制度安排才是在农产品市场全球化不断向前推进的背景下能够维持的制度安排。

第四节　中国工业化的启示

本章前三节分析了中国工业化的历史演变，包括中国乡镇企业的兴衰以及工业化对农村土地制度的影响。本节侧重讨论中国工业化的启示，即从中国工业化的历史进程中发现对我们今天有价值的经验和教训，分析的重点在于在实现中国工业化政府与市场应如何分工。

一　市场机制在工业化发展过程中起主导作用

在中国工业化的发展过程中，政府与市场的分工是一个一直在实践中探讨的问题。中国的工业化起源于洋务运动，那时候就存在政府与市场该如何发挥作用的问题。

洋务运动是由清政府所驱动的工业化运动，由官办开始，随后经历了官督商办、官商合办的过程，最后走向了完全商办的发展模式。从洋务运动的工业化经验可以看出，官办企业虽然看上去经营规模很大，但主要不是从事商品生产，而是主要为解决当时的军事需要，受政府保护。由于是政府创办的企业，资金来源于财政，而当时政府内贫外困，这也是到最后大部分企业以失败而告终的重要原因之一。

官办企业还存在严重的"代理问题"。办企业的人多为政府官员，企业经营好坏与官员的个人利益关系较弱。他们普遍任人唯亲，贪污腐化，衙门风气浓厚，企业效率普遍低下。官商合办的企业，商股又常处于被官股吞并的威胁之下，影响了民营资本的投入。政府与市场没有进行合理分工，官办企业最终走向失败。

1949～1978年，中国实行以国有经济为主体的计划经济，企业在严格的国家计划和政府的严密控制之下经营。首先国家的计划并不能真正反映市场的需要，因此所生产的产品难免不适销对路。即便国家的计划是正确的，但计划必然限制竞争，由此使得国有企业缺少降低成本和创新的动力，企业的发展受到严重的限制。在企业内部普遍存在"大锅饭"和"铁饭碗"等问题，平均主义的收入分配方式严重扼杀了工人的劳动积极性和创造性，国有企业普遍表现缺少活力，为国有企业在改革开放后走向衰败埋下伏笔。

改革开放后，随着市场竞争的加剧，国有企业纷纷破产。为了保持社会主义国家的性质，政府赋予部分国有企业垄断地位。如此一来，国有企业虽能生存甚至盈利，但垄断导致的低效率一直为社会所诟病。因此，政府更多地为了一种政治理念保存了如此规模的国有企业，但同时也付出了政治代价。

中国的土地制度是二元的，城镇土地为国家所有，农村土地为集体所有。城市建设使用农村土地须通过政府向农民征购，而非通过正常的市场交换，土地往往是强制低价征来的。这样会导致两个问题：一是政府用地往往有可能会浪费土地；二是政府出台土地招拍挂制度，造成城市建设用地的价格过高，加大了城镇发展工商业的成本。

以上分析所获得的重要启示是，市场应该在中国现代工业化的发展中起主导作用，当然政府也并非没有作用，政府的作用应更多地体现在规则的制定、维护，市场秩序的监管，环境治理等方面。

二　规模经济和聚集经济不容忽视

规模经济是指企业生产规模扩大而降低企业的生产成本。聚集经济是指企业在空间上聚集而降低企业的生产成本。现代工业经济越发展，联系就越紧密，规模经济和聚集经济就越明显。

中国乡镇企业的由盛到衰，在很大程度上是因为违背了规模经济和聚集经济的工业发展基本规律。在中国计划经济时期以及改革开放初期，市场短缺，卖方市场是其鲜明特色。虽然乡镇企业的生产成本比较高，但乡镇企业的产品仍然可以在卖方市场卖个好价钱。然而，随着城市经济体制改革不断向前推进，城镇民营企业迅速扩大，其规模经济和聚集经济得以展现，降低了产品的市场价格，使得规模较小、相对分散的乡镇企业在市场竞争处于越来越不利的竞争地位，加之乡镇企业在知识、技术、管理方面先天不足，乡镇企业不断走向衰落。

三　现代企业制度对于工业化发展具有重大意义

现代企业制度的基本特征是：产权清晰、权责明确、政企分开、科学管理。洋务运动时期，洋务派虽然大举引进西方的先进技术，却未引进西方先进的管理制度和监督机制。洋务派经营企业的方式有三种：官办、官商合办、官督商办，其管理模式是衙门式的，企业的实权操纵在官僚手里，管理者用管理军队的方法约束工人，严重挫伤了工人工作的积极性和创造性。此外，由于缺乏有效的监督机制，企业经营者普遍贪污腐败，中饱私囊，使企业生产效率低下。到了中国工业进入到商办时期，民营企业向外资企业学习，初步建立了现代企业制度，为后来的中国民营企业的发展发挥了重要的作用。

1949 年后，计划经济体制下的国有企业的管理存在诸多问题，如政企不分、政资不分、政府权力过于集中、对企业管得过多过死、用管理政府的方法管理企业、企业缺乏应有的经营自主权，导致国有企业效率普遍低下。改革开放后，逐步开始了现代企业制度的建设，对后来的中国工业快速健康发展发挥了重要的作用。

四 治理环境污染问题需要政府发挥主导作用

在西方工业化发展的过程中，由于对环境污染的危害性缺少认识，在环境受到严重污染后才开始了有效的环境治理，即所谓"先污染、后治理"。虽有西方工业化发展带来严重的污染问题的前车之鉴，但中国的环境严重污染而未得到有效及时治理却发生在西方已经获得环境治理的经验后。

从中国的环境污染问题可以看出，尽管市场机制作用很重要，但市场不是万能的，环境污染问题是市场失败的表现，完全依靠市场解决不了环境污染的问题，所以需要政府来发挥作用，通过法制建设治理环境污染。

总体来说，由于经济历史演进的跳跃式发展以及经济体制的历史性错位，中国工业化发展的制度基础与西方发达国家有很大的不同。发达国家的工业化一开始就是在市场经济体制的基础上发展起来的，而中国从未形成过统一完善的市场体系，社会经济一直没有实现市场化，加之长期推行行政性的计划经济，所以工业化面临着严重的体制障碍。中国的工业化从洋务运动到今天的发展经验来看，政府和市场在共同发挥着作用。市场机制能否有效地发挥作用是决定着中国工业能否得到健康发展的决定性因素，政府能否恰当地定位自身并有效弥补市场的缺陷也发挥着重要的作用。

第七章
中国城镇化研究

一方面，工业化生产出大量的产品，并推动农业现代化的进程；另一方面，产生了大量的对劳动力的需求。农业现代化的推进一方面为工业化提供了农产品的基础。另一方面产生了大量的剩余劳动力。二者相互结合，可实现工业化和农业现代化的协调发展。这一过程既需要以城镇化为条件，又进一步推动着城镇化的进程。如果城镇化不能顺利发展，如由于某些制度障碍使得农村剩余劳动力难以及时转移到城镇，则农业现代化就难以推进，工业化也因缺少劳动力和市场而难以发展。如此，"三化"发展将走向失调。中国要实现"三化"协调发展，城镇化必须健康地向前推进。这就需要研究中国城镇化的行为与政策。

第一节 1949 年后中国城镇化的发展

1949 年中华民国结束在中国大陆的统治，是 1949 年建立的新中国的起点。民国时期的城镇化进程为 1949 年后的城镇化提供了基础，所以我们简要回顾民国时期中国城镇化的进程。1949 年后中国的城镇化经历了曲折的发展历程，有诸多经验教训值得总结。1949～1978 年，中国实行计划经济体制，从 1979 年开始不断推进市场化改革。对城镇发展来说，经历了不同的制度环境，因此，我们分两个阶段来总结中华人民共和国的城镇化进程。

一 民国时期的城镇化

1912 年中华民国成立，实行市场经济制度。但中华民国成立初期，政治持续动乱，军阀混战，没有给经济发展带来良好的外部环境。但就国家政策来说，制定了一系列的法规，奖励促进工业的发展。各地纷纷建立起了全国性和地方性的实业团体，大力提倡兴办实业，发展经济。

1927 年南京国民政府成立，国家逐渐走向统一，虽有局部战争，但总的来说，政治上趋于稳定，中国迎来了民族工业发展的黄金期。1937 年的全面抗战终结了这段黄金期。1945 年抗战胜利，只经过短暂的和平建设时期，1946 年内战全面爆发，到 1949 年结束。总的来说，民国时期和平建设的时间较短，而且战争几乎从未中断，只是规模有所差异。

关于民国时期城镇化的历史进程有如下观察。

一是民国时期的城镇化发展和政治稳定、经济发展直接相关。1927～1937 年的经济发展黄金期也是城镇化发展的黄金期。表 1 - 1 显示，从有数据报告的 1920 年城镇化率为 10.6%，到有数据报告的 1936 年达到峰值，为 11.25%，之后到 1949 年战乱不断，城镇化率有所下降，到 1949 年降至 10.64%。

二是城镇化进程缓慢。表 1 - 1 显示，从有数据报告的 1920 年、1936 年以及 1949 年，城镇化率波动很小，增长趋势不明显，到 1949 年城镇化率刚过 10%，仍是较低水平，但为以后中国城镇化的发展留下巨大的增长空间。

三是市场经济制度一直运行，没有受到战争或局部政权的更替而有太大的改变，包括日本统治下的东北和汪伪政府统治下的东南沿海。这使得市场促进城镇化的机制仍然发挥作用，最明显的表现是劳动力始终可以在城乡间、区域间自由流动。

二 1949 年后中国的城镇化发展

从 1949 年城镇化率仅为 10.64%，到现在已经突破 50%。60 多年来中国的城镇化发展取得了长足的进步，但中间也走过一些弯路。因此，研究 1949 年后中国城镇化的发展历程对于今后的城镇化建设有着深刻的启迪意义。

1. 计划经济时期

1949 年中华人民共和国成立之初，百废待兴。国家首先开展了

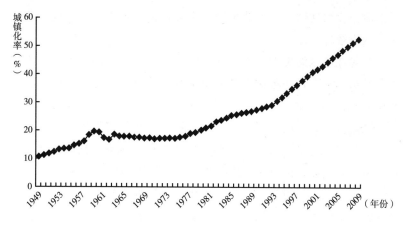

图7－1　中国历年城镇化率

资料来源：历年《中国统计年鉴》。

国民经济恢复工作。在农村进行了土地改革，分给无地少地的农民以土地；在城市没收了官僚资本，进行民主改革，推广新技术等。经过三年的恢复建设，到1952年国民经济就恢复到战前水平。

1953年国家开始实施"一五"计划（1953～1957年）。虽然取得了相当的成就，但"一五"计划是一个去市场化的过程，主要表现在以下四个方面。

一是资本主义工商业改造。国家通过赎买的方式对资本主义工商业实行公私合营，将其改变为社会主义公有制企业，扼杀了私营经济的发展。

二是农业合作化。把农民的生产资料集中起来，由集体统一经营，剥夺了农民对土地的经营权，导致中国农业生产长期低效率。

三是粮食统购统销。政府通过低价购买农产品的方式，是对农民变相的剥夺，严重挫伤了农民的生产积极性，也是建立城乡分隔的户籍制度的直接推动力。

四是城乡分隔的户籍制度人为地限制了城乡间的人口流动，不利于构建统一高流动性劳动市场，严重阻碍了中国城镇化进程以及城镇化的质量。

这些政策破坏了市场机制，对城镇化发展起到了阻碍作用。但其对当时城镇化进程的阻碍作用没有得到充分的表现。图7－1显示，城镇化率在这一时期非但没有下降反而有所上升。对此，我们提出两点解释。

一是在苏联的援助下大力发展重工业，形成了许多新工业区和工业城市，工业化的迅速发展使得计划经济体制对经济发展的阻碍作用表现得不明显。

二是政府采取的政策符合当时市场的要求。为发展工业，政府对人口的自由流动没有太多限制，甚至鼓励农村青年到城镇参加社会主义工业建设，使得这一时期城镇化率得以提高。

这里我们不妨讨论一个问题，粮食统购统销是否是当时不二的选择？一般认为，这在当时有其合理性，但我们认为不尽然。我们不妨做这样一个思想实验：如果当时没有粮食统购统销政策以及城乡分隔的户籍制度，那么农村经济会不会有另外的局面？对此我们不妨设想：如果没有上述政策，城镇的粮食可能发生严重短缺，导致短时间内粮价上涨。农民受粮价上涨引导，加大对粮食生产的投入，一些留在城镇的农民会选择回到农村从事农业生产，从而增加粮食供给。由此，随着对粮食生产投入的增加，粮食产出增加，城镇粮食短缺将会得到缓和。需要指出的是，粮食统购统销也能保证城镇粮食供给，但二者有着巨大差异：前者是通过农民自利性的行为得以实现，农民从中获利；而后者，农民是被强迫并被剥夺的，是通过农民的牺牲保证了城镇粮食的基本供应。随着时间的推移，放开粮食市场的政策会导致粮食生产不断增加，而粮食统购统销因伤害了农民的利益，必将导致粮食供应不断走向短缺。然而，这就是历史。

这一对历史的解读还可从后来的历史中找到证据。1960年国民经济调整，中央提出"三自一包"，即发展农村自由市场、保留农民自留地、生产队承包到组，进行独立核算，自负盈亏。很快就取得了良好的效果。这说明，如果对农民粮食生产的管制稍稍放松，就可取得明显的效果。

1958年国家出台了《中华人民共和国户籍登记条例》，从法律上正式确立了城乡分隔的户籍制度，限制人口自由流动。后来中苏关系恶化，1960年苏联撤走在华专家，带走图纸、资料，停止向中国出口设备，给中国的工业建设造成极大的困难，中国经济增长的唯一外力也没有了。所以，1958 年之后，中国的城镇化一直没有得到显著发展。但图 7 - 1 显示，1960 年中国城镇化率达到改革开放前的峰值。然而这并不是工业化对城镇化带动的结果，而是"大跃进"导致大量人口涌入城镇所致。

"文化大革命"期间，国家开展了一场轰轰烈烈的"上山下乡"运动。据统计，"上山下乡"运动一共涉及 3000 多万知识青年和干部。关于知识青年"上山下乡"的动因有着诸多不同的看法，其中不少强调是当时迫于城镇就业压力而采取的一种经济政策。我们的看法是，知识青年"上山下乡"固然有缓解城镇就业压力的动因，但更重要的原因是政治上的，是毛泽东出于自己的政治信念。毛泽东认为，知识青年"上山下乡"对其成长有着积极意义，相信这些知识青年在农村将"大有作为"，并将这一运动视为缩小"三大差别"（工农差别、城乡差别和脑力劳动与体力劳动的差别）的重要举措。不管是何种原因导致中国 3000 万知识青年"上山下乡"，但这是一次反城镇化运动是事实。

"文化大革命"期间，由于经济未能得到正常发展，加之大规模的知识青年"上山下乡"，城镇化进程停滞不前，个别年份甚至出现城镇化率下降，如图 7 - 1 所示。

基于以上分析，我们可以得到一个基本的判断：改革开放前，中国的经济发展是一个去市场化的过程，导致中国经济发展缓慢，使中国城镇化进程失去了基本的动力，城镇化进程也相当缓慢，特别考虑到这一时期是第二次世界大战后整个世界城镇化快速推进的时期。

2. 市场经济时期

1978 年底，中共十一届三中全会召开，提出"以经济建设为中心"的指导方针，决定实施改革开放。中国的城镇化建设也进入了一个新的历史时期。

20 世纪 80 年代初，农村实行家庭联产承包责任制。主要内容有：集体保留对土地的所有权，农民以家庭为单位向集体承包土地等生产资料，享有对土地的经营权。

这一农村的经济改革措施，使农户成为生产经营的基本单位，充分调动了广大农民的生产积极性，极大地解放和发展了农村劳动生产力，为后来中国的城镇化提供了粮食和劳动力基础。

图 7 - 1 显示，虽然进行了改革开放，但在最初的几年间，城市经济并没有得到快速发展。直到 1984 年城市经济体制改革，城市发展才进入到一个快车道。随着私营经济的发展以及外资的输入，城市市场经济体制不断完善，经济发展增速。但此后的农村再无其他重大改革措施，所以随着改革开放的不断深入，城乡收入差距不断拉大。

20 世纪 80 年代，乡镇企业异军突起。对于乡镇企业兴起的原因，费孝通（1998）的解释为："在严格控制城乡人口迁移，城乡户口隔离的情况下，迫使农村中'隐藏'着的大量剩余劳动力另找出路，这条出路就是人口不向城市集中而把工业拉进农村，使农村里剩余劳动力可以向自办的工业转移。"于是大量的农民选择了就近进入乡镇企业就业。

鉴于此种情况，国家也开始放宽户籍制度。1984 年国务院下发了《关于农民进入集镇落户问题的通知》，准予在城镇有固定住所或长期务工的农民落户城镇，统计为非农业人口。

伴随农民进城的还有关于城镇化发展道路的争议：一种是优先发展中小城镇；另一种强调以发展大城市为主。鉴于当时农民大量落户小城镇的事实，国家于 1989 年颁布了《城市规划法》，提出：严格控制大城市规模，合理发展中等城市和小城市。20 世纪 90 年代，随着市场经济的进一步发展，乡镇企业由于不能适应市场的激烈竞争而逐渐走向衰落。农民更多的流向大城市，大城市规模扩大，中小城市则日益衰败，政府限制大城市的政策未能收到预期效果。一个国家城镇规模结构更多的是市场选择的结果，不是政府一项政策宣示就可以决定的。关于这一点，将在本章第二节、第三节详细讨论。

改革开放以来，城镇化建设取得了相当大的进步，但仍有一些因素制约着城镇化的发展。

一是城乡分隔的户籍制度。改革开放以后，政府相当长的时间不鼓励农民进城就业，把进城寻找就业机会的农民称为"盲流"，同时阻碍了农村剩余劳动力向城镇的自由转移。虽然近几年各地都开始进行户籍制度的改革，如重庆的城乡一体化等，但直到今天，仍然没能取得突破性的进展，农民在城镇还是会受到种种歧视。

二是土地集体所有制。20 世纪 80 年代农村实行了包产到户，农户享有对土地的承包权，但是土地的所有权仍然在集体手中，土地的流转承包非常困难。这也就使得农村土地难以集中进行大规模耕种，阻碍了农业现代化的进程。

三是农民工半市民化。由于户籍制度的限制，很多农民工进城之后难以定居，不能够得到同市民一样的社会福利待遇，造成了农民工长期游离在城镇和农村之间，即"半市民化"。

四是城市病问题严重。随着人口不断增加以及城市规模日益扩大，城市病问题也越来越严重。比如城市生态环境恶化，交通堵塞，治安压力大等。

最后，基于 1949 年以后中国的城镇化发展，我们获得以下基本观察。

一是中国城镇化的经验表明，市场机制是推动中国城镇化的基本力量。传统的计划经济体制限制了生产要素的自由流动，难以有效配置资源从而有效地推动中国城镇化的进程。

二是中国城镇化能否健康发展的关键在于，政府和市场能否合理分工。政府过度地参与资源的配置，就很容易阻碍资源向城镇集中，从而阻碍城镇化的进程。相反，如果资源更多地交由市场配置，则资源就会按照"三化"协调发展的要求，在利益的驱动下，不断向城镇集中。其道理就在于，"三化"协调发展是人们追求利益最大化的表现。比如，农村剩余劳动力到城镇就业是追求自身利益，但为"三化"协调做出了贡献。

第二节　中国城镇规模结构研究

中国城镇发展战略关注的重点是城镇规模结构，诸如"严格控制大城市规模、合理发展中等城市和小城市"（《城市规划法》，1989）。但自改革开放以来，城镇的规模越来越大，和国家长期执行的城镇发展战略目标不相一致。目前，关于中国未来是优先发展中小城镇还是大城市的争论依然激烈，各方强调的重点是：中小城镇更具优越性还是大城市更具优越性。然而，这场讨论要有意义首先要弄清楚，在决定城镇规模结构上，政府和市场所能发挥作用的大小。如果城镇规模结构更多地取决于市场，则关于城镇发展战略讨论的意义就相当有限。因此我们首先要分析影响城镇规模的因素，其次讨论政府能对城镇规模结构发挥多大的影响，包括地方政府和中央政府。

一　决定城镇发展的市场力量和政府力量

假如一个国家的民众能够自己决定到哪个城镇生活，那么就形成了一个市场。这个市场的买方是民众，民众决定购买哪个城镇的服务，而卖方就是城镇，卖出自己提供的服务。如此，城镇间就形成了一种竞争关系，竞争居民到本城镇就业居住。有的城镇经营得好，城镇就有吸引力，想买的人就多；相反，如果城镇经营得不好，其吸引力下降，想买的人就少。

每个城镇都有自己的规划，其中最重要的部分之一是关于未来城镇的规模，即有多少人口。这个指标城镇政府非常重视，也是上级政府批准下级政府城镇规划时特别关注的内容。但这个指标可以理解为一个城镇的销售计划，能否实现取决于诸多因素，相当多的因素并不在城镇政府控制之中。

城镇规模结构是不同规模城镇的人口占总城镇人口的比例。城镇规模结构的演变主要取决于，不同规模城镇所具有的不同的吸引力。如果大城镇更具吸引力，则人口会更多地选择到大城市就业居住；相反，如果小城镇更具吸引力，则人口会更多地选择到小城镇就业居住。不同规模城镇的吸引力大小将主导一个国家城镇规模结构的演变。

不同规模城镇的吸引力是由与城镇规模相关的因素所决定的。政府可以通过相关的政策改变不同规模城镇的吸引力或直接限制民众的购买。一般来说，政府对城镇的控制在计划经济时期是相对有效的，主要通过严格的户口甚至粮票控制，但到市场经济时期政府的控制力大为下降，主要还保留在手中的控制权就是户口。但当一个城市的企业不要求雇员拥有本地的户口，而到一个城市就业的居民并不太在意是否拥有这个城市的户口，或是否拥有这个城市的户口不影响其选择到这个城市就业居住，则政府对城镇规模的控制就趋于失效。这时，市场的力量，也就是民众对不同规模城镇的自主选择，将在很大程度上决定一个国家城镇规模结构的演变。

对国家城镇规模结构的有意义的讨论主要应在政府能有效发挥作用的范围。试想，如果政府认为优先发展小城镇好，但政府并不能有效地促进小城镇的发展，同时也不能有效阻止大城市的发展，然后告诉老百姓，"要优先发展小城镇、严格控制大城市的发展"，是缺少意义的。如果学者在讨论国家城镇发展战略时，所提战略的实施者主要是政府，而政府并不能有效实施学者所提出的理想的战略，则学者们的讨论同样是缺少意义的。

要对未来城镇规模结构做出有实际意义的研究，不仅要研究哪种城镇规模结构是理想的，诸如大城市有严重的城市病因而要大力发展中小城镇，更要研究在今天市场经济条件下，不同规模的城镇所表现出的对居民吸引力的差距，这将决定未来城镇规模结构演变的趋势。

以下试图对改革开放以来城镇规模结构的演变提出部分解释。这一分析有助于我们认识在决定中国城镇规模结构上，市场和政府的作用，以及城镇规模结构的政策与城镇结构行为的关系。

二　中国不同规模城镇的几个重要特征

解释不同规模城镇吸引力的方法之一是，寻找可以帮助我们理解不同规模城镇吸引力的某些特征。如果不同规模城镇在一些可能吸引居民的因素上存在差异，这种差异可以解释为不同规模城镇在吸引居民上的优势或劣势。

但这种方法有一定的局限性。首先是解释的准确性。因为主要基于描述统计进行解释，没有控制其他相关变量，解释可能有所偏差。其次是数据的获得性。有许多可能帮助我们解释不同规模城镇吸引力的指标，但由于数据获取的困难，难以使用。

2008～2012年《中国城市年鉴》提供了290个城市的市辖区年末总人口。市辖区是城市市区的组成部分。在中国一个城市的行政区域大多包含周边的农村地区，所以在本节我们提到的人口等均为城市市辖区的数据。

城市人口大于1000万以上的有北京、上海和重庆，且重庆的人口多于上海和北京，居第一位。我们认为，就市辖区人口而言，重庆应少于上海和北京。因找不到更准确地反映重庆市辖区人口的数据，我们将其从样本中剔除。另外，对统计数据不全的城市，如拉萨，我们也将其剔除。

按照2010年中国城市划分标准，我们将2007~2011年城市的平均人口规模分成5组：市区常住人口50万及以下的为小城市；51万~100万的为中等城市；101万~300万的为大城市；301万~1000万的为特大城市；1001万及以上的为巨大型城市。下面我们分析这5组城市在吸引居民前来就业居住上可能存在差距的因素，从而对这5组城市人口增长速度的差异给予部分解释。

1. 人均GDP和职工平均工资

人们选择在哪个城镇就业居住，肯定要考虑工资收入，而这又和一个城市人均GDP有关。就人均GDP和工资水平而言，显然人均GDP高、职工平均工资高的城镇更具吸引力。由此我们推断，人均GDP高、职工平均工资高的城镇能获得更快的增长速度。

表7-1显示，随着城市人口规模扩大，城市的人均GDP和职工平均工资均呈明显上升趋势。这就意味着，就人均GDP和职工平均工资而言，大城市比小城市对吸引居民就业居住更具吸引力，并由此获得更快的增长速度，因而使得城镇规模结构走向大型化。当然这一分析仅就城市的人均GDP和工资水平而言，并未涉及其他因素。

表7-1　城市人口规模与城市人均GDP

城市人口规模 （万人）	城市人均GDP （万元）	职工平均工资 （元）	样本数（个）
15~50	36167	29818	50
51~100	35876	28586	111
101~300	43132	30744	106
301~1000	60520	37862	15
≥1001	74538	62471	2

2. 第三产业占GDP的比重

人们在选择就业居住的城市时，关注一个城市第三产业服务水平，表现为城市所提供的教育、道路、公园、商场、剧院等。显然，如果一个城市第三产业发展的水平高，意味着就此而言，会吸引更多的居民来此就业居住。当然，城市人口越多，越会促进第三产业的进一步发展。

表 7 - 2 报告了城市人口规模与城市第三产业占 GDP 比重的关系，显然城市人口规模与第三产业占 GDP 的比重呈现正向关系，尤其城市规模达到 100 万以上。虽然对这种现象进行因果关系解释需要更多的研究，但可以合理地把这种现象解释为，城镇第三产业发达是吸引更多的人口来就业居住的重要因素。

表 7 - 2　城市人口规模与城市第三产业占 GDP 的比重

城市人口规模(万人)	第三产业占 GDP 的比重(%)	样本数(个)
15 ~ 50	40. 264	50
51 ~ 100	41. 186	111
101 ~ 300	40. 399	106
301 ~ 1000	49. 764	15
≥1001	65. 603	2

3. 居民幸福感

幸福是指人类个体认识到自己需要得到满足以及理想得到实现时产生的一种情绪状态，是由需要、认识、情感等心理因素与外部诱惑的交互作用形成的一种复杂的、多层次的心理状态，而幸福感则是专指评价者根据自定的标准对其生活质量的整体性评估，它是衡量个人生活质量的重要综合性心理指标。国内外有诸多研究涉及城镇规模与居民幸福感之间的关系。

Miler 等人对美国犹他州的研究发现，乡村居民的幸福感最高、城镇居民的次之，而大城市居民的幸福感最低。Gerdtham 等人对瑞典居民幸福感的研究发现，生活在县城或者 3 万居民以下规模城镇居民的幸福感要高于生活在瑞典三大城市的居民。Hayo 对东欧 7 国的研究表明，与少于 5000 人的城镇相比，居民的主观幸福感随着城市规模的扩大而单调递减。车娟娟（2013）指出，幸福感会随着城市规模的扩大而提高。同样，幸福感也会随着城市等级的上升而提高。

从以上对国内外文献的回顾可以看出，幸福感与城镇规模的关系并不明确。三项国外研究表明，城镇居民幸福感随城镇规模的增加而降低。而国内学者的一项研究表明，城镇居民幸福感随着城镇规模的增加而提高。

我们也对居民幸福感与城镇规模的关系进行了研究。樊明 2012年组织的关于城乡居民收入差距的调查询问了受访者的幸福感。备选答案有："很幸福"、"幸福"、"一般"、"较不幸福"和"很不幸福"。我们将幸福感指数化，分别对五个选项依次赋值 5、4、3、2、1，其中 5 代表"很幸福"，1 代表"很不幸福"。问卷还询问了受访者所居住的城镇，据此我们可查询到其所居住城市的人口规模。这样我们就获得了城镇规模与居民幸福感的数据。有 18484 名受访者完整提供了以上数据。

表 7-3 报告了城市人口规模与居民幸福指数的关系，显示不管是小城市、中等城市、大城市、特大城市还是巨大型城市，城市的规模与居民的幸福指数之间没有趋势性的关系。

表 7-3　城市人口规模与居民幸福指数

城市规模(万人)	幸福指数	样本数(个)
15 ~ 30	3.720	193
31 ~ 50	3.561	588
51 ~ 100	3.523	2928
101 ~ 200	3.527	3825
201 ~ 300	3.501	2769
301 ~ 500	3.611	1614
501 ~ 1000	3.503	5163
≥1001	3.568	1857

4. 基本观察

就以上可能影响不同规模城市吸引力三个因素进行了分析，发现大城市的工资水平和公共服务水平要高于小城市，尤其是 100 万以上人口的大城市。就回顾到的文献而言，国内外学者对城镇规模与居民幸福感的关系并无一致的结论，而基于 2012 年问卷数据，我们没有发现城镇规模与居民幸福感带有任何趋势性的关系。基于以上分析我们认为，总的来说，大城市比小城市有更大的吸引力，吸引居民就业生活，因而增长速度更快。

表7-4报告了城市人口规模与城市人口增长率之间的关系，显示人口规模1000万以下的城市，随着城市人口规模的增加，城市人口增长速度加快。这在相当程度上支持了以上的判断。

表7-4　城市人口规模与城市人口增长率

城市人口规模(万人)	城市人口平均增长率(%)	样本数(个)
15～50	1.210	50
51～100	1.545	111
101～300	1.881	106
301～1000	2.046	15
≥1001	1.090	2

当然，以上分析仅基于两个证据，主要由于数据获得性的问题，还有诸多可能帮助我们解释不同规模城市吸引力的因素未能进行分析。显然我们的分析是不全面的，如基于我们的分析不能解释为什么1000万的巨大型城市的人口增长速度反而减慢。一个可能的解释是，虽然巨大型城市的工资水平高，第三产业发达，公共服务好，但大城市病过于严重，如交通拥挤、城市污染、生活成本高等，阻碍了居民向巨大型城市集中，导致巨大型城市人口增长速度相比其他规模的城市放慢。

根据以上分析我们认为，城镇规模结构的演变有着深刻的原因。只要这些原因发生作用，城镇规模结构仍将向大型化发展。对于导致城镇规模结构演变的原因，政府所能发挥的作用有限。比如，任何城市的上级政府都不可能要求一个城市降低人均GDP从而降低工资水平，降低一个城市公共服务水平来降低一个城市的吸引力，从而降低人口增长的速度，实现国家所期待的城镇规模结构，或曰城镇发展战略。一个城市的政府更不可能如此。这就意味着，在决定一个国家城镇规模结构方面，在市场经济条件下，政府所能发挥的作用是有限的，起决定作用的是市场。

由此我们就不难理解，自改革开放以来，写进法律的"严格控制大城市规模、合理发展中等城市和小城市"，具有了法律的庄严性，但在市场面前却成为一纸空文。

在此我们建议，以后关于中国城镇规模结构研究，或曰中国城镇发展战略，重要的不是关于是否大城市更可爱，还是小城镇更讨人喜欢，这类研究意义非常有限。我们应该把更多的时间和国家支付的科研经费用于研究决定城镇规模结构演变的市场作用和政府作用，对未来中国城镇规模的发展做出基于客观规律的判断，而不是主要基于个人偏好的选择。

第三节　中国城镇化发展：政府 vs. 市场

作为曾经是实行计划经济的国家，中国改革开放后仍很重视政府对经济活动的引导。就中国城镇发展来说，政府一直有相关的政策甚至法律加以指导和规范。但政府的政策甚至法律是否能促使中国的城镇发展按照政策甚至法律所确定的目标向前推进？本章第二节的研究发现，中国城镇规模结构的实际演变和国家的城镇化战略目标并不一致。政府的政策强调要优先发展中小城镇，控制大城市规模，但结果是大城市发展得明显比中小城镇快。这就提出一个问题，在城镇化发展的过程中，政府和市场到底能有效地发挥什么作用？如何才能有效地发挥各自的作用？这就是一个关于中国城镇化发展政府 vs. 市场的问题。

一　中国城镇规模结构演化：政策 vs. 行为

自改革开放以来，优先发展小城镇，控制大城市规模是中国城镇规模结构政策的主线，或曰城镇发展战略的主线。

1980 年的全国城市规划工作会议确定了"控制大城市规模，合理发展中等城市，积极发展小城镇"的方针。1989 年 12 月 26 日通过的《城市规划法》第四条，将该方针上升到法律的高度，以法律手段确立城市发展方针。由原来的"控制大城市规模"上升到"严格控制"，更是加强了对大城市规模的控制力度。1994 年 9 月，住房和城乡建设部、国家计划委员会、国家经济体制改革委员会、国家科学技术委员会、农业部、民政部等六部委联合发布《关于加强小城镇建设的若干意见》，强调并具体指导小城镇的发展。

但是，政策和行为发生了脱节。中国大城市发展迅速，小城镇及中等城市发展相对缓慢。根据本章第二节提供的数据：在 100 万以下的中等城市及小城市，城市人口增长速度与城市规模关系不明显，但当城市规模超过 100 万以上，城市规模越大，城市人口增长越快，直到 1000 万以上的巨大型城市，人口增长速度才慢下来。城镇结构的如此演变以至于到 2010 年，不得不重新划分城市规模等级的标准。

另外，就不同规模城镇占总城镇的比重而言，小城镇的比重不断下降，尤其在 2000 年之后小城镇比重急剧下降。截至 2003 年，小城镇的比重从 1949 年的 70% 下降至 6.5% 左右。反观中等城市及大城市的发展，1949 年特大城市占城市总量的 4.55%，但是截至 2003 年增长至 26.36%。而中等城市虽然在发展中存在波动现象，但中等城市的比重仍由 1949 年的 7% 上升至 2003 年的 42.27%（杨风等，2010）。

我们再以一些具体城市为例。就北京来说，党中央、国务院和中央书记处对北京城市建设的方针和规划有明确批复：1983 年的批复要求到 2000 年全市常住人口控制在 1000 万人左右，但到 2000 年北京常住人口为 1364 万。1993 年的批复中要求到 2010 年北京市常住人口控制在 1250 万人左右，但到 2010 年北京常住人口为 1962 万人。2003 年国务院批复《北京城市总体规划（2004～2020）》，明确提出北京 2020 年人口控制在 1800 万，但根据国家统计局数据，2014 年北京常住人口已达到 2115 万人。北京作为中国的首都，城市管理应是中国最好的，且直接得到中央政府具体指导和支持。但北京控制人口规模的政策却可能是中国最失败的。

相反，如果一个地方没有足够的吸引力，地方政府人为地拉大城市框架只能造成"鬼城"的现象。据报道，在中国的新城新区建设中出现了一系列"鬼城"，如鄂尔多斯康巴什新城、天津京津新城、昆明呈贡新城等（刘新静，2013）。这些所谓的"鬼城"因空置率过高引发了中外媒体的广泛关注。这些"鬼城"一般都是开发规划的新区，是由政府政策带动形成的，但照样受到市场的冷遇。

以上材料显示，政府的城市规模政策没有取得成功，这是一个需要研究的问题。

二 城镇发展：政府 vs. 市场

以下我们具体分析，在市场经济条件下，政府与市场各自所能发挥的作用，为什么政府的城市发展战略，其实主要涉及城镇规模结构，总不能成功？

1. 政府发展城镇规模的冲动

对地方政府而言，每个城市的规划虽然都要得到上级的批准，但政府的规划是缺少约束力的。从来没有一个城市的市长因所管理的城市的规模突破了规划的限制而受到批评，更不要说惩罚。相反，如果一个城市的规模突破了规划，至少对一般城市来说，是政府的政绩。城市政府也不可能因城市经济的继续发展会使得城市人口规模突破规划而故意放慢经济发展的速度以达到限制城市人口的增长。除了所管理的城镇规模突破规划代表政府的政绩外，还在于政府官员政治权力和经济权力的扩大。

不仅市长追求城市规模的扩大，城市市民大多也是城市增长的拥护者。上节分析显示，大城市意味着更高的收入和更好的公共服务，也就有更强的优越感。大城市人通常有大城市优越感。因此，市民通常希望市政府尽快发展自己居住的城市，扩大其规模，让自己成为更大城市的居民。

2. 市场对城镇规模增长的基础作用

在市场经济条件下，市场对资源的配置起着基础性的作用。资源流入一个城市或流出一个城市主要取决于一个城市的吸引力，是由诸多客观条件决定的，在短期这些条件是相当稳定的，如交通条件、文化教育、政府行政能力等。

3. 政府对城镇规模增长作用的有限性

虽然城镇政府有不断扩大城镇规模的内在冲动，但在市场经济条件下，政府通常所能发挥的作用是有限的。在计划经济条件下，政府几乎掌握了所有能够决定城镇发展的资源，尽管数量并不一定很大。所以政府拥有一定的资源影响着城镇规模的增长。但在市场经济条件下，决定城市规模增长的资源绝大多数在市场，政府只能通过政府的政策和行政干预在一定程度上影响资源的配置。就城市政府试图改变资源空间配置的招商引资来说，虽有个别城镇成功的案例，但难以普遍取得成功，因为整个国家乃至整个世界可供投资的资本总是有限的。现在政府能有效发挥作用的是，通过审批拒绝某些外来或本地资本的投资。这就意味着，城市政府对拒绝资源流入有较强的控制力，但对资源的流入的控制力有限。

三 政府与市场在城镇化发展中的角色

根据以上讨论，我们可以更具体地讨论在城镇发展中城镇政府与市场的分工。

曾经有一则报道：前几年中国曾派出一批市长到美国一些城市见习。一位市长惊讶地发现，他所见习的城市的市长竟然不懂 GDP 为何物。但后来渐渐发现，这位美国同行虽不懂 GDP，但懂得如何改善城市交通，如何改善城市的环境，如何降低城市的犯罪率，如何发展教育等。他发现，来这个城市投资的商家并不少，这个城市 GDP 增长得也并不慢。

这则报道值得深读。其实它较好地说明了在市场经济条件下城镇政府的功能。从城镇微观的视角来分析，如果一个城市做好城市的环境，就能很好地吸引资源流入，促进城市经济的发展。如果城市投资环境不好，招商也难以成功。从宏观的视角来分析，城市政府过度的招商引资存在扭曲资源配置的副作用，如果城市政府做好自己城市的环境，让资源按最可有效利用原则寻找最好的城市区位，则资源可得到更有效的配置。

如此我们可对在城镇发展中城镇政府与市场的分工提出一个理论框架：城镇政府最基本的功能就是不断地改善城镇环境，包括城镇政府行政效率的提升，基础设施的建设，城镇交通的改善，环境污染的治理，文化教育的发展，犯罪率的降低，如此等等。把资源配置更多地交由市场，只有在市场失败的情况下才加以适当的干预。如此而为，不仅更有利于城镇的发展，而且在宏观上更有利于资源的有效配置。

第四节 中国未来城镇化率分析

随着工业化和农业现代化的发展，一个国家的城镇化率将不断提高。但未来城镇化率如何随时间改变是一个值得研究的问题，因为城镇化意味着大量的资源随着农业人口转变为城镇人口而改变配置，需要付出巨大代价。对此，下一节将有更具体的分析。因此，在推动中国实现"三化"协调发展的过程中，要对未来中国城镇化率的演变进行必要的研究。本节侧重研究中国在长期城镇化率的演变。

一　现有城镇化率预测文献回顾

未来中国城镇化率的演变很重要，故不少学者对此进行了研究，重点关注的是城镇化率随时间变化和城镇化率长期的均衡值。在城镇化率的时间序列预测方面，最为常见的方法是根据历史数据利用数学模型外推未来十到四十年城镇化率的演变。本节对此进行简要回顾。

简新华等（2010）利用诺瑟姆模型和1978～2007年城镇化率数据，估算出2020年中国的城镇化达到59.17%。

高春亮（2013）利用曲线拟合法，以1978年为基期预测2020年和2050年中国城镇化率分别为59.12%和84.97%。同时他还估计经济增长对城镇化率的弹性，并假设其在未来保持不变，在假设GDP增长6%的前提下预测2020年和2050年中国的城镇化率分别为61.08%和84.83%。

陈丹（2003）将城镇人口增长分解为自然增长、农转非进城引起的城镇人口增长和农民进城后城镇化（居住半年以上）引起的城镇人口增长。通过模型，利用历史数据对未来城镇人口规模进行预测，进而求出城镇化率。

联合国模型经常被用于城镇化预测。联合国模型的基本原理是根据已知的人口普查年份的城镇人口和乡村人口，求得城乡人口增长率差；再假设城乡人口增长率差在预测期保持不变，则外推可求得预测期末的城镇人口占总人口的比重。高春亮（2013）利用联合国模型预测2050年中国城镇化率将达到75.09%。

徐秋艳（2009）认为，20世纪50年代以来发达国家的城市化经验表明，随着经济发展水平的提高，城市化水平在时间轴上呈现为一条拉伸的S形曲线，因此可以由Logistic增长模型描述。城市化水平预测的 Logistic 增长模型一般表述为：

$$U_i = \frac{K}{1 + ce^{-bt}}$$

其中，K 为饱和城市化水平；t 为时间变量；b、c 为待估参数。模型假设人口增长和城市化水平的发展进程在时间维度上呈现"慢—快—慢"的格局。当经济发展水平较低时，城市化进程缓慢；当经济发展水平进入工业化中期阶段，随着工业化过程的迅速推进，城市化呈现出快速发展的态势；当经济发展到工业化后期以后，城市化水平提高速度开始减缓。模型要求最终城市化水平趋于一个固定的常数并达到稳定状态，此常数称为饱和城市化水平。孙中和（2001）利用该模型预测，2050 年中国城镇化率将达到 69.26%。

林毅夫（2013）认为，中国未来城镇化率将会以每年超过 1% 的速度发展，在未来十年、二十年内向着 75%、80% 的方向去发展。

陈锡文（2011）指出，2030 年中国人口将达 15 亿人左右，城镇化率达到 70%。

魏后凯（2012）预测，2050 年中国的城镇化水平有可能超越 80%。同时他也指出，一个地区城镇化率的合理程度在 85% 以内。

《全国城镇化发展规划》提出，2020 年城镇化率达到 60% 左右。

从以上回顾可以看出，目前主流的关于中国未来城镇化率预测所采用的方法主要是基于历史数据拟合回归外推预测，有两个可能的问题。

一是对较长期的预测的准确性难以评估，因为过去的统计规律不能保证在未来仍然有效。有的预测假设前提相当不可靠。比如，前面提到的高春亮（2013），假设经济增长对城镇化率的弹性在未来保持不变，预测 2020 年和 2050 年中国的城镇化率。显然在 30 年时间跨度上，经济增长对城镇化率的弹性不可能不变。城镇化到达一定水平后，必然放慢速度，对经济增长的回应的弹性必然不断降低。

二是对未来长期的城镇化率，或前文所说，饱和城市化水平，缺少充足的理论论证，或简单参照发达国家的经验。在参照发达国家经验时，对发达国家城镇化率的具体含义可能并未深究。比如，美国的城镇化率经常被引用。根据 2012 年《中国统计年鉴》，2011 年美国的城镇化率为 82.38%。但这需要具体讨论，对此第六章第二节已有所讨论，为了阅读的连续性，我们再把要点表述如下：根据联合国粮农组织提供的数据，2011年美国农业经济活动人口占经济活动人口的比重为1.51%。《中国统计年鉴》报告的美国城镇化率应是指在城镇中居住的人口占总人口的比重，而并非农业劳动力占总劳动力的比重。而我们今天讨论的城镇化率应是基于职业的，也就是非农业劳动力占总劳动力的比重。就基于职业的城镇化率来说，我们认为，美国的城镇化率应为98.49%（1% ~ 1.51%）。我们猜测魏后凯认为，一个地区城镇化率的合理程度在85%以内，很可能是参考了美国等发达国家的城镇化率数据。但就我们今天讨论"三化"协调发展问题来说，基于在城镇中居住的人口占总人口的比重所定义的城镇化率是不相关的。

目前关于未来中国城镇化率长期趋势的研究最根本的问题在于，对长期城镇化率的演变缺少理论分析。也就是说，为什么所提出的城镇化率就是理想的或必然要达到的。就上面所报告的学者对未来城镇化率预测来说，或基于历史数据，或基于主观的判断。

二 城镇化率长期演变的理论依据

《收入分配行为与政策》（樊明、喻一文等，2013）提出这样的观点：在完善的市场经济条件下，市场机制将实现城乡收入均等化。其基本逻辑在于，如果存在城乡收入差距，城镇化就将持续，直到城乡收入差距消除。以下所讨论的思想，部分内容在第一章第一节已有简要讨论。为了阅读的连续性，部分内容将有所重复。

在完善的市场经济条件下，市场机制将实现城乡收入均等化。其基本逻辑在于，如果存在城乡收入差距，城镇化就将持续，直到城乡收入差距消除。对实现市场经济的国家来说，随着市场机制的不断完善，最终都将实现城乡收入均等化。我们可以用一个简单的模型来加以说明。

假设城乡间存在收入差距，城乡间存在统一高流动性的劳动市场，则农村劳动力受城市高工资吸引而向城市转移，最终导致农业和工业（城市产业的代表）的均衡工资相等，从而消除城乡收入差距。

在初始时间城乡存在两个劳动市场，如图7-2所示。城镇劳动

市场的均衡工资 W_U^0 高于农村劳动市场的均衡工资 W_R^0，即 $W_U^0 > W_R^0$。这里，我们将农民从事农业的收入看作农民的隐性工资。这时，部分农民受城镇工人较高收入的吸引选择到城镇就业，使城镇劳动市场劳动力供给增加，由此降低城镇工人的工资，与此同时，提高了农村农业劳动的收入。这一过程到城乡收入差距为零时终止，即供求达到平衡点，收入为 W^*。此时，城镇就业人数为 L_U^1，农村就业人数为 L_R^1。

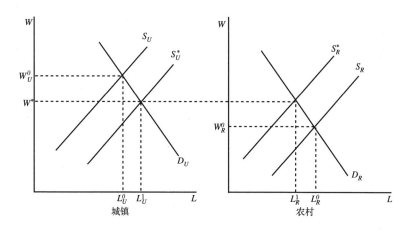

图7-2 城乡收入趋同分析

这一假说的一个隐含是，如果存在城乡收入差距，则城镇化不会终止；如果城乡收入差距比较大，则城镇化进程加快，也就是说，城镇化速度是城乡收入比的正函数，即：

$$G = f(R_{UR}), dG/dR_{UR} > 0$$

这里，G 代表城镇化率增长，用城镇化率增长的百分点表示，R_{UR} 代表城乡收入比。

为了检验这一假说，我们采用城乡收入比和城镇化增长百分点两个指标，检验是否高城乡收入比导致城镇化快速增长。我们选取美国、日本和韩国这些市场经济比较发达的国家作为分析对象。

美、日等国家的城镇化概念和中国有所区别。在这些国家，一个人被定义为城镇人口不是基于其是否从事非农职业，而是是否居住在城区，因此这些国家的城镇化率不能用于检验我们的假说。我们对这些国家的城镇化进行了重新定义：用第二、第三产业就业人口之和占总就业人口的比例表示。

美国的数据来源于中华人民共和国国家统计局，陈奕平所著《农业人口外迁与美国的城市化》。

日本的数据来源于中华人民共和国国家统计局、曾国安等所著《城乡居民收入差距的国际比较》，以及张开敏所著《日本劳动力结构的变化与第三产业的发展》。

韩国的数据来源于中华人民共和国国家统计局，以及〔韩〕宋丙洛（1994）所著《韩国经济的崛起》。

图7-3、图7-4和图7-5分别报告了美国、日本和韩国城镇化率增长与城乡收入比的关系，显示城乡收入差距越大则城镇化率增长越快。这一结果支持了前面的分析。

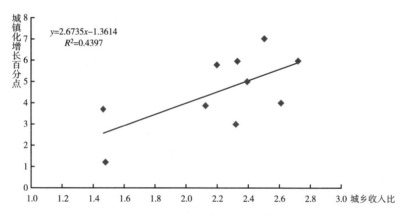

图7-3　19世纪80年代至20世纪80年代美国城镇化率增长与城乡收入比

为了说明中国农民是否也像市场经济发达国家的农民一样，受城乡收入差距的影响，选择到城镇就业，我们采用《中国统计年鉴》提供的1987年后城乡居民收入和城镇化率进行分析。由于城镇化率、城乡收入比波动较大，我们估计可能存在一定的统计误差，故采用5年滚动平均数据。图7-6显示，城乡收入比是城镇化进程的显著因素，城乡收入比越大，则城镇化率增长越快。

在对实现市场经济的国家来说，随着市场机制的不断完善，最终都将实现城乡收入均等化。如此，假设农产品生产所使用的资源

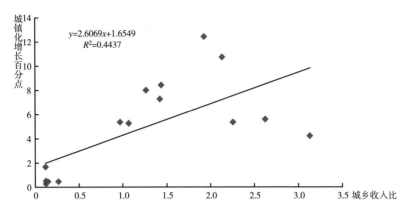

**图 7 - 4　19 世纪 80 年代至 20 世纪 80 年代日本
城镇化率增长与城乡收入比**

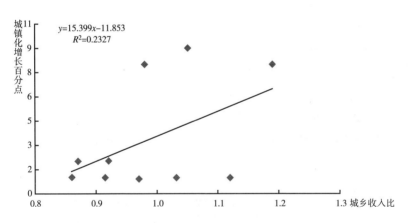

**图 7 - 5　20 世纪 70 ~ 90 年代韩国城镇化率
增长与城乡收入比**

由农民所拥有，而工业产品和服务的生产所使用的资源由城镇居民
所拥有，实现城乡居民收入均等化则要求：农业产出占国内生产总
值的比重正好等于农业劳动力占总劳动力的比重。为此，我们定义
农民相对收入比重如下：

$$农民相对收入比重 = \frac{农业产出／国内生产总值}{农村劳动力／总劳动力}$$

构造这个指标的基本思路是，农业产出在国内生产总值中的比

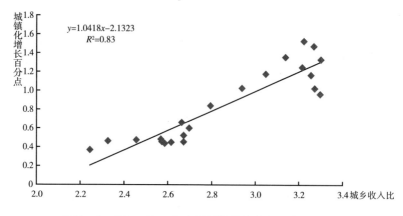

图7-6 1987~2012年中国城镇化率增长和城乡收入比

重与农业劳动力在总劳动力的比重之比决定农民作为一个整体在社会中的相对经济地位。如果一个经济社会消除了城乡收入差距，则这个指标就等于1。比如，农业产出占国内生产总值比重为10%，如果不存在城乡收入差距，则农村人口占总人口的比重也将是10%。如果是20%，则农民的人均收入只有城镇居民的一半。

世界上市场经济发展较好的国家的农民相对收入比重应更接近于1。表7-5报告了G20国家农民相对收入比重，图7-7报告G20国家人均GDP与农民相对收入比重的关系，表明在市场经济较为健全的G20国家内部，随着经济发展，农民相对收入比重有上升趋势。

表7-5 G20国家农民相对收入比重

国　　家	农业产出占GDP的比重(%)	农业劳动力占总劳动力的比重(%)	农民相对收入比重
加　拿　大	1.907	1.659	1.150
阿　根　廷	7.789	7.265	1.072
法　　　国	1.904	1.923	0.990
美　　　国	1.245	1.510	0.825
意　大　利	1.992	3.096	0.643
澳　大利亚	2.464	3.846	0.641
日　　　本	1.158	2.091	0.554
俄　罗　斯	4.303	7.842	0.549

续表

国　家	农业产出占 GDP 的比重(%)	农业劳动力占总劳动力的比重(%)	农民相对收入比重
德　　国	0.791	1.502	0.526
巴　　西	5.456	10.554	0.517
韩　　国	2.517	4.876	0.516
英　　国	0.693	1.446	0.479
沙特阿拉伯	1.918	4.780	0.401
南　　非	2.475	6.196	0.399
印度尼西亚	14.711	40.732	0.361
印　　度	17.864	53.964	0.331
土　耳　其	9.1445	31.943	0.286
墨　西　哥	3.352	15.601	0.215

　　资料来源：数据均为 2011 年数据，农业产出占 GDP 的比重数据来自世界银行，农业劳动力占总劳动力的比重来自联合国粮农组织。

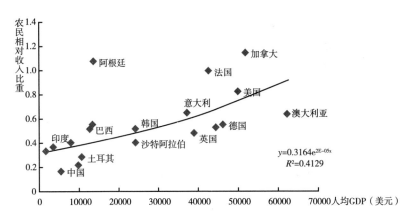

图 7-7　G20 国家人均 GDP 与农民相对收入比重

资料来源：人均 GDP 来自世界银行。

　　"三化"协调发展实现了城乡收入均等，则农民相对收入比重就等于 1，如此有：

$$农业产出／国内生产总值 ＝ 农村劳动力／总劳动力$$

　　这个表达式就意味着，如果城乡收入均等化，农业产出占国内生产总值的比重就将决定农村人口占总人口的比重，而未来城镇化率可由以下公式求得：

城镇化率 = 1 - 农业产出 / 国内生产总值

这样，关于未来城镇化率的讨论就演变成关于农业产出占国内生产总值的讨论。

当然以上结果的假设前提是，市场促进"三化"协调的机制能充分发挥作用。如果不能，则农民相对收入比重会小于1。比如，美国现在的农民相对收入比重为0.825，我们认为可能与美国高农业补贴有关。但有一点可以肯定，农村人口占总人口的比重会随农业产出占国内生产总值的下降而下降。为此，我们选取了美国、法国和中国的数据进行了检验，肯定了这一假设（见图7-8、图7-9和图7-10）。

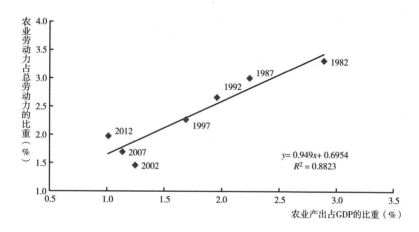

图 7 - 8　美国农业产出占 GDP 的比重与农业劳动力占总劳动力的比重

资料来源：联合国粮农组织数据库。

三　中国城镇化率长期预测

根据以上讨论，决定中国长期城镇化率的关键在于，未来中国农业产出占国内生产总值的比重。为此，我们可总结一下发达国家的普遍经验作为参考。

世界银行报告了世界上大多数国家农业产出和 GDP，表 7 - 6 报告了 20 国集团（G20）国家（除欧盟）农业产出占 GDP 的比重，从

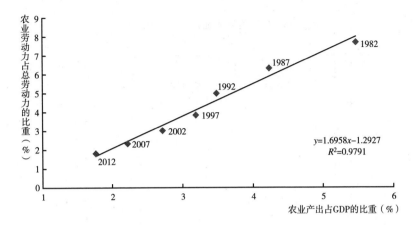

图 7－9 法国农业产出占 GDP 的比重与农业劳动力占总劳动力的比重

资料来源：联合国粮农组织数据库。

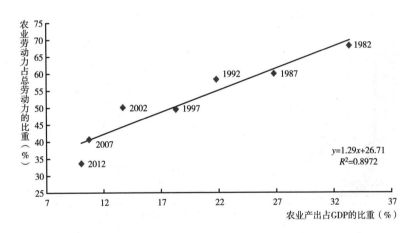

图 7－10 中国农业产出占 GDP 的比重与农业劳动力占总劳动力的比重

资料来源：联合国粮农组织数据库。

中可以发现，发达国家大多在 1% 左右，而发展中国家大多在 5% ～ 10% 之间。

根据世界银行提供的 184 个国家人均 GDP 和农业产出占 GDP 的比重，我们可以发现，随着人均 GDP 的提高，农业产出占 GDP 的比重呈现下降的基本趋势。这应该是反映了随着工业化和农业现代化不断向前推进所表现出的一般规律（见图 7－11）。

表 7 – 6　G20 国家农业产出占 GDP 的比重

单位：%

国　　家	农业产出占 GDP 的比重	国　　家	农业产出占 GDP 的比重
美　　国	1.245	澳大利亚	2.464
日　　本	1.158	巴　　西	5.456
德　　国	0.791	印　　度	17.864
法　　国	1.904	印度尼西亚	14.711
英　　国	0.693	墨西哥	3.352
意　大　利	1.992	沙特阿拉伯	1.918
加　拿　大	1.907	南　　非	2.475
俄　罗　斯	4.303	韩　　国	2.517
中　　国	10.037	土　耳　其	9.145
阿　根　廷	7.789		

资料来源：世界银行网站。

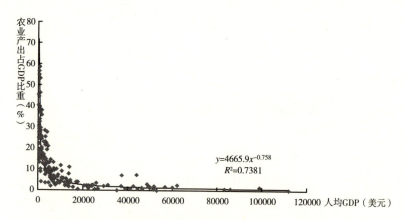

图 7 – 11　各国农业产出占 GDP 的比重与人均 GDP

资料来源：世界银行网站。

　　采用中国时间序列数据也有类似发现。图 7 – 12 显示，随着人均 GDP 的提高，中国的农业产出占 GDP 的比重也表现出持续下降的基本趋势。

　　根据发达国家的经验和中国数据，我们预言，在长期随着经济的不断发展，人均收入水平的不断提高，中国的农业产出占 GDP 的比重将持续下降。随着市场经济的不断发展，市场促进"三化"协

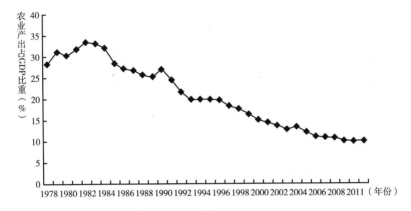

图 7 - 12　中国农业产出占 GDP 的比重随时间变化

资料来源:《中国统计年鉴》。

调发展的机制将发挥更大的作用，中国的农民相对收入比重将会不断上升，在长期接近 1 是可能的。而根据发达国家的经验，现在发达国家农业产出占 GDP 的比重多在 1% 左右，如果中国坚持市化改革，没有理由怀疑中国的农业产出占 GDP 的比重也将在 1% 左右，保守估计也不会高于 5% 。如此，我们预测在长期，中国的城镇化率会达到 95% 以上。

那么何时到达"长期"? 取决于我们市场化改革推进的速度。如果我们希望实现"三化"协调发展，实现城乡居民收入均等化，而又不愿意把市场化改革不断向前推进，则"长期"将遥遥无期。

第五节　农村劳动力向城镇转移行为研究

"三化"协调发展的重要表现是农村剩余劳动力及时顺畅地向城镇转移，这样一方面可解决农村剩余劳动力的就业问题，提高其收入水平，另一方面也满足了城镇建设对劳动力的需求。农村劳动力转移是农民为自身利益所做的自主选择。为了促进农村劳动力向城镇转移，就要研究哪些因素显著影响农村劳动力向城镇转移，从中可发现有意义的政策隐含。本节采用 2014 年问卷数据侧重分析农村劳动力向城镇转移的行为。

一 农村劳动力向城镇转移的行为演变

1978 年，中共十一届三中全会决定实行家庭联产承包责任制，农民的生产积极性得到极大提高，但农村劳动力剩余问题逐渐凸显，农民开始了向城镇转移。这时中央政府并不支持。1981 年，国务院出台政策，鼓励农民实行多种经营，发展社队企业，希望以此来限制农村劳动力向城镇转移。同年 12 月，国务院再度发出通知，限制农村劳动力的流动。

1984~1989 年，农村劳动力向城镇转移的规模加大，但这一阶段政府并未过多干预。1989~1991 年，东部发达地区大力发展"三来一补"的劳动密集型产业，吸纳了大量农村剩余劳动力，加速了农村劳动力向城镇的转移。

1992 年，邓小平的南方谈话打破了统包统筹的劳动力分配机制，加速了农村劳动力的转移。1993 年，中共十四届三中全会鼓励农村劳动力的转移，一度引发了民工潮。2000 年以后，国家政策加强了对农民工的保护，对农村劳动力向城镇转移起到了一定的推动作用。

2003 年以后，政府连续出台的"中央一号文件"，实行种粮直补，取消农业税，这些惠农政策提高了农民的收入，但也加大了农村劳动力转移的机会成本，是引发返乡潮的部分原因（樊明等，2011）。2008 年的金融危机严重影响到国内外经济，中国出现了大规模的农民工返乡潮。

近些年农民工市民化一直是一个热议的话题。中央政府支持农民工市民化，但涉及诸多利益调整，进展缓慢。农村劳动力向城镇转移是城镇化进程的基本表现，但显然面临质量不高的问题。

二 农村劳动力转移的动力机制

农村劳动力向城镇的转移是建立在农村劳动力剩余和城乡收入差距的基础之上的，由此推动了农村劳动力向城镇转移。

1. 农村劳动力严重过剩

农村劳动力过剩是导致农村劳动力向城镇转移的基础。有大量证据证明，直到今天中国农村仍存在严重的劳动力过剩问题，2010 年樊明组织的关于农民种粮行为的调查提出了新的证据。表7－7报告了亩均劳动力和小麦、玉米亩产之间的关系，显示从包产到户年至2008年亩均劳动力与亩均产量无关，这意味着农村劳动力的边际产出为0。

表7－7　亩均劳动力与小麦、玉米亩产（1976～2008年）

		亩均劳动力				
		≤0.2	(0.2,0.4]	(0.4,0.6]	(0.6,0.8]	>0.8
1976年	小麦亩产（千克）	119.8	151.3	161.1	171.7	150.7
	玉米亩产（千克）	177.6	189.3	186.1	162.5	156.4
	样本数（个）	71	130	47	33	15
包产到户年	小麦亩产（千克）	217.1	217.7	211.5	187.2	236.9
	玉米亩产（千克）	256.8	244.1	226.2	191.1	252.4
	样本数（个）	50	111	53	31	42
1983年	小麦亩产（千克）	255.5	243.3	226.5	233.4	253.1
	玉米亩产（千克）	271.7	259.2	244.6	232.1	278.5
	样本数（个）	41	109	47	33	26
1988年	小麦亩产（千克）	279.5	284.5	284.1	256.4	286.7
	玉米亩产（千克）	305.7	296.6	289.4	244.4	304.5
	样本数（个）	41	104	61	29	32
1993年	小麦亩产（千克）	315.8	326.4	318.8	321.2	317.7
	玉米亩产（千克）	307.3	336.2	314.0	319.1	313.6
	样本数（个）	32	117	63	25	34
1998年	小麦亩产（千克）	367.5	355.2	346.0	352.1	349.7
	玉米亩产（千克）	362.7	363.0	352.6	326.8	325.3
	样本数（个）	34	110	60	25	36
2003年	小麦亩产（千克）	387.5	393.0	385.3	390.3	390.0
	玉米亩产（千克）	407.4	408.8	385.3	367.5	393.5
	样本数（个）	41	105	63	33	32
2008年	小麦亩产（千克）	475.6	444.9	430.5	395.5	434.4
	玉米亩产（千克）	464.6	461.7	445.6	416.1	451.1
	样本数（个）	48	102	59	36	30

根据2013年《中国统计年鉴》，2012年占全国劳动力33.6%的农业劳动力只生产出10.01%的GDP，农民相对收入比重为0.30，远远低于实现城乡收入均等化的1。如果实现城乡收入均等化，则只需要10%的农业劳动力。对此第七章第四节已做详细分析。

2. 高城乡收入差距

图 7 – 13 报告了从 1978 年到 2012 年城乡收入比，呈现明显的上涨趋势。高城乡收入差距就意味着农民进城就业就可大幅提高其收入水平，从而选择进城就业。这也就意味着，如果城乡收入差距大，城镇化进程就将加快。为了检验这一假说，我们采用城乡收入比和城镇化增长百分点两个指标，检验是否高城乡收入比导致城镇化快速增长。图 7 – 6 支持了这一假说，随着城乡收入比的增加，城镇化进程明显加快。

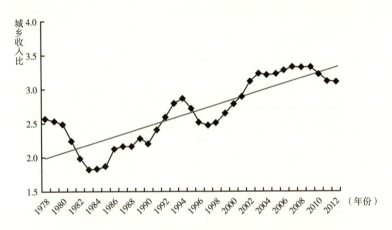

图 7 – 13   1978～2012 年中国城乡居民人均收入变化

资料来源：相关年份《中国统计年鉴》。

三   农村劳动力转移的模式

基于现阶段中国农村劳动力向城镇转移的基本情况，可以把农村劳动力向城镇的转移分为离土不离乡、离乡不离土、离土又离乡三种模式。

1. 离土不离乡

所谓"离土不离乡"，就是指农村农民职业的转变，即农村农民由原来的全职农民转变为非农职业或者兼业农民身份，但与此同时又不改变自己的居住场所的行为。这种模式主要盛行于 20 世纪 80年代，伴随着乡镇企业的兴起，这部分农村劳动力进入乡镇企业上班，拥有非农身份但是仍然居住在农村。"离土不离乡"是城镇化进程中的一个过渡时期，是一种特殊形式存在的人口形态，这种模式并不是社会最终的一个稳定形态。

2. 离乡不离土

"离乡不离土"顾名思义，就是指农民离开自己的村庄，但仍保留其户籍地的土地拥有权。这种模式主要是指兼业农民工和外出租种土地的农民。

3. 离乡又离土

"离乡又离土"是指那些常年在城镇从事非农生产活动的农民。与"离乡不离土"的农民最大区别就是，这部分农民自己主动退出农村土地的承包权，并享有与城镇居民相同的待遇，真正实现农民工的市民化，这应是中国城镇化的方向。

四　农村劳动力转移的个人因素

关于农村劳动力转移问题，国内外学者有一定的研究，如蔡昉（1996）、赵耀辉（1997）、Hare（1999）、Zhu（2002）、赵忠（2006）、张晓山（2010）和张树林（2010）等。但有批评认为，现有的数据不适合转移问题研究，不仅仅在于问卷设计不当，还在于难以抽取一个代表性的移民样本和一个对应的非移民样本（赵忠，2006）。为了克服上述数据的不足，2014年我们分别针对农民工和农村农民进行了涉及农村劳动力转移的调查，共获得农民工有效问卷3316份，农村农民有效问卷2681份，解决了非转移样本问题。在此基础上对影响农村劳动力转移的个人因素进行经验研究，即哪些个人因素对农民选择到城镇就业有显著影响，为制定更为有效的政策加速农村劳动力转移提供了有价值的参考。

以下讨论影响农村劳动力向城镇转移的个人因素。

1. 性别

妇女由于在家庭工作的效率比男性高以及传统习惯的缘故，通常妇女要承担较重的家务劳动，这就使得她们外出务工的机会比男性少。表7-8显示，就所调查的样本而言，农民工中男性比重为79.5%，而农村农民中男性比重为61.5%，显示男性会更多地选择转移。用 *MALE* 表示男性，回归分析时，以女性为比较基础。

表7-8 性别与选择转移

性别	农民工		农民	
	所占百分比(%)	样本数(个)	所占百分比(%)	样本数(个)
男	79.5	2673	61.5	1650
女	20.5	679	38.5	1031

2. 年龄

年纪过小或过大不太适合到城镇打工。年纪过小会首先选择在学校受教育且缺少工作和独立生活的能力；而年纪过大则适应城镇工作的能力较差，工作机会也相应要少。表7-9显示，年龄在33岁至45岁之间的农民，选择转移的比重最大，而20岁及以下的则比较低，年龄在46岁及以上的则选择转移的比重明显减少。回归分析时，以选择转移比重最高的年龄段"33~45"为比较基础。

表7-9 年龄与选择转移

年龄	变量名称	农民工		农村农民	
		所占百分比(%)	样本数(个)	所占百分比(%)	样本数(个)
≤20	$AGE1$	03.8	125	3.2	86
21~32	$AGE2$	33.3	1104	18.4	492
33~45	$AGE3$	36.1	1197	39.8	1066
≥46	$AGE4$	26.8	890	38.7	1037

3. 婚姻状况

已婚者承担着更大的家庭经济责任，为挣得更高收入会更愿付出，而外出打工往往是最现实的选择。但是，与未婚者相比，已婚者为打工付出更多，不少要离开家庭，留下的子女在农村缺乏适当的照看，尤其对女性已婚者而言。表7-10显示，已婚农民工在农民工中的比重为77.7%，低于已婚农村农民在农村农民中的比重（84.6%）。用$MARRIED$代表已婚，回归分析时以"未婚"、"离异"和"丧偶"为比较基础。

4. 受教育程度

受教育程度高的农民，具有一定的基本知识，学习能力也比较

表7－10　婚姻状况与选择转移

婚姻状况	农民工		农民	
	所占百分比(%)	样本数(个)	所占百分比(%)	样本数(个)
已婚	77.7	2575	84.6	2269
离异	2.9	96	2.0	54
丧偶	0.9	31	2.3	62
未婚	18.5	614	11.0	296

强，容易学习新的技术和适应城镇工作岗位的需求。根据人力资本理论（Becker, 1965; Mincer, 1974），受教育程度高则劳动生产率高，对这类劳动力的需求大，从而受到更多的鼓励参与劳动市场，获得就业的机会也大。调查数据显示，农村农民的受教育年数（8.688年）低于已经转移出去的农民工（9.229年）。用 EDU 代表受教育程度，用受教育年数衡量。

5. 城镇打工技能

如果一位农民有较高的城镇打工技能，显然会更倾向于选择在城镇就业。问卷询问城镇打工者和农村农民：您的城镇打工技能如何？备选答案有："很低"、"较低"、"一般"、"较高"和"很高"。为方便比较，给5个等级赋值，从低到高分别赋值从1到5，构成城镇打工技能指数。表7－11显示，农民工的城镇打工技能指数为3.273，高于农村农民（2.952）。也就是说，随着城镇打工技能的提高，农民会更多地选择在城镇就业。回归分析时，以城镇打工技能"很低"和"较低"为比较基础。

表7－11　城镇就业技能指数与选择转移

城市打工技能	变量名称	农村农民		农民工	
		所占百分比(%)	样本数(个)	所占百分比(%)	样本数(个)
很低	SKILL1	11.45	307	6.7	222
较低	SKILL2	16.34	438	9.7	321
一般	SKILL3	40.36	1082	43.1	1431
一定技能	SKILL4	29.24	784	36.0	1191
很高技能	SKILL5	2.61	70	4.5	149
平均技能指数		2.952		3.273	

6. 农业生产技能

如果一位农民有较高的农业生产技能，显然会更倾向于选择从事农业生产活动从而留在农村。问卷询问打工者和农村农民：您的农业生产技能如何？备选答案有："很低"、"较低"、"一般"、"较高"和"很高"。为方便比较，给5个等级赋值，从低到高分别赋值从1到5，构成农业生产技能指数。表7-12显示，农村农民的农业生产技能指数为3.212，高于农民工（2.942）。也就是说，随着农业生产技能的提高，农民会更多地选择留在农村从事农业生产。回归分析时，以农业生产技能"很低"和"较低"为比较基础。

表7-12 农业生产技能指数与选择转移

农业生产技能	变量名称	农民工		农民	
		所占百分比(%)	样本数(个)	所占百分比(%)	样本数(个)
很低	AGRSKILL1	10.1	336	5.6	151
较低	AGRSKILL2	15.6	516	10.5	282
一般	AGRSKILL3	47.7	1581	47.0	1260
较高	AGRSKILL4	23.2	769	30.8	825
很高	AGRSKILL5	3.4	114	6.1	163
平均技能指数		2.942		3.212	

根据以上分析，我们提出以下回归模型，分析影响农民选择转移的个人因素。由于农村劳动力只能选择转移（$MIGRANTWK = 1$）和非转移（$MIGRANTWK = 0$），即虚拟因变量（Dummy-dependent Variable），故采用单位概率模型（Probit Model）。

$$MIGRANTWK = \alpha_0 + \alpha_1 MALE + \alpha_2 AGE1 + \alpha_3 AGE2 + \alpha_4 AGE4$$
$$+ \alpha_5 MARRIED + \alpha_6 EDU + \alpha_7 SKILL3 + \alpha_8 SKILL4$$
$$+ \alpha_9 SKILL5 + \alpha_{10} AGRSKILL3 + \alpha_{11} AGRSKILL4$$
$$+ \alpha_{12} AGRSKILL5$$

表7-13报告了回归结果，显示大多变量的符号与理论预期一致且达到99%以上的显著水平。鉴于以上讨论和回归结果，我们可以得出以下结论：男性的转移概率比女性明显要高。与33~45岁的农民来说，其他年龄段的农民的转移概率明显较低。受教育程度高的农民会更多地选择转移。具有较高城镇打工技能的农民工会更多

地选择转移，相反农业生产技能高的农民工会更多地选择留在农村务农。没有发现婚姻状况对农村劳动力转移有显著影响。

表 7-13　选择转移方程回归结果

解释变量	系数	p - 值
C	-0.4894	0.0000
MALE	0.5814	0.0000
AGE1	0.1043	0.3066
AGE2	0.3763	0.0000
AGE4	-0.1305	0.0013
MARRIED	-0.0640	0.2061
EDU	0.0131	0.0369
SKILL3	0.3947	0.0000
SKILL4	0.4721	0.0000
SKILL5	0.7853	0.0000
AGRSKILL3	-0.2720	0.0000
AGRSKILL4	-0.4312	0.0000
AGRSKILL5	-0.6171	0.0000
Prob(LR statistic)	0.0000	
样本数	5996	

第六节　农民工市民化成本分摊研究

中国正面临巨大的城镇化任务。城镇化的一个重要过程是农民工市民化。郎咸平（2014）指出，城镇化的背后是一系列的资金问题。近年来，学术界围绕农民工市民化的成本问题展开了讨论，并对农民工市民化成本进行了估计，表示出对巨额成本的担忧。

中国发展研究基金会（2010）表示，中国当前农民工市民化的平均成本在 10 万元左右。中国社会科学院发布的《中国农业转移人口市民化进程报告（2014）》指出：农民进城人均成本为 13 万元，政府每年需要投入 6500 亿元。农民工进城的公共成本主要包括五大板块，分别是公共服务管理 806 元、城镇建设维护 677 元、社会保障 41356 元、新建学校及教育（一次性支付）14180 元、住房保障（一

次性支付）12011 元。同时，进入城镇的个人每年平均需要支付 1.8
万元的生活成本，还需要一次性支付 10 万元左右的购房成本。假设
公共成本是由政府来出钱，每年解决 2500 万人城镇化，政府每年一
次性投入约 6500 亿元，相当于中国 2012 年公共财政收入的 5.5%。

现在需要讨论的一个重要问题是，如果农民工市民化确实需政
府支付巨额资金，而政府又缺乏资金，则就要减缓农民工市民化的
进程。但如果农民工市民化的成本是一个被严重高估的问题，然后
政府根据这一严重高估的资金需求制定农民工市民化的政策，则农
民工市民化成本的严重高估就可能对政策产生巨大的误导，进而阻
碍中国农民工市民化的进程。因此，要慎重研究农民工市民化成本。
为此，本节对农民工市民化成本进行重新估计，强调对农民工市民
化成本进行动态均衡分析。

一 农民工市民化成本的分摊分析

农民工市民化的成本包括农民工私人成本和由政府承担的公共
成本。现在分别讨论农民工市民化的私人成本和公共成本的分摊。

对农民工市民化私人成本的担忧主要在于农民工是否有能力支
付其私人成本，因为私人成本顾名思义就是由农民工自己承担的。
我们认为，农民工进城就业是在进行了充分的成本－收入分析后所
做出的理性选择。只有进城就业后所获得的收入高于进城就业的成
本，农民工才会选择进城就业。如果农民工支付其私人成本发生困
难时，则至少可再回到农村，一般不会成为城镇政府的负担，尤其
对绝大多数并不具有城镇户口的农民工来说更是如此。

关于农民工进城的公共成本可分为两类：一类是虽由农民工就
业所在城市政府承担，但如果把政府作为一个整体来考察，则不改
变由政府承担的性质，只是有由不同地方政府承担的区别。这类成
本主要有农民工的社会保障、农民工子女的教育等。农民无论在农
村还是在城市都要享受社会保障，农民工在城镇所享受的社会保障
由农民工缴纳的社会保险提供，政府补助的甚少。类似的，农民子
女无论在农村还是城市都要接受教育，在义务教育阶段都要由政府
承担。如果把政府视为一个整体，并没有增加政府的额外支出。

如何对待进城农民工子女在城镇接受教育是一个需要讨论的问题。

城镇政府一般将对农民工子女的教育视为负担，尽量排斥农民工子女在城镇接受教育。但从整个国家的视角来看，农民工子女在城镇接受高质量的教育对整个国家来说是一件大好事。现在农村的基础教育困难很多，教学条件差，不少学生要长距离行走才能到达学校，在短期内这些问题很难解决，或需花费巨大成本才能解决好。但如果农民主动把子女带到城镇来，要提高对这些孩子的教育水平就容易很多，而且所增加的支出并不很多。如果这些农民工子女能在城镇接受良好的教育，并能和父母生活在一起，对他们的身心健康成长有诸多的好处。而费用的承担只是一个政府内部统筹的问题。如果农民工子女随父母到城镇接受更好地教育并由此增加政府支出，是政府加大对教育投入的表现，有着积极的意义。此外，如果农民工子女未能接受到良好的教育却大部分长久留在所在的城市，这对所在城市也绝非好事。

另一类成本是因农民工进城就业而增加的公共服务开支，如因农民工进城而增加的城镇道路建设，绿地建设，经济适用房、廉租房建设等。但我们要注意到，从适用的税率来说，农民工的纳税负担和一般市民是相等的，但由于公共政策对户籍居民的偏好以及农民自身的消费行为，农民工往往享受到的公共服务比原户籍市民要少。比如，农民工极少能享受到廉租房和经济适用房等由政府补贴的住房，甚至连购买一套普通商品房的权利也被城镇政府剥夺。事实上绝大多数农民工在城镇租房居住，少量购买商品房居住，因此并不增加政府的支出。不仅如此，农民工还是城镇政府土地财政的贡献者，无论是农民工买房还是租房，直接地或间接地都通过高土地价格为地方政府的卖地所得做出了贡献。农民工较少使用由政府支出的文化和休闲设施如博物馆、公园等。2013 年《中国城市发展报告 No. 6》指出，农业转移人口在享受基本公共服务权益方面仅为城镇居民的 45.2%，经济生活方面仅为城镇居民平均水平的一半。

由以上分析可见，政府所要承担的农民工市民化成本并不很高，特别是因农民工市民化增加的整个政府的成本是相当有限的。

二　对农民工进城就业成本的动态分析

赵锡军（2013）接受人民网记者采访时认为，城镇化建设所需投入并不是要求一次性的，而是长期的过程，通过多元融资，能够解决资金问题。我们认为，赵锡军提出了长期的概念有一定的启发意义。分析农民工进城就业的成本时，除了静态的分析外，更应从动态均衡的视角进行分析。为此我们建立如下动态均衡模型。

假设一个城市在基年有 N_0 个城镇居民，此时总的公共服务水平为 G_0，则人均公共服务水平为：

$$\overline{G_0} = \frac{G_0}{N_0}$$

假定这是一个均衡的公共服务水平。在第 1 年，N_1 个农民进城，包括农民工及其随迁家属。这时城镇居民的公共服务水平降低为：

$$\overline{G_1} = \frac{G_0}{N_0 + N_1} < \frac{G_0}{N_0}$$

假定新增加的 N_1 的农民工和原城镇居民一样在第 1 年劳动纳税，共增加的公共服务量为 $N_1 G_0 / N_0$，但同时又有 N_2 农民工加入到这个城市，则此时人均城市公共服务水平为：

$$\overline{G_2} = \frac{G_0 + N_2 G_0 / N_0}{N_0 + N_1 + N_2}$$

则在第 t 年，人均城市公共服务水平为：

$$\overline{G_t} = \frac{G_0 + \frac{G_0}{N_0} \sum_{t=1}^{t-1} N_{t-1}}{\sum_{t=0}^{t} N_t} = \frac{G_0}{N_0} \frac{\sum_{t=0}^{t-1} N_{t-1}}{\sum_{t=0}^{t} N_t} = \frac{G_0}{N_0} \left(1 - \frac{N_t}{\sum_{t=0}^{t} N_t} \right)$$

当 t 趋于无穷大时，$\dfrac{N_t}{\sum_{t=0}^{t} N_t}$ 趋于 0，如此则有：

$$\overline{G_t} = \frac{G_0}{N_0} = \overline{G_0}$$

这也就是说，当一批农民初到一个城市时，确实由原城镇居民为其提供公共服务。但当后一批农民再来到城市时，之前的城镇居民包括上一批到达的农民工为后到的农民工提供了公共服务。从这个意义上来说，所谓农民进城增加公共服务的负担具有短期性，而在长期或动态地来分析，农民工始终是通过自己纳税为自己提供了公共服务。最终达到一个动态均衡，即新的人均公共服务水平等于原有的人均公共服务水平。从这个意义上来说，农民工进城并没有增加政府提供公共服务的负担。

三　动态模型的检验及讨论

以上分析的一个基本隐含是，如果农民工进城就业，从长期和动态的视角来分析，不会给城镇政府带来负担，则以农民工为主体的外来人口占城市常住人口的比例的高低不会影响城镇人均公共财政支出。为此我们作如下检验。我们搜集到中国 123 个城市年末常住人口、年末户籍人口以及年度公共财政支出。这 123 个城市完整地提供了以上数据。数据来源于 2013 年的各省、直辖市统计年鉴。常住人口减去户籍人口可求得一个城市的外来人口。在中国，外来人口主要为农民工。用外来人口占常住人口百分比反映一个城市以农民工为主的外来人口的多少，用常住人口的人均公共财政支出反映该城市常住人口享受的公共服务水平。

图 7–14 报告了人均财政支出与外来人口占城市人口比重的关系，显示二者的相关度并不高，相关系数 R^2 仅为 0.1688。值得关注的是，随着外来人口占城市常住人口百分比的提高，常住人口人均财政支出呈上升趋势，而非下降。这就意味着，农民工进城并没有降低城市的公共支出水平。

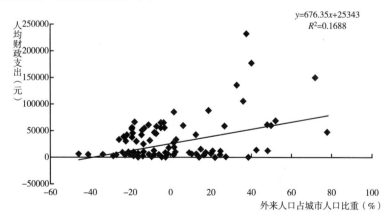

图7–14　人均财政支出与外来人口占城市人口比重

数据来源：各省（市）2013 年统计年鉴。

需要指出的是，对农民工进城就业成本的动态分析强调，从长期和动态的视角来分析，农民工进城不会给城镇政府带来负担，但如果出现农民工在短期过量涌入的问题，就可能导致一个城市公共服务水平在短期显著下降。但我们认为就全国整体而言，这种情况出现的可能性并不大。中国农民进城务工表现出很强的经济理性。如果农民工大量涌入城镇，则必然导致农民工就业机会减少，工资下降，这就必然遏制后来的农民工进入城镇，或促使已在城镇就业的农民工返回农村从事农业生产或其他经济活动。

关于这一点，之前关于城乡居民收入比和城镇化率的分析可帮助我们理解农民进城就业的理性。图7-6显示，城乡收入比是城镇化进程的显著因素，城乡收入比越大，则城镇化率增长越快。如果农民工大量涌入城镇，就必然导致城镇劳动市场的工资下降，必然遏制农民进一步进城，因此一般不会出现农民工大量涌入城镇的情形。就2008年以来的情形来说，图7-15显示，从2008年到2013年农民工的进城数量一直呈现平稳增加态势，没有出现短期农民工快速增加的情形。

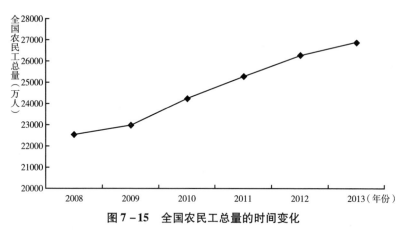

图7-15　全国农民工总量的时间变化

数据来源：国家统计局。

综上分析，从农民工市民化成本的分摊，从长期或动态的视角来分析，以及农民工与城镇居民同等纳税但所享受到的公共服务低于城镇居民来说，农民工进城不会给政府增加公共财政支出的负担，而更可能是贡献者。随着外来人口占城市常住人口百分比的提高，常住人口人均财政支出呈上升趋势，可视为支持性的证据。关于农民工市民化的资金从哪里来的答案是，来自进城就业的农民工，而非政府。

第七节 中国城镇化与乡土文化保护

城镇化是一个变农村人口为城镇人口的过程。城镇化的快速推进意味着将会有大量的农村人口转化为城镇人口，导致农村村庄逐渐消失。农民是乡土文化的载体，村庄集中保留了乡土文化的有形形态。由此使得依托于农村社会的乡土文化受到日益严重的冲击。乡土文化作为中国传统文化的重要组成部分，是广大的农村人民在几千年辛勤劳动中创造的，彰显了浓厚的文化底蕴与文化内涵。为此，一批文化学者及社会人士强烈呼吁通过强有力的政府手段对乡土文化实施保护，更有甚者希望减缓城镇化的进程来保护乡土文化。那么，乡土文化的发展道路该何去何从？政府在乡土文化进程中又该扮演何种角色？这是本节要讨论的问题。

一 城镇化导致村庄的减少是历史趋势

工业化是社会进步的必然表现。工业生产的规模效应与集聚效应使得工业生产活动主要在城镇集中，是城镇化的基本动力。工业化还推动了农业现代化，表现为农业劳动生产率不断提高，由此导致在农村形成大量剩余劳动力。而工业化正需要大量的劳动力。于是，在城镇拉力与农村推力的双重作用下，城镇化进程不断向前推进。城镇化就意味着农村人口的不断减少，村庄也随之减少。这是市场的选择，如果我们不退回到计划经济，这就是一个很难被人为改变的历史进程，包括政府。乡土文化的载体是农民，是村庄等物质形态。农村人口的减少，必然对乡土文化带来巨大的冲击，这确实是难以改变的。

二 城镇化对乡土文化的塑造

乡土文化的捍卫者抱怨最多的一件事是村庄的减少。如中国文联副主席、中国民间文艺家协会主席冯骥才在接受采访时援引官方公布的数字：过去十年，中国总共消失了 90 万个自然村，"比较妥当的说法是每一天消失 80 至 100 个村落"，"传统村落中蕴藏着丰富的历史信息和文化景观，是中国农耕文明留下的最大遗产。但随着社会的发展，村落的原始性，以及吸附其上的文化性正在迅速瓦解。"新华网 2012 年 10 月 14 日发表文章《古村落的大量消失，为保护乡土文化敲响警钟》（白林，2012），文章中提到乡土文化消失，很大一部分是因为农村村庄的消失。

这一抱怨包含的一个隐含就是，如果有足够多的农民留在农村，有足够多的村庄能够保留下去，则乡土文化就可保留。然而，这一隐含并不可靠。今天的农民普遍接受现代教育，必然接受现代科技文化的影响。这些受到较高层次现代教育的农民较少接受传统的乡土文化，而是更多地接受来自西方的现代城市文化，追求城市的文化时尚。因此，这种受过较好现代教育的农民即使留在农村的数量很多，他们也很难将乡土文化很完整地传承下去，更不用说发扬光大。

现在农村的村庄也深受现代城市文明的影响。就其房屋建筑来说，大多模仿城市流行的建筑，很少保持秦砖汉瓦的风貌。这样的村庄即便在农村保留很多，在建筑形态上保留乡土文化的作用也很有限。

三　乡土文化中包含诸多不适应现代文明的内容

乡土文化发育于传统乡村社会，因而更多地适用于传统乡村社会，其中有一些内容并不适合现代社会。比如，传统乡土文化强调尊重服从长辈，遵守成规，而不强调独立平等，不强调创新变革，而现代社会强调平等，鼓励创新。如果中国的农民仍旧坚持墨守成规的传统，缺少创新精神，则中国的农业现代化就很难有大成。保持这种文化传统的农民来到城镇成为农民工，也很难脱颖而出。

在村庄田野，大声说话不是问题，甚至是一种需要。但保持这种习惯的农民来到城市仍然在公开场合大声说话，则就会严重影响他人，自己也将成为不受欢迎的对象。

有些乡土文化更难为现代社会所接受。比如，在一个村庄人们少有隐私，因而也就缺少尊重他人隐私的文化。但如果受这种文化影响较深的农民来到城市，仍然不注意尊重他人隐私，则必然很难融入城市，甚至给他人造成伤害。

传统乡村的住宅房间不少相通，不重视家庭成员间隐私。现在保护隐私的意识在乡村也逐渐建立，这使得住宅内部结构和城镇住宅内部结构趋同，而非保持传统乡村住宅内部房间通联，不重视隔音。

因此，保护乡土文化应是有选择的，而非凡乡土文化就要保护。

四　乡土文化保护的主体

目前，大声呼吁要保护乡土文化的人基本生活在城市，他们早已脱离农村或从来就生活在城市。我们认为，保护乡土文化要以人为本，而这个"人"主要应是农民，而非生活在城市中的人。

如果生活在乡村的农民向往城市生活而放弃乡村生活，我们应该尊重。如果一个农民认识到，接受城市文化自己可以获得更多的发展机会，我们应该尊重。如果一位农民有意识地克服传统乡村文化中不适应现代社会的东西，我们更应该鼓励。

总之，要不要保护传统乡村文化以及如何保护，主要应由农民自己来决定，其基本依据就是农民自己选择如何获得更多的幸福。生活在城市的人偶尔来到农村，发现农民的房子跟城市一样，农民穿着打扮言行举止与城镇居民没有两样，就抱怨找不到乡愁，是不应该的。城里人不能为了自己的乡愁而要求农村人保持乡土文化，除非农民恰好选择了保持自己的传统文化可供城里人来旅游，对此城里人要付费。

从根本上来说，保持乡土文化是有代价的。如果农民经过成本－收益分析选择了保持乡土文化，我们乐观其成，只要其行为不影响他人。相反，如果农民认为接受现代城市文化对自己更有利，因而放弃乡土文化，我们应充分理解和接受。

五　对乡土文化的现代化保护

以上分析表明，随着农业现代化和城镇化不断向前推进，随着现代城市文明不断成为主流的文明形态，乡土文化走向式微是难以改变的历史趋势。考虑到乡土文化中有诸多不能融入现代社会的内容，农民继承这部分文化对农民乃至对城市人并无益处，我们应乐观这部分内容的消失。然而，乡土文化是我们文化的源头，凝聚着深深的民族情感，即便已逐渐远离我们，但没有人希望它消失，这就提出一个对乡土文化的现代保护问题。

乡土文化的现代保护的困难在于，现在的人们，尤其是年轻人，对乡土文化的选择是有意或无意地不断远离，长此以往乡土文化的很多内容将不断消失。即便我们人为地大力弘扬乡土文化，最终也只能是减缓其消失的进程，无法改变其消失的趋势。因此试图依靠强制性的手段要求农民继承乡土文化是行不通的。

我们认为，采用现代科学技术的方法不失为保护传统乡土文化的重要方式。对乡土文化中渐趋没落的传统技艺如皮影、糖画、昆山腔、剪纸、滑稽戏……可以通过音像视频等形式保存在网络，成本低廉，可供全世界更多的人来欣赏回味。

张炜（2013）提出，博物馆也可以在乡土文化的保护中发挥积极作用。博物馆可收藏反映传统乡土文化的各种物品，如生活用品、劳动工具、民间艺术品等。这类博物馆通常难以盈利，需要政府和民间社会的大力支持，这是政府可以发挥作用的地方。

借鉴国外的非物质文化保护经验，建造文化村庄旅游业，以旅游收入为支撑，也可实现乡土文化的保护。

总之我们要认识到，城镇化是大势所趋，今天的农民绝大多数将转移到城镇谁也难以阻挡，村庄大规模的消失还将继续，也难以避免，乡土文化走向式微也是难以阻止的，无论我们对它有着怎样的情感。乡土文化保护的主体是农民，农民选择远离甚至放弃乡土文化是农民自己的选择，包含着他们对自身利益的追求，所有人都必须予以理解与尊重。任何人都不可以因为自己的那份乡愁而要求广大农民长久待在乡村成为他们抒发乡愁的道具。如果我们不希望乡土文化彻底离开我们，我们最终能做的就是对乡土文化进行现代方式的保护。

第八章
中国农业现代化研究

工业化推动农业现代化，提高了农业劳动生产率，导致农村剩余劳动力产生。农村剩余劳动力转移到城镇从事工业及服务业，是为城镇化。随着农业劳动生产率的提高农民的收入水平提高，城乡收入趋于均等化。以上过程能顺利进行，是"三化"协调发展的基本表现。由此，农业现代化是"三化"协调发展的关键环节。本章研究农业现代化的基本特征及中国农业的基本问题，实现农业现代化的土地制度，对农村土地非农用途的限制带来的效率损失，中国城镇化的粮食基础以及农村农民留乡的选择。

第一节 农业现代化的基本特征及
中国农业的基本问题

要研究农业现代化，首先要弄清，农业现代化都有什么基本特征，对照这些农业现代化的基本特征，可帮助发现一国农业现代化的问题。

我们认为，采用现代农业科技，规模化生产，土地私有制和家庭农场经营是农业现代化的基本特征，这些基本特征又派生出其他特征，或要求相应的前提条件。

在工业化背景下，采用现代农业科技是必然的结果，是现代农业的基本特征。现代科技在农业中的应用是保证一国人民获得充足食物的技术保证。其实，人类自诞生以来直到近代，从未很好地解决过自己的食物问题。到近代随着现代科技在农业获得广泛的应用，食物问题才从根本上得到解决，而且发达国家的农业只需1%左右的农业人口就可实现。从微观来说，只要农产品市场的竞争充分，则农民必须采用现代科技，否则就难以生存。从一国来说，随着农产品市场全球一体化的深化，不管是主观原因还是客观原因，拒绝现代农业科技的国家，其农业必然落后，必然在国际竞争中处于不利地位。

现代农业科技在农业生产中的应用最直观的表现就是农业机械化。农业机械化就要求规模化生产，尤其基于大型农业机械的机械化。只有实行规模化生产，农业机械才能在技术上有效率和经济上合理。农业机械化使得农业生产具有显著的规模经济性，在一定的规模范围内，规模越大，则农产品单位成本越低。关于农业生产的规模经济问题，《种粮行为与粮食政策》（樊明等，2011）一书就粮食生产的规模化问题进行过讨论，基本也适用于一般农业生产，概括起来有以下理由。

一是就农业生产尤其是粮食生产，具有内在的规模经济性。就粮食生产来说，犁地、播种、施肥、喷洒农药、收割等生产环节，大型农业机械所带来的效率提高远远大于农业机械成本的增加，由此导致单位农产品成本降低。

二是在工业化进程中，劳动力成本不断提高，工资上涨，劳动相对于资本变得越来越昂贵，要求以相对便宜的农业机械替代日趋昂贵的劳动从而降低农业生产的成本，这就需要农业生产在足够的规模上进行。

三是市场竞争给农场规模的扩大带来一种强制性的压力。市场竞争的结果导致小农场很难生存，而大农场由于有低成本优势，正好可兼并高成本的小农场，并由此进一步扩大农场规模，使得农场的平均规模呈现出增大的趋势。

中国的粮食生产确实存在规模经济。根据樊明2010年主要在河南及周边省份所组织关于农民种粮行为的调查，随着农户耕种亩数的增加，小麦亩产表现出上升的趋势（见图8-1）。玉米的情况也是如此。

图8-2显示，随着农地块均亩数（承包地亩数/承包地块数）的增加，小麦亩产表现出上升的趋势。玉米的情况也是如此。

土地私有制是现代农业的制度基础，关于这个问题在下一节将

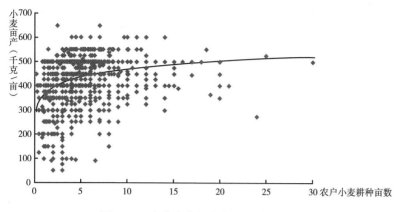

图8-1 小麦亩产与农户小麦耕种亩数

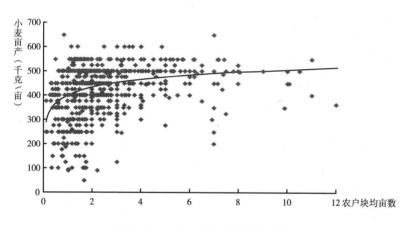

图8-2 小麦亩产与农地块均亩数

专门讨论。

　　家庭农场是农业发达国家农业生产的基本组织形式。家庭农场实现所有者与经营者统一，经营者与劳动者统一。这两个"统一"至关重要。所有者与经营者统一可避免代理问题，而经营者与劳动者统一可避免管理问题。

　　如果一国农业不具备上述特征，或客观条件使然，或主动选择了某些农业政策，就一定会在农业生产的一个或几个方面出现问题。就中国的经验来说，对照以上现代农业的要求我们发现，中国的农业大多不符合现代农业的条件。

农业的技术装备水平低。根据樊明 2010 年在河南及周边省份组织的针对种粮行为调查，亩均农机具成本只 1588 元。如此低的资本投入，离农业现代化尚远。除了农民投入农业生产的物质资本很少外，投入的人力资本也很低，绝大多数农民的平均受教育年数很低。根据樊明 2012 年组织的调查，主业农业的农民平均受教育年数仅为 8.2 年，不到初中毕业（9 年）水平。

中国的农业经济是小农经济。根据樊明 2010 年组织的调查，农户平均承包地仅为 6.67 亩，平均每户分得的土地为 2.93 块。如此狭小、碎化的土地很难广泛使用机械。

由于一户耕种土地过少，完全种地收入很低，则相当多数的农民选择兼业，从事其他非农的生产经营劳动。中国城乡分隔的户籍制度严重阻碍了随着农业劳动生产率的提高不断从农业中分离出来的农民及时转移到城镇就业，导致严重的农村劳动力过剩，从而极大降低了农业劳动生产率。

中国农村的土地制度为集体所有制而非私有制，农民只获得暂时的承包权，过一段时间还将重新分配。在如此土地制度下，农民很难对土地作长期投资，也很难通过土地交易解决一户耕种土地过小、碎化严重的问题，从而实现土地规模经营问题。对此，在下一节将有更详细的讨论。

有如此多问题的农业，中国农业现代化还有很长的路要走，主业为农业的农民必然是低收入群体，城乡收入差距也很难有效缩小。这些问题得不到有效的解决，"三化"协调发展就难以实现。

第二节　实现农业现代化的土地制度

上节指出，实现农业现代化要求农村土地实现私有化。然而，关于农村土地是否应私有化一直是一个激烈争论的问题。蔡继明等（2009）、文贯中（2014）、樊明（2005，2011）等诸多学者主张农村土地私有化，但反对者亦众，如温铁军（2009）、简新华等（2013）。本节讨论实现农业现代化的土地制度，系统阐述我们对农村土地私有化的主张。

1. 中国农村土地集体所有制的问题

中国农村土地实行的是集体所有制。下面分析现行中国农业土地制度所导致的问题。

第一，农民不直接拥有土地所有权，而是归村集体所有。但这个集体的概念是很模糊的，是行政村还是自然村？是谁具体作为所有权的代表或法人？而事实上村干部掌握着相当大的处置权，由此衍生出严重的代理问题，表现为村干部以权谋私，侵害村民利益。

第二，由于农民对土地缺少处置权，也就意味着土地缺少流动性。从根本上来说，一种生产要素不能自由流动从而使其市场价值得不到表现，就一定存在效率损失。对此，下节将有详细分析。

第三，很难实现劳动和土地的有效结合。土地是按人头平均分配，不管一个人想不想种田、善不善种田，均分得等量等质的土地。如果农民个体种田的效率存在差异，则必然导致土地配置的效率损失。

第四，农民经营土地的短期行为。由于土地承包是有限期的，国家规定目前的土地承包期为30年。但在实际执行中，人口的变动使得劳动力和土地的匹配不合理，不少地方事实上采取一定时间间隔后重新分配土地。不管承包期是少于还是等于30年，农民对土地的经营都难有长期打算，不愿对土地进行长期投资，特别是固定资产的投资，比如安装管道浇灌设备等，而只能经济合理地采取短期行为。从发达国家的农业技术来说，一些先进农业技术需要对农田进行固定资产的投资，而这在土地承包制的条件下难以实现。

第五，承包期的两难选择。为了防止承包期短而导致的农民经营土地的短期行为，政府采取延长承包年限的政策，并反复强调承包期的稳定性，采取承包地确权的方式强化承包期的稳定性。但这一政策面临两难选择：在30年的时间跨度内，农户的人口、劳动力变化很大，可能出现有的家庭人多地少，而有的家庭地多人少的情形，这将加剧劳动和土地匹配的不合理性。

第六，难以形成规模经营。根据樊明2010年主要在河南组织的调查，户均亩数为5.83亩，拿现代农业的标准来衡量显然过小。农业生产存在显著的规模经济。

第七，土地碎化严重。中国农业土地有一个相当独特的现象——碎化，也就是一户的承包地分成若干小块。根据樊明2010年组织的调查，户均地块近3块。土地碎化，机械化更难实现，农民浪费时间奔走于不同地块，亩产降低。

土地碎化的一个基本原因是缺少市场，优质土地和劣质土地的交换比例难以形成，为公平分配，只能采取不同质量的土地平均分配。如果存在以私有土地为基础的土地市场，即便最初土地是碎化的，如果农户通过交换土地就实现土地连片可使双方共同获利，没有理由怀疑他们不会这样去做。此外，土地私有才有土地市场，才知道如何折算不同质量的地块，交换才能顺利进行。

第八，土地承包制影响了中国城镇化的进程。在中国，土地不仅是一块种庄稼的地方，还承担着社会保障的功能。农民到城里打工，找不到就业机会或年老不适合再在城里打工，可随时回来种田，维持最基本的生活，从而维持最基本的社会稳定。因此，农民和政府都不希望农民和土地彻底分离。在这种制度背景下，农民离开农村通常是暂时的，最终还要回到土地。如此，将减缓城镇化进程，而且降低了城镇化的质量，因为大多数农民进城具有暂时性，是不彻底的城镇化。

第九，土地承包制和城乡分隔的户籍制的结合是城乡收入差距不断扩大的主要原因。发达国家之所以城乡差距较小的一个基本原因在于，一旦农民发现在农村从事农业生产的收入比在城市低，大多会选择卖掉农村土地，流向城市。与此同时，留在农村的农民可获得更多的土地从而实现规模经营，由此也可不断提高收入。由此，城乡收入差距一般不会太大。而在中国，土地承包制有把农民束缚在土地上的功能，加之城乡分隔的户籍制度又限制农民真正融入城市成为享受普通市民待遇的市民。这样，在农村种田，收入一定很低，而到城里打工，也只是二等市民，大多从事工作质量差、工资低廉的工作。

第十，现行土地制度容易造成土地使用的浪费。城市建设需农村土地通过政府向农民征地来实现，通常补偿标准较低。地方政府间在招商引资的竞争中，会竞相压低地价，由此导致土地使用的浪费。从源头上分析，这和农村虚化的所谓土地集体所有制有着直接的关系。

第十一，中国农业落后的一个重要原因是农业技术落后，资本投入太低。根据樊明 2010 年组织的调查，亩均的农机具购置成本才 1588 元。其中有诸多原因，农民所经营的土地规模过小肯定是重要的原因之一。规模太小且分散的土地很难使用大中型的高效农业机械，即使有了这些高效机械也很难得到充分的使用。

第十二，农业人力资本回报低从而投入有限。如果耕地规模过小就会使得接受农学教育很难得到合理的回报。如此导致一个农业大国农学教育却相当落后，农学专业始终是冷门专业，很难吸引一流人才去学习和研究。

第十三，土地集体化是农村村委会民主选举中普遍存在贿选的重要原因。我们认为，这和中国农村所实行的土地集体所有制有着直接的关系。土地集体所有制形成了集体经济，给村委会尤其是村委会主任提供了相当多的贪污受贿的机会。没有了集体经济，村委会主任就自然成为更多地为村民服务的职务，村委会主任候选人就不会出巨资贿选，村民在投票时就会把票投给能真正为大家服务的人，如此，中国乡村政治就可能大为清明。

第十四，土地集体所有制是导致城中村形成的主要原因。对此第十二章第四节将有详细分析，其基本结论是：土地集体所有制使得已经城镇化的村庄的村民为享受集体经济的利益而不愿离开原来的村庄，此外城乡分隔的户籍制度又使得村民难以融入城市。这使得大多村民仍然会选择在原来村庄集中居住，由此形成城中村。

2. 土地私有化的意义

农业土地私有化就是把农业土地的产权直接划归农民家庭或个人。土地私有化有着重要的意义：

第一，农民一旦获得土地产权，土地就获得了充分的流动性，有利于土地资源的有效配置，从而实现土地和劳动力的合理配置，实现土地的规模经营。

第二，能较好地避免农民经营土地的短期行为。如果农民手中有了土地的产权证，就能保证农民对所拥有的土地长期经营，从而就会从土地长期增值出发经营土地，加大投资。

第三，能较好地解决农民和土地分离问题，加速城镇化进程。农民有了土地产权后，若不想种田或已经进入城镇稳定就业，就可卖掉土地而完全融入城市，从而加快城镇化进程，而且是高质量的城镇化。

第四，农民有了土地产权后可使土地及相关的利益得到有效的保护。如果有买地者，农民将和买方或政府代表直接谈判，可较好地避免村干部出卖自己利益的行为，也可减少买方通过向村干部、地方政府官员贿赂低价购买土地从而损害农民利益的行为，村干部也难以集体名义随意截留卖地所得款项以谋取私利。

第五，有利于农民收入的提高。现今在从事农业生产收入如此低的条件下，如果农民不再受土地的束缚，加之造成城乡分隔的户籍制度的改革，农民会大量离开农村。这样，继续留在农村的农民可获得更多的土地，从而实现规模经营，收入因此可大幅提高，而到城镇就业的人也能够获得较高的收入。

第六，有利于物质资本对农业的投入。土地产权的稳定，使得物质资本尤其是固定在田间的设备，比如安装在地下的喷灌设备，投资后其财产权才能得到有效保护。愿意投资农业的城里人也可通过在农村购买土地投资农业，从而有助于改变现在农民很少投资农业，而城市资本又很难投资农业的局面。

第七，有利于人力资本对农业的投入。家庭经营土地增多，农业人力资本投资才能获得足够的回报，由此也才能推动农学教育的发展。

第八，实现土地私有化并在此基础上瓦解集体经济，村委会成员尤其是村委会主任利用集体土地、集体经济以权谋私的机会就会大大减少，贿选的经济动力就会大大减弱，将有助于实现村委会选举的公正性，建设清明的乡村政治。

第九，实现土地私有化并在此基础上瓦解集体经济将避免城中村的形成。

3. 对反土地私有化主张的评析

土地私有化的主张一直受到各种批评，下面就这些批评意见提出我们的看法。

批评一：广大农民不赞成土地私有化。

路广利等公布了一项调查结果：根据他们在 2006 年暑假对河北省保定市青苑县、容城县等地的调查及调查组成员回乡调查，在问及土地是否应该私有的问题时，农民的一致回答是"不应该"，因此得出结论：私有化并非"全部"农民的诉求。

不过也有反映民众支持土地私有化的报道。蔡继明介绍了一些地方人民强烈要求土地私有化的新闻值得关注：2007 年 12 月 9 日，黑龙江省富锦市东南岗村等 72 村 4 万农民向全国公告：宣布拥有土地所有权。2007 年 12 月 12 日，陕西省大荔县、华阴市、潼关县 76 个行政村约 7 万回迁农民向全国公告：我们三县市约 7 万农民现在共同决定收回我们的土地所有权，土地归我们世世代代支配和享用。2007 年 12 月 15 日，江苏省宜兴市省庄村 250 户农民向全国公告：永久所有宅基地，在自己的土地上实现"居者有其屋"。

樊明 2010 年组织的调查也关注了农民对土地私有化的态度。备选答案有："很赞成""比较赞成""中立""比较不赞成""完全不赞成"。表 8 - 1 报告了结果，显示选择"很赞成"和"比较赞成"的为 47.0%。选择"比较不赞成"和"完全不赞成"的为 24.8%。也就是说，根据本次调查，赞成土地私有化的要比不赞成土地私有化的多出近一倍。因此，土地私有化在中国农民中有一定的社会基础。

表 8 - 1　对土地私有化的态度

	很赞成	比较赞成	中立	比较不赞成	完全不赞成
所占百分比(%)	17.5	29.5	28.2	14.7	10.1
年龄(岁)	45.8	42.3	44.3	46.0	46.0
受教育程度(年)	7.0	8.3	8.0	7.2	8.2
样本数(个)	284	477	457	238	163

批评二：农业的规模经营不适合中国。

温铁军（2008）主张维持现行的土地制度不变。他做了如下论证：中国水土资源都严重缺乏，有 600 多个县人均耕地面积低于 0.8 亩，有 1/3 的省人均耕地少于一亩。这些地方的农村土地已经基本上转化为农民的社会保障，世界上有哪个国家把社会保障私有化？那些人均耕地面积多于一亩的地方多在北方，然而北方缺水严重，旱魔肆虐，经常是数以千万亩的土地受旱。因此，尽管那些地方土地资源相对宽松，但水资源缺乏导致产出率低。耕地的社会保障功能仍然是第一位的，也没有条件以所谓的耕地私有化来形成规模经济。因此，中国农业事实上不可能依靠提高土地的规模来参与国际竞争。

要讨论这个问题，我们认为以下三点先要澄清。

第一，土地是不是适当的农民社会保障的载体？按 600 多个县人均耕地面积低于 0.8 亩而论，显然不合适，因为一亩地一年的货币净收入只有千把块钱，根本无法承担社会保障之功能。如果用这 0.8 亩地把农民绑在土地上，农民注定永远受穷。因此，农民必须大量离开土地，离开农村，在城镇建立社会保障。

第二，农业规模经营是不是必需的？在闭关自守的时代，小农经济尚可行。但到了全球化时代，尤其是根据 WTO 的相关协议，中国必须开放农产品市场。如果中国还在搞小农经济，就注定是农业落后国，农业落后在国际市场上也一样要挨打。

第三，农业若走规模经营的道路，那大量从农村分离出来的剩余劳动力将如何处理？在农村或附近的乡镇安置有可能吗？我们倾向的答案是：农民要大量向具有一定规模的城市转移，离土不离乡政策的可操作性相当低。20 世纪 70 年代末至 80 年代乡镇企业的辉煌已很难重现。在短缺经济和普遍实行计划经济的时代，乡镇企业有良好发展的外部环境。但现在是过剩经济时代，只有以低成本生产产品的企业才能生存和发展，这样，大企业就有了规模从而成本的竞争优势。成本除了和规模相关外，还与区位和产业聚集相关。在村里或镇上办工厂由于缺少聚集效应，距离市场也较远，成本不容易降低。在大中城市或产业聚集区，成功的可能性加大。对此，第六章第二节已有详细讨论。

综上分析，中国农业必须走私有化道路，从而通过市场交易实现农业经营的规模经济，降低成本，提高中国农业的国际竞争力以及农民的收入水平，由此农民的社会保障才有必要的基础。

批评三：土地私有化将导致城市贫民窟，甚至社会动乱。

温铁军（2007）认为，发展中国家的动乱、不稳定以及其基本建设难以开展，很重要的原因是，它的土地是完全私有的，城市土地也是完全私有的，而农村失去土地的农民大规模涌入城市以后，就在城市的公有土地，也就是城市的铁路、公路、河道、公园等公有土地附近，去搞贫民窟，因此整个城市的环境是非常成问题的，而且不仅是一般的资源环境的问题，也包括社会动乱的问题。要想搞公共设施的改造，就要跟大规模聚集在城市公有土地附近的贫民发生冲突。

我们认为，一方面，关于城市贫民窟现象，确实在不少国家出现过，在一些国家和地区，贫民窟及非法占地搭棚的人口曾占相当大比例，但这是一个在发展中出现的现象，在不少地方和地区，已得到一定的解决，或基本不存在了。但另一方面，并非所有实行土地私有的国家都出现了严重的贫民窟现象，包括一直实行土地私有化的国家，如欧洲大部分国家，以及通过改革过渡到土地私有化的原社会主义国家，如俄罗斯及东欧诸国。

因此，不能简单地认为，如果中国实行土地私有化，贫民窟就一定成为中国的城市现象。对此，第十二章将有详细讨论。

批评四：土地私有化会导致贫富分化。

一个流行很久的观点认为，土地私有化会导致土地兼并，失去土地的农民会成为佃农，地多的农民成为地主，地主剥削佃农，从而导致贫富分化。这个过程在封建社会确实存在过。但我们要注意到，第二次世界大战后，很多国家实行土地改革，实现了耕者有其田，但之后并没有再出现地主 - 佃农的剥削关系。原因何在？这与同时存在的工业化及相伴随的城镇化有着直接的关系。在土地私有农业社会，农民失去土地后要生存，绝大多数成为佃农而遭受地主的剥削从而导致严重的两极分化。但在工业化时代，农民失去土地或主动放弃土地后，很容易在城镇找到新的工作而不会成为佃农。此外，在工业化时代，农业迅速现代化，机械化水平大幅提高，一户农民可耕种的田地相当大，也没有强烈的雇工要求，尤其是长期雇工。这也就是说，土地兼并后并不需要增加人而只要增加机械即可。对此，第六章第三节已有详细讨论。

就算有些人成为佃农或农业工人，其收入也会达到一定标准，因为城里存在竞争的工作机会。当然，由于中国工业化和城镇化在短期内还难以完全吸收农村中所有的剩余劳动力，出现一些贫富差距，两极分化，也应是可以接受的。在城镇，随着私营经济的发展，两极分化已非常严重。我们能容忍城镇两极分化，为什么就不能容忍农村出现两极分化呢？如果农村中的大土地所有者采用了现代工业生产技术，主要靠现代化的农业技术进行大规模耕种，则这种富有不带有剥削性质，我们就更应鼓励这些农民先富起来。

批评五：土地私有化会导致耕地大量减少，危及粮食安全。

有人担心，如果土地私有，农民有自由卖地的权利，就可能把地卖给城里人，从而导致耕地减少。这个观点有一定道理，但这个道理要成立需要有一个前提：中国还一直实行城乡分隔的户籍制度。我们设想，如果城乡分隔的户籍制度取消了，情况又将如何？

樊明 2010 年组织的调查关注了农民工在农村的住房长期闲置的问题。我们首先注意到，中国一方面耕地短缺，另一方面很多外出打工农民在农村的住所长期闲置，造成耕地浪费。但这种现象有多普遍？问卷询问：

在您的亲属中，有没有这种情况：人在外打工，保留着农村住房而长期闲置？

表 8 - 2 显示，57.5% 的受访者表示有这种情况，看来这种情况还相当普遍。我们设想，如果实行了土地私有化，同时废除了城乡分隔的户籍制度，农民工就不会"奢侈地"在农村保留住房仅用于每年过年时回家住几天。他们可能选择出卖这些房屋，到城市定居。如果大量农民选择到城市工作并定居，这些本来就不被需要的房子很难卖出好价钱，相反种田还可能有一定的收益，这些农村中多余的房屋最终将被拆还田。

表 8-2　因外出务工而闲置住房

	有	没有
所占百分比(%)	57.5	42.5
样本数(个)	931	688

此外，现在长期在农村居住的农民选择到城镇定居。农民在农村建房用地通常比较粗放，建平房或低层房屋，外加庭院，容积率一般较低。但到城市定居后，一方面居住面积将大幅缩小；另一方面，住高层建筑，从而实际人均占地将比过去在农村时大幅降低。

在农村剩下的房子，因缺少市场很难出售，大部分迟早将被拆还田。因此，我们并不能断定，土地私有化了，耕地就一定减少。

第三节　土地非市场配置的效率损失

中国政府严格控制土地使用，尤其是实行最严格的耕地保护制度，本节重点讨论如果土地的配置采取非市场的方式将可能导致的效率损失，为此我们先讨论土地有效配置的标准。所谓土地有效配置，就是不可能通过土地的重新配置使得土地产出增加。

在自由竞争的土地市场条件下，任何一块土地的使用权将归出价最高的竞标者。假设一地域有 N 地块，有一群土地竞标者试图通过竞标获得一些地块的土地使用权。不妨假设竞标在 N 地块上逐一进行。在每一次竞标时，每一个竞标者都衡量这块土地给自己所能带来的价值，这一价值就决定了该竞标者所能报出的最高地租。竞标的结果必然是能出最高地租者获得这块土地的使用权。通过这样的竞标方式，N 地块将全部被配置完毕。

可以证明，以这种方式配置土地可实现土地的有效配置。给定任一块土地，如果出价最高的竞标者的出价为 A，次高的竞标者的出价为 B（$<A$），且竞价的结果迫使这些竞标者都以这一地块所能带来的最大价值作为报价。如果出价次高的竞标者获得土地使用权，则这块土地服务实际所能带来的价值为 B，显然导致效率损失为 $A-B$。因此，只有每一地块均由出价最高的竞标者获得，才能保证土地最有效的配置，也就是说，不可能通过土地的重新配置使得土地有更高的产出。

以下关于单中心城市内的土地配置讨论主要基于 O'Sullivan 的分析。

假定所论城市区域只有一个中心，拥有最好的通达性。先分析土地的使用者，包括家户（household）和不同行业的厂商（firm）。不妨简单的假设，这些不同行业包括零售业、办公业（office industry）和制造业。

对这些家户和厂商来说，城市中心是其最理想的区位选择，因为这一区位有城市最好的通达性，从而交通成本最低。不妨假定竞标首先从这里开始。每一个竞标者都有两个选择：在 CBD 选址和离开 CBD，因而要在这两者之间进行权衡。CBD 一定是城市地租最高的区域，因为其具有较好的通达性，离开 CBD 则需增加交通成本。这里的交通成本包括对于零售业是由于商店偏离 CBD 而导致顾客平均交通距离延长从而提高交通成本；对于办公业，比如律师事务所，是由于偏离 CBD，从而导致律师访问客户需旅行更长的距离；对于家户是由于偏离 CBD，从而去 CBD 就业与消费需旅行更长的距离。这时，这些家户、厂商对区位的选择变成了在地租和交通费用之间的权衡。由于不同家户、厂商的交通费用不同，交通费用高的家户、厂商则倾向于选择 CBD，而交通费用相对低的家户、厂商则选择离开 CBD，由此实现地租和交通费用之和最小化。为了更准确地反映这些家户、厂商如何在地租和交通费用之间进行权衡，建立以下模型。

假设某一厂商的利润函数可表示为：

$$\pi = R - C - t \cdot u - r \cdot S \qquad (8-1)$$

其中，π 表示利润；R 表示总收益；C 表示固定生产成本；t 表示运输费率，即全部需运输的人或物单位距离的费用；u 表示距城市 CBD 的距离；r 表示地租；S 表示土地面积。

假定产品市场为完全竞争市场，则竞争的结果导致利润为零，即 $\pi = 0$，由此可求得该厂商的投标地租函数：

$$r = \frac{R - C - t \cdot u}{S} \qquad (8-2)$$

这一函数是投标地租 r 与 CBD 距离 u 的线性函数，由于 $t \cdot u$ 符号为负，也就是说，距离 CBD 越远则地租越低。但这里包含一个假设：土地面积 S 不随地租 r 的高低而变化。我们称这种厂商为无要素替代（inflexible）厂商。然而，作为利润最大化的厂商在土地地租上涨时，一定要以其他生产要素替代土地以实现利润最大化，我们称这类厂商为要素替代（flexible）厂商。土地替代的结果导致原来无要素替代的线性投标竞租函数成为凸向原点的要素替代的投标竞租函数（见图 8-3）。

要素替代厂商的投标地租函数位于无要素替代厂商的投标地租

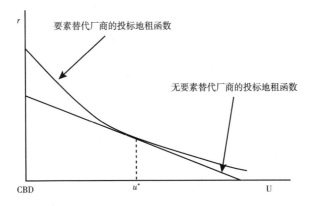

图 8 - 3　不同厂商的投标地租函数

函数之上，除了在 u^* 处相切以外。因为要素替代厂商通过投入要素之间的相互替代节约了生产和运输成本，可以承担相对更高的地租。在 u^* 处两者选择了相同的投入要素比例。

下面再讨论住宅的投标地租函数。

对于住宅开发商来说，假定开发商开发出面积为 S 的住宅用于出租，则年利润 π 为房屋出租收益 $P(u) \cdot S$ 减去住宅折旧 C 及土地地租 $r(u) \cdot S$，这里，$P(u)$ 为住宅单位面积地租，$r(u)$ 为土地单位面积地租，因此：

$$\pi = P(u) \cdot S - C - r(u) \cdot S \qquad (8 - 3)$$

假定住宅租赁市场为完全竞争，则竞争的结果导致利润为零，即 $\pi = 0$，则住宅的投标地租函数为：

$$r(u) = \frac{P(u) \cdot S - C}{S} = P(u) - \frac{C}{S} \qquad (8 - 4)$$

随着与 CBD 距离 u 的增加，房客愿意支付的房屋地租 $P(u)$ 递减，因而 $r(u)$ 也随之递减。因此，$r(u)$ 是 u 的递减函数。

下面分析随着距 CBD 距离 u 的增加不同行业厂商及家户的投标地租函数。对于办公业的厂商来说，由于专业人士（律师、会计师等）的时间价值很高，其交通成本也很高，因而投标地租函数的斜率 t_0 也很高。大型零售商由于吸引的客流量大，这些顾客的总交通成本相应也很高，因而投标地租函数的斜率 t_R 也很高。

制造业的运输成本相对较低，尤其考虑到现代城市周边往往建有环城快速道路，从而进一步降低了其运输成本，其投标地租函数的斜率 t_M 较低。而居民的投标地租函数斜率 t_C 应在办公业的投标地租函数斜率 t_0 及制造业的投标地租函数斜率 t_M 之间，即 $t_M < t_C < t_0$。农业不存在区位限制，所以农用地投标地租函数的斜率为0。

图8-4显示了上述4个投标地租函数。根据以上讨论，办公业、大型零售业投标地租函数最为陡峭，住宅投标地租函数次之，制造业投标地租函数再次之，而农用地投标地租函数为水平线。这样，办公业、大型零售业占据城市的 CBD，外围为居民住宅区，城市边缘地带为制造业，并和农村接壤。

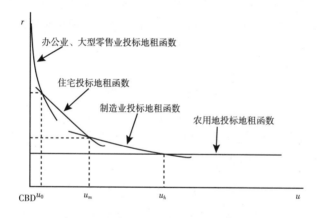

图8-4　城市土地配置方式

以上关于城市用地环状分布中有很大理论假设的成分，实际上往往是有一定重叠的。我们把这些不同行业厂商及家户的投标地租函数的包络线称为城市用地投标地租函数（见图8-5）。

若完全由市场配置土地，均衡时城乡接合处为 u_a（见图8-6）。此时在城市边界处，农业用地和城市用地的地租相等，均为 R_a。若政府限定土地使用的规模，从而导致城市规模减小至 u_b，并且规定 u_b 向外的土地为法定农用土地。此时在城市边界处，城市用地地租明显高于农业用地地租，bc 为效率损失，因为此处土地的服务本可带来 R_b 价值，但政府对这块土地用于农业的限制，使得这块土地所提供的服务所能带来的价值为 R_a（$< R_b$）。政府限制城市边界的政策导致的全部效率损失为 abc。此外，由于城市用地地租上涨，df 成为新的城市用地投标地租函数。

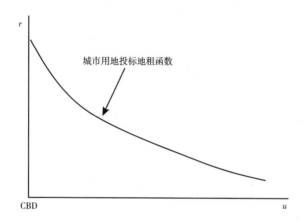

图 8 - 5　城市用地投标地租函数

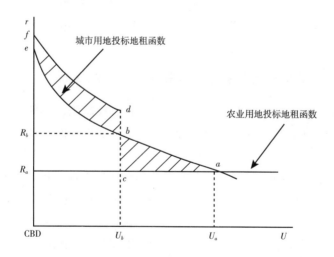

图 8 - 6　土地非市场配置的效率损失

如果城市内部的所有土地均通过拍卖出让，则城市土地地租的上涨均归土地所有者，在中国则归地方政府所有，这是中国地方政府土地财政的重要来源。城市用地地租上涨，导致城市房地产价格上升，这是中国房价高企的重要原因。这种由政府对土地市场干预所导致的高房价还将带来进一步的问题，表现为家户收入的很大一部分用来购买房地产，从而减少了其他消费以及对人力资本的投资，而政府从卖地中所获得的巨额地价款只能用于公共产品支出，这是导致中国私人消费难以启动，从而使私人投资也难以启动，而政府支出巨大的重要原因。

第四节　中国城镇化的粮食基础

城镇化的表现之一是农村耕地转变为城市建设用地，而耕地是农业生产的基础，包括粮食生产。这就意味着，城镇化和农业生产对土地有竞争，这就提出城镇化和农业生产如何相互协调问题，这是"三化"协调发展的一个重要问题。如果城镇化占用耕地，严重影响了农业生产，影响到粮食安全，则这时城镇化就是过度城镇化，是必须要避免的。但如果过度夸大了城镇化对农业生产及粮食安全的影响，由此导致不合理的配置土地资源，则就会阻碍城镇化进程，降低城镇化的质量。本节侧重讨论中国城镇化的粮食基础。

一　要同时关注耕地减少和粮食亩产的提高

城镇化固然要减少耕地从而减少粮食耕种面积，但我们要同时关注农业现代化所带来的粮食亩产的提高。如果我们过多地关注前者而忽视了后者，我们就有可能在保护耕地上失去经济理性。为此，我们分析自1978年以来粮食播种面积和粮食亩产的变化。

根据2013年《中国统计年鉴》，1978年粮食种植面积为120587千公顷，2012年为111205千公顷，年均减少0.29%。而粮食亩产由1978年的168.49千克/亩增加至2012年的353.45千克/亩，年均增加3.18%，由此导致粮食产量由1978年的30476.5万吨到2012年的58958.0万吨，年均增加2.89%（=3.18% - 0.29%）。

这里需要指出的是，从1978年至2012年耕地面积减少除城镇化的原因外，更在于1999~2003年退耕还林及退耕还草。即便如此，耕地面积下降仍相当缓慢，这说明我们过分夸大了城镇化进程对耕地减少的影响，而忽视了农业现代化对粮食增产的贡献。

二　要重视中国粮食增长的潜力和价格机制的作用

图 8－7 报告了从 1978 年至 2012 年中国粮食亩产的增长，显示在这 35 年间中国粮食亩产稳步增长，并未出现减弱的势头，预示着中国粮食产量仍将继续增长。事实上，中国的粮食产量确实存在继续增长的潜力。

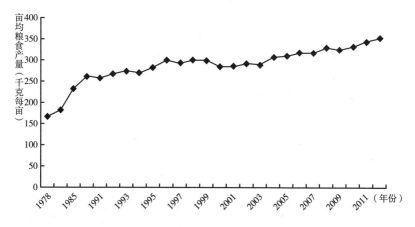

图 8－7　1978～2012 年亩均粮食产量

数据来源：《中国统计年鉴 2013》。

中国农村的改革自 1979 年普遍推行家庭联产承包责任制以来，未有大的改革，但改革的空间相当大。比如，土地私有化将在诸多方面促进农业生产，对此本章第二节已做讨论。土地私有化和破除城乡分隔的户籍制度相结合，可快速减少农村剩余劳动力，进一步推动农业机械化，实现农业生产的规模经营，尤其是粮食生产。

中国农业现代化在技术层面仍有巨大的潜力。现在中国农业现代化水平还很低，资本投入甚少。根据樊明 2010 年组织的主要在河南省及周边地区的调查，亩均的农机具购置成本才 1588 元，远远低于农业现代化的要求。

尚有诸多农业发达国家的先进农业技术尚未在中国农村普遍推广，如先进的农业机械，节水的滴灌技术等。如滴灌技术在中国干旱地区普遍使用就可改造出大片的适于粮食生产的耕地。

粮食作为一种商品也服从供给定律，即粮价上升粮食供给量增加。这一价格机制是实现城镇化和粮食生产相协调的基本机制。试想如果城镇化的发展严重减少了耕地导致粮食产量下降，粮价就上升，这样一方面可增加农民对粮食生产的投入，包括土地、劳动和资本，从而增加粮食产量。另一方面，粮价上涨将导致地价上涨，从而减少城市建设对耕地的需求，可有效保护耕地。

三 关于粮食安全的国际化战略思考

中国是一个农业大国，但不是农业强国。并不充裕的粮食生产和相对落后的农业生产技术及制度安排使得中国长期粮食不能自给自足，从而在一定程度上依赖国际市场。对此，不少人对中国的粮食安全产生担忧。农业部部长韩长赋就曾说过："中国是人口大国，确保国家粮食安全，必须坚持立足国内实现基本自给的方针。中国人的饭碗不能端在别人手里。"对此，我们提出以下思考，是为关于粮食安全的国际化战略思考。

第一，选择国际市场并非表示中国可以忽视农业，尤其是粮食生产，而是通过参与国际分工以更低的成本和更高的效益保障粮食安全。通过国际贸易，中国可以出口拥有比较优势的产品，进口相对质优价廉的粮食产品。

第二，在如今全球一体化的国际环境中，主要产粮食国家对中国实施粮食禁运的可能性很小。中国今天以世界第二大经济体早已融入世界，包括世界主要产粮国，如美国。如此紧密的国家间经济联系使得任何一国试图对中国这样的经济大国实行粮食禁运都很难成功，因为中国的经济报复也同样具有严厉的制裁力量。另外，几个国家发起的粮食禁运最终也会因为其他国家的粮食出口而使得禁运体系瓦解。

第三，相当多的人对中国利用国际市场帮助解决国内粮食供应的担忧，与至今不能正确认识西方有直接的关系。受中国近代西方国家对中国长期孤立和欺辱的影响，中国长期以来一直对西方报以不信任的态度。从20世纪60年代初到70年代末中国开始改革开放，在近20年的时间里，中国被发达国家孤立在外。长期受到西方列强的欺侮以及长期被孤立，中国人很容易形成对西方不信任的心理和态度。中国至今也没有从正面肯定西方殖民主义对中国现代化的积极意义。而爱国主义教育的同时也使得中国人对西方国家变得敏感而多疑。冷战时期中国政府经常告诫百姓：帝国主义亡我之心不死。这种宣传更进一步加剧了对西方的怀疑。其实，就今天整个世界来说，对中国态度的友好仍然是主流，包括西方发达国家。过度的把西方看作是中国的敌对势力是不恰当的。其次，如果我们深入的了解自1840年鸦片战争以来中西方的冲突，固然这种冲突和西方的殖民主义的侵略性有着一定的关系，但也与当时中国不与世界接轨有着直接的关系。如果中国坚持融入西方主流世界与世界接轨，中国本可以避免很多与西方国家的冲突。

第四，我们不能过度地以殖民主义时代的经验来看待当今世界的国际关系。第二次世界大战以后的国际关系与之前相比已经发生了根本性的改变。在殖民主义时代更多的是一个弱肉强食的时代，而在今天这样一个时代和平是主题，任何一个国家试图以武力去侵犯别国都很难得到国际社会的支持，也很难成功，更何况中国已成为一个在经济、政治、军事上强大的国家，根本不能与殖民主义旧时代的中国相比。对此，我们也应该对我们的国家有充分的信心，应该对二战以后的国际秩序有一个理性的认识。

第五，不少人认为，国际农产品价格普遍低于国内市场，中国农民收入必然受到挤压进而影响社会的安定。然而进一步思考就会发现，国外的粮食进入将导致部分农民放弃粮食种植从事其他职业，这是很正常的现象。因此，扩大国际贸易不仅不会降低种粮农民收入，还会加快城镇化进程，迫使一部分农民加速实现职业转换。

因此，为了实现中国的"三化"协调发展，我们应该更理性地认识时代的形势，更好地认识今天国际关系的主流，更理性地认识中国在殖民主义的历史，从而更多地运用国际粮食市场来节省国内资源，由此来减缓城镇化和农业现代化对土地的竞争带来的不协调。

第五节　农村居民留乡意愿研究

农业是国民经济的一个重要产业部门，需要高质量的劳动力。

我们不仅要关注农村劳动力结构的现状，对此上一节已做讨论，还要关注未来谁将留在农村从事农业生产，这将决定未来农村劳动力结构。如果未来有更多的高质量劳动力愿意留在农村从事农业生产，则就此而言，中国农业会更有希望。相反，如果愿意留在乡村从事农业生产的更多是一些低质量的劳动力，则中国农业将是问题农业。因此我们要研究农村居民留乡意愿。

一 影响农村居民留乡意愿的因素分析

2014 年调查关注农村居民留乡意愿。问卷询问：您会长期留在农村就业和生活吗？备选答案有："肯定"、"比较肯定"、"不能肯定"、"比较不会"和"肯定不会"。依次赋值从 5 到 1，构成留乡意愿指数，5 代表"肯定"，1 代表"肯定不会"，留乡意愿指数越高，表明留乡意愿越强。这一调查针对农村居民，共获得有效问卷 2681 份，表 8-3 报告了留乡意愿的分布，显示 54.98%（32.75 + 22.23）的受访农民表示"肯定"或"比较肯定"愿意留在农村，相反"比较不会"和"肯定不会"的仅占 13.77%（9.29 + 4.48）。这反映了现在大多数农民愿意长期留在农村，这是值得关注的问题。

表 8-3　农村人口留乡意愿分布

留乡意愿	所占百分比(%)	样本数(个)
肯　　定	32.75	878
比较肯定	22.23	596
不能肯定	31.26	838
比较不会	9.29	249
肯定不会	4.48	120

现在需要分析的是，哪些农民有更强的留乡意愿，这将决定未来农村劳动力结构，决定将来谁在农村种地。下面具体分析影响农村居民留乡意愿的因素。

1. 性别

女性农民工在城镇就业会受到比男性更严重的就业歧视，工资收入要比男性低。在实行城乡分隔的户籍制度条件下，农民工家属不便随农民工进城居住，往往需要妻子在家负责照顾老人和小孩。这些因素应导致女性农村居民留乡意愿比男性更强。但表 8 - 4 显示，男性留乡意愿稍强，但差别不明显。用 *MALE* 代表男性。回归分析时，以女性为比较基础。

表 8 - 4　性别与留乡意愿

性别	留乡意愿指数	样本数(个)
男	3. 72	1650
女	3. 66	1031

2. 年龄

在中国城镇劳动市场存在较为严重的年龄歧视，尤其是农民工劳动市场，对年龄有限制的招聘广告很常见。农民工在城镇大多从事体力劳动，随着年龄的增长，体力逐渐减弱，农民工不再适合继续留在城市。相反，现在随着农业机械化水平的提高，农业劳动对农民的体力要求降低，当然也无就业歧视。如此，随着年龄的增大，农民会倾向于继续留在农村。表 8 - 5 支持了这一分析。随着年龄增长，农民留乡意愿明显增强。用 *AGE* 代表年龄。

表 8 - 5　年龄与留乡意愿

年龄	留乡意愿指数	样本数(个)
≤25	2. 94	318
26 ~ 35	3. 29	413
36 ~ 45	3. 66	913
46 ~ 55	3. 95	663
56 ~ 65	4. 38	246
≥66	4. 53	128

3. 婚姻状况

留在农村的已婚农民，无论是否曾经在城镇打工，婚后仍留在农村代表着一种较强的留乡意愿，因为婚后的职业安排比婚前更为稳定。已婚农民，如果不能同时外出打工，就意味着家庭的分离，这也必然给家庭生活带来不便。与未婚者相比，已婚者年龄较大，据前分析，这是一个让农民更愿意留在农村的因素。表8－6显示，已婚者明显比未婚者更愿意留在农村。以 MARRIED 代表已婚。回归分析时，以"离异"、"丧偶"和"未婚"为比较基础。

表8－6　婚姻状况与留乡意愿

婚姻状况	留乡意愿指数	年龄	样本数(个)
已婚	3.79	44.38	2269
离异	3.54	42.70	54
丧偶	4.29	59.37	62
未婚	2.88	25.13	296

4. 受教育程度

在城镇就业往往对受教育程度有一定的要求。而就现在农业现代化水平来说，农业生产对农民受教育程度的要求较低。受教育程度高的农民学习能力、适应能力较强，对城镇既比较向往也比较了解，应会更倾向于到城镇就业。表8－7显示，随着受教育程度的提高，农民留乡意愿明显减弱。用 EDU 代表受教育程度，用受教育年数衡量。

表8－7　受教育程度与留乡意愿

受教育程度	留乡意愿指数	样本数(个)
未受学校教育	4.42	136
小学	3.95	575
初中	3.68	1266
高中	3.43	527
中专	3.24	177

5. 城镇打工技能

城镇打工技能影响着一个农民在城镇的就业机会和收入水平。如果一位农民城镇打工技能高，则意味着更适合在城镇就业，其留乡意愿必然较低。表8－8显示，随着城镇打工技能的提高，农民留乡意愿呈下降趋势。回归分析时，以城镇打工技能"很低"和"较低"为比较基础。

表8－8 城镇打工技能与留乡意愿

城镇打工技能	变量名称	留乡意愿指数	样本数(个)
很低	URBSKL1	4.23	307
较低	URBSKL2	3.89	438
一般	URBSKL3	3.60	1082
较高	URBSKL4	3.51	784
很高	URBSKL5	3.60	70

6. 农业生产技能

如果一位农民有较高的农业生产技能，其农业劳动生产率就会高，从事农业生产的收入也会高，因此更适合留在农村。表8－9显示，随着农业生产技能的提高，农民留乡意愿明显增强。回归分析时，以农业生产技能"很低"和"较低"为比较基础。

表8－9 农业生产技能与留乡意愿

农业生产技能	变量名称	留乡意愿指数	样本数(个)
很低	AGRSKL1	3.47	151
较低	AGRSKL2	3.36	282
一般	AGRSKL3	3.61	1260
较高	AGRSKL4	3.89	825
很高	AGRSKL5	4.15	163

7. 健康状况

农民工在城镇就业极少能享受到医疗保险，而占一半农民工拥有的新农合对在城镇就业的农民工来说帮助不大，对此第十章第五节将有详细报告。这就限制了健康状况不良的农民进城就业和居住。健康不良对劳动者的就业以及工资都有负面影响，这也提高了健康状况不良的农民留乡意愿。表8－10显示，随着健康状况的改善，农村居民留乡意愿明显降低。回归分析时，以健康状况"很差"和"比较差"为比较基础。

表8-10　健康状况与留乡意愿

健康状况	变量名称	留乡意愿指数	样本数(个)
很　　差	HEALTH1	4.72	18
比 较 差	HEALTH2	4.06	186
一　　般	HEALTH3	3.65	683
比较健康	HEALTH4	3.67	1054
很 健 康	HEALTH5	3.65	740

8. 农业收入

一位农民农业收入越高，则应更倾向于继续留乡从事农业生产。但表8-11显示，随着收入水平的提高，农民留乡意愿呈下降趋势。这需要进一步研究。一种可能的解释是，能在农村取得较高收入的一般是能力比较强的群体，可能有的收入并非是农业收入，特别是高收入人群。在农村高收入者往往也适合在城镇就业并获得较高收入，由此导致其留乡意愿有所降低。用AGRINC代表农业收入。

表8-11　农业收入与留乡意愿

收入(年)	留乡意愿指数	样本数(个)
(0,10000]	3.79	1673
(10000,20000]	3.63	332
(20000,30000]	3.49	178
(30000,40000]	3.63	60
>40000	3.51	118

9. 种地态度

农民种地态度反映了对从事农业生产的认可程度，从而影响留乡意愿。显然，如果一个农民种地态度很认真，可能与这个农民的农业生产技能较高有关，则更可能选择在农村务农。表8-12显示，随着农民种地态度从"不当回事"到"很认真"，农民的农业生产技能明显上升，农民的留乡意愿也明显增强。回归分析时，以种地态度"不当回事"和"不太认真"为比较基础。

表8－12　种地态度与留乡意愿

种地态度	变量名称	留乡意愿指数	农业生产技能指数	样本数(个)
不当回事	*FARMATTI1*	2.95	2.53	75
不太认真	*FARMATTI2*	3.39	2.90	151
一　般	*FARMATTI3*	3.42	2.97	789
较认真	*FARMATTI4*	3.73	3.29	843
很认真	*FARMATTI5*	4.05	3.48	823

10. 机械化水平

农村机械化程度越高，需要的劳动力就越少，剩余劳动力就越多，因此农民向城镇转移的可能性就越大。问卷请受访农民自评所在村的机械化水平，从低到高为："很低"、"比较低"、"一般"、"较高"和"很高"。但表8－13没有显示机械化水平与留乡意愿有明显的趋势性关系，这一问题还有待研究。回归分析时，以机械化水平"很低"和"比较低"为比较基础。

表8－13　机械化水平与留乡意愿

机械化水平	变量名称	留乡意愿指数	样本数(个)
很　低	*MACHINE1*	4.05	222
比较低	*MACHINE2*	3.68	523
一　般	*MACHINE3*	3.59	1321
较　高	*MACHINE4*	3.75	546
很　高	*MACHINE5*	4.20	65

11. 村庄农业条件

村庄农业条件越好，越有利于农业生产，农民农业收入就越多，从而留乡意愿就更强。表8－14显示，随着农业条件的改善，农民留乡意愿呈上升趋势。回归分析时，以农业条件"很差"和"较差"为比较基础。

表 8 – 14　村庄农业条件与留乡意愿

村庄农业条件	变量名称	留乡意愿指数	样本数(个)
很差	AGRCOND1	3.53	127
较差	AGRCOND2	3.82	405
一般	AGRCOND3	3.64	1367
较好	AGRCOND4	3.70	633
很好	AGRCOND5	3.96	149

根据以上分析，我们提出农村居民留乡意愿回归方程。由于农村居民只能选择留乡（$STAYRURAL = 1$）和非留乡（$STAYRURAL = 0$），即虚拟因变量（Dummy-dependent Variable），故采用单位概率模型（Probit Model）。

$$
\begin{aligned}
STAYRURAL = {} & \alpha_1 MALE + \alpha_2 AGE + \alpha_3 MARRIED + \\
& \alpha_4 EDU + \alpha_5 URBSKL3 + \alpha_6 URBSKL4 + \alpha_7 URBSKL5 + \\
& \alpha_8 AGRSKL3 + \alpha_9 AGRSKL4 + \alpha_{10} AGRSKL5 + \\
& \alpha_{11} HEALTH3 + \alpha_{12} HEALTH4 + \alpha_{13} HEALTH5 + \\
& \alpha_{14} AGRINC + \alpha_{15} FARMATTI3 + \alpha_{16} FARMATTI4 + \\
& \alpha_{17} FARMATTI5 + \alpha_{18} MACHINE3 + \alpha_{19} MACHINE4 + \\
& \alpha_{20} MACHINE5 + \alpha_{21} AGRCOND3 + \alpha_{22} AGRCOND4 + \\
& \alpha_{23} AGRCOND5
\end{aligned}
$$

表 8 – 15 报告了农村居民留乡意愿回归结果，显示大多变量的符号与理论预期一致且达到 90% 以上的显著水平。

表 8 – 15　农村居民留乡意愿回归结果

变量	系数	p – 值
MALE	– 0.0006	0.9883
AGE	0.0264	0.0000
MARRIDE	0.0963	0.1575
EDU	– 0.0198	0.0296
URBSKL3	– 0.2042	0.0006
URBSKL4	– 0.3209	0.0000
URBSKL5	– 0.2252	0.1334

续表

变量	系数	p - 值
AGRSKL3	0.0073	0.9169
AGRSKL4	0.1440	0.0615
AGRSKL5	0.2568	0.0266
HEALTH3	- 0.1405	0.1583
HEALTH4	- 0.1810	0.0590
HEALTH5	- 0.2257	0.0246
AGRINC	- 5.12E - 06	0.0054
FARMATTI3	0.0745	0.4205
FARMATTI4	0.2355	0.0102
FARMATTI5	0.5359	0.0000
MACHINE3	- 0.1224	0.0303
MACHINE4	- 0.0607	0.3869
MACHINE5	0.4623	0.0047
AGRCOND3	0.0716	0.2556
AGRCOND4	0.0884	0.2329
AGRCOND5	0.3591	0.0021
Prob(LR statistic)	0.0000	
样本数(个)	2361	

根据以上讨论及回归分析结果,我们得出以下结论。

年龄越大,农村居民留乡意愿就越强。与单身等非在婚的农村居民相比,已婚者留乡的意愿更强。受教育程度、城镇打工技能越高的农村居民的留乡意愿较弱。农业生产技能越高、种地态度越好,农村居民的留乡意愿越强。健康状况好的农村居民不倾向于留乡。农业条件越好的地方,当地农民留乡意愿更强。农业收入越高的农村居民留乡意愿低是一个需进一步研究的问题。没有发现性别及农业机械化水平对农村居民留乡意愿有显著影响。

以上分析结果有诸多令人担忧之处。首先,农村居民普遍留乡意愿较强,前面报告,有 54.98% 的受访农民表示"肯定"或"比较肯定"愿意留在农村,而目前中国农村仍然存在严重的劳动力过剩问题,对此第七章第五节有较为详细的分析。根据 2013 年《中国统计年鉴》，2012 年占全国劳动力 33.6% 的农业劳动力只生产出 10.01% 的 GDP，农民相对收入比重为 0.30，远远低于实现城乡收入均等化的 1。这就意味着，就目前来说，全国劳动力中还有 23.5% （33.6 - 10.01）的农业劳动力需转移到城镇。但如果农村居民转移的意愿弱，转移就难以发生。

留乡意愿强的农村居民更多地具有低劳动力质量的特征，如受教育水平低，年龄较大，健康状况不良。如果这些人更多地选择留乡，这必然导致未来中国农村劳动力结构的低质量化，这是未来中国"三农"问题的巨大隐患。

我们要特别研究，为什么西方的农业至少可吸引到正常劳动力从事农业生产，而中国的农业，一方面存在劳动力严重过剩，而另一方面，是低质量劳动力更多地留在农村从事农业生产。

第九章
"三化"协调如是说

对于中国的"三化"协调问题，网络上有不少有意思的言论，有一定的启发意义，在我们思考中国"三化"协调发展问题时不妨一读。本章尽可能比较平衡地加以介绍，以飨读者。这些观点和看法并不代表本书观点。此外，我们做问卷调查时，还与许多受访者进行了交谈，其实不少是受访者拉着我们说个没完，其中也有许多有意思的话，问卷中几个有限的空格无法记下这些有意思的话，在此加以整理，不妨一听。

第一节　网络话语

中国的工业化、城镇化和农业现代化"三化"协调本是非常宏大的问题，专家学者谈论是属本分，但普通民众也有许多话要说，其中也不乏深刻之处。我们从网络上搜集了部分这类言论。

　　本人所在的浙江农村，当地务农人员年龄基本在 50 岁以上，也有外省的在承包租种土地，当地年轻人很少有愿意子承父业从事农业经营的。随着人口老龄化，如不及时解决当地务农工人员的动态平衡，大量土地抛荒现象必然出现。中央提出城镇化应该是深谋远虑的，不过总体应该循序渐进，尊重农民意愿，个人觉得第一步必然是土地（包括宅基地）确权，其次是户籍放开。

——天涯社区，2012 年 12 月 18 日

我每次最害怕去工地了，看到和自己兄弟、父亲、叔叔、伯伯们一样年纪的人在工地上挥汗如雨，真的很心酸！我弟弟也常年在建筑工地。那种难受真的很难形容。他们的工资却总被拖欠，还要面对城里人的歧视，和家人两地分离，孩子的教育也得不到保障。

——新华网，2014 年 1 月 16 日

新农村建设，村干部通知我，新建的小区再扩建一排，让我做好拆房准备，告诉我拆房的每户政府补助 1.5 万元，开发商在村里建的房子是 16 万元。可以再买开发商建的房子，我在想这是怎么回事呢，自己好好的房子拆了，再掏 16 万元买开发商的房子？房子是我几年前建起的楼房和院落，凝聚了我们全家人的心血，我和老婆都为建房落下了毛病，是我们大半辈子辛苦的结晶，也是我们的精神寄托。房子建起后我们到外地打工，就没有住过多少回，现在村里通知我们拆房子，我是真的不愿意拆，于心不忍呢。听说这叫"新型农村社区建设"，可是新型农村社区建设不是让农民受惠吗？怎么把新建的房子拆了，这不是欺负农民吗？

——人人网，2014 年 1 月 16 日

中国地方政府为何热衷于"新农村建设"呢？我想一是可以搞点政绩，获取升迁的资本；二是作为基层政府还可以宽松一下"财政"，把老百姓赶到楼上，减少村庄，每腾出一亩地可以获 20 万元的补贴，把老百姓的房产评估为每平方米 200 多元，而地方政府所找的开发商开发的楼房最低需要 1000~1100 元，农民要住进去，要倒贴多少，大家都明白，被腾出的土地，地方政府还可以通过拍卖、拍租的方式获取收入，还有据说合村并点后，大部分农民将失去土地的经营权，土地将被集约经营，集约经营者不可能对地方政府没有一点"财政贡献"。

——新浪网，2013 年 4 月 18 日

对于民众来说，面对如此频繁出现的雾霾，已经从最初的

忍耐转变为一种忍无可忍的状态。其中,就有网民调侃:"现在连喝西北风都要中毒了,工业发展了,经济发展了,我们的健康却一直在'落后'啊。"政府总向民众表态加大治理力度,可是治理的成效在哪呢?

——人民网,2013年1月31日

乡镇企业的确是中国农民的"伟大创造"。但是所谓"离土不离乡"和"进厂不进城",是城乡分离的户口制度和缺乏流转性的土地制度造成的,完全出于无奈的选择。后果是村村建厂,处处冒烟,环境大破坏,经济集约化程度上不去,特别是第三产业发展不起来。所以,"离土不离乡,进厂不进城"绝非最好的经济组织形式,更非广大农民的心愿。和城市相比,乡镇企业的形式使城乡收入差距无法缩小,使劳动力的转移处于不稳定、低效率状态。千百万农民不顾艰难险阻涌入城市,形成震动各方的民工潮,这充分说明把农民束缚在乡土上是多么不合理和不得已啊。

——人大经济论坛,2013年2月21日

在人多地少矛盾日益突出、农业比较效益日渐低下的情况下,农民纷纷外出谋生,亦在情理之中。最为离奇的反倒是,据说经过"土改"和后来的"分田到户",农民得到了土地,意味着翻身求得解放,而今却连放弃土地的自由也成了问题,事实上无异于强迫劳役制。因为如果索性弃地不种,也得照样承担各种税赋:工人尚可以下岗拿最低生活补助,农民若是"下岗"反倒要每年净贴一笔进去,更不存在主动辞职或被辞退、开除的可能了。在其自谋出路的迁徙和就业中,又时时处处遭到歧视性的等而下之的待遇。很多人疲于旅途奔波,徒然耗费经济资源(想想春运高峰吧,还有一年一度的民工潮);种种身份上的束缚令他们举步维艰。外来民工往往又被排斥于当地主流社会之外,难免沦为犯罪的高危人群,个别人直至铤而走险,容易进一步引起本地人不加区分的歧视和敌意,必然造成社会治安上的恶性循环。但户口制度的受害者,又岂止仅限于农民，城市居民，包括大城市居民，概莫能外。只不过后者尚享有体制内的各种补贴和特权地位，而常常沾沾自喜并以优越感示人，浑然不觉已丧失的机会和利益为更多。打开各地的任一张报纸的任一则招聘广告，几乎都有本地户口的要求，令人啼笑皆非的却是，取得户口的前提往往又是先已被当地单位录用，这种死循环置人于无望境地。当然，不乏少部分"精英"最终突破了上述种种束缚，但他们本人和这个社会都付出了过高的代价。

——人大经济论坛，2013 年 2 月 21 日

　　总令一些人顾虑重重的是，一旦打开户口制度的闸门，农民会不会蜂拥而出，造成大量田地被抛荒，危害国家粮食安全？谁来养活中国人？我认为这是杞人忧天。世世代代深爱土地的中国农民，今天居然不愿种田，完全是因为种田在经济上不划算。你等"城里人"既然都不肯去种田，又凭什么要求农民自我牺牲来"顾全大局"？农民自发的经济理性要远强于坐吃山空的国有企业和一味追求所谓政绩的领导。一些学者和官员只认识到小农经济的分散、粗放的性质，由此出发，大力主张农业的产业化。他们热衷于讨论"公司＋农户""合作组织＋农户"等设计。但是，如果仅仅从规模化、集约化角度看待产业化，那就尚停留在经营的层面上。我认为，在其本质上，农业的产业化也是一个市场化的过程。市场过程是一种自发过程。我们不需要婆婆妈妈地告诫农民该怎么做，相反倒很有必要认清农民和农业所处的市场地位。农业产业化的市场瓶颈究竟何在？我想应该在政府对土地、户籍的不恰当管理上吧。

——人大经济论坛，2013 年 2 月 21 日

　　新型城镇化是我国新阶段发展的战略重点。在城镇化进程中，各方关注的一个重要问题是，城镇化是否会带来贫民窟？前不久住建部一位前领导，就从大中小城镇的均衡发展角度提出："没有小城镇作为拦水坝，人口的洪流就会大量地涌入大城市；没有小城镇提供的就地城镇化，农民进入城市就易引发贫

民窟……"这一判断不乏合理性，但基于我国转型背景，应看到，新型城镇化面临的挑战既有大中小城镇均衡发展的问题，更有人口城镇化所涉及的机制问题。要彻底清除贫民窟可能的概率，出路就在于加快向人口城镇化的转型，使广大农民工的权利能够得到落实。与这个过程相伴随的，不仅是农民职业上的转变，更是从传统乡村文明向现代城市文明的整体转变。从这个角度说，城镇化进程中保障农民工的权利，要比单纯的城镇化规划重要得多。

——搜狐网，2014 年 6 月 23 日

农村未婚男女比例严重失调，特别是贫困地区，婚姻对小伙子来说简直可以说是奢望，打破了农村几千年来安逸宁静形成的习惯，农村婚姻家庭受到前所未有的威胁。这样长此发展下去是必扰乱农村的生产生活秩序。如果都涌到城里对中国社会来说就是灾难性的开始。农民不种田地、不养牲畜，仅仅依靠种粮大户？

——天涯社区，2014 年 6 月 26 日

二十一世纪的今天，我们不应该盲目追求崇拜或者跟从模仿国外，我们需要学习的是国外先进的城市开发管理和科学技术，而不是"摊大饼"、追求国际一流大都市。人家有几百年的历史沉淀，而自己不过短短几十年，就想用很短的时间靠压榨百姓获取发展和荣耀，时时拿我们跟人家相比，什么国际化、接轨等，我看要比就先拿百姓的生活指数跟人家去比，这种华而不实，徒有虚表并不是老百姓想要的，老百姓要的不是贫富差距，而是早期共产党教育、培养、倡导的民族团结、社会和谐、有道德、有理想、有信仰、有工作、劳有其屋、病有所医、儿童进学堂、老有所养、老有所依的社会主义富裕生活。

——天涯社区，2014 年 6 月 26 日

城镇化说白了第一就是人口集中，第二就是土地集中，第三就是解放剩余劳动力，解放本来可以作为半劳动力的人口

（比如老人，现在可以每天去田间地头劳作一小会，可以种三五亩地没问题，但一集中，他就不能去种地了）。问题来了：一是原来的耕地和新释放出来的土地如何分配？二是宅基地补偿的钱不够买新房怎么办？三是实际收入降低怎么办？四是生产工具和仓库怎么办？五是环境污染怎么办？六是解放出来的劳动力怎么办？整天光嚷嚷着加快推进城镇化，这些后续问题怎么解决？靠谁解决？靠政府吗？

——天涯社区，2012 年 12 月 17 日

很多人担心城镇化后的进城农民的生存等问题，但我觉得所谓的城镇化就是个幌子。全国范围的城镇化根本就不可能实施起来。那么这样做的目的是什么？我想可能是要借机实现农村土地流转。当然，目的不是全国所有农村土地，是像苏南、珠三角、京津环渤海这种发达经济地区的农村土地，以及成都、重庆、西安、郑州、武汉这样的都市圈，二线、三线城市的近郊农村土地也是目标。当然，城市越小，辐射力越小，可操作的农村土地也越少。那些中西部偏远山区以及远郊农村的土地是没人有兴趣的。

——天涯社区，2012 年 12 月 16 日

第二节　访谈手语

在这次调查中，小组成员除对受访者进行问卷调查外，还听了不少受访者讲的故事和他们对当前中国"三化"问题的看法，其中不少故事是他们主动讲出来的，也很有意思。

采访者：许妍

在全国调研东奔西跑的过程中，给我留下深刻印象的是在芜湖遇到的一位和我妈妈年纪一样的阿姨。

当时我们是在当地村干部的帮助下，直接来到了当地的新型农村社区。中午 14：00，我正在挨家挨户地进行调研。来到一户人家

时，见到有两位叔叔在说话，我就大胆地向前，可是叔叔好像很不欢迎我的到来。看到旁边有一位阿姨在玩游戏机，我抱着试试的心态走上前，没想到阿姨竟然放下了手中的游戏币和我热情地攀谈起来。

整个调研的过程都进行得非常顺利，可是当问到最后一个问题时，阿姨一瞬间不说话了，满脸的笑容也消失了。在沉默了大约5秒后，阿姨说，她们家原来不是住在这里的，因为要响应国家的号召建设新型农村社区，她们被强制要求搬迁，但是发给她们的补偿费根本买不了现在住的房子。她自己虽然看上去很健康，但其实患有严重的腰椎间盘突出，干不了一点活，一直在家里休息，家里还有两个男娃，而且现在买新型社区借的钱也还没有还清。

在听到这样的话时，我不知道自己应该说些什么来安慰一下她。当我抬起头看阿姨时，不知何时，她的双眼已经充满了眼泪。

直到那天下午我们坐火车回郑州，一路上我都在想，原本是为农民造福的事情，为什么被执行成这个样子？我们的政府究竟怎么了？

采访者：刘帅歌

记得有一次在郑州火车站进行问卷调查，遇到一位长者。在做完问卷后，长者说他是一名大学教授，对我们现在所研究的课题挺感兴趣的，平时对这方面的问题也有所思考。我们就聊了起来，借机请教了他几个关于"三化"协调发展的问题，整理如下。

"您觉得怎样才能更好更快地实现'三化'的协调发展？"

"一要靠政府；二要靠市场。政府起主要作用，市场起决定作用（怎么越听越糊涂呢？我心里问）。"

"怎样理解政府与市场之间的这种'主要'与'决定'的关系？"

"我所说的意思是：政府与市场要划分清关系，政府只要做好政府该做的事情，接下来的事情就交给市场去做。"

"那您认为哪些事情是政府要做的事情？"

"对于经济发展而言，政府要做的事情一方面就是要建立一个公平公正的市场环境，通过建立法制化的社会制度来保障所有经济参与者的合法权益；另一方面，就是要不断地去除阻碍经济发展的阻力，确保市场的力量充分发挥出来。这两点对于促进'三化'的协调发展尤为重要。"

"您能不能说说具体怎样运用上面的原理去促进'三化'的协调发展？"

"对于这个问题，我给你举个例子吧！就拿我们河南来说，以郑州这个城市为例。假设郑州市周边都是农村，要想实现郑州整个地区的'三化'协调，首先，政府就先要在郑州建立公平公正的法制环境与保障制度。这样一来，首先企业就愿意来郑州发展，郑州的工业就发展起来了。其次，由于郑州市区可以提供较多的工作机会和社会保障，就会吸引较多周边的农民来郑州生活与工作，这些农民的聚集就会带动整个城市房地产业的发展，那自然而然就促进了城镇化的发展。对于农村由于农民向城镇的迁移，留在农村的农民所占有的土地就会增加，规模经营就成为可能，农业现代化也就实现了。这样就实现了郑州整个地区的'三化'协调。在整个过程中政府就是要建立实现上述发展需要的社会制度，接下来的事情市场就可以完成。"

采访者：姚瑞瑞

2013 年 11 月，是我们问卷调查刚开始的时候，我选了在郑州人民公园进行问卷调查。我在一处座椅那儿看到一位 40 多岁的伯伯。

"伯伯，您好，我是河南财经政法大学的学生，想请您帮我做份问卷调查，问卷仅限于学术研究，不会泄露您的任何信息。"

他看着我的调查证，说："你姓姚，我也姓姚。"

"是啊，伯伯，咱俩真有缘。那我想问问您对于农民工的看法，能不能描述您对农民工的印象呢？"

"哎呀，我也是农民出身，我觉得农民工吃苦耐劳。他们为城市建设付出自己的体力劳动，尤其是在夏天最热的时候，为了赚钱还在建筑工地上干活。有些自以为很高尚的城里人还看不起他们。在坐公交车的时候，我见过一个年轻人不愿给年龄较大的农民工让座，农民工也可能存在自卑心理，总是站在公交车的角落处吧。有些城里人不愿意接受他们，估计是因为他们不注意卫生吧。"

"那伯伯如果现在完全开放让农民进城并享受与城镇居民相同的待遇，您赞成吗？"

"虽说我是农民出身，但我还是不希望太多的农民进城，因为城里的消费太高了，农民负担不起。还有就是我感觉城市会变得很拥挤。其实我觉得，用你们年轻人的话来说，是政府太不给力，太不接地气了。农民如果种地能得很多收益，他们也不会远离家乡来城里打工吧。好了，小姑娘先说这么多吧。"

"好的，谢谢伯伯，非常感谢您！"

采访者：姚瑞瑞

在去内蒙古做调研之前，一直以为内蒙古到处是美丽的大草原。可是当我去到内蒙古的一个农村——后旗县，我才知道内蒙古也有许多没有草原的耕地，但是由于气候干旱，村民们的收成其实并不好。当我走进一户人家里，这家房子很破旧，但院子特别大，有200多平方米，随后出来了一个和我年纪差不多的男生。我问他是否还在上学，他说他高中毕业没考上大学就出来打工了，现在在做建筑工人。

由于和他年龄相仿，许多问题问得就比较顺利，其中有一个问题，他说了很多。我问他是否愿意搬进新型农村社区，他是这样回答的："新型农村社区听名字，挺好的，但是听说搬进去，耕地可能会被收走，还要掏钱买新房，再说政府的补助能有多少，所以我不愿意搬，搬进去再装修又要一笔钱，家里本身存款就没多少，虽说父母身体还行，但我现在还没娶媳妇儿，家里不能因为新房子而没有积蓄，再说了，我还年轻，以后会赚更多钱买新房的。"

采访者：张博

在开往济南的火车上遇到了一群热情的山东大汉。我和其中一位大概50多岁的大伯攀谈起来。

"大伯，您为啥出来打工啊？"

"现在家里不好挣钱啊，种个地挣不了几个子。"

"您应该有孩子吧，都能挣钱工作了吧？"

"话是不错啊，可是你知道咱现在娶媳妇盖房子没有个几十万是不行的，现在我和儿子还有他妈，都出来打工，基本上能干活的都出来了。"

"那您家一年不少挣钱吧？"

"儿子还行，在外地厂里做折弯，一个月 3000 块左右，我媳妇儿也在那给人家厂里做饭。像我这种在工地上，不固定，有时多有时少。"

"那你准备接下来去哪啊？"

"准备往北京找找，看有没有合适的工作，不行就回家了。"

"您外出工作有没有被瞧不起啊？"

"像我们这把年纪了，都不在乎这了，只要能多挣点钱，孩子们能过得好就心满意足了。"

采访者：宋兴娜

"大伯，请问您对未来有什么打算？是一直留在城里，能留就留，还是到一定年龄回乡？"

"当然是能留在城里最好了。现在村里基本上只剩下老人还有小孩子。有的小孩子随父母到城里，只剩老人。年轻人大多都到城里干活了，走出来就不想回去了。对于孩子，也想让他们接受好的教育，让他们成为人才，他们长大了还像我们干体力活哪儿行。所以，还是希望能留在城里。"

采访者：李莹

"大伯，您觉得在城镇生活条件有没有比农村更好呢？"

"说实在话，城镇的生活条件比农村好。但是，我们只是出来打工的，工作时间不确定，工资收入也有时高有时低。收入高的时候，一天工作十几个小时，天天下班后就不想动了，谁还有时间去享受城里的生活啊。收入低了，时间是有了，但是没钱去享受啊。"

"这几年您在城镇生活有没有受歧视的感觉呢？"

"多多少少还是有的吧。生活方式不一样，打扮也没有人家洋气，关键是得往家里寄钱啊，哪能那么大手大脚地花钱啊，所以人家自然有点看不起咱啊。"

"那您过几年年纪大了打算留在城市里吗？"

"还是回家吧。老伴、亲戚都在家呢。在那生活了大半辈子，还是在农村觉得自由。"

采访者：赵二娟

2014年我们坐火车从北京到河北省衡水深州市做调研，这段经历我一直难忘。我记录访问一位62岁的老爷爷及一位阿姨的情况。

"爷爷，您家有几亩地？一亩地大概可以赚多少钱？"

"我家人少，就五个人，也就七八亩地。赚不了几个钱，现在化肥、种子、浇地、除草剂哪一样不要钱？收成时还要一二百元。一般一亩地也就赚个四五百块钱，现在粮食便宜，一斤才一块多，总共算下来还不是就一季3000多块钱。"

"那您还出去打工吗？工资高不高？现在身体还硬朗吗？"

"现在老了没人要了，就在村子、市里干点小活。前几年跟着建筑队干活，一天干十一二个小时。一月全干的话就可以赚三四千元。身体还行，就是腿有时候疼。"

"那您村离北京挺近的，有没有人留在北京生活？"

"有啊，都是年轻人，不过少，在北京生活不起。一般在北京找个活，过几年大部分还是回村里。不过现在不是农忙，大部分都出去干活了。"

"那爷爷，您村附近有没有办什么工厂？在村附近，农闲时村里的人都去干？"

"有，不过少，也就是一两个厂；给的钱少，就1000元左右，还不如出去干个几个月活挣得多，天天还得跑。"

访问时，我专门挑了一家估计比较有钱的人家，他们住的是楼房。只有一位40多岁的阿姨在家，阿姨很热情地邀请我们进去，进去时我们发现他们用的还是白炽灯泡，家里的家具都是以前留下的破旧木桌子、电冰箱、空调、太阳能之类的家用电器都没有，唯一像样的是21寸的老式电视机、半自动洗衣机。除了是楼房外，与其他家庭没有两样。我们访问时，他们也表示，家里攒了好几年才建好的楼房，儿子、丈夫都在外干活，过年回来。建房给儿子娶媳妇用。平时就自己在家。不过还好的是，他们家有两个人干活，没有孩子。问到农业状况时基本与上面的那位爷爷家情况一样。

在离开衡水后，我脑海里始终闪现着这样的画面：北京大街高楼大厦，车水马龙，商业发达，时尚光鲜。但是，离北京只有两个多小时火车车程的河北衡水深州市却与之有着天壤之别。在"先富帮带后富"的政策号召下，为什么在离首都北京如此近的地方，却出现如此状况？这不得不引起我们深思。

采访者：宋媚婷

火车在傍晚抵达河北衡水，我们休息了一晚，第二天一早便乘城乡公交到乡下去。到衡水的主要目的是调查当地新型农村社区的建设情况。然而村里的人却出奇的少，以至于我们见到一个人都莫名地激动。

"奶奶，你们村里的人好少呀。"

"是啊，现在种地不赚钱，村里的年轻人都打工去了。"

"听说你们村准备建设成新型农村社区，您对新型社区的理解是什么呢？"

"就是用旧房子换新房子。"

"那大家都愿意换吗？"

"有这个想法，但是觉得不划算啊！"

"怎么说？"

"换了之后搬过去房子虽然好点，可是上面说了我们原来的房屋6平方米只能换他们1平方米。我家现在也就五六十平方米，按他们那方法换了之后也就一间房子，可我们家还有我老伴、儿子、媳妇、孙子，这么多人，只有一间房，你说怎么住啊？"

"就是说，如果政策好点，您还是愿意搬的是吗？"

"嗯，不要6平方米换1平方米，我们还是愿意搬的。"

"那您是想怎么换呢？3平方米换1平方米可以吗？"

"这也不划算啊，2平方米换1平方米还勉强可以接受。但是上面估计不同意这样换啊……"

采访者：毛雅婷

调查一位阿姨，当问及他们家搬进新社区后的生活变化，她的情绪一下十分激动，说："现在啊，我宁愿不搬到新社区里。"

"啊，为什么呀？"

"我们这里搬进新社区后，自己家原先盖的房子都被拆完了，自己家的地也占了好多，赔的钱还少，允诺让我们住的房子还在建，我们都是出去租的地方住的。"

"怎么这样啊，那你们生活水平有没有降低？"

"方便是比以前方便了，但太不适应。听说这里开始建社区，原来迁出去的户口都迁回来了。"

"城市户口不是能带过来很多福利吗？为什么大家要迁回来？"

"新社区一建设，开发商分地都是按人头数的，有多少人分多少房子，在村里面还按人分地，不比城市里那点工资强多了啊。"

在农村的改造运动中，土地带来巨大的利益，农民们依经济利益改变自己的行为，土地补偿费、种粮补贴等经济利益吸引农民回到农村而不是城市，这在中国城镇化的过程中值得思考。

采访者：吴天艺

我们调查队从河南出发，一路驱车南下，到了江西发现高速公路旁的景色十分迷人，但不久我们就发现一个有趣的现象，路边的房子怎么一栋比一栋漂亮？带着疑问到了江西赣州，我们在做问卷调查的时候和一位大叔交谈了起来。

"叔叔，我们来的时候看到高速公路旁边的房子都长一个样，修得也很漂亮，这是农民自己修的吗？"

"哦，那个房子啊，是政府统一规划的，高速公路旁的房子必须修得漂亮点，政府有补贴，但不多。"

"那离高速公路远一点的房子呢？"

"还不是破破烂烂的，只要高速公路上看不见，就没关系。"

"我们看到那些房子好多都是有两三层楼的大房子，应该是一户一栋吧，农民们需要住这么大的房子吗？"

"农民一般只住下面那层，上面的就空着，如果出去打工了，房子几乎就闲置了。"

"那农民们修房子的钱从哪里来呢？"

"打工，种地种果子挣不了多少钱，房子借钱修，然后打工挣钱慢慢还。"

……

在车上我们看到的是美丽的村庄，我们会觉得这儿的农民生活得很幸福，但没有人会离开高速公路，去看看离高速公路远一点的地方是什么样。像这样的面子工程是不是还有很多？

采访者：田家耀

在郑州，采访了一位六十多岁的环卫工老大爷。老大爷是土生土长的庄稼人，他家本有 5 亩自耕地和父辈留下来的老宅。但随着郑州的快速发展，他家遭受了有中国特色的拆迁。这位世代安居在这里的老大爷，现已居无定所。村政府所承诺的拆迁安置房，时隔一年却迟迟没有开工。当老大爷描述到拆迁安置房问题时，藏在褶皱、粗糙且黝黑面孔中的眼睛充满了绝望。他说："有生之年恐怕是住不上拆迁安置房了。"在拿了少得可怜的拆迁费后，年过六旬的老大爷和他的妻子只能租房居住。本应是一生农民的他们，在没有其他技能的情况下只能从事环卫工作，拿着只够糊口的工资。

| 第四部分 |

中国"三化"协调发展路线图

第十章
农民工市民化研究

"三化"协调发展不仅要求随着工业化以及由工业化推动的农业现代化及时把农村剩余劳动力转移到城镇，还要求这些转移到城镇过去的农民能成为普通的市民，享受与普通市民相同的经济权利和政治权利，是为农民工市民化。这样才能使得农村剩余劳动力更及时根据"三化"协调发展的要求向城镇转移，更体现着现代社会所要求的平等。可以这样说，农民工市民化是以人为本的"三化"协调发展的重要表现。

第一节 农民工与城镇居民工资
差距及影响因素

"三化"协调发展要求农民工市民化，其重要表现是城镇居民与农民工工资收入的均等化。然而，现在城镇居民与农民工的工资仍存在相当大的差距。造成这一差距的原因是多方面的，包括制度环境和个人因素等。本节基于Oaxaca-Blinder分解法将城镇居民与农民工工资收入差距分解，研究导致城镇居民与农民工工资差距的个人因素。所用数据为2014年问卷数据。

一 工资收入差距的 Oaxaca-Blinder 分解

不同群体的某个变量均值会存在差距。导致这种差距的原因可分为两类：一类是相关因素的均值；另一类是同一因素对所论变量的影响不同。下面我们用Oaxaca-Blinder分解法分解城镇居民及农民工的工资收入差距。

假设两个群体的某一变量均值存在差距。用 Y 表示群体 1 所论变量，$\overline{Y}$ 为该变量的均值，用 Z 表示群体 2 所论变量，$\overline{Z}$ 为该变量的均值。这一变量是由 n 个解释变量所决定，即：

$$Y = \alpha_0 + \alpha_1 X_1^Y + \cdots + \alpha_i X_i^Y + \cdots + \alpha_n X_n^Y \qquad (10-1)$$
$$Z = \beta_0 + \beta_1 X_1^z + \cdots + \beta_i X_i^z + \cdots + \beta_n X_n^z \qquad (10-2)$$
$$\alpha_i \neq \beta_i$$

采用 OLS 对方程（10-1）和（10-2）进行回归。当所有自变量取均值时，则所求 Y 和 Z 正好等于群体 1 和群体 2 所论变量的均值。这样两个群体所论变量的差距可以通过方程（10-1）和（10-2）中自变量的均值，$\overline{X_i^Y}$ 和 $\overline{X_i^Z}$，得到解释，即：

$$\overline{Y} = \alpha_0 + \alpha_1 \overline{X_1^Y} + \ldots + \alpha_i \overline{X_i^Y} + \ldots + \alpha_n \overline{X_n^Y} \qquad (10-3)$$
$$\overline{Z} = \beta_0 + \beta_1 \overline{X_1^Z} + \ldots + \beta_i \overline{X_i^Z} + \ldots + \beta_n \overline{X_n^Z} \qquad (10-4)$$

由此可求得两个群体所论变量均值差距为：

$$
\begin{aligned}
\overline{Y} - \overline{Z} = {} & (\alpha_0 - \beta_0) + (\alpha_1 \overline{X_1^Y} - \beta_1 \overline{X_1^Z}) + \cdots + \\
& (\alpha_i \overline{X_i^Y} - \beta_i \overline{X_i^Z}) + \cdots + (\alpha_n \overline{X_n^Y} - \beta_n \overline{X_n^Z})
\end{aligned}
\qquad (10-5)
$$

$(\alpha_i \overline{X_i^Y} - \beta_i \overline{X_i^Z})$ 为因素 X_i 对两个群体所论变量均值差距的贡献。如果 $(\alpha_i \overline{X_i^Y} - \beta_i \overline{X_i^Z}) > 0$，则 X_i 拉大了差距，相反则缩小。

我们认为，Oaxaca - Blinder 分解法的局限性有三：其一，这一方法基于多元线性回归，采用横截面数据，通常回归方程的判定系数 R^2 较低。R^2 的含义是，因变量的样本方差能被自变量解释部分的百分比。这就意味着，如果回归结果所得到的 R^2 较低，则所论群体变量的变化尚未得到很好的解释，当然所论两个群体变量的均值也同样尚未得到很好的解释，由此导致各自变量因素只能非常有限地解释两个群体所论变量均值差距。其二，如果两个回归方程常数项的差距 $(\alpha_0 - \beta_0)$ 较大，则自变量因素所能解释的两个群体所论变量均值差距就较小。其三，两个群体有足够的样本，基于这些样本可做出基本合理的回归方程。如果一个群体的样本量过小，回归的结果就可能存在严重偏差，甚至导致结果难以解释。

二 城镇居民与农民工工资差距的影响因素

采用 Oaxaca-Blinder 分解法，首先要构造关于所论变量的回归方程。本节研究城镇居民与农民工工资差距及影响因素，故首先要构造工资的回归方程。下面分别简要论述影响城镇居民与农民工工资的因素。

1. 性别

大量调查和研究发现，男性的收入要明显高于女性（田艳芳等，2009）。表 10 - 1 显示，无论是农民工还是城镇居民，男性工资都高于女性。男性城镇居民工资比女性高 26.64%，而男性农民工工资比女性高 16.15%，这说明性别这一变量对城镇居民的影响更大。回归分析中，用 *MALE* 代表男性，以女性为比较基础。

表 10 - 1　性别与工资收入

性别	城镇居民		农民工	
	小时工资(元)	样本数(个)	小时工资(元)	样本数(个)
男	26.76	4722	14.98	2637
女	19.63	2411	12.56	679

2. 婚姻状况

已婚者由于其所承担的家庭经济责任大于未婚者，一般会更加努力的工作。已婚者年纪通常要比未婚者大。这些因素可使已婚者比未婚者获得更高的收入。表 10 - 2 显示，城镇居民已婚者的工资明显高于未婚者，但对农民工，婚姻状态对工资差别的影响不明显。用 *MARRIED* 代表"已婚"，以非在婚的"离异"、"丧偶"和"未婚"为比较基础。

表 10 - 2　婚姻状况与工资收入

婚姻状况	城镇居民		农民工	
	小时工资(元)	样本数(个)	小时工资(元)	样本数(个)
已婚	25.53	4316	14.42	2575
离异	22.58	162	16.47	96
丧偶	17.08	27	12.98	31
未婚	22.61	2628	14.56	614

3. 受教育程度

受教育程度是影响工资的重要因素。受教育程度高的人，其工资收入高于受教育程度低的人，这一特点在不同社会经济制度和不同经济发展水平的国家都适用（马范文，2002）。表 10 - 3 显示，随着受教育程度的提高，城镇居民与农民工的工资都增加，然而城镇居民的收入的增加明显快于农民工，即相对于农民工而言，受教育程度对城镇居民工资的回报更为显著。用 EDU 代表受教育程度，用受教育年数衡量。

表 10 - 3　受教育程度与工资收入

受教育程度	城镇居民		农民工	
	小时工资(元)	样本数(个)	小时工资(元)	样本数(个)
未受正规教育	16.12	51	12.15	156
小学	17.24	151	13.19	315
初中	18.94	975	14.22	1809
高中/中专	20.99	1773	15.70	1036
大专	23.80	1517		
本科	28.10	2247		
研究生	36.65	419		

4. 工龄

工龄不仅代表职工参加工作时间的长短，而且代表通过工作所获得的人力资本的积累。但工龄到一定阶段，知识老化导致人力资本折旧，体力下降，工人的工资会有所下降。表 10 - 4 显示，城镇居民与农民工在工龄 20 年前后工资达到峰值，之后有所下降。回归分析时，以工资最高的工龄段 11 ~ 20 年为比较基础。

表 10 - 4　工龄与工资收入

工龄	变量名称	城镇居民		农民工	
		小时工资(元)	样本数(个)	小时工资(元)	样本数(个)
1 ~ 10	$WORKAGE1$	23.24	3189	13.85	1826
11 ~ 20	$WORKAGE2$	27.83	1727	15.49	1044
21 ~ 30	$WORKAGE3$	25.37	1324	14.79	370
≥31	$WORKAGE4$	20.10	893	14.52	76

5. 政治身份

在中国中共党员身份对收入有正面影响。中共党员一般经过较为严格选拔，代表着更高的劳动效率。如表 10 - 5 显示，不考虑小样本的民主党派，中共党员的工资要高于其他政治身份的人士。这一点对城镇居民更为明显，但对农民工则不明显。其原因可能是，农民工党员大多在原农村入党，是基于当时的优点和表现以及所拥有的社会关系，但这些促成农民工当时入党的条件在进入城镇打工后并不一定能充分发挥作用。此外，农民工雇主一般不太在意农民工的政治身份，因此也不会因农民工的中共党员身份而给予其比一般群众更多的发展机会。用 *CPC* 代表"中共党员"，以其他政治身份为比较基础。

表 10 - 5 政治身份与工资收入

政治身份	城镇居民		农民工	
	小时工资(元)	样本数(个)	小时工资(元)	样本数(个)
党 员	27.43	1812	14.98	182
团 员	22.06	1814	14.00	547
民主党派	37.55	75	13.53	21
群 众	23.65	3432	14.56	2566

6. 技术职称

职称是指专业技术人员的专业技术水平、能力以及成就的等级称号，反映专业技术人员的学术和技术水平、工作能力和工作成就。职称越高就意味着学术或技术水平越高，工作能力越强，工资也就越高。表 10 - 6 显示，随着职称的升高，工资呈上升态势。回归分析时，以技术职称"无"和"初级"为比较基础。农民工一般没有技术职称，调查时没有调查农民工的技术职称。

表 10 - 6 城镇居民技术程度与工资收入

技术职称	变量名称	小时工资(元)	样本数(个)
无	*TECHRANK*1	21.79	3456
初级	*TECHRANK*2	20.24	1114
中级	*TECHRANK*3	27.43	1816
副高	*TECHRANK*4	34.49	419
正高	*TECHRANK*5	34.66	343

7. 打工技能

农民工的打工技能对工资有一定影响。技能代表的是农民工的工作能力，反映了一个人的专业技术水准。打工技能高就意味着更多的就业机会和更高的收入。问卷询问了农民工自评的城镇打工技能，备选答案有："很低"、"较低"、"一般"、"较高"和"很高"。表 10 - 7 显示，随着农民工打工技能的提高，工资呈明显上升趋势。回归分析时，以技能"很低"和"比较低"为比较基础。

表 10 - 7　农民工城镇打工技能与工资收入

打工技能	变量名称	小时工资(元)	样本数(个)
很低	SKILL1	7.27	213
较低	SKILL2	10.98	244
一般	SKILL3	14.54	1470
较高	SKILL4	15.28	1202
很高	SKILL5	21.74	187

8. 工作层次

工作层次是影响工资收入的重要因素。一般来说，随着工作层次的上升，工资会随之上升。表 10 - 8 显示，随着工作层次的提高，城镇居民和农民工的工资明显上升。回归分析时，以"操作层"为比较基础。

表 10 - 8　工作层次与工资收入

工作层次	变量名称	城镇居民		农民工	
		小时工资(元)	样本数(个)	小时工资(元)	样本数(个)
操作层	LEVEL1	18.24	3781	11.96	2411
中层管理	LEVEL2	28.74	2700	17.47	714
高层管理	LEVEL3	41.62	652	35.30	191

9. 健康状况

根据中国健康与营养调查，健康状况越好，个人收入越高，在其他因素不变的情况下，居民自评健康每增加一个等级，其收入将显著增加 17.6%。樊明的多次调查也说明健康对工资有显著的正面影响。表 10 - 9 显示，随着健康状况的改善，城镇居民与农民工的工资都在逐渐上升。回归分析时，以健康状况"很差"和"比较差"为比较基础。

表 10 – 9　身体健康状况与工资收入

健康状况	变量名称	城镇居民		农民工	
		小时工资(元)	样本数(个)	小时工资(元)	样本数(个)
很　差	HEALTH1	22.77	64	9.73	31
比较差	HEALTH2	23.28	224	10.99	146
一　般	HEALTH3	23.40	2278	13.94	829
健　康	HEALTH4	24.35	3364	14.69	1206
很健康	HEALTH5	26.45	1203	15.27	1104

10. 行业

不同行业对从业人员的素质有不同需求，其工资水平也不相同。表 10 – 10 显示，农民工群体中工资较高的行业主要为交通运输、餐饮、零售、其他服务业、金融及科教文卫，城镇居民群体中工资较高的行业为交通运输及邮电通信。回归分析时，以"制造业"和"建筑业"为比较基础。

表 10 – 10　行业与工资收入

行业	变量名称	城镇居民		农民工	
		小时工资(元)	样本数(个)	小时工资(元)	样本数(个)
制造	MANUPCONS	25.53	1026	14.37	676
建筑		26.60	928	13.82	1437
采掘	DIG	23.68	107	13.62	121
交通运输	TRANSPOST	28.51	419	16.24	161
邮电通信		23.52	253	14.87	36
餐饮	SERVICE	31.77	384	15.29	210
零售		20.43	733	16.44	124
其他服务业		23.63	1447	16.43	369
公共设施		21.95	132	14.47	78
金融	FIN	23.41	441	16.75	24
科教文卫	TECHADM	21.66	817	16.45	20
政府部门		26.59	456	14.38	8
不充分就业	UNEMP			7.29	52

三 工资回归方程

用 *HRSWAGE* 代表小时工资。基于以上分析，分别建立以下城镇居民及农民工小时工资方程。

城镇居民工资方程如下：

$$
\begin{aligned}
\log(HRSWAGE_U) = {} & \alpha_0 + \alpha_1 MALE + \alpha_2 MARRIED + \alpha_3 EDU + \\
& \alpha_4 WORKAGE1 + \alpha_5 WORKAGE3 + \\
& \alpha_6 WORKAGE4 + \alpha_7 CPC + \alpha_8 TECHRANK3 + \\
& \alpha_9 TECHRANK4 + \alpha_{10} TECHRANK5 + \alpha_{11} LEVEL2 + \\
& \alpha_{12} LEVEL3 + \alpha_{13} HEALTH3 + \alpha_{14} HEALTH4 + \\
& \alpha_{15} HEALTH5 + \alpha_{16} DIG + \alpha_{17} TRANSPOST + \\
& \alpha_{18} SERVICE + \alpha_{18} FIN + \alpha_{19} TECHADM
\end{aligned}
$$

农民工工资方程如下：

$$
\begin{aligned}
\log(HRSWAGE_M) = {} & \beta_0 + \beta_1 MALE + \beta_2 MARRIED + \beta_3 EDU + \\
& \beta_4 WORKAGE1 + \beta_5 WORKAGE3 + \\
& \beta_6 WORKAGE4 + \beta_7 CPC + \beta_8 SKILL3 + \\
& \beta_9 SKILL4 + \beta_{10} SKILL5 + \beta_{11} LEVEL2 + \\
& \beta_{12} LEVEL3 + \beta_{13} HEALTH3 + \beta_{14} HEALTH4 + \\
& \beta_{15} HEALTH5 + \beta_{16} DIG + \beta_{17} TRANSPOST + \\
& \beta_{18} SERVICE + \beta_{19} FIN + \beta_{20} TECHADM + \\
& \alpha_{21} UNEMP
\end{aligned}
$$

采用 Oaxaca – Blinder 分解法要求回归方程的解释变量为显著变量。如果一个解释变量不显著，则这一变量与所论被解释变量无关。为此，我们对以上两个回归方程中的解释变量进行了筛选，删除了显著性低于90%的解释变量。这些被删除的解释变量有：在农民工方程中包含婚姻状况和政治身份；在城镇居民方程中包含政治身份。表10－11报告了回归结果。

四 城镇居民与农民工工资差距因素分解

根据方程（10－5），我们计算了各解释变量对城镇居民与农民工工资差距的贡献，表10－12报告了结果。拉大这一差距的因素依

表 10 - 11 工资方程的回归结果

解释变量	城镇居民		农民工	
	系数	t - 值	系数	t - 值
C	2. 0695	40. 4356	1. 7228	36. 4748
MALE	0. 1781	11. 9313	0. 1362	7. 1741
MARRIED	0. 0364	2. 0986		
EDU	0. 0448	16. 8555	0. 0130	4. 5757
WORKAGE1	- 0. 0983	- 4. 9032	- 0. 0404	- 2. 3803
WORKAGE3	- 0. 0763	- 3. 5829	- 0. 0237	- 0. 8955
WORKAGE4	- 0. 2026	- 8. 1739	- 0. 0106	- 0. 2051
TECHRANK3	0. 1305	7. 7620		
TECHRANK4	0. 2033	6. 5774		
TECHRANK5	0. 2063	6. 2674		
SKILL3			0. 3706	15. 5928
SKILL4			0. 3381	13. 5472
SKILL5			0. 3294	8. 3158
LEVEL2	0. 2808	18. 1670	0. 3097	15. 9673
LEVEL3	0. 5662	22. 3035	0. 9413	27. 9170
HEALTH3	0. 0267	0. 7382	0. 1593	4. 4002
HEALTH4	0. 0555	1. 5606	0. 1525	4. 3222
HEALTH5	0. 0748	1. 9698	0. 1697	4. 7684
DIG	0. 0336	0. 5877	- 0. 0195	- 0. 4803
TRANSPOST	0. 0491	1. 9052	- 0. 0253	- 0. 7811
SERVICE	- 0. 0897	- 5. 1001	0. 0740	4. 0414
FIN	0. 1259	4. 0899	0. 0934	1. 0373
TECHADM	- 0. 1288	- 5. 9198	0. 0334	0. 4027
UNEMP			- 0. 3678	- 5. 9272
R^2	0. 2445		0. 3493	
样本数	7133		3316	

其贡献大小分别为：受教育程度、技术职称、工作层次、婚姻状况和性别；缩小这一差距的因素依其贡献大小分别为：城镇打工技能、健康状况、工龄和行业。

表 10 – 12　解释变量对工资差距自然对数的贡献

解释变量	城镇居民		农民工		小时工资自然对数差距(元)
	系数	均值	系数	均值	
EDU	0.0448	13.6864	0.0130	9.2289	0.4928
C	2.0695		1.7228		0.3468
TECHRANK3	0.1305	0.2546			0.0551
TECHRANK4	0.2033	0.0587			
TECHRANK5	0.2063	0.0481			
LEVEL2	0.2808	0.3785	0.3097	0.2153	0.0371
LEVEL3	0.5662	0.0914	0.9413	0.0576	
MARRIED	0.0364	0.6051			0.0220
MALE	0.1781	0.6620	0.1362	0.7952	0.0096
SKILL3			0.3706	0.4433	-0.3054
SKILL4			0.3381	0.3625	
SKILL5			0.3294	0.0564	
HEALTH3	0.0267	0.3194	0.1593	0.2500	-0.1045
HEALTH4	0.0555	0.4716	0.1525	0.3637	
HEALTH5	0.0748	0.1687	0.1697	0.3329	
WORKAGE1	-0.0983	0.4471	-0.0404	0.5507	-0.0583
WORKAGE3	-0.0763	0.1856	-0.0237	0.1116	
WORKAGE4	-0.2026	0.1252	-0.0106	0.0229	
DIG	0.0336	0.0150	-0.0195	0.0365	-0.0544
TRANSPOST	0.0491	0.0942	-0.0253	0.0594	
SERVICE	-0.0897	0.3780	0.0740	0.2355	
FIN	0.1259	0.0618	0.0934	0.0072	
TECHADM	-0.1288	0.1785	0.0334	0.0084	
UNEMP			-0.3678	0.0157	

　　基于 Oaxaca – Blinder 分解法，我们找到了导致城镇居民与农民工工资差距的主要因素，这一发现有着重要的政策隐含：要真正实现农民工市民化，除了在制度层面要加快改革外，还必须不断改善农村教育，提高农村的教育水平。这样，当农民工进城就业后，就

比较容易获得和城镇居民相仿的工资收入，此为农民工市民化之关键。

第二节 农民工与城镇居民工作时间差距及影响因素

工作时间既决定收入，又决定休闲，综合地决定一个人的生活质量。农民工市民化意味着农民工最终能获得和城镇居民相同的生活质量，也就包含和城镇居民工作相仿的时间。本节基于2014年问卷数据对农民工和城镇居民的工作时间进行比较，研究影响农民工与城镇居民工作时间差距的个人因素，进而从中发现政策隐含以帮助农民工改善他们的工作和生活，加快农民工市民化进程。

一 农民工和城镇居民工作时间差距的影响因素

根据2014年问卷数据，农民工每周工作时间为60.12小时，而城镇居民每周工作时间为49.30小时，二者相差10.82小时，是一个相当大的差距。导致农民工与城镇人口工作时间差距的因素是多方面的，既有大的政策环境，也有农民工个人因素。本节侧重讨论影响农民工和城镇人口工作时间差距的个人因素。

研究的方法采用本章第一节所采用的 Oaxaca – Blinder 分解法。采用这一方法的第一个步骤是建立劳动时间方程，然后再分解导致农民工和城镇居民工作时间差距的个人因素。下面首先建立工作时间方程，从分析个人因素开始。

1. 性别

在一个家庭，由于男性承担着更多的家庭经济责任，男性更希望通过工作更长的时间获得更多的收入。男性的工资一般高于女性，在通常替代效应超过收入效应的条件下，男性也希望工作更长的时间。表 10 – 13 显示，男性农民工和城镇居民的工作时间均高于对应的女性。回归分析时，用 *MALE* 表示男性，以女性为比较基础。

表 10 - 13　性别与工作时间

性别	农民工		城镇居民	
	周工作小时	样本数(个)	周工作小时	样本数(个)
男	60.45	2639	49.97	4835
女	59.47	679	47.81	2514

2. 工龄

工龄可以反映一个人的工作经验和劳动技能。工龄越长的工人，工作经验越丰富，劳动技能越高，在劳动市场面临更大的需求。工龄越长往往工资也越高，也会使得工人愿意增加工作时间。表 10 - 14 显示，随着工龄增加，农民工的工作时间变化不明显，而城镇居民有上升趋势。用 *WORKAGE* 表示工龄。

表 10 - 14　工龄与工作时间

工龄	农民工		城镇居民	
	周工作小时	样本数(个)	周工作小时	样本数(个)
≤10	60.02	1794	47.49	3248
11～20	59.82	1027	50.28	1742
21～30	60.83	368	50.72	1347
≥31	63.25	75	51.03	1012

3. 小时工资

小时工资对工作时间的影响要比一般劳动供给理论所解释的复杂。随着小时工资的增加，一般来说，工人愿意增加工作时间。但在中国，低小时工资的工作往往是工作质量差的工作，这种工作一般工作时间长。对于挣低小时工资的工人来说，由于收入效应的作用，更愿意工作更长时间。一些农民工在选择工作时，把公司是否有加班作为必要条件。如果一个公司不安排加班，有时竟招不到农民工。表 10 - 15 支持了这一分析，随着小时工资的不断增加，农民工和城镇居民的工作时间均递减。用 *HRSWAGE* 表示小时工资。

表 10 - 15　小时工资与工作时间

农民工			城镇居民		
小时工资（元）	周工作小时	样本数（个）	小时工资（元）	周工作小时	样本数（个）
(0,8]	69.93	668	(0,10]	59.42	1147
(8,10]	66.74	561	(10,15]	51.62	1704
(10,15]	59.14	1055	(15,20]	47.70	1370
>15	51.58	1031	(20,30]	45.47	1665
			>30	44.17	1464

4. 婚姻状况

已婚者要承担家庭经济责任，希望挣得更高的收入，从而愿意工作更长的时间。已婚者的工资一般要高于未婚者，这也使得已婚者更愿意增加劳动供给。表 10 - 16 显示，在不考虑小样本的"离异"和"丧偶"的情况下，农民工和城镇人口已婚者劳动时间明显长于未婚者。用 *MARRIED* 代表已婚，以"离异"、"丧偶"和"未婚"为比较基础。

表 10 - 16　婚姻状况与工作时间

婚姻状况	农民工		城镇居民	
	周工作小时	样本数(个)	周工作小时	样本数(个)
已婚	60.78	2577	49.91	4462
离异	57.25	96	55.57	169
丧偶	57.97	31	48.12	33
未婚	58.62	615	47.72	2685

5. 受教育程度

受教育程度越高，工资水平越高，一般来说工人更愿意增加工作时间。但在中国的劳动市场，受教育程度高的工人会更多地选择在更正规的部门就业，这些部门的平均工作时间较低。如果这一因素发挥主导作用，就会导致随着受教育程度的提高，工作时间会下降。表 10 - 17 显示，随着受教育程度的提高，农民工和城镇居民工作时间逐渐递减。用 *EDU* 代表受教育程度，用受教育年数衡量。

表 10 - 17 受教育程度与工作时间

受教育程度	农民工		城镇居民	
	周工作小时	样本数(个)	周工作小时	样本数(个)
未受正规教育	64.31	156	52.67	54
小 学	63.36	315	57.90	165
初 中	61.60	1811	56.60	1004
高 中	56.75	700	53.15	1240
中 专	55.51	336	49.96	620
大 专			47.80	1552
本 科			44.90	2287
研究生			44.09	427

6. 政治身份

中共党员一般经过较为严格的选拔，比一般民众更为优秀，获得更好的工作机会。而好的工作机会的特征之一是工作时间短。以上分析应更适合城镇居民。但对农民工情况有所不同。农民工党员基本是在农村入党，与当时的优秀表现有关，但到城镇成为农民工后，多从事体力劳动，雇主少有关注农民工的政治身份，这样中共党员身份与农民工所从事的工作以及工作时间的关系就比较弱。表10-18支持了以上分析：中共党员城镇居民的工作时间明显少于其他政治身份的城镇居民，但中共党员农民工的工作时间和其他政治身份的农民工相比，无明显差别。回归分析时，以非中共党员为比较基础。

表 10 - 18 政治身份与工作时间

政治身份	变量名称	农民工		城镇居民	
		周工作小时	样本数(个)	周工作小时	样本数(个)
中共党员	*DEMAPTY*	61.20	182	45.49	1859
团员	*CPC*	60.36	547	48.02	1865
民主党派	*CLC*	66.57	21	46.55	75
群众	*MASS*	60.12	423	51.88	3550

7. 行业

不同行业有着不同的行业特点和行业要求，工作时间一般也不相同。表 10 – 19 显示了城镇居民和农民工不同行业的周平均工作小时。樊明指出，产业平均工作时间对该产业的工人的工作时间有显著影响。为了反映行业平均工作时间对行业从业者工作时间的影响，在回归方程中加入行业平均工作时间（*INDTIME*）。

表 10 – 19　行业与工作时间

行业	农民工		城镇居民	
	周平均工作小时	样本数（个）	周平均工作小时	样本数（个）
建筑	62. 87	1448	52. 29	918
制造	59. 45	676	49. 45	1026
采掘	60. 12	121	52. 76	107
交通运输	61. 67	62	48. 15	48
餐饮	57. 31	210	55. 32	384
零售	55. 67	124	53. 81	733
其他服务业	55. 93	369	51. 60	1447
金融保险	53. 50	24	43. 50	441
科教文卫	55. 55	20	43. 71	817
公共设施	54. 69	78	45. 19	132
政府行政管理	55. 75	8	43. 15	456
邮电通信	55. 28	36	44. 42	253

8. 工作层次

在管理层就业的农民工加班时间要少于在操作层就业的农民工，因而工作时间相对要少。表 10 – 20 支持了这一判断，管理层的工作时间要明显低于操作层的工作时间。用 *MGMT* 代表工作层次为"管理层"，回归分析时以操作层为比较基础。

表 10 – 20　工作层次与工作时间

工作层次	农民工		城镇居民	
	周工作小时	样本数（个）	周工作小时	样本数（个）
管理层	54. 77	471	48. 15	3448
操作层	61. 16	2847	50. 18	3901

9. 健康状况

健康状况对工作时间的影响比较复杂。从就业者的主观希望来说，健康状况下降希望减少工作时间；但健康状况差的人往往不容易找到高质量工作，而低质量工作的特征之一是工作时间长。表10-21显示，随着健康状况的改善，农民工和城镇居民的周工作时间逐渐减少。回归分析时，用健康状况"很差"和"比较差"为比较基础。

表10-21 健康状况与工作时间

健康状况	农民工		城镇居民	
	周工作小时	样本数(个)	周工作小时	样本数(个)
很健康	59.21	1104	48.91	1233
健　康	59.74	1206	48.30	3465
一　般	61.66	829	50.32	2351
比较差	63.57	146	52.79	233
很　差	63.88	29	52.79	67

10. 城镇打工技能

打工技能往往会影响农民工能找到什么样的工作。打工技能高的农民工比较能找到较为正规的工作就业，从而可工作较短的时间。相反，打工技能低的农民工往往只能找到工作时间长且工资低的工作。表10-22显示，随着打工技能的提高工作时间逐渐减少。回归分析时，以打工技能"很低"和"比较低"为比较基础。

表10-22 城镇打工技能与农民工工作时间

城镇打工技能	变量名称	周工作小时	样本数
很　低	SKILL1	64.56	222
较　低	SKILL2	63.76	321
一　般	SKILL3	60.40	1431
一定技能	SKILL4	58.72	1195
很高技能	SKILL5	57.26	149

11. 技术职称

技术职称越高，就业者的工作质量就越高，工作时间短是高质量工作的重要表现。表 10 – 23 显示，随着技术职称的不断提高，工作时间下降。回归分析时，以技术职称"初级"和"无技术职称"为比较基础。

表 10 – 23　技术职称与城镇居民工作时间

技术职称	变量名称	周工作小时	样本数(个)
正高	*TECHRANK5*	47.95	363
副高	*TECHRANK4*	45.59	434
中级	*TECHRANK3*	47.35	1851
初级	*TECHRANK2*	48.15	1114
无技术职称	*TECHRANK1*	51.11	3587

二　工作时间回归方程

用 *WORKHRS* 代表周工作小时。根据以上分析，建立以农民工和城镇人口工作时间的回归方程。

农民工的工作时间方程如下：

$$WORKHRS = \alpha_0 + \alpha_1 MALE + \alpha_2 WORKAGE + \alpha_3 HRSWAGE +$$
$$\alpha_4 MARRIED + \alpha_5 EDU + \alpha_6 INDTIME + \alpha_7 MGMT +$$
$$\alpha_8 HEALTH3 + \alpha_9 HEALTH4 + \alpha_{10} HEALTH5 +$$
$$\alpha_{11} SKILL3 + \alpha_{12} SKILL4 + \alpha_{13} SKILL5$$

城镇居民的工作时间方程如下：

$$WORKHRS = \beta_0 + \beta_1 MALE + \beta_2 WORKAGE + \beta_3 HRSWAGE + \beta_4 MARRIED +$$
$$\beta_5 EDU + \beta_6 PCP + \beta_7 INDTIME + \beta_8 MGMT + \beta_9 HEALTH3 +$$
$$\beta_{10} HEALTH4 + \beta_{11} HEALTH5 + \beta_{12} TECHRANK3 +$$
$$\beta_{13} TECHRANK4 + \beta_{14} TECHRANK5$$

采用 Oaxaca – Blinder 分解法要求回归方程的解释变量为显著变量。为此，删除了显著性低于90%的解释变量，最后选定的方程中包含的变量均为显著变量。表 10 – 24 报告了回归结果。

表 10 – 24　工作时间方程的回归结果

变量名称	农民工		城镇	
	系数	t - 值	系数	t - 值
C	23.7891	5.3532	25.7522	10.96
MALE	1.8373	0.5696	3.1694	10.10
WORKAGE1	- 2.0665	1.5319	0.3596	0.62
WORKAGE2	- 2.3310	1.5437	1.8294	3.45
WORKAGE3	- 2.3916	1.6328	2.0050	3.71
MARRIED	1.8793	0.5752	1.0210	2.76
EDU	- 0.6106	0.0850	- 0.6641	- 11.22
HRSWAGE	- 0.4658	0.0194	- 0.1710	- 22.83
INDTINE	0.7968	0.0807	0.7221	18.17
MGMT	2.0170	0.5513	1.1095	3.45
HEALTH5	- 1.4138	1.0708	- 2.1892	- 2.70
HEALTH4	- 1.3132	1.0609	- 2.7849	- 3.68
HEALTH3	- 0.4222	1.0907	- 1.4565	- 1.89
SKILL1	- 0.2607	1.0328		
SKILL2	1.5949	0.9216		
SKILL3	0.7732	0.4973		
CPC			- 1.4183	- 3.87
TECHRANK5			0.7062	1.01
TECHRANK4			- 1.5187	- 2.30
TECHRANK3			- 1.7476	- 4.91
R^2	0.2127		0.2076	
样本量	3264		7133	

三　城镇居民与农民工工作时间差距因素分解

根据方程（10 - 5），我们计算了各解释变量对城镇居民与农民工工作时间差距的贡献，表 10 - 25 报告了各解释变量对城镇居民与农民工工作时间差距的贡献。拉大这一差距的因素依其贡献分别为：行业平均时间、工作身份、教育程度、婚姻状况、健康程度、政治身份、工作层次、技术职称和打工技能；缩小这一差距的因素依其贡献分别为：工龄、收入、性别。

表 10 - 25　解释变量对工作时间差距的贡献

变量 名称	农民工		城　镇		
	弹性系数	均值	弹性系数	均值	差距
C	23. 7891		25. 7522		
INDTINE	0. 7968	60. 12	0. 7221	49. 29	12. 31
EDU	- 0. 6106	9. 24	- 0. 6641	13. 69	3. 45
HEALTH5	- 1. 4138	0. 33	- 2. 1892	0. 32	
HEALTH4	- 1. 3132	0. 37	- 2. 7849	0. 47	1. 20
HEALTH3	- 0. 4222	0. 25	- 1. 4565	0. 17	
MARRIED	1. 8793	0. 78	1. 0210	0. 61	0. 84
SKILL1	- 0. 2607	0. 06			0. 44
SKILL2	1. 5949	0. 07			
SKILL3	0. 7732	0. 45			
CPC			- 1. 4183	0. 25	0. 35
MGMT	2. 0170	0. 28	1. 1095	0. 47	0. 04
TECHRANK5			0. 7062	0. 25	
TECHRANK4			- 1. 5187	0. 06	0. 00
TECHRANK3			- 1. 7476	0. 05	
WORKAGE1	- 2. 0665	0. 55	0. 3596	0. 45	
WORKAGE2	- 2. 3310	0. 31	1. 8294	0. 24	- 3. 10
WORKAGE3	- 2. 3916	0. 11	2. 0050	0. 19	
HRSWAGE	- 0. 4658	14. 31	- 0. 1711	24. 35	- 2. 50
MALE	1. 8373	0. 80	3. 1694	0. 66	- 0. 62

　　基于 Oaxaca - Blinder 分解法，我们找到了导致城镇居民与农民工工作时间差距的主要因素，这一发现有着重要的政策隐含：导致农民工工作时间比城镇居民长的第一因素是行业平均时间，这反映了农民工大多在长劳动时间行业就业，这显然和行业分隔有着直接的关系。农民工由于在城镇缺少打工技能，往往集中在某些行业就业，而这些行业为降低成本又保障农民工有其认可的收入，长工作时间往往是农民工集中就业的行业的普遍现象。导致农民工工作时间比城镇居民长的第二因素是农民工和城镇居民在教育程度上的差距。农民工不仅平均受教育年数低于城镇居民，而且教育的回报也低于城镇居民。因此要不断改善农村教育，提高农村的教育水平。这样，当农民工进城就业后，就比较容易获得和城镇居民相仿的工

资收入而不会集中在部分行业就业。如此，农民工将"消失"在各行各业，和城镇居民融为一体，真正实现农民工市民化。

第三节　农民工劳动市场歧视研究

西方的城镇化表现为农民到城镇就业，并很快享受到和城镇居民同样的经济权利和政治权利，在制度层面上不会受到歧视。中国的城镇化不同于西方。农民工到城镇打工，要受到双重歧视：一是来自政策的歧视，使农民工不能享受到和市民同等的经济权利和政治权利。二是农民工在劳动市场受到歧视。农民工所受到的歧视对农民工群体造成了诸多负面影响，有悖于市场公平竞争的原则，影响"三化"协调发展。本节侧重对农民工劳动市场歧视进行研究，分析农民工就业歧视的影响因素，为减少农民工在劳动市场受到歧视提供理论和政策准备。

一　影响农民工劳动市场歧视的因素分析

为了调查农民工在劳动市场受到的歧视及其原因，2014年问卷调查设置了相关问题，共获得3316份有效问卷。问卷询问农民工在劳动市场感受到的就业歧视程度，备选答案有："没有"、"不明显"、"有点"、"有一些"和"感觉强烈"。分别赋值从1到5，构成就业歧视指数，其中1代表"没有"，5代表"感觉强烈"。表10-26报告了农民工劳动市场歧视程度分布。没有感觉有歧视的占33.75%，不明显的占22.68%，而近一半的受访者不同程度地感觉受到就业歧视，这说明农民工在劳动市场受到歧视还是比较普遍的。

表10-26　农民工劳动市场歧视程度分布

受歧视程度	所占百分比(%)	样本数(个)
没　　有	33.75	1119
不　明　显	22.68	752
有　　点	25.27	838
有　一　些	13.08	434
感觉强烈	5.22	173

下面，具体分析农民工就业歧视的影响因素。

1. 性别

性别与受就业歧视的关系是复杂的。男性的工资平均要比女性高，就此而言男性感受到的就业歧视应比女性低。但男性更多地在需要体力劳动的行业就业，这就比较容易因此受到歧视。还有其他诸多因素导致性别与受歧视程度产生差异。表 10-27 显示，男性农民工比女性农民工受到的就业歧视相差很少。回归分析时，用 *MALE* 代表男性，以女性为比较基础。

表 10-27　性别与受歧视程度

性别	歧视指数	样本数（个）
男	2.34	2637
女	2.31	679

2. 婚姻状况

未婚农民工往往比较年轻、有活力，他们易于接受新观念和新事物，在劳动市场上易受雇主青睐，所感受到的歧视应相对较少。甚至在一些招聘广告中，有明确对单身和年龄的要求。表 10-28 显示，除去小样本的离异，未婚农民工受到歧视最少，已婚次之，丧偶最大。用 *MARRIED* 代表已婚，以离异、丧偶、未婚为比较基础。

表 10-28　婚姻状况与受歧视程度

婚姻状况	受歧视指数	样本数（个）
已婚	2.35	2575
离异	2.25	96
丧偶	2.58	31
未婚	2.28	614

3. 受教育程度

受教育程度高的人，收入较高，相对得到更好的发展机会以及社会更多的认同，因此感受到的歧视会更低。表 10-29 显示，随着受教育程度的提高，农民工受歧视程度下降。用 *EDU* 代表受教育程度，用受教育年数衡量。

表 10 - 29　受教育程度与受歧视程度

受教育程度	受歧视指数	样本数(个)
未受正规教育	2.35	156
小学	2.57	315
初中	2.35	1809
高中	2.28	700
中专	2.13	336

4. 健康状况

农民工大多从事体力劳动，好的健康状况对农民工就业至关重要。樊明、喻一文等（2013）发现，就业者身体越健康，其工资收入越高，由此感受到的就业歧视越低。表 10 - 30 再次肯定了这一发现，随着健康状况的下降，农民工感受到的歧视也逐渐增强。回归分析时，以健康状况"很差"和"比较差"为比较基础。

表 10 - 30　健康状况与受歧视程度

健康状况	变量名称	受歧视指数	样本数(个)
很　　差	HEALTH1	3.00	31
比较差	HEALTH2	2.57	146
一　　般	HEALTH3	2.62	829
比较健康	HEALTH4	2.30	1206
很健康	HEALTH5	2.11	1104

5. 收入

工资收入相对高的人，在劳动市场得到更多的肯定，因而受到的就业歧视应较弱。但表 10 - 31 并没有支持以上的判断，收入与受歧视指数并无明显趋势性的关系，这是一个需要进一步研究的问题。用 INCMONTH 代表月收入。

表 10 - 31　收入与受歧视程度

收入(元/月)	受歧视指数	样本数(个)
[0,2000)	2.31	420
[2000,4000)	2.35	1976
[4000,6000)	2.29	723
[6000,8000)	2.34	115
≥8000	2.26	82

6. 年龄

农民工大多在体力劳动行业和服务业就业，年轻的农民工往往更适应这类工作。在招聘广告中，经常可以发现对年龄的限制，这必然使年长者感受到歧视。表 10 - 32 显示，农民工受就业歧视程度随着年龄的增长有上升的趋势。回归分析时，以受就业歧视程度较高的 46 岁以上年龄段（$AGE4$）为比较基础。

表 10 - 32　年龄段与受歧视程度

年龄段	变量名称	受歧视指数	样本数(个)
≤24	$AGE1$	2.26	532
25 ~ 35	$AGE2$	2.30	938
36 ~ 45	$AGE3$	2.33	956
46 ~ 75	$AGE4$	2.40	890

7. 打工技能

打工技能高的农民工，挣得更高的工资，受到来自雇主和同事更多的肯定，就业更加稳定，因而感受到的就业歧视应较低。表 10 - 33 显示，随着打工技能的提高，农民工感受到的就业歧视呈下降趋势。回归分析时，以打工技能"很低"和"较低"为比较基础。

表 10 - 33　打工技能与受歧视程度

打工技能	变量名称	受歧视指数	样本数(个)
很低	$SKILL1$	2.43	213
较低	$SKILL2$	2.61	244
一般	$SKILL3$	2.36	1470
一定	$SKILL4$	2.22	1202
很高	$SKILL5$	2.27	187

8. 工作层次

和操作层农民工相比，进入管理层的农民工已经受到了职业肯定，其工资收入也会较高，受到更多的职业尊重，感受到的就业歧视应较低。表 10 - 34 显示，管理层农民工感受到的就业歧视明显低于操作层农民工。用 *MGMT* 代表"管理层"。回归分析时，以"操作层"为比较基础。

表 10 – 34　工作层次与受歧视程度

工作层次	受歧视程度	样本数(个)
管理层	2.18	905
操作层	2.39	2411

9. 政治身份

在中国，拥有中共党员政治身份的民众一般来说表现优秀，受到来自组织的高度肯定，因而在劳动市场有更好的表现（樊明、喻一文等，2013）。但农民工群体有一定特殊性。农民工党员绝大多数在农村入党，这些农民工入党时的表现和当时就业环境及所拥有的社会资源有关。但进城务工后，原有的让其入党的优点不一定能得到继续展现，当时所拥有的社会资源也很难再发挥作用。在农民工劳动市场，雇主也很少关注农民工的政治身份。这些因素使得中共党员政治身份与农民工受到歧视关系弱化。表 10 – 35 显示，各种政治身份的农民工感受到的就业歧视相差不明显。回归分析时用 *CPC* 代表中共党员，以团员、民主党派、群众为比较基础。

表 10 – 35　政治身份与受歧视程度

政治身份	受歧视指数	样本数(个)
中共党员	2.36	182
团　　员	2.35	547
民主党派	2.42	21
群　　众	2.32	2566

10. 行业

不同的行业有不同的工资水平、工作环境和社会认可度，因而农民工感受到的就业歧视会有所不同。表 10 – 36 显示，在金融业的就业者受到的歧视程度最低，长期找不到工作的人受到的歧视程度最高，科教文卫行业次之，但在科教文卫行业的样本数较少。而在制造、建筑行业的就业者因其工作辛苦、收入较低而更多地感受到就业歧视。回归分析时，以个人受歧视指数较低的餐饮、零售、其他服务业为比较基础。

表 10 - 36　行业与受歧视程度

行业	变量名称	受歧视指数	样本数(个)
制造业	MANUPCONS	2.26	676
建筑业		2.45	1437
采掘业		2.28	121
交通	TRANSPOST	2.22	161
邮电		2.44	36
餐饮	SERVICE	2.20	210
零售		2.04	124
其他服务业		2.19	369
金融保险	FIN	1.79	24
科教文卫	TECHADM	2.75	20
行政		2.11	8
公共设施		2.16	78
长期找不到工作	UNEMP	3.03	52

11. 打工区域

不同区域的劳动市场供求关系不同，工资水平不同，市场经济发育程度不同，人们的思想观念也有所差异，因而对农民工的态度有所差异，这会让农民工感受到的歧视加入了区域因素。表 10 - 37 报告了不同区域农民工的受歧视程度情况。中部地区的农民工所受到的歧视程度与其他区域相比最高，其余区域相差不大。回归分析时，以"中部"为比较基础。

表 10 - 37　打工区域与受歧视程度

打工区域	变量名称	受歧视指数	样本数(个)
中　部	MIDPART	2.42	1069
西　部	WEST	2.28	477
东　部	EAST	2.30	1522
东北部	NORTHEAST	2.24	248

二 回归模型

根据以上讨论，我们建立受歧视指数（*DISCJOBINDEX*）的回归模型如下：

$$
\begin{aligned}
DICJOBINDEX = \ & \alpha_1 MALE + \alpha_2 MARRIED + \alpha_3 EDU + \\
& \alpha_4 HEALTH3 + \alpha_5 HEALTH4 + \alpha_6 HEALTH5 + \\
& \alpha_7 INCMONTH + \alpha_8 AGE1 + \alpha_9 AGE2 + \alpha_{10} AGE3 + \\
& \alpha_{11} SKILL3 + \alpha_{12} SKILL4 + \alpha_{13} SKILL5 + \alpha_{14} MGMT + \\
& \alpha_{15} CPC + \alpha_{16} MANUPCONS + \alpha_{17} TRANSPOST + \\
& \alpha_{18} FIN + \alpha_{19} TECHADM + \alpha_{20} UNEMP + \alpha_{21} WEST + \\
& \alpha_{22} EAST + \alpha_{23} NORTHEAST
\end{aligned}
$$

由于受就业歧视指数（*DISCJOBINDEX*）为受访者的主观评价，从低到高分为 5 级，是虚拟因变量（Dummy-dependent Variable），故采用排序概率模型（Ordered Probit Model）。表 10 - 38 报告了回归结果。

表 10 - 38　受歧视方程回归结果

变　量	系数	p - 值
MALE	0. 0171	0. 7181
MARRIED	0. 0033	0. 9507
EDU	− 0. 0073	0. 2906
HEALTH3	− 0. 0159	0. 8573
HEALTH4	− 0. 2512	0. 0038
HEALTH5	− 0. 4411	0. 0000
INCMONTH	2. 11E − 05	0. 1045
AGE1	− 0. 0414	0. 5573
AGE2	− 0. 0524	0. 3120
AGE3	− 0. 0463	0. 3564
SKILL3	− 0. 0848	0. 1536
SKILL4	− 0. 1606	0. 0098
SKILL5	− 0. 0422	0. 6693
MGMT	− 0. 1381	0. 0061
CPC	0. 0479	0. 5586
MANUPCONS	0. 1705	0. 0003

变　量	系数	p - 值
TRANSPOST	0. 1215	0. 1611
FIN	- 0. 2988	0. 2097
TECHADM	0. 0801	0. 4767
UNEMP	0. 6157	0. 0001
WEST	- 0. 1435	0. 0158
EAST	- 0. 1174	0. 0061
NORTHEAST	- 0. 1851	0. 0160
Probability(*LR Stat*)	0. 0000	
样本数(个)	3316	

根据以上讨论及回归分析，我们得出以下结论。

身体越健康的农民工受到的就业歧视越低；工作层次越高，越不会受到就业歧视；工作技能较高的农民工所受就业歧视会较少；在制造业、建筑业、采掘业就业的农民工比在其他产业就业的农民工受到更多的就业歧视，长期找不到工作的农民工感受到很强的就业歧视；打工区域对农民工受到歧视影响是显著的，中部农民工受到的就业歧视最强，其他区域之间相差不大。回归结果不支持农民工的收入对其受就业歧视程度有显著影响，也不支持受教育程度高会显著降低对农民工的就业歧视。一种可能的原因是，农民工所从事的行业以体力劳动为主，受教育程度对工资收入、职业认可和社会认可的关系较弱，因而也使得受教育程度不同的农民工所感受到的就业歧视差别不大。

第四节　政府针对农民工职业培训的研究

受到国外政府所举办职工培训项目的启发，中国政府自 2003 年开始，对于农民工职业培训的重视程度不断提高。为了使农民工更快地在城镇就业并在劳动市场有更加良好的表现，中国政府出台了不少相关政策，投入大量人力物力。这些付出有没有取得相应效果？如何改进对农民工的职业培训？基于 2014 年问卷数据，本节将对这些问题进行讨论。

一　政府对农民工的职业培训

2003 年，国务院办公厅下发《关于做好农民工进城务工就业管理和服务工作的通知》，提出做好农民工培训工作。自此中国政府高度重视农民工培训工作，大力发展职业教育培训。目前政府组织的农民工培训主要包括引导性培训和职业技能培训。引导性培训主要是，开展基本权益保护、法律知识、城市生活常识、寻找就业岗位等方面知识的培训，目的在于提高农民工遵守法律法规和依法维护自身权益的意识，树立新的就业观。职业技能培训主要是进行专业技能培训，旨在提高农民工城镇打工技能。为此，政府投入大量人力物力，具体表现在以下三个方面。

一是政府组织的农民工培训项目不断增多，参与的部门和单位也越来越多。目前由国家有关部委牵头组织实施的大规模农民工培训项目主要有五个：由农业部牵头组织的"阳光工程"、由人力资源和社会保障部牵头组织的"农村劳动力技能就业计划"、由教育部组织的"中等职业教育扩大招生计划"、由国务院扶贫办实施的"雨露计划"和由科技部实施的"星火计划"。除了这五个重大项目之外，还有工会、共青团和妇联等部门和组织结合自己的实际开展的多种形式的培训。

二是培训资金投入不断增加。根据国务院农民工办初步统计，2008 年中央政府投入农民工培训的资金达到 44.15 亿元，人均补助金额达到 500 元。2009 年以后，很多地方增加了投入，配套的资金也越来越多。据国务院农民工办统计，2011 年人均补助达到 800 元，2013 达到 1000 元。国务院农民工办计划在 2015 年使农民工人均补贴达到：长期培训为 1500 元，短期培训为 800 元（国务院农民工办课题组，2012）。

三是培训机构和培训人数不断增加。根据人力资源和社会保障部发布的《2012 年度人力资源社会保障事业发展统计公报》，2012 年末全国共有技工学校 2892 所，全年技工学校面向社会开展培训 551.3 万人次。2012 年末全国共有就业训练中心 3913 所，民办培训机构 18897 所。全年共组织开展各类职业培训 2049 万人次，包括就业技能培训 1196 万人次，岗位技能提升培训 546 万人次，创业培训

191 万人次，其他培训 116 万人次。

由以上数据可以看出，政府对农民工教育与职业培训投入巨大，但所取得成效如何则有待评估。

二　政府针对农民工职业培训效果的文献回顾

近年来已有大量研究评估政府对农民工培训所得成效，以下是其中的几项研究的观点，有一定的代表性。

张必兰等（2009）对农民工培训效果通过问卷调查和访谈的形式进行评估，发现支持培训效果为"一般"的有 71.86%，支持培训效果为"满意和很满意"的有 27.19%，而支持培训效果为"不满意和很不满意"的仅有 0.95%。这一调查显示，有近三成的农民工对培训的效果总的来说还是满意的。

杨玉梅等（2011）对河南省阳光工程培训效果进行问卷调查，调查受访者对培训中 11 个项目的看法，其中"1"到"5"分别代表"非常不同意、不同意、一般、同意、非常同意"5 个等级。发现受训农民工对"老师的教学态度"的评价最高，平均值达到 4.12，得分最低的是"授课器材设备"，但其均值也达到 3.59，且认为培训效果较好的占到总人数的 65.8%。据此调查，阳光工程培训得到了大多数农民工的肯定。

除此之外，孔东等（2013）对浙江省农民工培训效果的调查，姬建军（2013）对陕西农民工培训效果的研究，武向荣（2009）对中国农民工人力资本收益率的研究，均显示农民工对政府组织的职业培训表示肯定。

三　政府针对农民工职业培训所得成效研究

由以上回顾可看出，近年来，大多关于农民工培训效果的调查研究是针对农民工自身对职业培训效果的看法。而我们对此也做了相应问卷调查。3316 个被调查的农民工中有 652 人有过培训经历，培训率达到 19.66%。问卷询问，如果您参加过培训，您感觉帮助大吗？备选答案有：很有帮助、有些帮助、一般、帮助较小、完全没有。

表 10 - 39 报告了参训农民工感觉培训的帮助程度分布，从中可

以看出，绝大部分参加过培训的农民工感觉到参加培训"有些帮助"或"帮助很大"，而认为"帮助比较小"和"完全没有帮助"的农民工所占比例较小。

表 10 – 39　农民工教育与职业培训效果

感觉培训有帮助吗	样本数（个）	比例（%）
帮助很大	148	22.70
有些帮助	264	40.49
一般	136	20.86
帮助比较小	37	5.67
完全没有帮助	67	10.28

我们认为，培训对农民工是否取得效果，除了受访者的主观感受外，更重要的是要评估培训对农民工在劳动市场的表现是否产生显著影响，如工资增加等。表 10 – 40 显示，参加过培训的农民工的小时工资确实高于未参加过培训的农民工，但这一关系未控制其他相关变量，如受教育程度等。

表 10 – 40　是否参加培训、受教育年数与工资

	受教育年数（年）	小时工资（元）	样本数（个）
参加过培训	9.63	16.02	652
未参加培训	9.13	14.11	2664

本章第一节报告的工资方程回归结果所包含的变量仅为显著变量，而"参加过培训"（*MARRIED*）未达显著标准故未列入。为了更具体分析"参加过培训"对工资的影响，表 10 – 41 报告的工资方程中加入了"参加过培训"（*MARRIED*）。回归结果显示，"参加过培训"（*MARRIED*）对工资并无显著影响。

为了进一步分析参加培训与工资的关系，表 10 – 42 报告了受访者自评的培训帮助程度和工资的关系，显示二者之间无任何趋势性的关系。也就是说，感受培训有帮助的农民工的工资并没有因此有显著的提高。

表 10 – 41　工资回归方程（含 *TRAIN*）

变量	系数	t – 值	变量	系数	t – 值
C	1.6864	35.7580	LEVEL3	0.9446	27.8762
MALE	0.1422	7.4644	HEALTH3	0.1590	4.3660
EDU	0.0129	4.4917	HEALTH4	0.1586	4.4728
WORKACE1	− 0.0392	− 2.2999	HEALTH5	0.1711	4.7820
WORKAGE3	− 0.0199	− 0.7488	DIG	− 0.0114	− 0.2796
WORKAGE4	− 0.0086	− 0.1655	TRANSP OST	− 0.0173	− 0.5320
SKILL3	0.3896	16.4552	SERVICE	0.0829	4.5164
SKILL4	0.3582	14.4073	FIN	0.0975	1.0782
SKILL5	0.3491	8.7938	TECHADM	0.0409	0.4908
LEVEL2	0.3134	16.0585	TRAIN	0.0130	0.6746
R^2	0.342425		样本数	3316	

表 10 – 42　帮助程度与工资

帮助程度	小时工资(元)	样本数(个)
完全没有帮助	20.46	67
帮助比较小	14.51	37
一般	15.37	137
有些帮助	16.20	264
帮助很大	14.66	148

　　就此我们对政府组织的针对农民工培训的效果提出如下解读：政府所组织的职业培训确实使大多数农民工感到有所帮助，但对提高农民工工资的作用并不显著。农民工感觉政府所组织的培训有帮助很可能主要是来自引导性培训。

四　政府针对农民工培训存在问题的文献回顾

　　关于政府针对农民工培训存在的问题，已有大量的调查及研究。以下介绍文献中披露的几个有代表性问题。

　　一是地方"挂名培训"，没有认真进行培训工作。2012 年，国务院农民工办的调查显示，参加职业培训的农民工中，38.44%的培训时间为半个月以下，22.44%的培训时间为半个月至一个月，15.56%的培训时间为1~3个月。部分农民工职业培训短期化、形式化，不能适应农民工对职业培训更高水平的要求。一些培训机构为降低成本而缩短培训时间，从而导致对农民工培训的质量受到影响（国务院农民工办课题组，2012）。

二是培训内容过于理论化或书面化。孙慧（2012）发现，许多培训机构在对农民工进行培训时，并不考虑农民工的文化基础和接受能力，不管农民工能否听懂，片面采取填鸭式教学方法，注重系统理论讲解，缺少实际操作演练，使农民工在理解上存在障碍又不能及时消除，影响培训的质量。冯俭（2008）发现，出版单位虽然发行大量图书教材，但农民工受文化水平所限，难以使用。

三是资金问题。一方面，国家虽投入大量资金，但对于农民工培训这一庞大工程来说，仍然存在资金缺乏问题。政府无法为农民工提供免费职业培训，而农民工自身虽有一定培训补贴，但仍不愿为接受培训交付学费。另一方面，由于监管不力，国家投入的资金并非完全都到了农民工或者说是真正需要的农民工手中，其中不乏以权谋私的现象。

2009年3月24日，新华网披露了这样一则新闻：带上身份证登记报名参加培训，不用交一分钱，无须上一天课，还能领回洗脸盆、洗衣粉。这是贵阳市农民工培训工作中一度出现的怪现象。贵阳市反贪局局长谭虎说，2008年以来在全省范围内开展了一次声势浩大的查处社保系统贿赂案件专项行动，至今已立案查处该系统案件150余件、涉案170余人，涉案人员中既有基层劳动就业部门的办事人员，也有像贵州省劳动和社会保障厅原副厅长杨锦福这样的高官。他们在农民工技能就业培训中，通过批准学校成立、获取定点资格、增加培训指标等方式，多次收受他人贿赂共计87万元。而存在这种现象恐怕远远不止贵阳市。

除以上问题之外，大多培训机构师资条件和设施设备不足，培训内容与市场严重脱节，农民工职业培训责任不明确等也是中国农民工职业培训中存在的主要问题。

五　对政府关于农民工职业培训的建议

关于政府针对农民工职业培训的改进，结合以往学者的研究以及基于我们的调查所做的研究，我们提出以下两点建议。

一是改变投入重点。政府为农民工培训投入了大量的人力物力，农民工也感觉政府针对农民工的职业培训有一定帮助，但没有证据显示，培训对提高农民工工资有显著影响。农民工的打工技能大多通过师徒传承的模式所获得，大多打工技能不易通过课堂教学的模式加以有效传授，尤其在针对农民工大规模培训的条件下。农民工的受教育程度对其工资影响较大。因此我们建议，与其投入大量资金支持农民工技能培训，不如对农村孩子的基础教育加大投入，使其接受更加良好的基础教育。而对于一些主要通过师徒传承的打工技能，政府应从这类培训中退出，加大对农民工引导性培训的投入。

二是加强对农民工职业培训的监管力度，推行"证书制"。由于监管不当，使许多地方出现"挂名培训"、"应付检查"和"贪污培训资金"等现象，由此大大降低了农民工职业培训成效以及农民工参训的积极性。因此要加强对农民工职业培训的监管力度，使"考教分离"，由权威部门对培训结果进行考核，根据考核结果，再由政府向培训机构发放相应资金，及根据个人考试成绩向农民工发放相应证书。如此，不仅加强了对培训效果、培训资金的监管，也调动了农民工参训的积极性。

第五节　农民工城镇社会保障调查

社会保障制度是国家根据一定的法律、法规，以社会保障基金为依托，为社会成员的基本生活权利提供保障的一种制度。在现代社会，一个人能否享受到以及享受到何等程度的社会保障，关系到其应付各种风险的能力，能否安居乐业。农民工进城就业后的社会保障问题一直很突出。如果农民工不能依法享受到应有的社会保障，首先是其基本权利受到侵害，其次如果遇到风险则难以应对，最后缺少社会保障的农民工会成为社会不安定的因素。因此，要重视农民工的社会保障问题。2014 年问卷调查涉及农民工和城镇居民的社会保障。本节基于 2014 年问卷数据了解农民工的社会保障现状并与城镇居民进行对比，分析导致农民工所享受社会保障程度的个人因素，分析农民工所享受的社会保障普遍较低的社会因素。

一 农民工社会保障现状：基于 2014 年问卷数据

表 10 - 43 报告了农民工和城镇居民所享受的社会保障。农民工参保率最高的是新农合，但这一保险的保障程度比较低，且往往要求农民工在其户籍所在地使用这一保险，因此对农民工保障作用有限。对农民工在城镇就业生活比较具有保障作用的，如养老保险、失业保险、医疗保险、住房公积金等，参保率均远低于城镇居民。失业保险对就业不稳定的农民工很重要；农民工的参保率仅为7.08%，而城镇居民为34.09%。

表 10 - 43　农民工和城镇居民社会保障现状

社会保障	农民工		城镇居民	
	所占百分比（%）	样本数量（个）	所占百分比（%）	样本数量（个）
养老保险	20.77	689	56.92	4186
失业保险	7.08	235	34.09	2507
医疗保险	31.86	1057	66.66	4902
住房公积金	4.91	163	36.97	2719
其他福利	5.18	172	19.74	1452
新农合	51.75	1717	/	/
无福利保险	19.74	655	18.44	1356

造成农民工低社会保障水平的原因可以分为两类：社会的和个人的。下面就影响农民工社会保障水平的个人因素与社会因素进行分析。

二 农民工社会保障水平的个人因素分析

由于新农合对在城镇就业的农民工保障作用较小且农民工获得新农合往往带有农村政府强制的性质，故我们在讨论农民工社会保障现状时，不考虑新农合。我们侧重分析农民工通过在城镇劳动市场所获得的社会保障，包括养老保险、失业保险、医疗保险、住房公积金以及其他福利保险。由于保险类别多，为了综合反映农民工的社会保障水平，我们构造了农民工社会保障综合指数，方法是按参与社会保障项目记数，如参与两项则社会保障综合指数为 2，依此类推。下面具体分析哪些个人因素会影响农民工社会保障综合指数。

1. 性别

与男性相比，女性身体相对较弱，且女性涉及生育，对健康保险比男性有更高的要求。2014 年问卷数据显示，女性医疗保险的参保率为 37.26%，而男性为 30.49%，女性明显高于男性。主要由于这一原因，女性的社会保障综合指数明显高于男性，如表 10－44 所示。

表 10－44　性别与农民工社会保障

性别	综合指数	样本数量(个)
男性	0.68	2637
女性	0.76	679

2. 政治身份

在中国中共党员经过相对严格的选拔，通常吸收了较为优秀的民众。中共党员农民工在城镇劳动市场也可能因此有比其他政治身份的农民工有更好的表现，从而可获得更多的社会保障。表 10－45 显示，中共党员农民工的社会保障综合指数明显高于非中共党员农民工。

表 10－45　政治身份与农民工社会保障

政治身份	综合指数	样本个数(个)
群　众	0.67	2566
民主党派	0.76	21
团　员	0.78	547
中共党员	0.83	182

3. 民族

在中国汉族是主流民族，在劳动市场比少数民族获得更多的就业机会和更高的工资收入，从而获得更多的社会保障。表 10-46 显示，汉族农民工的社会保障综合指数要高于少数民族。

表 10-46 民族与农民工社会保障

民　　族	综合指数	样本个数(个)
汉　　族	0.70	3153
少数民族	0.64	163

4. 受教育程度

受教育程度越高，所工作的行业和企业的就业环境就相对较好，能获得的社会保障也就越多。此外，受教育程度越高的农民工保险意识也较强，他们或会向雇主主动争取获得更多的社会保障，或通过选择行业或雇主获得更多的社会保障。表 10-47 显示，随着农民工受教育程度的提高，其社会保障综合指数呈上升的基本趋势。

表 10-47 受教育程度与农民工社会保障

受教育程度	综合指数	样本个数(个)
未受学校教育	0.69	156
小学	0.65	315
初中	0.60	1809
高中	0.81	700
中专	1.03	336

5. 打工技能

农民工在城镇的打工技能直接影响到农民工作为个体在劳动市场的谈判能力。有较高打工技能的农民工因其稀缺，会主动争取更多的保险项目，而雇主为留住打工技能高的农民工也会主动提供更完善的保险。这样，打工技能高的农民工可获得更多的保险项目。表 10-48 显示，随着打工技能的提高，农民工社会保障综合指数呈明显上升趋势。

表 10 - 48　打工技能与农民工社会保障

打工技能	综合指数	样本个数(个)
很　　低	0.63	213
较　　低	0.52	244
一　　般	0.60	1470
一定技能	0.83	1202
很高技能	0.92	187

6. 工资

工资水平综合反映农民工在劳动市场的表现。高工资的农民工代表在劳动市场的稀缺，有更高的谈判能力，因而应可得到更多的社会保障。但表 10 - 49 并没有显示随着农民工工资水平的提高而获得更多的社会保障，特别是考虑样本量较大的群体。相反，随着工资水平的提高，农民工社会保障综合指数稍呈下降趋势，特别是最高收入这一组。这是一个值得研究的问题。我们认为，中国目前的社会保障对中低收入人群意义比较大，但对高收入人群，意义较小，主要因为：一是中国社会保障标准低，不适合高收入群体；二是多缴纳金额和将来所能领取的福利不成比例。拿养老保险来说，多缴养老保险在退休后可多获得养老金，但增加的幅度较小。

表 10 - 49　工资水平与农民工社会保障

工资(元/月)	综合指数	样本个数(个)
[1000,2000)	0.71	420
[2000,5000)	0.71	2455
[5000,8000)	0.63	359
[8000,11000)	0.81	62
[11000,100000)	0.40	20

7. 工作层次

农民工的工作层次越高，就意味着在劳动市场越稀缺。一方面，在高工作层次的农民工会主动争取更多的保险项目；另一方面，其雇主为留住高层次人才也会主动提供更完善的保险。二者结合，工作层次高的农民工可获得更多的保险项目。表 10 - 50 显示，中层管理者的社会保障综合指数最高，操作层其次，而高层管理者最低，这是一个需要进一步研究的问题。关于在高层管理就业的农民工所享受到的社会保障明显最低，一个可能的解释就是前文已做出说明的，一般社会保障不太适合高工作层次、高收入人群。

表 10 - 50　工作层次与农民工社会保障

工作层次	综合指数	样本个数(个)
操 作 层	0.62	2411
中层管理	0.99	714
高层管理	0.59	191

8. 打工区域

不同区域的劳动市场的供需状况不同，地方政府对维护农民工合法利益的努力不同，维护农民工利益的工会所能发挥的影响力也不同，因而农民工的谈判地位也不同。表 10 - 51 显示，东部、东北地区的农民工享受更多的社会保障，而中部和西部依次递减。我们认为，这和东部、东北地区市场化程度比较高，对农民工保障的法制建设比较完善有一定的关系。

表 10 - 51　打工区域与农民工社会保障

打工区域	综合指数	样本个数(个)
西部	0.57	477
中部	0.68	1069
东部	0.73	1522
东北	0.83	248

9. 所在行业

不同行业的劳动市场状况有明显差异，表现为供求关系不同，保障制度的落实情况不同，就业人员的普遍素质不同，所有制结构不同等。这些差异会导致在不同行业就业的农民工享受到不同的社会保障水平。表 10 - 52 显示，在金融保险、科教文卫、政府行政管理行业，农民工的社会保障情况最好。在公共设施、采掘、零售、制造以及其他服务业中，农民工的社会保障水平次之。在交通运输、邮电通信、餐饮、建筑等行业，社会保障程度最低。

表 10 - 52　行业与农民工社会保障

所在行业	综合指数	样本个数(个)
建筑	0.51	1437
餐饮	0.65	210
邮电通信	0.67	36
交通运输	0.77	161
制造	0.82	676
其他服务业	0.84	369
零售	0.90	124
采掘	1.02	121
公共设施	1.14	78
政府行政管理	1.38	8
科教文卫	2.05	20
金融保险	2.08	24

根据以上对农民工社会保障综合指数的个人因素分析可以做如下归纳：如果某个因素使得农民工在劳动市场处于相对稀缺地位，比如较高的受教育程度，较高的打工技能等，农民工的社会保障综合指数就会高。我们认为，这时一方面农民工会有更好的谈判筹码为自己争取更多的社会保障，而另一方面，雇主为留住相对稀缺的人才，主动提高其社会保障水平，二者结合使得在劳动市场处于相对稀缺地位的农民工获得更多的社会保障。但以上分析主要适用于中低工作层次和中低收入水平的农民工。对高层次和高收入的农民工来说，他们并不太在意目前水平较低的社会保障，因为他们的收入可使他们享受到明显要高的个人保障，他们也可能通过商业保险来分担自己的各种风险。

三　农民工低社会保障水平的社会因素分析

与同在城镇劳动市场的城镇居民相比，农民工的社会保障，无论是绝对水平还是相对水平，都比较低。我们认为以下原因可能导致这种状况。

一是在城镇农民工劳动市场，总体来说，农民工供给相对富裕，尤其对大多数缺少文化教育和打工技能的农民工来说。这使得这些农民工在劳动市场的谈判地位比较低。有的为了争取到并保住就业机会，根本就不主动争取社会保障。

二是农民工集中就业的行业往往竞争比较激烈。为了降低成本，雇主往往会在降低农民工社会保障上打主意，主动选择不为农民工缴纳各种社会保险，或拒绝农民工提出的提高社会保障水平的要求。当然，这和雇主认识到，如此而为，并不会给自己带来太多的麻烦有关。

三是农民工工作的流动性比较大，往往会从一个城市转移到另一个城市。但中国保险制度的一大缺陷是，社会保险的流转困难，尤其对最终回到农村的农民工来说。这样即便有的企业为农民工购买了某些保险，如养老保险，农民工不少会主动选择退保。退保对农民工是有损失的，为了避免这种损失，农民工和雇主就可能合作来避免这种损失，方法就是雇主不替农民工缴纳某些保险，但给农民工稍高的工资，这样双方的利益都得到增加。

四是农民工在城镇的政治地位远低于城镇居民。因为城乡分隔的户籍制度，农民工绝大多数不能成为普通的城镇市民，他们没有选举权和被选举权，在政治上常常为城镇政府所忽视，这也会导致农民工在不能依法享受到应有的社会保障时，很难通过政治和法律的途径为自己争取利益。

从根本上来说，农民工的社会保障水平低，一方面和整个国家的经济发展水平低有关，其实城镇居民的社会保障水平也不高，但另一方面，和农民工作为经济上政治上双重弱势群体的地位有着直接的关系。只要农民工这种双重弱势地位不改变，农民工的社会保障问题就很难得到理想的解决。

第六节　农民工留城选择研究

改革开放以来，中国城镇化得到快速发展，但城镇化质量一直是一个问题，除了农民工市民化推进缓慢外，不少农民工到了一定年龄选择返乡，是为逆城镇化。影响农民工留城既有制度政策的因素，也受着农民工个体因素的影响。本节侧重讨论影响农民工是否选择最终留在城镇的个人因素。

一　农民工留城选择的因素分析

为了研究农民工留城选择，2014年问卷询问农民工：您对未来有何打算？备选答案有：一直留在城镇，能留城镇就留，到一定年纪回乡。我们将"一直留在城镇"和"能留城镇就留"视为农民工愿意留城，赋值1。将"到一定年纪回乡"视为农民工不愿意留城，赋值0。下面分析影响农民工留城选择的个人因素。

1. 性别

相对女性，男性承担着更大的家庭经济责任，而城镇工作能为农民提供更好的工作机会从而挣得更高的收入，因此更愿意留在城镇。表10－53显示，男性农民工比女性有更强的留城意愿。用 *MALE* 代表男性，以女性为比较基础。

表10－53　性别与留城意愿

性别	愿意留城比重	样本数(个)
男	0.431	2636
女	0.408	679

2. 年龄

年纪较轻的农民工通常受到更高的教育，更向往城镇生活，有更高的在城镇打工技能，因此更适合留在城镇就业。表10－54支持了以上判断，随着年龄的增加，留城意愿明显降低。

表10－54　年龄与留城意愿

年龄	愿意留城比重	打工技能指数	种田技能指数	样本数(个)
≤24	0.558	3.31	2.79	532
25~34	0.476	3.32	2.89	859
35~44	0.388	3.27	2.99	936
45~54	0.338	3.25	3.01	770
55~64	0.373	3.10	3.12	185
≥65	0.500	3.03	2.91	34

3. 婚姻状况

已婚者承担更重的家庭经济责任，而在城镇就业可获得更高收入。但与未婚者相比，已婚者年龄相对较大，回乡的意愿可能更强。此外，根据2014年问卷数据，样本中80%为男性，这就意味着很多农民工和家庭分离，这必然使已婚农民工产生更强的回乡意愿。表10－55显示，未婚农民工显然比已婚和离异农民工有更强的留城意愿。用 MARRIED 代表"已婚"，回归分析时以"离异"、"丧偶"和"未婚"为比较基础。

表10－55　婚姻状况与留城意愿

婚姻状况	愿意留城比重	年龄	样本数(个)
已婚	0.396	40.53	2575
离异	0.542	38.90	96
丧偶	0.355	46.74	31
未婚	0.542	25.08	614

4. 受教育程度

教育程度越高的农民工，其城镇打工技能也越高，因而在城镇可获得更多的就业机会且工资水平更高。这些因素都使得受教育程度高的农民工更愿意留在城镇。表10－56显示，随着受教育程度的提高，农民工愿意留城比重呈上升的基本趋势。用 EDU 代表受教育程度，以受教育年数衡量。

表10－56　受教育程度与留城意愿

受教育程度	愿意留城比重	打工技能指数	样本数(个)
未受正规教育	0.397	3.08	156
小学	0.314	3.05	315
初中	0.409	3.20	1809
高中	0.454	3.44	700
中专	0.586	3.61	336

5. 打工技能

打工技能高的农民工在城镇就业机会多，收入水平高，更适合在城镇就业，因而更愿意留在城镇发展。表 10 - 57 显示，就样本较大的打工技能"一般"和"较高"来说，随着从"一般"到"较高"，农民工留城意愿明显增强。用 *SKILL* 代表打工技能，回归分析时，以打工技能"很低"、"较低"和"一般"为比较基础以保证作为比较基础的变量有足够的样本。

表 10 - 57　打工技能与留城意愿

打工技能	变量名称	愿意留城比重	样本数(个)
很低	*SKILL*1	0.408	213
较低	*SKILL*2	0.418	244
一般	*SKILL*3	0.395	1470
较高	*SKILL*4	0.458	1202
很高	*SKILL*5	0.503	187

6. 工资水平

农民工工资水平高已证明其适合城镇就业环境，更可以承受城镇高生活成本，这些因素应使得收入较高的农民工更愿意留城。但表 10 - 58 并没有显示工资收入与农民工留城意愿有趋势性的关系。

表 10 - 58　工资与留城意愿

工资收入(元)	愿意留城比重	样本数(个)
[1000,2000]	0.429	770
(2000,3000]	0.427	1132
(3000,4000]	0.413	664
(4000,5000]	0.430	400
(5000,20000]	0.444	351

7. 工作层次

在高工作层次就业的农民工已经证明其适合城镇工作环境，通常有更高的受教育程度和更高的收入，因而会有更强的留城意愿。表 10 - 59 显示，在管理层就业的农民工留城意愿要强于在操作层就业的农民工。用 *MGMT* 代表在管理层就业，回归分析时以操作层为比较基础。

表 10 - 59 工作层次与留城意愿

工作层次	愿意留城比重	样本数（个）
操作层	0.414	2411
管理层	0.462	905

8. 就业歧视

在中国，农民工受到就业歧视是一个普遍的现象。受到就业歧视严重的农民工留城意愿肯定较弱。表 10 - 60 显示，随着农民工感受到的就业歧视增强，则其留城意愿明显降低。回归分析时，以受到就业歧视"有一些"和"感受强烈"为比较基础。

表 10 - 60 歧视与留城意愿

对就业歧视感受	变量名称	愿意留城比重	样本数（个）
没 有	DISFARM1	0.466	1119
不 明 显	DISFARM2	0.459	752
有 点	DISFARM3	0.395	838
有 一 些	DISFARM4	0.357	434
感受强烈	DISFARM5	0.364	173

9. 工作满意度

农民工对工作满意当然留城的意愿就会相应增加。表 10 - 61 显示，随着工作满意度的提高，农民工留城意愿有增强的基本趋势。回归分析时，以对工作"很不满意"和"不太满意"为比较基础。

表 10 - 61 工作满意度与留城意愿

工作满意度	变量名称	愿意留城比重	样本数（个）
很不满意	SATIS1	0.335	164
不太满意	SATIS2	0.392	604
一 般	SATIS3	0.438	1413
满 意	SATIS4	0.450	929
很 满意	SATIS5	0.417	206

10. 能否融入城镇

能融入城镇生活的农民工当然也更愿意留在城镇就业生活。融入城镇程度高也意味着已积累了较多的社会资本，一旦离开就意味着社会资本的损失。表 10 - 62 显示，随着农民工融入城镇程度的增加，其留城意愿明显增强。回归分析时，以融入城镇"几乎不可能"和"比较难"为比较基础。

表 10 - 62 能否融入城市与留城意愿

融入城镇程度	变量名称	愿意留城比重	样本数(个)
几乎不可能	MERGE1	0.256	164
比较难	MERGE2	0.326	604
一 般	MERGE3	0.394	1413
能 够	MERGE4	0.539	978
完全能够	MERGE5	0.555	310

11. 健康状况

农民工的健康状况关系到农民工在城镇的就业机会、工资水平和个人发展机会。此外，本章上一节报告了农民工在城镇就业大多缺少医疗保险，新型农村合作医疗并不太适合在城镇就业的农民工。这样，健康状况不好的农民工留城意愿就会比较低。表 10 - 63 显示，随着农民工健康状况的改善，其留城意愿呈现增强趋势。回归分析时，以健康状况"很差"和"较差"为比较基础。

表 10 - 63 健康状况与留城意愿

健康状况	变量名称	愿意留城比重	样本数(个)
很差	HEALTH1	0.387	31
较差	HEALTH2	0.349	146
一般	HEALTH3	0.400	829
较好	HEALTH4	0.445	1206
很好	HEALTH5	0.438	1104

12. 对未来的信心

农民工在选择未来是否留城与其对未来的信心有关。农民工对未来信心强，有助于农民工选择留在城镇。表 10 - 64 显示，随着农民工对未来信心的增强，其留城意愿就不断增强。回归分析时，以对未来"很悲观"和"比较悲观"为比较基础。

表 10 – 64　对未来的信心与留城意愿

对未来信心	变量名称	愿意留城比重	样本数(个)
很 悲 观	CONFIDENIND1	0.390	118
比较悲观	CONFIDENIND2	0.333	210
一 般	CONFIDENIND3	0.443	880
有 一 些	CONFIDENIND4	0.399	908
充 满	CONFIDENIND5	0.456	1199

13. 区域

不同的地区劳动市场状况有所差异，会有不同的就业机会和工资水平，影响农民工的留城意愿。表 10 – 65 显示，东北和中部地区农民工留城意愿最高，西部地区农民工留城意愿最低。回归分析时，以"西部"为比较基础。

表 10 – 65　地区与留城意愿

地区	变量名称	愿意留城比重	样本量(个)
中部	MIDPART	0.447	1069
西部	WEST	0.384	477
东部	EAST	0.422	1522
东北	NORTHEAST	0.448	248

二　留城意愿回归方程

用 $STAY$ 代表农民工有留城意愿。根据以上分析，我们提出以下农民工留城意愿回归方程：

$$STAY = \alpha_0 + \alpha_1 MALE + \alpha_2 AGE + \alpha_3 MARRIED + \alpha_4 EDU + \alpha_5 SKILL4 +$$
$$\alpha_6 SKILL5 + \alpha_7 INCMONTH + \alpha_8 MGMT +$$
$$\alpha_9 DISFARM1 + \alpha_{10} DISFARM2 + \alpha_{11} DISFARM3 + \alpha_{12} SATIS3 +$$
$$\alpha_{13} SATIS4 + \alpha_{14} SATIS5 + \alpha_{15} MERGE3 + \alpha_{16} MERGE4 +$$
$$\alpha_{17} MERGE5 + \alpha_{18} HEALTH3 + \alpha_{19} HEALTH4 + \alpha_{20} HEALTH5 +$$
$$\alpha_{21} CONFIDENIND3 + \alpha_{22} CONFIDENIND4 +$$
$$\alpha_{23} CONFIDENIND5 + \alpha_{24} MIDPART + \alpha_{25} EAST + \alpha_{26} NORTHEAST$$

由于留城意愿（*STAY*）只有"留城"和"不愿意留城"两个选择，即 0 – 1 变量，也就是虚拟因变量（Dummy-dependent Variable），因此我们采用单位概率模型（Probit Model）。表 10 – 66 报告了回归结果，显示大多变量符号与理论预期一致，大多数变量达到 95% 以上的显著水平。

表 10 – 66　农民工留城回归方程结果

变量	系数	p – 值
C	– 0. 2439	0. 2071
MALE	0. 1457	0. 0108
AGE	– 0. 0119	0. 0000
MARRIED	– 0. 1967	0. 0012
EDU	0. 0265	0. 0018
SKILL4	0. 0521	0. 2938
SKILL5	0. 1478	0. 1534
INCMONTH	– 2. 15E – 05	0. 1629
MGMT	– 0. 0431	0. 4755
DISFARM1	0. 1443	0. 0465
DISFARM2	0. 1246	0. 0924
DISFARM3	0. 0113	0. 8727
SATIS3	– 0. 0064	0. 9174
SATIS4	– 0. 0521	0. 4625
SATIS5	– 0. 2533	0. 0240
MERGE3	0. 1987	0. 0010
MERGE4	0. 5513	0. 0000
MERGE5	0. 5848	0. 0000
HEALTH3	0. 1108	0. 3113
HEALTH4	0. 1198	0. 2635
HEALTH5	0. 0487	0. 6529
CONFIDENIND3	0. 1364	0. 1145
CONFIDENIND4	– 0. 0331	0. 7052
CONFIDENIND5	0. 0586	0. 4981
MIDPART	– 0. 1115	0. 1169
EAST	– 0. 0992	0. 1432
NORTHEAST	– 0. 2363	0. 0205
Prob(LR statistic)	0. 0000	
样本数(个)	3316	

根据以上讨论及回归结果我们获得以下结论：男性、年轻的农民工更愿意留城，已婚农民工比非在婚农民工的留城意愿弱，教育程度

越高的农民工留城意愿越强，在管理层就业的农民工比在操作层就业的农民工更愿意留在城镇，受到就业歧视轻以及更能融入城镇的农民工更愿意留在城镇就业生活。对工作满意度最高的农民工也表现出明显的留城意愿。打工技能对农民工留城意愿有接近显著的影响。但没有发现收入、健康状况对农民工留城意愿有显著影响。

第七节　农民工对未来的信心研究

决定一个人幸福感的重要因素是对未来的信心。如果一个人对未来充满信心，则即便当下面临一定困难，也能获得较高的幸福感。相反，如果一个人对未来失去信心，则当下幸福感也不会太强，尤其对未来还有很长路要走的年轻人来说，而农民工就是一个由年轻人为主体的群体。如果一个群体对未来充满信心，则这个群体会成为这个社会中稳定且有建设性的一股力量。相反，如果一个群体对未来失去信心，则这个群体会更多地表现出缺少建设性，甚至具有破坏性。因此，要研究农民工对未来的信心，研究哪些因素会显著影响农民工对未来的信心，找出这些因素，以便进行必要的社会改革，从而进一步提升农民工对未来的信心。

调查问卷受访者对未来的信心，备选答案有："充满信心"、"有一些信心"、"一般"、"比较悲观"和"很悲观"。我们对未来信心指数化，对五个选项依次赋值5、4、3、2、1，其中5代表"充满信心"，1代表"很悲观"。

表10-67报告了农民工对未来信心指数的分布，对未来充满信心和有一些信心的占约64%，而比较悲观和很悲观的仅占到约8%，整体来看大多数农民工对未来还是比较有信心的。

表10-67　农民工对未来的信心

对未来信心	所占百分比（%）	样本数（个）
充满信心	36.84	1200
有一些信心	27.88	908
一般	27.02	880
比较悲观	6.45	210
很悲观	1.81	59

以下对可能影响农民工对未来信心的因素加以分析。

1. 婚姻状况

在婚状态的夫妻可提供相互保障。在未来如果一方发生问题，如经济或健康上的，则另一方会提供相应的支持，这有助于提升在婚状态的农民工对未来的安全感，进而提升其对未来的信心。表10-68显示，除去小样本的丧偶人群，已婚的农民工信心指数最高，未婚次之，离异最低。用 MARRIED 代表已婚，以"离异"和"未婚"为比较基础。

表10-68 婚姻状况与对未来信心指数

婚姻状况	信心指数	样本数(个)
未婚	3.87	614
丧偶	4.03	31
离异	3.75	96
已婚	3.93	2576

2. 年龄

老年群体所承担的社会责任越来越少，而生活条件一般优于中青年时期，且通常有良好的社会保障。年龄较大心态平和因而对未来的企求也相对较低。随着年龄的增长，对未来的不确定性将减少。这些因素有助于年长者对未来更有信心。但随着年龄增加，各种和老年人相关的问题也日趋临近，如养老、健康等。这些负面因素会在一定程度上影响年长者对未来的信心。表10-69显示，随着年龄的增加，信心指数大致呈上升趋势，但幅度不明显。用 AGE 代表年龄。

表10-69 年龄与对未来信心指数

年龄	信心指数	样本数(个)
≤20	3.89	125
21~30	3.88	993
31~40	3.93	737
41~50	3.94	1034
51~60	3.95	337
≥61	3.91	94

3. 受教育程度

受教育程度高的人，收入较高，相对得到更好的发展机会以及社会更高的认同，因此对未来更有信心。表 10 - 70 显示，随着受教育程度的提高，信心指数基本呈递增趋势。用 EDU 代表受教育程度，用受教育年数衡量。

表 10 - 70 受教育程度与对未来信心指数

受教育程度	信心指数	样本数(个)
未受正规教育	3.86	155
小学	3.77	315
初中	3.88	1809
高中或中专	4.02	1036

4. 打工技能

农民工拥有较高的打工技能意味着更高的收入、更稳定的就业以及更多的社会认可，因而对未来更有信心。表 10 - 71 显示，农民工的信心指数随着打工技能的提高呈大致上升趋势。回归分析时，以打工技能"很低"和"较低"为比较基础。

表 10 - 71 打工技能与对未来信心指数

打工技能	变量名称	信心指数	样本数(个)
很低	SKILL1	3.74	208
较低	SKILL2	3.60	237
一般	SKILL3	3.87	1444
一定	SKILL4	4.03	1185
很高	SKILL5	4.12	188

5. 政治身份

以往的研究显示，一般民众因为政治身份的差异而在劳动市场会表现出差异（樊明、喻一文等，2013）。一般来说，中共党员因其选拔机制以及成为中共党员后获得更多的发展机会而比其他政治身份的群体有更好的劳动市场表现。但农民工的情况有一些特殊：一般来说，农民工入党大多在成为农民工之前。当时所表现出的优点或有助于其入党的社会资本在城镇劳动市场并不一定能得到充分的展现。此外，农民工就业的场所大多不关注农民工的政治身份，因而农民工也难以因其中共党员身份获得更多的个人发展机会。以上这些因素将弱化政治身份对农民工劳动市场表现的影响，进而弱化具有政治优势的中共党员农民工对未来的信心。表 10 – 72 支持了以上的分析，除去小样本的民主党派，其他政治身份的农民工对未来信心大致相同。用 CPC 代表党员，以团员、群众为比较基础。

表 10 – 72　政治身份与对未来信心指数

政治身份	信心指数	样本数(个)
党　　员	3.80	182
团　　员	3.85	547
民主党派	4.38	21
群　　众	3.84	2566

6. 民族

在以汉族为主流的中国社会，汉族相对于少数民族会获得更多的发展机会，在劳动市场也相对受到较少的歧视。而且，从受教育程度上来看，汉族农民工平均受教育程度大于少数民族农民工，而在现在社会受到较高的教育意味着得到更多的发展机会和更高的收入水平。这两个因素都使得汉族农民工比少数民族农民工对未来更有信心。表 10 – 73 支持了以上判断。用 HAN 代表汉族，以少数民族为比较基础。

表 10 – 73　民族与对未来信心指数

民　　族	信心指数	受教育年数(年)	样本数(个)
汉　　族	3.92	9.27	3152
少数民族	3.74	8.36	163

7. 健康状况

好的健康状况对农民工来说尤为重要。一是农民工现在大多从事体力劳动，较好的健康状况对农民工获得就业机会以及收入具有重要影响。二是农民工在城镇缺少良好的社会保障，尤其是医疗保障。因此，健康状况会直接影响农民工对未来的信心。表 10 - 74 显示，随着健康状况的改善，信心指数呈明显上升趋势。回归分析时，以健康状况"很差"和"比较差"为比较基础。

表 10 - 74　健康状况与对未来信心指数

健康状况	变量名称	信心指数	样本数(个)
很　差	HEALTH1	4.12	31
比较差	HEALTH2	3.54	146
一　般	HEALTN3	3.61	830
健　康	HEALTH4	3.96	1207
很健康	HEALTH5	4.14	1104

8. 月收入

收入越高，人们拥有的财富越多，有更多的需求能得到满足，对未来可能面对的各种风险有更好的保障，因而对未来有更强的信心。但表 10 - 75 并没有支持以上的判断，月收入与信心指数并无明显趋势性的关系，这是一个需要进一步研究的问题。用 INCMONTH 代表月收入。

表 10 - 75　收入与对未来信心指数

月收入	信心指数	样本数(个)
[0,2000)	3.95	420
[2000,3000)	3.88	1166
[3000,4000)	3.94	810
[4000,5000)	3.90	482
≥5000	3.96	441

9. 是否感觉受到歧视

农民工在劳动市场受歧视的程度直接关系到其在劳动市场的表现以及未来个人的发展机会（樊明、喻一文等，2013）。受到严重歧视的农民工就业机会受到限制，特别是好的就业机会，工资受到影响，获得提拔的机会也相应减少。由此，农民工对于未来的信心必然减弱。表 10 - 76 显示，农民工对未来的信心指数随受歧视程度的增加而明显降低。回归分析时，以受歧视程度"有一些"和"感受强烈"为比较基础。

表 10 - 76　是否感觉受到歧视与对未来信心指数

是否感觉受到歧视	变量名称	信心指数	样本数(个)
没　　有	DISFARM1	4.16	1119
不　明　显	DISFARM2	3.89	752
有　　点	DISFARM3	3.79	838
有　一　些	DISFARM4	3.71	434
感受强烈	DISFARM5	3.48	173

10. 对工作的满意度

农民工对自身工作越满意，感觉越幸福，对生活也就越有希望和信心。表 10 - 77 显示，农民工对未来信心指数随对工作满意度的增加而明显增加。回归分析时，以满意程度"很不满意"和"不太满意"为比较基础。

表 10 - 77　对工作的满意度与对未来信心指数

对工作的满意度	变量名称	信心指数	样本数(个)
很不满意	SATIS1	3.62	164
不太满意	SATIS2	3.52	604
一　　般	SATIS3	3.87	1414
满　　意	SATIS4	4.18	930
很　满　意	SATIS5	4.36	206

11. 是否能够融入城市生活

农民工是否能融入城市生活关系到农民工对城市的认同以及安全感。如果农民工不能很好地融入所在的城市，就缺少对所在城市的认同，也很难在这个城市建立良好的社交圈从而获得来自朋友的友情和支持，进而影响其对未来的信心。表 10 - 78 显示，农民工对未来信心指数随融入程度的升高呈明显上升趋势。回归分析时，以融入城市生活程度"完全不能"和"不能"为比较基础。

表 10 -78　是否融入城市生活与对未来信心指数

是否能够融入 城市生活	变量名称	信心指数	样本数(个)
完全不能	*INTEGRAT*1	3.57	245
不　能	*INTEGRAT*2	3.69	674
一　般	*INTEGRAT*3	3.80	1110
能　够	*INTEGRAT*4	4.16	976
完全能够	*INTEGRAT*5	4.28	310

12. 行业

不同行业的劳动强度、工作时间、工资、社会地位等都存在差异，这些因素均会影响农民工对未来的信心。表 10 -79 报告了不同行业的农民工对未来的信心指数。大致可看出，所在行业为建筑、交通运输、制造的农民工对未来的信心较低，而在科教文卫、金融保险、政府部门就业的农民工对未来的信心较高。回归分析时，以建筑、制造、采掘、交通运输、邮电通信为比较基础。

表 10 -79　行业与对未来信心指数

工作所在行业	变量名称	信心指数	样本数(个)
制造		3.92	676
建筑	*MANUFCONS*	3.87	1437
采掘		3.82	122
交通运输	*TRANSPOST*	3.83	161
邮电通信		3.89	36
餐饮		4.03	210
零售	*SERVICE*	4.12	124
其他服务业		4.00	369
公共设施		3.94	79
金融保险	*FIN*	4.24	24
科教文卫	*TECHADM*	4.44	20
政府部门		4.13	8

根据以上分析，建立以下农民工对未来信心指数的回归方程：

$$CONFIDENIND = \alpha_1 MARRIED + \alpha_2 AGE + \alpha_3 EDU + \alpha_4 SKILL3 +$$
$$\alpha_5 SKILL4 + \alpha_6 SKILL5 + \alpha_7 CPC + \alpha_8 HAN + \alpha_9 HEALTH3 +$$
$$\alpha_{10} HEALTH4 + \alpha_{11} HEALTH5 + \alpha_{12} INCMONTH +$$
$$\alpha_{13} DISFARM1 + \alpha_{14} DIFARM2 + \alpha_{15} DISFARM3 +$$
$$\alpha_{16} SATIS3 + \alpha_{17} SATIS4 + \alpha_{18} SATIS5 + \alpha_{19} INTEGRAT3 +$$
$$\alpha_{20} INTEGRAT4 + \alpha_{21} INTEGRAT5 + \alpha_{22} SERVICE +$$
$$\alpha_{23} FIN + \alpha_{24} TECHEDU$$

由于对未来信心是受访者的主观评价，从低到高构成 5 级，由此构成的信心指数是虚拟因变量（Dummy-dependent Variable）。我们采用排序概率模型（Ordered Probit Model）进行回归。表 10 – 80 报告了回归结果。

表 10 – 80　对未来信心指数方程回归结果

解释变量	系数	p – 值
MARRIED	0. 0935	0. 0739
AGE	0. 0031	0. 0959
EDU	0. 0022	0. 7513
SKILL3	0. 1714	0. 0048
SKILL4	0. 2377	0. 0002
SKILL5	0. 3317	0. 0017
CPC	0. 0211	0. 8054
HAN	0. 2098	0. 0169
HEALTH3	− 0. 0035	0. 9694
HEALTH4	0. 2385	0. 0081
HEALTH5	0. 4265	0. 0000
INCMONTH	− 1. 15E − 05	0. 3389
DISFARM1	0. 1949	0. 0016
DISFARM2	0. 0291	0. 6424
DISFARM3	0. 0497	0. 4011
SATIS3	0. 2407	0. 0000
SATIS4	0. 4530	0. 0000
SATIS5	0. 6097	0. 0000
INTEGRAT3	0. 0439	0. 3818
INTEGRAT4	0. 3539	0. 0000
INTEGRAT5	0. 4057	0. 0000
SERVICE	0. 0677	0. 1446
FIN	0. 1511	0. 5412
TECHEDU	0. 3499	0. 1315
Prob(LR statistic)	0. 0000	
样本数	3317	

表 10-80 显示，几乎所有变量的符号与理论预期一致，且达到 90% 以上的显著水平。根据前面的理论分析以及回归分析的结果，我们就个人因素对农民工对未来信心的影响获得以下结论：

和未婚与离异的相比，已婚的农民工对未来拥有更强的信心。汉族相对于少数民族的农民工对未来信心更强。受教育程度越高、打工技能越高的农民工对未来信心越强。农民工越容易融入城市生活、对自身工作越满意以及受到歧视程度越低其对未来信心越强。行业上，从事科教文卫、金融保险、政府部门等待遇较好、所需文化程度较高行业的农民工相对于从事建筑、交通运输、制造的农民工对未来更有信心。没有证据支持农民工的收入对其对未来信心有显著影响。

第八节　城镇居民对农民工接纳调查

"三化"协调发展的重要表现是农村剩余劳动力转移到城镇并完成市民化。中国农民工市民化一直是一个难题，首先表现在政策层面，如城乡分隔的户籍制度限制了农民工的市民化。但妨碍农民工市民化还有一隐性障碍：城镇居民对农民工是否接纳。即便中国完全消除了妨碍农民工市民化的制度障碍，但城镇居民普遍不接纳农民工，甚至歧视农民工，则农民工市民化就远未完成。目前对城镇居民接纳农民工缺少调查和研究，本节就此问题展开研究。

本节研究基于 2014 年问卷数据。为了调查城镇居民对农民工的接纳程度，我们选择了这样一个问题询问受访者：完全开放让农民进城并享受城镇居民相同待遇，您的态度？备选答案有："很赞成"、"比较赞成"、"中立"、"比较不能接受"和"完全不能接受"。我们把城镇居民对这个问题的回答用以衡量城镇居民对农民工的接纳程度，并将其指数化，分别对五个选项依次赋值 5、4、3、2、1。其中，5 代表"很赞成"，1 代表"完全不能接受"。调查共获得全国范围内 7349 份针对城镇居民的有效问卷。

表 10-81 报告了城镇居民接纳农民工指数分布。选择"很赞成"和"比较赞成"占较高的比例，为 64.83%；相反，选择"比较不能接受"和"完全不能接受"所占比例较低，仅为 4.47%。其

余的选择"中立"，占 30.71%。因此，大多数城镇居民对农民工表现出接纳的态度。

表 10 – 81　城镇居民对农民工接纳程度分布

接纳程度	所占百分比(%)	样本数(个)
完全不能接受	0.82	60
比较不能接受	3.65	268
中立	30.71	2257
比较赞成	31.46	2312
很赞成	33.37	2452

下面我们对可能影响城镇居民对农民工接纳程度的因素进行分析。

1. 性别

农民工样本中，男性占 79.52%。后面的分析显示，与农民工接触多的城镇居民更多地接纳农民工。农民工就业集中的行业不少以男性为主，如制造、建筑等。这样就使得男性城镇居民比女性有更多的机会在工作场所接触到农民工，并更具体认识到农民工对城市建设所做的贡献，由此更多地接纳农民工。表 10 – 82 显示，男性比女性更加接纳农民工。用 *MALE* 代表男性，以女性为比较基础。

表 10 – 82　性别与接纳指数

性别	接纳指数	样本数(个)
男性	3.98	4835
女性	3.84	2514

2. 年龄

吴漾发现，老一代农民工受教育程度低、素质差，给市民留下了不良印象。但是随着社会变迁和社会文明进步，农民工文化和素质不断提高。他们注重自身仪表和谈吐，对城市里新生事物具有强烈的学习能力。因此使得城镇居民更容易接纳新生代农民工。今天较年长的城镇居民接触农民工比较多的是老一代农民工，而现在年轻的城镇居民接触农民工比较多的是新生代农民工。这就有可能导致，今天较年长的城镇居民比较不容易接纳农民工，而年轻的城镇居民则相反。表 10 – 83 支持了以上分析，随着城镇居民年龄的增加，对农民工接纳程度不断降低。用 *AGE* 代表年龄。

表 10 – 83　年龄与接纳指数

年龄	接纳指数	样本数(个)
≤20	3.92	179
21～30	3.97	3515
31～40	3.95	1656
41～50	3.88	1436
51～60	3.75	466
≥61	3.75	97

3. 受教育程度

教育程度的提升可使人们看待问题更加全面从而表现出更多的包容。但另一方面，对不符合城镇文明规范的行为表现出更多的不容忍。比如，农民工在公共场合大声讲话，不讲卫生，受教育程度高的人比受教育程度低的人会更加不容忍。因此我们很难确定，受教育程度与城镇居民接纳农民工的关系。表 10 – 84 显示，受教育程度与城镇居民对农民工的接纳程度没有表现出明显的带有趋势性的关系。用 *EDU* 代表受教育程度，用受教育年数衡量。

表 10 – 84　受教育与接纳态度

受教育程度	接纳指数	样本数(个)
未受正规教育	3.93	54
小　学	3.88	165
初　中	3.98	1004
高　中	3.97	1240
中　专	3.96	620
大　专	3.93	1552
本　科	3.91	2287
研究生	3.84	427

4. 所在行业

不同的行业的人与农民工接触机会不同，对农民工现实生活状态的了解程度也不同，因此对农民工的接纳程度也可能不同。表10-85报告了城镇居民从事的行业与接受程度的关系。从事制造、交通运输、零售、其他服务业的接受态度高于金融保险、科教文卫、政府部门。回归分析时，以交通运输、邮电通信、餐饮、零售、其他服务业、公共设施部门为比较基础。

表10-85 城镇居民工作所在行业与接纳态度

工作所在行业	变量名称	接纳指数	样本数(个)
制　　造	*MANUFCONS*	3.55	1026
建　　筑		3.55	918
采　　掘		3.50	107
交 通 运 输	*TRANSPOST*	3.50	419
邮 电 通 信		3.49	253
餐　　饮	*SERVICE*	3.49	384
零　　售		3.49	733
其他服务业		3.55	1447
金 融 保 险	*FIN*	3.52	441
科 教 文 卫	*TECHADM*	3.47	817
政 府 部 门		3.65	456
公 共 设 施	*COMMUFACIL*	3.65	132

5. 与农民工工作接触的密切程度

城镇居民与农民工在工作中接触越多，对农民工就越了解，也就可能更多地肯定农民工所作出的贡献。由于职业对工作人群的分离作用，和农民工有较多工作接触的城镇居民也往往和农民工具有更多的相似性，当然也就表现出更多的接纳。问卷询问城镇居民有较为密切工作关系的农民工多吗？表10-86显示，随着城镇居民与农民工工作密切度的提高，接纳程度呈现明显上升趋势。回归分析时，以与农民工工作密切度"没有"和"较少"为比较基础。

表 10 - 86　工作密切度与接纳态度

农民工同事	变量名称	接受指数	样本数(个)
没　有	MWORK1	3. 76	1176
较　少	MWORK2	3. 83	1721
一　般	MWORK3	3. 89	2224
比较多	MWORK4	4. 05	1226
很　多	MWORK5	4. 23	1002

6. 邻居中农民工多少

如果城镇居民的邻居中有比较多的农民工，有助于这些城镇居民对农民工的了解，从而更多地肯定农民工。此外，由于居住地对人群的分离作用，与农民工做邻居的城镇居民可能与农民工有更多的相似性，于是带来更多的对农民工的接纳。问卷询问城镇居民邻居中农民工多吗？表 10 - 87 显示，随着邻居中农民工增多，城镇居民接纳程度呈现明显上升趋势。回归分析时，以邻居中农民工"没有"和"较少"为比较基础。

表 10 - 87　生活密切度与接纳态度

农民工邻居	变量名称	接纳指数	样本数(个)
没　有	NEIBMW1	3. 73	1391
较　少	NEIBMW2	3. 82	1193
一　般	NEIBMW3	3. 89	2084
比较多	NEIBMW4	4. 10	1197
很　多	NEIBMW5	4. 30	884

7. 农民工朋友多少

城镇居民与农民工交朋友是增进彼此了解的很好的方式。城镇居民与农民工交朋友已经在行动上接纳了农民工。问卷询问城镇居民有农民工朋友吗？表 10 - 88 显示，随着农民工朋友增多，城镇居民接纳程度呈明显上升趋势。回归分析时，以"没有"和"较少"农民工朋友为比较基础。

表 10 - 88　有农民工朋友与接纳态度

农民工朋友	变量名称	接纳指数	样本数(个)
没 有	FRIEND1	3. 67	1389
较 少	FRIEND2	3. 83	1842
一 般	FRIEND3	3. 94	2217
比较多	FRIEND4	4. 11	1044
很 多	FRIEND5	4. 33	857

8. 对农民工的综合印象

对农民工综合印象的好坏直接关系到城镇居民对农民工的评价和接纳程度。显然，对农民工综合印象好，则城镇居民必然会更加接纳农民工。问卷询问城镇居民对农民工的综合印象。表 10 - 89 显示，随着城镇居民对农民工印象的提升，接受程度呈明显上升趋势。回归分析时，以对农民工的综合印象"很差"和"较差"为比较基础。

表 10 - 89　对农民工的综合印象与接纳态度

综合印象	变量名称	接受指数	样本数(个)
很 差	IMPRESSION1	2. 32	22
较 差	IMPRESSION2	3. 12	133
一 般	IMPRESSION3	3. 57	2719
较 好	IMPRESSION4	4. 02	2852
很 好	IMPRESSION5	4. 49	1575

根据以上分析，建立城镇居民接纳农民工进城并享受城镇居民相同待遇态度的回归方程为：

$$AGREEIND = \alpha_1 MALE + \alpha_2 AGE + \alpha_3 EDU + \alpha_4 MANUF +$$
$$\alpha_5 CONSTRUCT + \alpha_6 DIG + \alpha_7 FIN +$$
$$\alpha_8 TECHEDU + \alpha_9 ADMINIST + \alpha_{10} MWORK3 +$$
$$\alpha_{11} MWORK4 + \alpha_{12} MWORK5 + \alpha_{13} NEIBMW3 +$$
$$\alpha_{14} NEIBMW4 + \alpha_{15} NEIBMW5 + \alpha_{16} FRIENDIND3 +$$
$$\alpha_{17} FRIENDIND4 + \alpha_{18} FRIENDIND5 +$$
$$\alpha_{19} IMPRESSION3 + \alpha_{20} IMPRESSION4 +$$
$$\alpha_{21} IMPRESSION5$$

由于接纳程度为受访者的主观评价，从低到高构成 5 级，由此构成的接纳指数是虚拟因变量（Dummy - dependent Variable）。我们采用排序概率模型（Ordered Probit Model）进行回归。表 10 - 90 报告了回归结果。

表 10 - 90　接受程度方程回归结果

解释变量	系数	p - 值
MALE	0.0680	0.0177
AGE	- 0.0043	0.0047
EDU	- 0.0031	0.5000
MANUF	0.0689	0.0842
CONSTRUCT	- 0.2277	0.0000
DIG	- 0.1433	0.1845
FIN	- 0.0377	0.5049
TECHEDU	- 0.0002	0.9964
ADMINIST	- 0.0076	0.8927
MWORK3	- 0.0157	0.6673
MWORK4	0.0324	0.4844
MWORK5	0.0766	0.1608
NEIBMW3	0.0173	0.6427
NEIBMW4	0.1318	0.0036
NEIBMW5	0.2373	0.0000
FRIENDIND3	0.1003	0.0074
FRIENDIND4	0.1361	0.0070
FRIENDIND5	0.2664	0.0000
IMPRESSION3	0.4738	0.0000
IMPRESSION4	0.9656	0.0000
IMPRESSION5	1.5538	0.0000
Prob(LR statistic)	0.0000	
样本数	7349	

表 10 - 90 显示，几乎所有的变量符号与理论预期一致，且达到 90% 以上的显著水平。基于以上讨论和回归结果，我们得到以下结论：

男性比女性，年轻者比年长者更加接纳农民工。和农民工有较多工作接触的行业，城镇居民更加接纳农民工。工作中有较多的农民工同事，平时有较多的农民工朋友，邻居中有较多农民工，对农民工综合印象好的城镇居民会更多地接纳农民工。

从以上结论我们发现，城镇居民对农民工的接纳程度在很大程度上取决于对农民工的了解程度。一个推论是，城镇居民对农民工有相当大程度的不了解从而产生误解。这可能和第一代农民工最初给城镇居民留下的印象有一定关系。

因此，要提高城镇居民对农民工的接纳程度，城镇居民应多了解农民工，农民工也应更主动地展现自己，政府和民间团体多开展有助于城镇居民和农民工相互了解和理解的活动，新闻媒体应对农民工的正面形象多加报道。总之，只有城镇居民充分接纳了农民工，中国的城镇化才能顺利向前推进，但这是一项艰巨的任务。

第十一章
农村居民居住方式研究

一户一院的居住方式一直以来是中国农民居住的主要方式。2005 年 10 月，中国共产党十六届五中全会通过《十一五规划纲要建议》提出新农村建设，要求实现："生产发展、生活宽裕、乡风文明、村容整洁、管理民主"。从对新农村建设的目标来看，涉及诸多内容，但从实践来看，做得最多的是新型农村社区建设。新型农村社区自建设以来争议一直较大，肯定之否定之皆有。本章主要基于 2014 年问卷数据分析新型农村社区建设的成就及问题，探讨中国农村居民未来居住方式的基本方向，并进一步分析新型农村社区建设是否符合农村居民未来居住方式的基本方向。

第一节　新型农村社区建设的现状及问题

自 2005 年中共中央发出建设社会主义新农村的号召以来，地方政府纷纷响应，但总的来说工作的重点主要是在新型农村社区的建设。新型农村社区，既有别于传统的行政村，又不同于城市社区，它是由若干行政村合并在一起，统一规划，统一建设，或者是由一个行政村建设而成，形成的新型社区。新型农村社区建设引发诸多争议。2014 年问卷调查关注了新型农村社区建设，共获得 178 个新型农村社区样本，为我们评价新型农村社区建设提供了一定的数据基础。本节基于 2014 年问卷数据分析评价新型农村社区建设的成就及问题。

一　新型农村社区的建设背景

提出新型农村社区的建设主要基于以下两方面：一方面，从农村实际情况来看，进入 21 世纪后城乡收入差距不断拉大，广大农村基础设施建设及医疗等公共服务体系比较薄弱，农村脏乱差的问题比较突出，还有其他诸多问题亟须得到解决。另一方面，农民一户一院的居住方式占地较多，希望通过建设节约型的新型农村社区减少农民居住对农地的占用，同时将原来的居住房屋拆除还田，由此可增加用于农业生产的耕地，并为城镇建设争取更多的用地指标。

二 关于新型农村社区建设的评价及争议

关于新型农村社区的建设，诸多学者提出不同的评价。在此仅介绍正反两方面有代表性的观点。李珀蓉等（2009）肯定了新型农村社区建设的正面意义：一是新型农村社区的建设使得农村基础设施大大改善，生产生活更加方便。二是公共服务设施初步建成，公共服务逐步延伸到农村。三是村庄环境得到整治，面貌焕然一新。四是基层民主管理加强，干群关系大大改善。

然而，闻金华等（2010）更多地分析了新型农村社区建设存在的问题：一是农村社区建设资金投入的长效机制尚未形成，使社区建设容易出现资金链断裂，影响新型社区的可持续建设。二是"被上楼"现象突出，存在违背农民意愿强制买楼现象，造成大量农民负债买楼。三是农民生活方式改变，生活成本加大，生产生活难以展开。四是社区服务滞后，管理混乱。

三 新型农村社区的现状与问题

下面主要基于2014 年问卷数据对中国新型农村社区的建设正反两方面进行评析。

1. 生活比以前更加方便

问卷调查了农民搬进社区后生活是否比以前更加方便，备选答案有："方便很多"、"方便一些"、"没改变"、"不太方便"和"很不方便"。表11－1 报告了结果，显示80.01%（29.1＋50.91）的受访者表示比以前"方便很多"或"方便一些"。因此可以肯定新型社区建设确实方便了农民的生活。实际调查发现，农民搬进规划好的新型社区后相对于原自然村来说，水泥路取代了原自然村的土路，新型社区内路灯、花园等基础设施更加完善，商店市场也更加集中，确实方便了农民的生活。

表11-1 新型农村社区建设对农民生活方便的影响

搬进社区后比以前	所占百分比(%)	样本数(个)
方便很多	29.10	48
方便一些	50.91	84
没改变	16.36	27
不太方便	3.63	6
很不方便	0	0

2. 居住条件有所改善

新型农村社区建设主要为了改善农民的居住条件。问卷询问了搬到社区后居住条件比以前是否有所改善，备选答案有："改善很多"、"有所改善"、"没改变"、"有所下降"和"下降很多"。表11-2报告了结果，显示83.91%（36.78+47.13）的受访者表示："改善很多"或"有所改善"。调查中了解到，由于之前的自然村缺乏统一的规划，住房建设具有盲目性，厕所乱建、垃圾乱堆的现象到处可见。新型农村社区建成后，厕所、下水道等统一规划，垃圾统一处理，很好地改善了农民的居住环境。

表11-2 新型农村社区建设对居住条件的改善

搬进社区后居住条件比以前	所占百分比(%)	样本数(个)
改善很多	36.78	64
有所改善	47.13	82
没改变	9.77	17
有所下降	1.72	3
下降很多	4.6	8

3. 新型农村社区规模偏小

2014年所调查到的180个新型农村社区的建成时间在2008年后，主要是响应新农村建设号召的产物。表11-3报告了社区人口规模的分布，显示社区的规模平均在4000人左右，其中社区本地户籍人口占82.52%，外来户籍占17.48%，社区人口以当地人口为主。杨贵庆（2006）综合考虑社区的各种因素指出，一般社区规模达到4万~5万人才能建成各种服务设施相对齐全的社区。据此我们认为，总的来说，目前农村社区的规模并不大，如此规模的社区很难建成相对齐备的公共服务设施。

表11-3　社区人口规模

社区规模	所占百分比(%)	样本数(个)
(0,1000)	25.64	40
[1000,2000)	17.95	28
[2000,3000)	23.08	36
[3000,4000)	14.74	23
[4000,5000)	4.49	7
[5000,6000)	1.92	3
[6000,10000)	12.18	19

4. 原自然村大部分房屋并没有实现拆除还田

新型农村社区建设的一个重要目标是，将农民集中居住，然后拆除原有分散化的房屋以腾出更多的土地实现土地的集约化经营。但表11-4显示，新型社区的建设过程中只有38.22%的社区实现了原有房屋的拆除。我们分析主要有两方面原因：一是拆除成本过高，成本与收益不成比例。农业地租或地价与拆迁成本相比很低，因此从经济上来说不拆除原村庄还田有着经济上的合理性，甚至可以这样说，不拆除原村庄还田在经济上是合理的。二是好多村庄并不是整体搬迁，由于村民意见不统一，有一部分村民可能依然留在原自然村，如此拆除原自然村就更难实现了。

表11-4　原房屋拆除还田情况

原有住房	所占比例(%)	样本数(个)
拆除还田	38.22	60
计划要拆除还田还没拆除	38.85	61
不打算拆除	22.93	36

5. 新型社区缺少院落影响农具存放

根据 2014 年问卷数据，大概只有 43% 的新型社区有院子。如果农户缺少独立院落，会给生产带来困难。一方面农业生产有大量的农具机械需要存放，如果农户没有独立院落将导致这些农具的存放出现困难，不利于农业生产。另一方面由于之前农民住房都有院子，可以在院子里种植瓜果蔬菜，养鸡养鸭。搬入社区后明显这些活动都难以进行。从一定意义上来说，缺少独立院落降低了农民的实际收入。

6. 不少农民因新型农村社区建设负债，生活费用增加

为调查农民搬进社区所花费用的资金构成，问卷询问："搬进社区的新房屋，自己家庭花费了多少？政府补贴了多少？借债多少？"表 11 – 5 显示，农民搬进社区的费用大多由农民自己负担，且多数农民因此负债，调查数据显示农民因买房平均负债 8.93 万元，负债率高达 50.54%。农民搬进社区后生活成本要比原来大了很多，搬入社区后原来不用支付的费用如供暖费、垃圾处理费、物业管理费、水费等都需要加入到农民的生活成本中。

表 11 –5　新型农村社区建设资金的分摊

资金构成	平均费用(万)	所占百分比(%)
个人花费	17.67	75.26
国家补贴	5.81	24.74

7. 新型社区建设过程中存在贪腐行为

由于新型农村社区建设主要采用政府推动和组织，监管较为薄弱，容易造成地方政府官员和村干部的贪腐行为。表 11 – 6 报告了受访者对当地村委会的廉政情况的评价，显示只有 23.38% (5.26 + 18.12) 的农民认为其村委会"很清廉"或"较清廉"，而认为"较严重"或"很严重"的占 31.58% (17.54 + 14.04)。因此，总的来说，在新型农村社区建设过程中所引发的腐败问题还是较为严重的。

8. 农民搬入新型农村社区后增加了下田的距离

新型农村社区是合并了原自然村落而形成，由此必然会增加农

表 11 - 6　新型农村社区贪腐情况

贪腐情况	所占比例（%）	样本数（个）
很清廉	5.26	9
较清廉	18.12	31
一 般	45.03	77
较严重	17.54	30
很严重	14.04	24

民下田的平均距离。为此我们调查了农民搬入新型社区后下田距离的变化。表 11 - 7 显示，农民搬进社区后下田距离明显变远，平均下田距离由原来的 2.49 里变为 3.38 里，上升幅度为 35.74%。需要指出的是，现有的新型农村社区规模较小，对此前文已做说明，而后面的分析说明，随着新型农村社区规模的增大，农民下田的平均距离将大幅增加。

表 11 - 7　搬入新型社区后下田距离的变化

	搬入社区前	搬入社区后
到地平均距离（里）	2.49	3.38
样本数（个）	157	140

9. 农民搬入新型社区的意向较低

对于农民是否愿意搬入新型社区，问卷询问农民搬入新型农村社区的意向。备选答案有：有搬入意向、不打算和还没定。表 11 - 8 报告了调查结果，显示只有 28.65% 的受访者有搬入新型社区的意向，相反有近一半（49.28%）的农民并不打算搬入。政府大力倡导建设新型农村社区的初衷是造福农民，但 2014 年问卷数据显示，只有不到三成的农民拥护政府的惠民政策，这是值得反思的。

表 11 - 8　农民搬入社区意向调查

搬入意向	所占百分比（%）	样本数（个）
有搬入意向	28.65	318
不打算	49.28	547
还没定	22.07	245

从以上数据来看，居民对新型农村社区建设的评价，虽有正面的肯定，但出现的问题仍是严重的。特别值得关注的是，表 11 - 8 显示，农民对搬入新型农村社区的意向不高。这是需要认真对待的，涉及农村建设如何体现以人为本的问题。

第二节　中国农村居民未来居住方式研究

本章第一节分析了当下新型农村社区建设存在的一些问题，本节研究未来农村居民居住方式演变的方向。在此基础上进一步分析当下正热火朝天建设的新型农村社区的居住方式，是否符合未来农村居民居住方式演变的方向。

一　农民下田距离模型

为了更好地理解通过合并原自然村建设集中居住的新型农村社区对农民下地距离的影响，我们构造了一个农民下田距离模型，基于如下假设：

其一，农田以村庄为中心呈环形分布，所有的农户居住在村庄的中心，即不考虑村庄的几何形状和占地面积。

其二，每个农户耕种等面积土地一块，面积为 S。

其三，从住户到田间行走直线距离。

其四，每个农户只有一位农民下田劳动。

设一个村庄现有农户 M 户，则全部村庄的耕地面积为 MS，村庄的半径 $R = \sqrt{MS/\pi}$。

现考虑距离村庄在 r 和 $r + \Delta r$ 之间的环状区域（见图 11 - 1），其面积为 $[(r + \Delta r)^2 - r^2]\pi$，其上耕地的农民数量为：

$$\frac{[(r + \Delta r)^2 - r^2]\pi}{S} = \frac{2\pi r\Delta r + \Delta r^2}{S} = \frac{2\pi r\Delta r}{S}$$

从住处到田间的距离为 r，这里设 Δr^2 为 0。这些农民行走的总距离为：

$$\frac{2\pi r^2 \Delta r}{S}$$

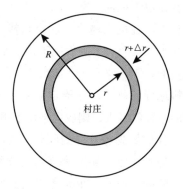

图 11 -1　农民下田距离模型

如此，所有 M 个农民在村庄土地范围内（$\leqslant R$）从住处到全部村庄耕地的总距离 L 为：

$$L = \int_0^R \frac{2\pi r^2 dr}{S} = \frac{2\pi r^3}{3S} \bigg|_0^R = \frac{2\pi R^3}{3S}$$

人均行走距离 l 为：

$$l = \frac{2R}{3}$$

为了验证农民下田距离模型，我们采用调查所获得的新型农村社区规模和农民下田距离进行分析。这里我们采用当地居民人数来衡量，表 11 -9 显示，随着农村新型社区规模的增大，农民下田距离呈递增趋势。这说明农民下田距离模型在一定程度上得到了数据的支持。

表 11 -9　农民下田距离与社区规模

新型农村社区规模(人)	下田距离(里)	样本数(个)
(0,700)	2.40	21
[700,1400)	2.91	23
[1400,2100)	2.88	26
[2100,2800)	3.18	16
[2800,3500)	3.69	18
[3500,10000)	3.65	23

从以上分析可获得以下推论。

推论一，如果集中居住的人越多，在户均耕地面积一定的条件下，全部社区耕地的半径会越大，则农民下田的平均距离就会增加，平均距离为村庄半径的2/3，即（2/3）*R*。

推论二，户均耕地面积越大，在给定新型社区户数一定的条件下，全部社区耕地的半径就越大，则农民平均下田的距离就会越远。

从以上两个推论我们要思考这样的问题：我们强调农民在新型农村社区集中居住可方便生活，主要表现为可缩短到一些公共设施的距离，如商店、医院等。但我们更要考虑由此所增加的农民下田的距离。根据2014年问卷数据，农民每年下田的平均天数为157天，其次数明显高于农民去公共服务设施的次数。如果农民通过集中居住缩短了到公共服务设施的距离，但大幅度增加了其下田的距离，则对农民来说从方便生活所得抵不过对生产造成不便之失。此外，农民下田一般要携带农具、种子、农药、化肥等，行走在田间小道，行走不便。因此，农民集中居住给农民带来的下田行走距离增加所造成的生产上的不便要超过下田距离增加的幅度。

以上分析假定每户只耕种一块田。但中国农村土地碎化严重，平均每户要耕种数块田地。根据樊明2010年组织的主要在河南及周边省份所做的关于农民种粮行为的调查，户均耕种地块为2.93块。因此，如果将农民集中在新型农村社区居住，所增加的农民下田距离要远超过模型所推算的下田距离的增加。

推论三，如果户均耕地面积充分大，以至于两户集中居住所增加的下田距离所造成的损失超过两户集中居住所带来的利益，则传统村庄将彻底瓦解，进而演变成单户农场的局面。这一推论可以帮助我们理解，农业大规模经营的国家，如美国，村庄已不存在，只剩下大面积的单户农场。

二 现代化的农业生产方式及对农村居民居住方式的影响

农民下田距离模型表明，如果农业规模经济充分显著导致单个农户能经营的耕地面积充分大，则单户农场将成为未来农场的基本形式，也就意味着村庄的消失，这是美国等西方农业大国的经验事实。

现在要讨论的问题是，美国等西方农业发达国家单户农场是否适合中国？生产方式在很大程度上决定居住方式，这样问题就转化为，西方国家普遍采取的大规模农业经营模式是否适合中国？如此就要进一步讨论，美国等西方农业发达国家大规模农业经营模式是否具有普适性。

关于这一问题，第八章第一节已有所讨论。为了阅读的连续性，在此做简要概括。未来农业经营方式有两个方面特别值得关注。

一是规模化经营。其优越性在于：首先，农业生产，尤其是粮食生产，存在显著的规模经济性。大型农业机械所带来的效率提高远远大于采用机械所增加的成本。其次，在土地规模化经营的模式下，机械代替手工，这在劳动力成本不断上涨的工业化进程中显著降低了人力成本。因此规模化经营有利于降低农业生产成本，从而形成价格优势，在市场上更具竞争力。

二是家庭农场。和存在雇佣关系的农场或合作经营的农场相比，家庭农场实现了所有者和经营者的统一，经营者和劳动者统一，可有效避免代理问题以及管理问题所增加的成本。因此，就不难理解为什么目前家庭农场是农业发达国家基本的经营方式。

我们认为，这种经营方式并非只适用于美国等农业发达国家，同样适用于中国。首先是农产品的国际竞争使然。随着农产品市场全球一体化不断向前推进，WTO 多哈回合谈判终将取得成功，凡拒绝走农业规模化经营的国家，无论是由于主观原因还是客观原因，一定存在农产品的成本劣势，在农产品全球竞争中被打败。其次，小农经济所导致的农产品高成本和高价格，必定在国内面临政治压力。随着民主化进程不断向前推进，必定面临越来越大的改革压力。

三　未来农村居民居住方式

随着中国工业化、城镇化的推进，中国农业人口将进一步减少。对此第七章第四节已有所讨论，其基本要点是：为实现城乡居民收入均等化，中国农业劳动力占总劳动力的比重应该等于中国农业GDP 占总 GDP 的比重。根据 2013 年《中国统计年鉴》，2012 年占全国劳动力 33.6% 的农业劳动力只生产出 10.01% 的 GDP，农民相对收入比重为 0.30，远远低于实现城乡收入均等化的 1。此后，伴随着工业化、城镇化的进一步推进，农业 GDP 占总 GDP 的比重仍将进一步下降，这也意味着农业劳动力将进一步减少。农业劳动力的减少意味着户均耕种面积增加。

在户均耕地规模还不是很大的情况下，中国未来农村居民为了共同使用公共设施及相互之间的日常交流，可能还会选择几户人家居住在一起，形成小的村庄。然而随着户均土地规模的进一步增大，几户人家在一起居住也大大增加了下田的距离。为了有效缩短下田距离，避免劳动时间的浪费，中国农村居民将不得不选择更为分散的居住方式，即单户农场，这就意味着村庄在中国的消失。

然而，新型农村社区的建设把原本分散的居民更为集中居住，这固然提高了社区居民的公共设施服务水平，然而集中居住会导致农民下田距离增加，居民为此付出的代价要远远高于服务水平提高带来的收益。因此新型农村社区的建设不符合中国未来农业现代化生产方式的要求，不符合中国未来农村居民居住方式演化的方向。

第十二章
城镇化过程中的贫民窟、
城中村研究

在国外城镇化发展的过程中，不少国家出现了贫民窟现象，包括部分发达国家。中国当下正面临着快速的城镇化进程，集中表现为农民工大量涌入城市，特别是大城市。农民工集中居住的地方通常环境较差，尤其是农民工密集居住的城中村。于是有人担忧，中国的城市，特别是大城市，会不会也普遍出现贫民窟，尤其像南美那样条件很差大规模的贫民窟。不能说这种可能性不存在，也可以这样说，防止贫民窟出现是中国城镇化的一项长期任务。因此，有必要研究中国城镇化过程中的贫民窟问题。本章对贫民窟形成的一般机理进行分析，据此讨论国外贫民窟的形成与治理，以及中国城镇化过程中贫民窟的防治。在中国城镇化过程中出现的城中村，是中国城镇化特有的现象。城中村有发展成为贫民窟最大的可能，本章就城中村的形成与解构进行分析。

第一节　贫民窟形成的机理

自 19 世纪 20 年代伦敦角落里出现第一个贫民窟后（联合国人居署，2003），贫民窟问题就伴随着各国城镇化的进程。联合国人居署在《全球人类居住报告 2003》中指出：由于不恰当的城市化发展已造成了 32% 的世界城市人口（约 10 亿人）生活在贫民窟中，就连发达国家也不能完全摆脱贫民窟存在的命运。要研究贫民窟的治理，首先要研究贫民窟形成的机理。

一 贫民窟的基本特征

世界上很多国家都有贫民窟。人们对贫民窟有着不同的理解，其实贫民窟的定义也比较模糊。联合国给出的定义是：最恶劣的住房条件、最不卫生的环境、犯罪率高、吸毒盛行的穷人避难所。我们认为，各国以及一国在不同时期贫民窟有不同的特征，但大多贫民窟有如下部分或全部特征：人口高度密集，在城市非法占据的土地上使用低劣的建筑材料集中建造房屋，缺少安全的水和卫生设施，垃圾得不到及时处理，卫生条件差，居民大都缺少良好的教育和就业机会，收入低下，吸毒盛行，犯罪率高等。

二 贫民窟形成的解释框架

关于贫民窟形成的原因，联合国人居署进行了如下分析：城市人口增长过快，缺少相应的基础设施和非授权住房使穷人基本生活得不到保障。种族歧视加剧了收入的不公平，使穷人信用获得受到限制，且只能在非正规就业市场工作，使贫穷人口剧增。地理的隔离使大批穷人高密度地聚集在一起生活，久而久之就形成了贫民窟。

我们认为，联合国人居署给出的关于贫民窟形成的原因，更多地只给出了导致贫民窟出现的条件，甚至是更多地描述贫民窟的特征，缺少一个解释框架。考察世界各国贫民窟的形成，原因是相当多维且复杂的。我们很难提出一个很具体的理论解释如此多元化贫民窟的形成，为此我们仅对贫民窟的形成提出一个解释框架。

贫民窟的形成通常与四个条件相联系：一是大量低收入居民居住在城市，往往与快速城镇化相关；二是劳动市场不能提供足够的就业机会导致这些低收入居民高失业率，可能与城镇化过快有关，也可能是经济增长发生停滞所致；三是政府不能为这些失业或低收入群体解决就业和社会保障问题；四是政府不能对贫民窟的形成和蔓延予以有效阻止，特别是在贫民窟形成的初期，以至于贫民窟蔓延失控。下面具体加以分析。

1. 大量低收入居民居住在城市

在不同的国家不同的历史时期，有多种经济和政治原因以"推"和"拉"或"推拉结合"的方式使居住在农村的居民进入城市就业和居住。

1913 年的《土著土地法》夺去南非黑人的大部分土地，为维持基本生活，农民不得不走入城市。土地法禁止南非黑人在欧洲人的地产上进行独立的经济活动。这个土地法的颁布，使得当时占全南非人口67%的400万黑人仅拥有7.3%的土地；而占全南非人口不到20%的约100万白人却占了其余的广大土地。20 年后，"保留地"的人口更加膨胀，导致土地条件急剧恶化，大批黑人被"推"入城市，大量非正规居住区就在城市边缘形成了（夏吉生，2004）。

以巴西为代表的南美，农村的土地集中在少数农场主手中。这些大地主选择了农业集约化经营，迫使很多农民和土地分离，于是被推向城镇寻求就业机会，导致过度城镇化。

在一些城乡发展严重不平衡的国家，一方面，农村农业劳动艰苦，生活条件落后；另一方面，城市快速发展，带来了大量工业和服务业的就业机会，且生活条件更加现代化。由此，导致大量农村居民，尤其是年轻人，被拉向城市就业和居住。这时农村年轻人涌向城市就可能带有相当的盲目性，导致过度城镇化。

除本国居民移动外，大量来自发展中国家的移民也会成为发达国家的新增居民来源。这些新增国际移民不仅可能加剧城市的就业压力，而且由于文化上与主流社会的不融合，导致城市出现不同族裔集中居住的现象，出现与族裔或国别命名的各种"城"，如中国城、韩国城或黑人集中的社区等。这就使得世界城市吸纳了自 20 世纪 50 年代以来全球人口爆炸的近 2/3，如今正以每周 100 万新生儿和移民的速度增长（巴尔的摩，2002）。但是，这些国家政府不愿意淡化本身的民族特性，也不愿意出钱用于移民的福利和津贴，使得新移民都在寻找最便宜的住房，从而加剧了贫民窟的出现。

2. 劳动市场不能提供足够的就业机会

城镇化的快速推进或是地区经营不善、经济增长出现停滞，都会引起劳动市场不能提供足够的就业机会，导致失业率高企。

20 世纪 60~70 年代巴西曾出现经济快速增长的黄金期，由此吸引大量农村居民到城市就业，这一城市化现象本有着经济上的合理性，然而，和巴西的政策选择有关，80 年代巴西经济增长出现停滞，由此导致高失业率。已经居住在城市的居民就业困难，收入低下且不稳定，成为贫民窟的潜在居民。

区域经济衰退恶化区域劳动市场，导致高失业率。据联合国人居署（2003）统计，许多欧洲地区和美国的"生锈地带"都在城市扩张时期退化了。在这些地区，人口数量和社会影响力降低，经济萎缩，资金流失，高失业率长期化。

富人逐步搬离经济衰退区域，剩下的只是老年人和无力改善生活的人口。因此，人们很少有机会改善或维持他们在城市中心衰落前的状况，城市中心提供的就业机会、廉价房远远少于他们的需求，他们只能依靠有工作的亲戚和政府救济，住在废弃的土地上来维持生计。由于政府早期没有对非法住房进行严格控制，加之寻找便宜住房的穷人搬入，这些地区的住房条件只能不断恶化，形成贫民窟。

周期性的经济衰退会导致严重的失业问题。在经济衰退期，商业的萎缩使正规部门不能为劳动力提供足够的工厂、办公室、市场、交通和住房，穷人只能选择在非正规部门工作或者失业。而非正规部门的工作场所通常在贫民窟地区，所以缺乏过硬技能的劳动力就会聚集在此。同时，税收的下降使拥有较少的固定资产的穷人失去了政府的支持，基本生活无法得到保障。此时，他们便会寻找最便宜的住房，往往选择城市边缘或沿河建造临时性住房，再或是寻找已存在的贫民窟作为自己的安身之所。

3. 社会保障不足

19 世纪 20 年代，在贫民窟形成的初期，大多数国家根本没有形成社会保障制度，出现的只是一些社会保障的现象。

首先，这些社会保障现象的出发点并不是为了给低收入、失业的人民以基本生活保障。统治阶级担心人们流离失所会引发斗争反抗，威胁其政权生存，才在加强镇压的同时出台一些举措来给低收入群体很少的救济，它缺乏社会监督机制，没有形成一种现实的社会力量，一旦情况缓和，威胁消除，救助便偃旗息鼓。其次，从中央到地方的各级政府并没有把社会保障作为应尽的职责，而是作为对贫民的恩赐。有的接受者要大受惩戒，遭受耻辱。如英国强迫将贫民遣返原籍或强行迁徙到别的教区，甚至强迫夫妻分别迁至贫民窟，乃至剥夺接受对象的公民权（王榕平，1996）。再者，当时生产力低下，社会保障形式主要是慈善与救济，所施钱物如杯水车薪，其在国家生产总值和国民收入中的比重微不足道，它既无法律保障，又无制度可循，带有极大的随意性。这在很大程度上促进了贫民窟的形成与蔓延。

1883 年德国制定的劳工疾病保险法被公认为是世界上最早的社会保障法律（史探径，1999），似乎为穷人带来了一丝希望。但是，第二次世界大战终止前，从世界范围来说，仅有 75 个国家加入社会保障立法国家的行列，这与全球 224 个国家相差甚远。并且整体来说，形成的社会保障制度很不完善，社会保障费也是很少的，大量穷人生活依旧艰苦，只能居住在生活成本较低的贫民窟中。

社会保障制度经历了 20 世纪初叶和中叶的不断蓬勃发展，发展中国家也普遍建立起现代社会保障制度。但受到经济发展水平以及民主制度建设的限制，社会保障的覆盖面和标准仍然较低，无法给快速城镇化过程中从农村转移到城市的市民以及原有的低收入居民以必要的社会保障。这样，当这些低收入的贫困人口遇到就业困难时，就难以得到社会保障制度的帮助。这些就业困难又得不到社会保障制度覆盖的困难群体就成为贫民窟的需求者。

20 世纪 70 年代，欧洲一些国家盛行保守主义，认为社会保障制度中存在诸如公民福利标准过高，包揽的保障项目过多，国家和社会不堪重负，而同时公民某些权利却又保障不足等问题。于是，开始削减社会福利，出现了所谓的"社会福利危机"。社会福利的减少使得依赖社会福利生活的贫民收入下降，有的又回到了贫民窟。

4. 政府没有对贫民窟的形成和蔓延予以有效及时制止

在巴西、南非等国家，政府行政能力有限，大多采取放任自流的政策，对人民的工作、居住方式不会干预过多，加之即使是住在贫民窟的居民也有投票选举的权利，执政者不得不顾及穷人的选票。因此，在贫民窟出现的前期，政府没有把"产权的绝对性"置于穷人的生存之上，对于非法占用土地采取放任态度。政府对穷人在空地上私搭乱建往往睁只眼闭只眼，也并不会大规模地驱赶贫民窟居民，对住房的标准也没有严格的规定，更不会在法律法规中对贫民窟问题加以干涉。

贫民窟一般都是从已有的零星卫星村开始的。由于聚集效应，工作收入不稳定，基本生活没有保障，很多穷人就选择了在这些零星卫星村建起自己的住房。20世纪60年代的曼谷在大都市区域和正在扩张的发展地带上出现了贫民窟。波哥大城市周边通过非法的再分割、非法占据而迅速扩张形成了贫民窟。这些都是政府行政能力有限加之顾虑众多的穷人的选举权，导致政府对于零星卫星村没有及时处理，贫民可以在城市中心废弃的土地上、城市边远地区或是河道周围任意地建起自己的住房。然而，因为贫穷，大量不符合建筑结构、使用非永久性的、不适宜当地气候和地理环境的住房就大密度地建起来了。土地面、稻草屋顶就成了贫民窟的主要材料，塑料、原木和金属箔板或传统的板条泥灰也被作为房屋的建筑材料。没有正规的道路交通亦没有安全的水，垃圾遍地也无人问津。

当政府意识到贫民窟的危害性想要对其进行约束时，由于法不责众、贫民窟居民的抵抗，最终使得贫民窟的发展变得无拘无束。上海市决策咨询委员会考察组（2007）考察发现，里约城的贫民窟基本上都被黑社会控制，各派之间为了争夺毒品市场和各自的势力范围经常发生枪战，这些武装团伙还经常与警察交火。颜欢（2013）通过实地调查了解到，2008年里约州政府派出"社区维和警察"，进驻了黑帮活动猖獗的几个贫民窟。在那里与黑帮斗争是一场血战，警察随时有可能被从某个角落射出的冷枪击中。贫民窟居民早就对流弹飞啸而过的场景见怪不怪，这也是为什么最初贫民窟居民并不接受警察的原因，他们总觉得警察似乎并不在乎他们的死活。这也进一步加剧了贫民窟在城市中存在的可能性。

第二节　国外贫民窟的防治

贫民窟现象随着工业化进程出现在许多国家，即便在今天已高度发达的国家和地区也曾出现过贫民窟现象，有的至今贫民窟现象仍然较为严重。自贫民窟出现以来，世界各国就开始了对贫民窟防治的斗争。不同的国家积累了诸多防治贫民窟成功和失败的经验教训。总结这些经验教训对各国进一步防治贫民窟有着积极的意义，也有助于防范在中国城镇化过程中有可能出现的贫民窟现象。本节根据上一节所提出的关于贫民窟形成的解释框架对日本、西班牙和南非在贫民窟防范和治理上的经验教训加以总结和评析。

一 贫民窟治理的基本理论框架

上一节对贫民窟的形成提出了一个理论框架，主要归结为四个原因：一是大量低收入居民居住在城市；二是劳动市场不能提供足够的就业机会；三是社会保障不足；四是政府不能有效阻止贫民窟的形成和发展。这一解释贫民窟形成的理论框架可为我们讨论贫民窟防治提供理论基础。如果以上四个导致贫民窟产生的原因部分甚至全部不发生作用，贫民窟就难以形成，已形成的贫民窟也会不断萎缩直至消除。

我们认为，基于贫民窟形成的理论框架，贫民窟的防治应着眼于，不断减少城市中低收入居民数量，尽可能提供足够的就业机会，加强社会保障并在贫民窟形成的初期就予以阻止。而要实现以上目标，一个国家的经济就要实现良性发展，政府有足够的能力对贫民窟进行有效的防治。而要做到以上两点，实行良好的市场经济制度是关键。

综观第二次世界大战后世界各国的经济发展可大体发现，实行市场经济制度的国家，总体来说经济得到良好的发展。所谓经济良好发展至少包含两方面特征：一是经济稳定发展，人民生活水平稳步提高；二是收入差距得到有效控制，避免贫困人口大规模出现。市场经济制度具有以上特征涉及复杂的理论问题，需要较大篇幅讨论，在此难以展开。但市场经济制度作为经济健康发展的必要条件已成为越来越多学者的基本共识。

市场经济制度如果能良好运行，通常和较为完善的民主制度相联系，二者相互促进。在这样的制度环境下产生出的政府，一般来说，既具备足够的政治权威，又具备足够的财力，因而具备足够的能力对贫民窟进行有效的防治。

可能有人会对以上观点提出不同的看法：前社会主义国家也没有出现过贫民窟现象，如何解释？我们认为，前社会主义国家虽然没有出现严重的贫民窟现象，但由于前社会主义国家经济普遍不佳，城市建设普遍严重滞后，城镇居民的住房条件普遍较差。就中国的情形而言，改革开放前很多城市的部分区域城市建设落后，道路狭窄，居民住房条件很差，至少在外观上还不如一些在西方被认定为贫民窟的城区。甚至直到今天，一些尚未被改造的旧城区也还是如此。

以上分析说明，就贫民窟的防治而言，市场和政府要共同发挥作用，良好的市场经济制度是基础，政府有足够的行政能力是关键。

二　贫民窟防治的案例分析

以上提出了贫民窟防治的理论框架。为了进一步解释这一理论框架并论证其合理性，我们选取了三个有代表性的国家进行案例分析。

1. 没有大规模出现贫民窟的国家——日本

日本是一个基本上没有大规模出现贫民窟的国家。日本成功地避开了贫民窟形成的四个条件可为其提供解释。

日本自明治维新以来，脱亚入欧，实行了西方的市场经济制度，总体来说经济运行良好。第二次世界大战后期经济虽遭到战争的严重破坏，但在很短的时间内日本经济就从战后废墟中复苏。20 世纪50 年代后的几十年，日本经济经历了快速增长，城乡居民的收入水平快速提高，进入发达国家行列，曾经成为世界第二大经济体。日本的经济不仅发展较快，而且成功地避免了收入差距拉大，没有出现大规模的贫困人口。

市场经济的发展给日本也带来了充足的就业岗位。同时，日本实行的是小农私有制，使得拥有农村土地的人可以在城乡间流动。如果在城市找不到工作仍可返回农村，不会滞留城市成为城市贫民窟的需求者。

日本有良好的社会保障制度。"全民皆保险"体制的建立，在一定程度上缩小了各阶层实际收入差距，使社会各阶层均获得基本生活保障。失业保险、廉价房给低收入群体提供经济支持，这在一定程度上也抑制了贫民窟的产生。

政府的城市管理也卓有成效。不同时期，日本政府根据城镇化发展的需要，制定相应的法律，贯彻执行。如在第二次世界大战后，日本为尽快从战争废墟中恢复城市功能，政府陆续颁布了《建筑基本法》、《土地区划整理法》和《新市町村建设促进法》等法律，有效地对城市建设进行管理，严禁乱搭乱建。

从以上介绍可以发现，日本市场经济制度的良好运行，政府政治的相对权威使得四个导致贫民窟产生的原因不能发生作用，日本也就没有大规模出现过贫民窟。

2. 成功治理贫民窟的国家——西班牙

西班牙在好几个世纪前一直有某种形式的贫民窟，19 世纪贫民窟现象更加严重了（联合国人居署，2003）。到 20 世纪 80 年代末，西班牙贫民窟现象大规模消除，其中以巴塞罗那最为典型。我们认为，经济发展和政府对贫民窟的有效治理，使得贫民窟形成的四个条件不能发挥作用。

第一，经济得到快速发展。1986 年，西班牙加入欧共体实现了政治上的民主化和经济上的市场化，促进了西班牙经济社会的迅速发展，一度跃居到第八大经济体，减少了城市中低收入人群。经济市场化后西班牙经济快速发展，GDP 增长速度一直数倍于欧盟的平均水平，被视为"经济奇迹"。经济的持续增长使得人民工资有了很大提升，对未来生活也有了较高要求，逐渐富有的居民不断搬离贫民窟。

第二，就业市场得到改善。市场经济形势好转使得西班牙私人投资和外国私人直接投资迅速增加，从而提供了充足的就业岗位，失业率从 1985 年以来不断下降。1989～1997 年欧盟新增的 450 多万个就业机会中，有 1/3 来自西班牙（曹新，2007）。就业岗位不断增加给贫民窟中较低技能的穷人带来了就业希望，令他们可以依靠自己的劳动生活，不用再依赖政府救济或是有工作的亲人的帮扶度日，也可凭借自己的能力搬出贫民窟。

第三，西班牙有较为完善的社会保障体系，尤其是失业保险制度体系。自 1978 年的新宪法奠定了其构建现代社会保障制度的法律基础以来，西班牙依据经济、政治的变化对社保制度进行多次修改，实现了各险种之间的资金和管理统一，成为高福利国家（郭存海，2009）。西班牙人民在国家经济增长减速和失业时可以维持基本生活，享受免费医疗和领取失业救济金的待遇，不用大量缩减生活支出，从而避免了他们为节约生活成本住在贫民窟的可能，抑制了贫民窟的发展。

第四，政府有效治理。西班牙政府也恰当地抑制了贫民窟的发展。联合国人居署（2003）指出：西班牙政府与各地区大规模的都市更新计划结合起来，并与目标在于与贫困做斗争的主要社会力量相结合。概括来说，公共机构（中央的、地方的和本地的）往往要处理主要城市的发展，而非政府组织则在个体家庭或社区的水平上工作。政府承诺，强制执行，为就业、住房都提供了良好的保障，成功改善了贫民窟的状况。

3. 治理贫民窟失败的国家——南非

南非是非洲经济最发达的国家之一，但长期以来贫民窟现象却相当严重并且始终未能得到有效治理，我们认为有以下原因。

南非的经济整体上虽较为发达但贫富差距大。由于历史等诸多原因，白人和黑人收入差距较大。这就形成一个以黑人为主体的受教育程度低、收入低的群体。这一群体在劳动市场受到歧视，不容易找到体面工作，在城市大规模集中居住，成为贫民窟形成的基础。

近年来南非经济一直问题较多。自 1994 年以来，经济形势一直处于低迷状态。自 1994 年以来的十年间，南非人均国内生产总值年均增长率仅为 1.2%。这种低迷经济运行状况导致一个最令人担忧的结果便是失业率。2008 年，南非失业率（广义）在 40% 左右。并且，自民主政体转型以来，南非的失业率更是一路攀升（戴翔，2008）。

南非社会保障问题依旧很严峻。1994 年以前，以白人群体为主的社会保险业比较发达，而广大黑人群体由于就业率低、收入水平低，参与社会保险的比例很低。南非自 1994 年废除了种族歧视法规后才建立了全国统一的社会保障体制和社会救助制度。南非政府在社会发展和社会保障方面的计划，有助于解决种族隔离制度遗留的不平等和贫困问题。但是，依赖社会救助的心理和社会现象也随之出现，加之解决南非的贫困人口比率高和失业率高的问题需要长期才能够实现，因此南非的基本生活保障依旧很严峻，贫民窟问题依旧没有解决。

南非政府为了使黑人快速脱离贫困，实行了大规模的计划经济。但是事与愿违，"赋予黑人权力计划"等一系列维护黑人地位的政策忽略了黑人大都没有接受过良好教育，没有生产资料的客观原因。

在南非白领阶层和高级技术工人中几乎都是白人，白人职工与黑人职工的工资至少相差 6 倍（汪勤梅，1998）。最终，由于长期种族隔离，高收入的城市白人居住在生活条件舒适豪华的别墅里，绝大多数黑人收入并没有改善，依旧集中居住在又挤、又脏、又乱的令人难以生存的贫民窟。

面临如此规模的贫民窟以及居住在其中大量很难通过自身努力改变经济状况的居民，政府既难以帮助其解决就业问题，也难以给予有效的社会保障，更不能实行强制驱离。

第三节　中国城镇化过程中贫民窟研究

自改革开放以来，中国的城镇化水平不断提高，特别是在 1992年市场化改革加速以后。根据国外的经验，贫民窟现象往往伴随着快速城镇化过程而出现。因此要关注中国城镇化过程中贫民窟出现的可能并加以防范。

一　关注中国准贫民窟现象

中国现在是否存在贫民窟是一个有争议的问题。根据中国官方说法，中国不存在贫民窟。然而，中国一些未改造的旧城区和城中村就其外观来说，也不一定比国外一些称为贫民窟的地方好。中国的这些地方具备贫民窟的诸多特征：杂乱无章的建筑，凌乱的布局，一线天的街道，卫生条件差，高犯罪率等。这些地方之所以不称之为贫民窟，一个原因是因为贫民窟建筑通常具有一定的违法性，而这些地区的住房产权明确，通常不是违规乱搭乱建。此外，我们认为还可能受到意识形态的影响。改革开放前，贫民窟是作为资本主义社会腐朽的重要证据。中国作为社会主义国家，承认中国也有贫民窟就有抹杀社会主义优越性之嫌。这种意识形态的影响，妨碍了今天对中国可能出现贫民窟保持警觉，也导致中国学术界对中国贫民窟的研究不够广泛深入。我们再次强调，中国的一些未改造的旧城区和城中村在相当程度上已具备了贫民窟的重要特征，我们不妨称之为准贫民窟。我们要保持这样的警觉：准贫民窟离贫民窟只有一步之遥。

二 导致中国未来出现贫民窟的风险

本章第一节提出了贫民窟形成的四个条件，可为我们监测中国未来出现贫民窟的风险提供思路。

贫民窟形成的首要条件是，大量低收入居民居住在城市。中国是一个收入差距相当大的国家，目前在城镇就存在相当数量的低收入居民，此外随着中国城镇化的推进还将有大量的农村人口进入城市，这些人是城镇中潜在的低收入居民。根据 2013 年《中国统计年鉴》，2012 年占全国劳动力 33.6% 的农村劳动力只生产出 10.01% 的 GDP。根据第七章第四节的分析，要实现城乡收入均等化，就目前而言，农业生产只需要 10.01% 的农业劳动力。随着农业生产率的不断提高，这一比例还将继续下降。根据发达国家的经验，农业劳动力占总劳动力一般在 2% 左右，现在美国为 1.25%，日本为 1.16%。

当前经济全球化是一个基本趋势，农产品市场的全球化正不断向前推进。如果 WTO 多哈会谈取得突破，则全球农产品市场将会更为开放，这也就意味着中国的农业将面临前所未有的国际竞争。国家发展和改革委员会在 2012 年就指出，中国的粮食价格继续全面高于国际市场。如果中国的粮食市场受国际条约制约而必须要开放，则中国的粮价将下跌，农民种粮将更无利可图，导致城乡收入差距进一步拉大，这必将使得大量农民因从事农业收入太低而大量涌入城镇。

这些年中国的农业生态环境不断恶化，不少地方干旱严重，特别是西北地区。根据我们实地走访，一些西北地区因干旱严重，小麦等谷物作物已难以生长，而多选择一些相对耐旱作物，如红薯、玉米等。而这类作物市场有限，如果大规模种植必将导致价格下跌，因此这些地区的农业存在巨大风险。如果风险变为现实，则会导致这些地区农民大量涌入城市。值得注意的是，和因农业劳动生产力提高而形成的农业剩余人口进入城镇不同，这些进入城镇的农民不少是因为农业破产而进入，带来潜在的粮食危机，且这些进城的农民缺少必要的进入城镇安家的资金，很容易成为城镇中困难群体从而成为不安定的因素。

其次，劳动市场不能提供足够的就业机会也是导致贫民窟出现的重要原因。自改革开放以来经济一直快速增长，农民工在城镇就业在整体上不是问题，现在有些地方甚至出现民工荒。但近几年中国经济增长的速度持续下滑，未来走势并不明确。中国国际金融公司首席经济学家许小年预言，中国的经济从 2014 年开始持续衰退。如果中国经济增长速度持续下滑甚至发生严重衰退，中国的就业形势将更加严峻，而受到冲击最大的就是农民工。如果农民工在城镇就业状况恶化，这些人将会成为中国贫民窟的需求方或是促成方。为了节省住房开支，他们会选择低地租的房屋居住甚至群租。这时城中村的房东们发现，很破的房屋也能找到房客，于是任由房屋破旧而不去修缮，甚至建造时就选取了很低的标准。

再次，社会保障不足使得低收入群体成为准贫民窟的潜在需求者。根据第十章第五节的分析，中国农民工失业保险参保率为7.09%。农民工的社会保障水平如此之低，一旦就业发生问题，他们就会成为社会中非常困难的群体。他们不仅会寻找现在的准贫民窟作为栖身之地，极端困难的还可能私搭乱建，并可能选择过激的手段对付执法清除，从而成为社会中具有破坏性的力量。

最后，政府能否有效进行城镇管理也是潜在的问题。中国现在的城市管理是有效的，但这种有效管理往往和野蛮执法相联系。随着公民权利意识的觉醒以及民主化的进程不断向前推进，过去基于一定程度野蛮执法的城镇管理可能难以为继。如果将来缺少有效的城镇管理体制有效管理城市，当民众私搭乱建时没有足够的权威和能力及时拆除这些私搭乱建的房屋，贫民窟就有可能出现甚至蔓延。

三　中国贫民窟的防治

根据以上分析，中国贫民窟的防治要在以下四方面加大力度。

第一，要加快农村改革，加快城镇化进程，尽快减少农村剩余劳动力，降低来自农村和农业的风险。根据 2013 年《中国统计年鉴》，2012 年占全国劳动力 33.6% 的农业劳动力只生产出 10.01% 的GDP，为实现城乡收入均等化只需要 10.04% 的农业劳动力。这就意味着有 23.59%（33.6～10.01）的农业劳动力及其家属存在进入城镇的潜在可能，存在随时可能因某些情况的改变而大规模涌入城镇的风险。对此最好的办法就是，加快其逐渐进入城镇的步伐。为此，要加快农村土地制度的改革，加快实现农村土地的流转和农业的规模经营，从而提高农业现代化水平。这也是防范来自农产品国际市场风险的根本。加快户籍制度的改革，这样可同时加快城镇化进程和农民工市民化进程。

对于比较可能演化成贫民窟的城中村，除加快改造外，更要采取有效措施防止其形成，对此下一节将有详细讨论。

要重视中国农业生态环境不断恶化的地区。如果这些地区的农业发生重大问题，引发农民大量涌入城镇，就相当容易导致贫民窟现象的发生。农业生态环境的恶化既表现为渐进性，也存在突发的可能，比如因天气甚至气候的重大改变。

第二，加快中国的改革。目前中国的改革存在巨大的红利，有待开发。加快改革是为了保持中国经济健康发展的基本举措。现在中国的诸多经济问题都和改革不深入彻底有关。中国经济的健康发展可为农民工进城就业提供保障，这就破坏了贫民窟出现的重要条件。

第三，加快整个社会保障体系的建设，特别是针对农民工的社会保障体系的建设。要依据农民工收入低、流动性大和逐步向城镇转移的特点，分阶段逐步建立农民工迫切需要的失业保险、工伤保险、大病医疗保险、养老保险等救济、救助性质的保险制度，以保障农民工的合法权益，探索建立农民工住房公积金制度，提高农民工生活保障。

第四，积极探索新的有效的城镇管理体制。要研究在公民权利意识的不断觉醒以及民主化进程不断向前推进的条件下中国城镇管理。要积极寻找可有效替代不文明甚至野蛮执法的替代措施。从根本上来说，这是一个宏大的系统工程，涉及整个社会重大的改革，包括思想文化层面的改造。比如，如何培养民众普遍的遵法守法的思想意识，增强民众民主的素养，提高民众的教育文化素养等。

第四节　城中村的形成及解构

纵观世界各国的城镇化进程，只有中国在城镇化过程中形成了大量的城中村。城中村在没有改造前，往往表现为杂乱无章的建筑，凌乱的布局，一线天的街道，卫生水准差的环境，以及高犯罪率等。由于城中村的村民靠出租房屋能获得可观收入，其收入效应使得不少具有劳动能力的城中村村民失去正常的工作动力，有的选择仅靠房租生活，终日无所事事。有的年轻人由于生活来源有了保障，甚至可生活得相当富裕，接受教育的动力也大为降低。城中村改造后，虽然外观大为改善，但相当一部分人靠租房为生的生活方式仍然在继续。因此，有人把城中村现象视为城市病，可以这样说，城中村是中国城镇化过程中所形成的怪胎。因此，需要研究城中村的形成及解构。

现在中国的很多城市正如火如荼地改造城中村。城中村从形成到改造要耗费巨大的资源，因此要防止城中村形成，这就需要首先深刻理解城中村的起源。关于城中村的起源问题，目前国内学术界多有讨论，但更多的是从城市规划的角度，把城中村的形成更多地解释为规划的缺陷：没有及时对将要并入城市建成区的村庄及时进行规划。我们暂且将这类解释称之为"规划论"。

显然，如果能及时把城中村的建设纳入城市规划可能不会使得城中村的问题发展到今天如此严重的地步。但"规划论"有两个问题：一是可操作性，即现在经济条件较好的村庄，即便远离城市，也已经建筑密集拥挤、杂乱无章，城市规划很难过早地介入这些村庄的规划和建设；二是在进行城中村改造时，"规划论"往往更多地强调建筑布局规范等方面或城中村外表，而忽视改造城中村居民的生产方式和生活方式。

城中村起源的原因和改造相当复杂。以下侧重从制度方面分析中国城中村的起源，权且称之为"制度论"，相信通过这样的分析能够寻找到城中村形成的更深刻的原因，在此基础上，从制度层面来分析如何防止城中村的出现。

一　制度审视：为什么西方城市没有城中村？

在一国城市化过程中形成如此众多的城中村是一个具有中国特色的城市化现象，是中国特有的制度环境产物。为了说明这一点，我们不妨先探讨为什么在西方发达国家的城市化过程中没有出现中国式的城中村。

美国因农民拥有耕地广大，从来没有形成过村落，所以不去说它。在欧洲，村庄曾普遍存在，在城市化的过程中也有一个城市包围农村村庄的问题。但为什么原来的村庄没有在城市中整体保留下来从而形成城中村呢？有两项制度值得关注：一是土地私有制；二是没有限制农民转化为城市市民的城乡分隔的户籍制度。

设想一个城市发展到其边缘已接近一个村庄。这时，村民所拥有的农地价格上升。在自由的市场制度条件下，谁能最有效地利用某一块土地就会转为其所用，而非谁拥有这块土地。其机制为，如果土地已进入市场，当然，谁能最有效地利用这块土地谁就可出最高的地价或地租，当然土地也就归其拥有或使用。如果土地还在为土地所有者使用，但使用土地的效率不是最高的，这时能更有效使用这块土地的人就可能要购买或租赁这块土地。由于这一交易对双方有利，土地就会通过买卖或租赁转到更有效的使用者手中。这是市场经济配置资源的机制。当用于城市建设的收益大于用于农业的收益时，原土地拥有者就会或卖或租出这块土地，使之用于城市建设，由此从土地中获得更高的收益。这里的一个制度前提是土地私有，土地所有者对土地能行使充分的处置权。

除了土地私有外，没有中国式的城乡分隔的户籍制度也是土地按效率原则进行配置的制度前提。设想，虽然土地在农民手中使用效率不高，但农民离开土地后难以寻找到更合适的就业机会，如果转移到城市就要遭受种种歧视，土地的有效交易就难以实现。而在西方，恰好没有中国式的城乡分隔的户籍制度，和土地分离的农民可以比较容易地转到城市就业，而且农民到任何一个城市都可以像一般市民一样享受所有的社会福利。这样，原来的村民经过这样一个过程很快分散到城市中，不会在原来的村庄聚集形成城中村。

二　中国城中村形成的制度因素

为什么在中国城镇化过程中就会形成城中村呢？从制度层面上来分析，至少有两项制度发挥了作用：一是现行的农村土地集体所有制；二是城乡分隔的户籍制度。

同样设想一个城市发展到其边缘已接近一个村庄。如果我们用土地的地租反映土地使用的效率，这一地租可以表示为土地的农业生产的收益和农业生产成本之差。土地用于农业生产在目前的中国效率较低，用于城市建设则效率明显提高。这时村庄的土地用于城市建设是更经济合理的安排。于是，有了一位开发商要开发这块土地。但他必须通过政府获得，政府首先征用这块土地再拍卖给开发商。

这里有两个值得注意的事：一是由于土地集体所有，农民的土地不是通过农民和开发商的个别谈判来进行交易的，而是以政府对土地的征用的方式来实现。出让土地的款项除分配给村民外，通常会截留一部分归村委会集中统一支配，土地的集体所有制产生了集体经济。此外，村集体经济还包括一些村办企业和沿街店面的出租等。这些资产往往对村民承担着某种社会保障功能，而村民要享受这种福利往往要求不离开原来的村社区。二是在目前中国城乡分隔的户籍制度下，农民很难像西方发达国家的农民那样转为城市市民并享受城市市民的待遇，如失业救济和退休金等。这样，随着土地不断被征用，村民尽管很难继续从事农业，但往往还会选择在原来的村庄寻求就业机会，这时出租房屋就可能是他们很自然的选择，因为有大量低收入人群需要低房租的住处。此外，农民普遍重视血缘、地缘关系，更加促使农民更多地选择在原来的村庄居住，这就使得原来的村庄在城市中长期保存下来，形成城中村。

三　城中村的改造：一项多维工程

城中村的产生首先是目前土地制度和户籍制度使然，而"规划论"强调的规划不及时也是重要原因之一。城中村产生所涉及的制度是大制度，非短期所能改造。但地方政府也非无可作为。下面侧重在地方政府层面探讨如何防止城中村出现及城中村改造。

与其在城中村形成后再加以改造，不如限制城中村的形成。把在将来一定时期要成为城中村的村庄的建设尽早纳入城市规划体系不失是一种措施。建议在城市发展到近期就要覆盖现在的村庄时，政府登记村庄的不动产，将村民建房纳入城市规划部门的审批体系，限制新建房屋的增加，对擅自建成的房屋不纳入征地补偿的范围。当农地被征用到使得大多数村民不能以农业为主业时立刻着手改造，把对村庄的改造纳入整个城市的规划体系。这时一方面补偿费用低，另一方面还有部分农地可供开发，比较容易吸引开发商来开发。而等到城中村形成后再改造往往只能局限于在城中村原址上进行，开发的空间就显得狭小，和农民协调的难度加大，开发商的利益也就比较小，难以进行商业开发，这也是现在不少城市希望尽快改造城中村却难以吸引到开发商的主要原因。

改造城中村，首先要理解城中村。城中村是多维的，除了杂乱无章的建筑，还有以租房为主要收入来源的生活方式，以血缘、地缘和原农村社会关系为基本纽带的社区，一种封闭保守的农耕文化形态……因此，要改造城中村，除了拆旧房建新房外，还要改变城中村村民的生活方式，解构传统的社会关系，让城中村开放并最终融合到现代城市。那么，如何才能做到这些呢？

第一，要瓦解村集体经济。中国的村集体经济是一种很奇特的经济：不是企业但又有部分企业功能，比如有的村有村办企业和租赁沿街店面；不是一级政府但又有一定政府的功能，如收缴村办企业的部分盈利，向村民集资，类似于政府向企业和民众征税；向村民提供一定的转移支付，类似于政府给民众提供转移支付；承担一定的村公共设施建设和维护，类似于政府的基础设施建设和维护等。但村集体经济作为企业，其产权不清，没有明确的股东；作为一级政府，没有明确的法律基础，而且缺少有效的监督和严格的审计。村集体经济除了带来普遍的贪污腐败问题，还使得村民形成了某种意义上的经济共同体，而从这个经济共同体受益又要以不脱离这个共同体为前提，这使得村民在城中村改造后仍倾向于集中居住，保持原来村的组织架构。

建议在城中村改造前对村集体财产进行审计，非货币资产尤其是经营性资产通过拍卖使之货币化，原则上将全村货币化的资产分配给村民，使集体经济彻底瓦解。将村委会改造成居委会，并与城市中的一般居委会一样从国家预算中获得经费来源。

第二，如果政府在城中村改造中获得的拍卖给开发商的土地的价格和给村民的补偿款存在差额，应将这部分差额首先用于为每个成年村民提供低保、医疗保险和养老金，让经过城中村改造的村民完全享受到与一般市民同样的社会福利，使他们的基本生活有着落。

即便这一差额不足或没有，政府也应该承担这一责任，其中原因之
一是政府在过去征用城中村农地时已获得通常是巨大的卖地和买地
的差额款。

第三，对居民的拆迁补偿原则上为货币补偿，有着多重意义。
一是获得货币补偿后的村民根据自己的情况各自寻找适合自己的住
处，融入以业缘和契约关系为基础的社区，从而瓦解以血缘、地缘
和原农村社会关系为基础的社区。而目前普遍采用的补偿方式是房
屋补偿，原地集中安置，这就难以打破原有的血缘、地缘和原农村
社会关系，不利于城中村村民彻底融入现代城市社会。

二是在一个城市，不同区位的房价是不一样的。如果原城中村
改造后成为高房价社区，也不是原村民就业的主要区域，这时如果
原村民仍就地安置则是资源配置的浪费。这些村民应到房价低和距
离自己就业场所近的社区居住。设想，假如城中村经改造房价每平
方米 5000 元，而同样质量的房屋在另一个社区只需 3000 元，如果这
两处地方对城中村居民来说基本无差别，则村民在居住同样质量的
100 平方米的住房的条件下，资源配置浪费达 20 万元。如果城中村
村民获得货币补偿，则可找到最适合自己的区域和最适合自己的房
子居住，其结果一定是多赢的。

三是城中村改造通常要耗时两年甚至更长的时间。如果村民回
原村安置，就要在至少两年的时间内居住在临时住所，这必然给村
民带来很大的不便。如果采取货币补偿，则补偿可一步到位，村民
不需要二次搬迁。

四是根据我们调查，给村民补偿的房屋有的存在严重质量问题，
而这与开发商不重视补偿给村民房屋的质量有关，也与村民没有对
住房的选择权有关。如果村民补偿的是货币，手中有了购房的货币
就可以购买任何开发商开发的房产，当然也就成了房产市场中的
上帝。

五是改变村民主要靠出租房屋为生的生活方式。根据调查和观
察，不少城中村村民一方面通过租房可获得可观收入；另一方面，
由于缺少在城市就业的一技之长，往往只好选择以租房为生。平时，
除了收房租和接洽租房业务外，大部分时间无所事事。而且由于租
房提供了稳定的收入来源，村民子女以及村民本身受教育培训的意

愿也比较弱，非常不利于村民素质和谋生能力的提高。这一现象也是中国在城镇化过程中所特有的。如果不是直接补偿房屋而是采用货币补偿，就会有利于让这些村民迅速实现就业转型，成为城市的劳动者，而非主要是城市的消费者。

以上这几条强调的是从多维视角改造城中村，不仅要改造城中村的房屋街道，而且还要改造村民的生活方式，改造城中村中的社会关系，使之能比较迅速和充分地融入现代城市社会。否则，虽然城中村的房子拆了盖上了新的，但村民以血缘、地缘为基本纽带的社会关系还将继续，封闭保守的农耕文化还将继续，村民的生活方式还将代际相传，城中村的改造只是表面的。

如果中国实行土地私有制而非集体所有制并由此形成集体经济；如果取消城乡分隔的户籍制度，中国就不会形成城中村这一中国城镇化的难题，这些现存的城中村的居民早已脱离农业，而非在村庄只剩很少土地时还有不少村民在狭小的地块上坚持农业生产，甚至到无地耕种时还坚持做无地可种、无工可打的"农民"，中国的农业人口会更快速地减少，从而在农业生产包括粮食生产中，实现土地和劳动的有效配置。

第十三章
中国户籍制度改革

中国实现"三化"协调发展要求，在工业化和农业现代化发展过程中，在农村所形成的剩余劳动力能及时顺畅地转移到城镇从事工业和服务业，而转移到城镇的农民能尽快市民化，即享受和当地市民同等的经济权利和政治权利。这也是以人为本的城镇化的基本要求。西方"三化"协调发展做得比较好的国家莫不如此。然而，中国实行了城乡分隔的户籍制度，在很大程度上阻碍了这一进程，是导致中国"三化"失调最重要的制度之一。本章研究中国的户籍制度改革。

第一节　中国户籍制度的形成及问题

中国今天的户籍制度有一个漫长的演变过程，并在这一演变过程中形成了很强的路径依赖。因此要讨论今天中国的户籍制度改革，就要回顾和总结中国户籍制度演变的历史，从中发现对今天户籍制度改革有价值的启示。

一　中国户籍制度的产生和发展

中国的户籍制度历史悠久。在不同的历史时期，形成了不同的户籍制度。我们以 1949 年中华人民共和国成立为界，回顾并评析不同历史时期的户籍制度。

1. 1949 年之前中国户籍制度的演变

户籍制度，也被称为籍账制度，是古代各级政府用以稽查户口、征收赋税、调派徭役、维护统治的基础制度，也是国家对人民实行道德教化、人身控制的重要途径（张谦元，2012）。户籍制度最初的功能是了解人口数量，后来发展为对百姓的管理。

中国古代户籍制度萌芽于商代，西周时期产生雏形，至秦汉正式形成。

据甲骨文记载，商王朝已开始实行人口登记制度，有"登人"或"登众"的记载，"登众"即临时征集兵员。如殷墟甲骨卜辞"辛巳卜，贞，登帚好三千，登旅万呼伐"，"登人三千呼战"等（张谦元，2012）。由此可见殷商时期中国户籍制度的萌芽已经形成。

西周时期实行乡遂制和大比制。据《周礼》记载："令五家为比，使之相保；五比为邻，使之相受；四闾为族，使之相葬；五族为党，使之相救；五党为州，使之相赒；五州为相乡，使之相宾"，"五家为邻，五邻为里，四里为酇，五酇为鄙，五比为县，五县为遂"。又设立"司民"这一官职对人口进行登记核实，每隔三年就要进行一次人口的统计，称之为"大比"。可见当时已经出现了早期的户籍登记。

春秋战国时期，兼并战争不断，各诸侯国为扩大兵源，增加赋役，纷纷建立自己的户籍制度，代表性的有书社制度。书社制以二十五家为一社，"社之户口书于版图"。春秋时期齐国的管仲改革把人划分为"士农工商"四个阶层，后代只能从事相应的职业，不能改变。这对后来历朝历代的户籍制度产生了深刻的影响。

秦国早在商鞅变法时就开始了户籍制度的改革。在全国范围内登记男女户口，"生者著，死者削"。"令民为什伍，而相牧司连坐"，"民有两男以上不分异者，倍其赋"，"令民父子兄弟同室内息者为禁"。秦统一六国后，沿袭以前的什伍制，推行了更为完备的户籍制度。把全国男女老少登记造册，登记的内容非常详细，有户主的姓名、籍贯和年龄还有田产等。

西汉实行编户齐民制度，在中央和地方都设有专门管理户籍的官员。编户齐民，就是按土地来编排户口，按民数来授田地，其目的在于让农民能安土乐耕（陆益龙，2003）。在秦律的基础上，西汉又制定了《九章律》，其中的"户律"成为中国历史上首次用法律来规范的户籍制度。

魏晋南北朝时期由于战乱不断，大量北方流民逃往南方。为加强管理和课取赋税，东晋实行"土断"制度，即编制"黄籍"和"白籍"，根据土地情况把北方流民编入"白籍"，把南方居民编入"黄籍"。

隋代实行输籍定样制。隋文帝即位后，推行保闾族里党制。《隋书·食货志》记载："制人五家为保，保五为闾，闾四为族，皆有正，畿外置里正，比闾正党长比族正，以相检察。"

唐代继承并发展了隋代的户籍制度，三年一造户籍，由民户自己申报户口、田产，据此划分户等，征收户税。为了防止百姓躲避赋税，还实行了"貌阅"制度，即地方官员详细记载居民的相貌特征和疾病情况。

宋代采用五等丁产簿，记录各户的人口和财产，并根据田产和人口划分为五个等级。公元 1070 年，王安石变法推行保甲制，规定："十家为一保，选主户有干力者一人为保长，五十家为一大保，选一人为大保长，十大保为一都保，选为众所服者，为都保正，又以一人为之副。"

元代基本沿袭宋代的户籍制度，按照田产和人口划分户口等级。不同的是，元代在基层实行村社制，以五十家或一百家为一社，并设置社长。还在村口放置鼠尾簿，登记人口流动情况。

明代推行"户帖"，主要登记姓名、籍贯、丁口、年龄和财产状况等。在农村设置里甲，加强对农民的管理，要求邻里相互监督，规定"农业者不出一里之间，朝出暮入，作息之道相互知"，任何人离乡百里，都要持"路引"，也即离乡的证明。明中后期，张居正改革推行"一条鞭法"，对人口流动的管控才有所缓和。

清代虽然也实行保甲制，但对于人口迁移的管控已不像明代那样严格。雍正年间推行"摊丁入亩"，不再按人征税，而是按照耕地征收。换句话说，就是只向土地要钱，国家财政税收的增加需要靠耕地的增加来实现。所以清代特别是雍正以后有放宽户籍管制的趋势。

1912 年中华民国成立，中国进入现代国家时期。其户籍制度既有对以往农业社会户籍制度的继承，特别是清末宣统时期的《户籍法》，也包含民国时期吸收西方以及日本的相关制度。值得关注的是，民国时期的户籍制度主要强调对户口及其变动的合法登记，没有对百姓自由迁徙有过多的限制。这是民国时期市场机制能比较好地发挥作用的重要制度保障。但民国时期自1927年始一直有国共冲突。为了剿灭共产党领导的军事力量和亲共分子，国民政府在基层推行保甲制，将每户编号，用来严查人口流动情况。

通过对1949年前中国的户籍制度历史演变的回顾我们不难发现，历朝历代的户籍制度无不与赋税制度、土地制度相辅相成。在农业社会时期，户籍制度强化了政府对人口的控制，对维护统治起到了至关重要的作用。中国古代户籍制度具有以下三个基本特点：

一是治理性。古代户籍制度深刻体现着"治民"的特点。在农业社会，国家的财政税收通常要从人口和土地中获得，征发徭役也需要对人口的有效控制，因此历朝历代为维护统治都十分重视对人口的管理和控制。

二是等级性。古代把人按职业划分为"士农工商"四个阶层，"士"是统治阶层，地位最高，而商人则通常被视为"贱民"，也就有了"万般皆下品，唯有读书高"的价值取向。

三是世袭性。古代通常把人按职业划分，世代只能从事一种职业。如明代将户口种类分为氏户、民户、军户、匠户等几类，后代只允许从事相应的工作，不得随意更改。

2. 1949年后中国户籍制度的发展

1949年中华人民共和国成立后，为了维护社会治安，公安部于1950年8月制定《关于特种人口管理的暂行办法》。这里所谓"特种人口"主要指反革命分子和可疑人员。

1951年国家颁布了《城市户口管理暂行条例》，这是中华人民共和国最早的一部户籍法规，明确规定人民具有迁徙自由。由于在人口迁徙上没有过多的限制，中华人民共和国成立初期，城乡人口流动十分活跃。据统计，1954～1956年，全国人口自由迁出、迁入总数达7700万人（张雷，2009）。大量的人口流入城市，给城市的物资供应和管理造成了一定的压力。1953年政务院出台《关于劝阻农民盲目流入城市的指示》，规定未经许可的部门不得面向农村招工，并又于随后的1954年、1956年和1957年相继出台类似的法规禁止农民流入城市。

"一五"期间，国家大力发展重工业，鼓励农村青年到城市就业，对粮食需求的增加给本来就已经紧缺的粮食供给造成了更大的压力。为了使粮食供应长期稳定，国家于 1953 年 12 月开始实行粮食统购统销，对城市居民按月定量供应商品粮，而农民则享受不到商品粮。为了划分"市民"和"农民"，1958 年 1 月全国人民代表大会常务委员会通过了《中华人民共和国户籍登记条例》，以吃计划供应的商品粮作为户口划分的依据，正式确立了以商品粮供应为基础城乡分隔的户籍制度。

1958 年 5 月国家开展了以快速实现工业化为目标的"大跃进"。大办工厂、"大炼钢铁"，从农村招收了大量的民工，加速了城镇化的进程，职工数量迅速增加。

由于经济政策的失败以及和苏联外交关系的恶化，这一时期粮食产量锐减，甚至一度出现严重的饥荒。为了保证粮食供应，1959年中央出台了《关于制止农村劳动力流动的指示》，强制遣返已经流入城市尚未找到工作的农民回到原籍。

1978 年改革开放后，随着乡镇企业的发展，不少农民选择就近到乡镇企业就业。与此同时，国家也开始不断放宽户籍政策。1984年 10 月国务院出台了《关于农民进入集镇落户问题的通知》，准予在城镇有固定住所或在城镇长期务工的农民落户城镇，统计为非农业人口。

1984 年 4 月颁布了《中华人民共和国居民身份证试行条例》，在全国推广使用身份证，在户籍管理上迈出了重要的一步。

2014 年 7 月 30 日，国务院印发了《国务院关于进一步推进户籍制度改革的意见》，提出将建立城乡统一的户口登记制度，取消农业户口与非农业户口性质区分和由此衍生的蓝印户口等户口类型，统一登记为居民户口，体现户籍制度的人口登记管理功能。这是中国户籍制度改革向前推进的重要步骤，但中国的户籍制度改革仍任重道远，对此本章下一节将有详细讨论。

二　中国户籍制度的问题

1. 城乡分隔的户籍制度的建立从开始就是一个错误

中国特有的城乡分隔的户籍制度从法律上实现了对农村人口转为城镇人口的严格限制。一个流行的观点是，这在当时有其合理性，问题出在没有及时调整。但从后来农民工进城务工、经商的实践来看，既有利于农民又有利于城镇居民，有诸多好处。然而，中国城乡分隔户籍制度严重阻碍了中国城镇化进程，导致农村剩余劳动力不断积聚，劳动力节约型的各种先进农业技术很难在农村推广，农业机械化水平长期难以提高，农业劳动生产率长期低下，进而导致农民收入难以大幅提高，城乡收入差距不断拉大直至今日。如果当时不实行户籍制度，市场也会发挥类似的作用。比如，1959年强制遣返已经流入城市尚未找到工作的农民回到原籍。如果这些人长期找不到工作，也会选择回到农村，并不一定要动用政府力量实行带有侮辱人格性的"强制遣返"。

2. 不利于统一高流动性劳动市场的形成

市场促进"三化"协调发展的机制有效发挥作用，要求存在统一高流动性的要素市场，特别是劳动市场，这样资源在价格指引下自由流动，实现有效配置。但城乡分隔的户籍制度严重限制了农民离开农村在能获得更高收入的城镇就业，使得城乡出现两个劳动市场，导致劳动力配置的低效率。

3. 中国城乡高收入差距的重要原因

在存在城乡收入差距的条件下，如果存在统一高流动性的要素市场，尤其是劳动市场，则通过农村劳动力不断向城镇转移，可逐步消除城乡收入差距（樊明、喻一文等，2013）。但如果存在城乡分隔的户籍制度，农村劳动力向城镇转移就将受到严重阻碍，成为导致中国高城乡收入差距的重要原因。

4. 通过户籍制度把一国公民分等级完全有违现代公平精神

农业户口和城镇户口代表不同的身份等级和权利。这种通过政府给公民不同的身份并由此导致其政治、经济地位的等级差别，完全有违现代社会平等精神。从这个意义上来说，我们在政治上还只到达欧洲封建社会的水平。从事农业生产只是一种行业选择，不可以因从事这个行业其政治地位被贬低，否则就此中国的农业现代化难有希望。中国是一个农业大国，但农学教育却相当落后。很显然，当从事农业与政治地位低下相联系在一起时，就很难大规模吸引非常优秀的人才来学习和从事农学。

5. 城镇居民和农村居民都是城乡分隔户籍制度的受害者

在讨论中国城乡分隔的户籍制度时，人们通常认为农民是这一落后制度的受害者，其中隐含着城镇居民是这个制度的受益者。其实不尽然。中国农村长期落后，城镇居民所消费的农产品的价格就会高，因为生产成本高。广大农村人口本可是城镇经济的巨大市场，但如果农民很穷，这个市场就有限，影响了城镇经济的发展，城镇居民因此减少收入。农村落后就需要国家支持。但落后的农村赋税有限，这样对农村的支持就只能主要靠城镇居民纳税了，尤其在取消农业税后更是如此。本来中国的经济并不发达，城镇居民的纳税用于城镇建设并不富裕，但还需拿出相当大的部分支持农村，必然影响城镇建设和城镇居民生活水平的提高。农村落后，农民就相对落后。于是，城镇人最终和这些城里人可能有些看不惯的农民兄弟做同事，做邻居。其实这也是城镇居民和农村居民为城乡分隔的户籍制度共同在付出代价，因为这时农村人也并不舒服，他们会有被歧视感。因此，改革中国城乡分隔的户籍制度应是城乡居民的共同的利益诉求。然而，城镇居民在讨论户籍制度改革时总带有一种施舍的心态，这是不正确的。

三　当代户籍制度改革实验

破除城乡二元结构，推动城乡协调发展，户籍制度改革是很好的切入点。近年来一些地区率先开展了户籍改革探索，取得了宝贵的经验。

作为改革开放的前沿和人口第一大省，广东在户籍制度改革方面一直积极探索，明确提出："加快户籍制度改革，实行差别化落户政策，逐步解决长期进城务工人员及其家属落户问题。"广东规定，凡在城市有固定住所、就业的大学本科以上学历毕业生，均可在广东大中城市落户。2006 年，广东在佛山、深圳、东莞、中山等地开展农转非工作。2009 年又实施了《广东省流动人口服务管理条例》，给予居住证持有者以城市居民待遇。2010 年，广东在全省推行积分入户制，三年的时间里有 120 多万的外来人初步通过积分、高技能人才的方式落户广东。此外，广东省还率先实行了异地高考政策，允许通过积分入户的异地务工人员的子女在广东省参加高考，并可与广东省本地户籍考生同等录取。

重庆市作为统筹城乡综合配套改革试点，近年来，在探索城乡一体化方面也取得了一定的成绩。重庆市市长黄奇帆强调重庆户籍改革工作遵循"五个禁止"：不许下达指标搞考核，不许转户与当事人利益挂钩，不许强迫转户，不许强迫农民退地，不许以转户作为招收或辞退农民工的依据。

自2010年8月启动户籍改革以来，重庆市颁布实施了《重庆市统筹城乡户籍制度改革农村居民转户实施办法（试行）》，807个派出所开设"农转城"办理窗口，专门受理符合条件的农民转户申请。《重庆市户籍制度改革农村土地退出与利用办法（试行）》《重庆市统筹城乡户籍制度改革社会保障实施办法（试行）》等配套文件也同期颁布施行。仅一年的时间里就有超过300万农民转入城镇户口，其中有46.7%的人选择居住小城镇，26.3%选择居住区县城，27%选择居住主城区。黄奇帆明确表示，转户不以退地为前提，农民自愿退地，退地收益自由处置。整项转户工作不存在以土地换户籍、以土地换社保、以土地换城市待遇的概念。

虽然各地进行了户籍制度改革的尝试，取得了一定的效果，但总体上来讲，问题依然很多，户籍改革仍然不彻底，主要表现在以下几方面。

一是户籍改革配套措施不完善。户籍制度改革的重要目标是让农民享有和城镇居民同等的待遇，而不仅仅是把农业户口变为城镇户口。有的地方虽然进行了转户，但是其他的配套措施没能跟进，没有让农民实质上享受市民待遇，有的措施甚至违背了改革方向。有的地方规定转户农民必须要在城里买房，而政府在住房优惠方面没有配套措施，结果许多农民负担不起高房价，进城也就变成了空谈。

二是农村土地补偿问题。农转非之后原有的农村土地如何处理是一个很大的问题，涉及多方利益。一些地方的户籍改革以土地换户口，农民没有从土地中获得补偿；一些地方在征地过程中出现腐败现象，侵害农民利益的事情时有发生。

三是大中城市户籍管制依然严格。近几年进行的户籍改革主要集中在小城镇户口上，而一些大中城市户籍门槛依然很高。目前大多数城市落户要以住房来衡量，对于很多农民来说仍然负担不起，因此户籍改革只能停留在表面。

四是对农民转为城镇户口后留在农村的承包地如何处置并无明确安排。重庆市强调"不许强迫农民退地"，但如果农民获得了城市户口以及相应的社会福利，同时在农村保留承包地，就会因此将土地加以租赁并收取地租。如果大规模农民获得城市户口后都如此，中国的农业经济将演变成佃农经济，中国农业将面临严重的困难。对此，下节将有较为详细的讨论。

第二节　户籍制度改革研究

前面的分析说明，要实现区域和城乡的协调发展，关键是要建立全国统一高流动性的要素市场，尤其是劳动市场。很显然，中国并没有建立全国统一高流动性的劳动市场，其中一个重要的原因在于，中国所实行的户籍制度是城乡分隔的户籍制度，限制了城乡间、城镇间以及乡村间居民的自由迁徙。其实，中国城乡分隔的户籍制度所带来的问题这些年已多有共识，各地也在不断进行着户籍制度的改革，但如何改革似乎既未达成共识，更没有普遍成功的范例。比如一些城镇在户口形式上都统一为"居民户口"，但问题是一到涉及户口所附加的社会福利待遇时，城乡差别常常就又浮现出来，诸如子女入学、劳动就业、医疗卫生、社保、福利、升职等。郑州曾经放宽入籍条件，导致短期内城镇人口大幅增加，但很快导致学校设施不够用而不得不叫停。中国的户籍制度改革之所以进展不大，很重要的在于，中国的户籍制度改革涉及一连串的问题，必须统筹解决方可有所成效。本节讨论如何改革中国城乡分隔的户籍制度。

农民进城后，其在农村的承包地如何处置是一个重要的问题，关系到未来城乡的收入分配以及中国农业能否健康发展，能否有足够的竞争力参与国际农产品市场竞争的大问题。

先从农村土地制度说起。中国农村土地制度实行的是集体所有制，以村为单位把土地平均分配给村民由其承包耕种。这种土地制度导致中国的农业成为典型的小农经济，农民的农业收入很难提高，问题甚多，对此《种粮行为与粮食政策》一书有详细讨论（樊明等，

2011）。为了解决这一问题，这些年鼓励农村土地流转，希望土地能集中到部分善于种田的能人手中，剩余的劳动力则转移到城镇就业。这一设计从农村的局部来看，不失为一个解决小农经济问题的方案，既可使得农村土地适度集中实现一定程度的规模经营，也不改变现行土地制度而让对土地集体所有制有特别偏好的政府为难。

现在设想，如果从农村土地分离出来的劳动力到城镇就业后落户成为一般的城镇居民，则就可能出现这样的情形：现在中国的户籍农民估计有65%，如果将来保留10%的农民种田，这就意味着有55%的城镇人口至少拥有农村的土地承包权，他们要凭借这种土地承包权获取地租和其他利益。这就意味着，将来有55%的城镇居民是居住在城里的"地主"，每年要到农村来收地租。我们把这类地主称为"新型地主"。农业本不是高盈利行业，如果占人口10%的农民向这个国家的一半以上的人缴地租，农业还怎么经营？如果再考虑到世界上大多数国家的农民是自耕农，尤其是农业发达的欧美国家，而中国的农民基本是佃农，中国的佃农如何和世界上的自耕农在统一的国际市场竞争？

这一分析就意味着，户籍制度的改革必须使得离开农村获得城镇户籍的农民放弃在农村的土地承包权，在农村种地的农民必须以自耕农为主。

现在有些城市为把部分优秀的农民工接收为市民并控制入籍农民工的规模，实行农民工积分制，即只接受分值达到一定标准的农民成为本市户籍居民。这样的做法仅从城市的角度也可以理解，但如果不要求入籍的农民放弃农村土地承包权，问题是同样的。

我们要吸取日本、韩国土地改革的教训。土地改革后没有适时实现土地的规模经营，导致这些国家不得不选择高农业保护以避免这些国家的农业和西方发达国家的农业直接竞争，但代价是本国人民为购买农产品支付高价格。现在可以让农民交出承包地的最佳方式就是，让农民用土地承包权换取城镇正常市民的身份及相应的福利。如果大批农民进城后成为正常的市民而农村的土地承包权仍然保留，则中国农业将非常困难，除非再来一次土地改革来实现土地在农村集中，同时农民不再向过去的农民而现在早已是正常城镇市民的人缴纳地租。然而，这涉及重大的利益调整，占人口一半以上的城镇"新型地主"不会轻易放弃手中的土地，就像现在日本、韩国在城镇就业的原农民顽强保留在农村的土地一样，尽管国家有政策鼓励拥有农村土地但在城镇就业的原农民放弃在农村拥有的土地。如果中国也到了那种情形，国家已缺少较好的经济手段来与城镇"新型地主"做土地交易了。

在具体讨论户籍制度改革之前，我们不妨先讨论一个问题：为什么一个国家要有户籍制度？至少有三项功能：一是用于统计人口从而使政府能对民众实施有效的管理；二是决定政治权力在区域间的分配，如果政治权力分配基于区域人口数量，如选举人大代表等；三是明确具体到个人或家庭的地方利益的受众范围，如一个地区决定最低生活保障标准，或发放某种补贴等，一定要明确其受众的范围。

实现以上三种户籍制度的功能，特别是第三项功能，就要求个人（或家庭）做出贡献和享受地方社会福利在区域上的一致性。国家被划分为不同的地方，不同地方的人在其土地上创造了财富，其中部分财富归个人，部分纳税。纳税又分为国税和地税两部分。地税用于地方，包括建各种公共设施如学校，建立各种社会福利，如最低生活保障。如果来了一个外地人，不管是从农村还是从其他城镇来，还没有对这个地方做出贡献，就要和当地人一样享受这些社会福利，就会有损当地人的利益，除非每个地方都对等地对待外地人来落户，就像现代西方国家所实行的那样。但在城镇间、城乡间发展水平存在相当差异的条件下很难做到，如中国当下的情形。

此外，一个城镇所拥有的财力是有限的，只能为本地居民提供公共设施服务和社会福利，没有能力为太多的外来人口按当地户籍居民的标准提供公共设施服务和社会福利。比如一位农民到一个城市来打工。如果在其工作时间还不长因而对该城市的贡献还不大时就要求享受这个城市的最低生活保障也不现实，因为一个城市的社会福利主要靠该城市居民纳税，福利资金是有限的，无法给太多的人提供低保。但如果一个人已经在一个城市工作了一定的时间因而已经做出了一定的贡献并进而要求和其他市民一样享受低保，问题就比较好解决。这样的人首先已为这个城市做出了实际的贡献，积累了相应的资源，且这样的人数量应不会太多，因为要以在这个城市工作一定时间为前提条件。

通过以上分析，我们可以看出户籍制度改革的要点：通过户籍确定一个人为一个地方所做贡献从而可确定其享受的福利。

这里，我们可以考察并借鉴一下美国的个人所得税申报制度。与本问题相关的有这样一些要点：每个月雇主向国税局（Internal Revenue Service，IRS）报告每个所雇员工的收入并代扣相应的个人所得税缴纳给 IRS，到年终报告每个员工全年收入。次年的 4 月 15 日前，每个公民（含未就业的）向 IRS 填报上一年为每个雇主工作所得收入（W2 表），并按全年收入根据个人或家庭具体情况计算全年应缴税款，补交应缴和已被扣除的差额，如果已多缴了，则要求 IRS 退税。这样，IRS 可掌握每个公民在每一个地方及每一工作场所的收入状况，同时也掌握每个雇主的工资支出，并以此作为计算其成本、利润及公司所得税的依据。

如果中国借鉴美国的个人所得税征收制度中的一些精神，通过公民个人所得税的普遍申报，首先可确定每个公民就业所在地、个人所得、个人所得税和社保缴纳以及持续的时间。有了这些信息，就可以比较容易确定一个公民是否具备了在某一城市成为正式市民的基础。

对农民来说，当他在一个城市工作一段时间后符合了申请成为一个城市的正式居民的条件，就可以申请，获得批准后享受和这个城市一般市民相同的社会福利，但同时要交出在农村承包的耕地，完成一个从农民成为城镇居民的过程。

通过个人所得税申报来决定一个人的户籍就要求每个公民每年必须填报个人所得税，不管有没有就业，也不管工资高低，有没有达到个人所得税起征点，这在发达国家是通行的规则。

现在有一种流行的观点：通过改革剥离与户籍相关的各项市民权利和待遇，降低户口的含金量。我们认为这一观点值得商榷。作为为地方民众服务的地方政府的基本功能，就是要不断提高当地民众的福利水平，并让当地民众享受到这种福利，并尽量避免其他地方的人来分享，否则地方民众的利益就要被稀释。为了避免其他地方的人来稀释地方民众的利益，办法之一就是通过户籍来确定地方利益的受众范围。好的地方政府的表现就在于，能够提高当地户口的含金量，而不是降低。

最后，要说明的是，任何制度都难免存在一些空间让少部分人恶意从中投机取巧，因为要完全杜绝这些行为所需要的稽查和执法的成本可能会很高。一个社会的制度安排大概也只能做到这样。

第十四章
主要结论及中国
"三化"协调发展路线图

前面章节就涉及中国工业化、城镇化和农业现代化"三化"协调发展多方面的问题进行了研究，本章基于这些研究结果提出中国"三化"协调发展路线图，并回答本书的核心问题：要实现"三化"协调发展，政府与市场应如何分工？

第一节 主要结论

先对以往各章节的主要发现作一简要梳理总结，这是进一步研究中国工业化、城镇化和农业现代化"三化"协调发展的基础。

"三化"协调发展的根本在于资源的有效配置，也可以这样说，"三化"协调发展是资源有效配置的具体表现。

中国现代意义上的工业化、城镇化和农业现代化，最早出现在晚清时期。然而历经一个多世纪的探索，中国"三化"协调发展仍然是一大难题。

晚清时期，随着洋务运动由官办走向官督商办最后走向商办，将工业的发展更多地交给市场，从而取得一定的成功。民国时期，虽战乱不断，但是市场机制仍在发挥作用，"三化"的发展仍表现为一定的协调性。在计划经济体制下，市场促进"三化"协调发展的机制难以发挥作用，"三化"逐渐走向失调。改革开放后，由于改革的不彻底，虽然政府采取了诸多措施促进"三化"协调发展，市场促进"三化"协调发展的机制仍受到限制，实现"三化"协调发展仍有很长的路要走。

在中国传统社会，粮食短缺是常态。重视农业生产、保障人们的基本温饱，是这一时代的基本主题。因此，在中国传统社会的各朝代以农立国，视农为本，担心如果民众弃农经商，则会造成农田荒芜、粮食短缺。因此重农抑商一直是农商关系思想和政策的主流。

晚清在国门被西方列强打开后，思想家们开始学习西方，逐渐认识到发展工业和商业的重要性，进而开始抛弃传统的"重农抑商"思想。孙中山强调农业与工商业相互促进、协调发展，代表着对传统思想的超越。民国时期的重农与重工的争论，提出现代意义上的关于农业和工商业关系的命题。但这一命题直到今天始终没有得到真正解决。

毛泽东主张更多地通过发挥政府的作用来发展经济，忽视市场机制作用的发挥。对市场经济相当排斥，担心市场经济会使中国走向资本主义。毛泽东虽然出身于农民家庭，很重视农业生产，强调合理调整农轻重比例，但深受苏联斯大林模式的影响，走了一条通过牺牲农业发展重工业却不成功的道路。

当代学者对"三化"协调发展有大量的研究，但所提出的政策建议隐含的政策执行者是政府，他们希望通过政府来实现这些良好的政策建议。但政府并非这些学者政策建议合适的执行者，在市场经济条件下，具有可操作性的政策建议应是在政府和市场合理分工的基础上实现的，而市场应发挥主导作用。

马克思主义关于农业与工商业关系及城镇化的思想可以概括为：实现农业集体化，通过基于农业集体化的大规模农庄实现有组织的农业生产并实现农业机械化；通过政府协调农业与工商业、城市与乡村的关系；通过消除分工消除城乡差别、工农差别、脑力与体力劳动差别。其总的解决方案就是实行计划经济。但这一方案有两个问题：其一，政府并不能够通过计划有效地协调这二者之间的关系。其二，由政府通过计划的手段控制农业与工商业，也就消除了竞争，将不可避免地扼杀企业家精神和创业实践，其结果必然是经济的窒息，也就谈不上良好的农业与工商业的关系。马克思试图通过消灭分工来消除城乡差别、工农差别、脑力与体力劳动差别，显然是退回到亚当·斯密分工理论前的水平。

工业化、城镇化和农业现代化"三化"协调发展问题是一个深具中国特色的问题，在西方市场经济国家基本上没有出现过中国式的"三化"失调问题，因此在理论上也缺少直接针对"三化"协调发展问题系统的理论分析。今天我们研究中国的"三化"协调发展问题时，就必须建立关于"三化"协调发展的理论基础。为此，本书提出基于一般均衡价格理论的"三化"协调发展模型，获得的结论为：如果城乡的产品和要素市场是统一流动的，则"三化"协调发展。其基本机制是，各生产要素通过流动以实现最大回报，其结果是实现回报均等化。这时农村劳动力和城镇工人的收入是相等的，否则城镇化进程将持续，假定城乡劳动力是同质的。资本在城乡间自由流动导致利润率趋同。

工业化、城镇化和农业现代化"三化"协调发展需要农村剩余劳动力能及时畅通地转移到城镇就业。一个普遍担心的问题是：如果农民工大量流入城镇，其就业是否会是一个问题？会不会给现有的城镇居民带来就业上的冲击？这是一个非常值得关注的问题，也就是所谓"人往哪里去的问题"。本书提出"劳动市场萨伊定律"，表述为：劳动市场供给创造其自身的需求。这一定律的一个重要隐含就是，农民进城也同时创造出让自己就业的机会。根据167个国家和地区的城镇化率和失业率数据，得出结论：城镇化率与失业率无关。这是关于"劳动市场萨伊定律"重要的支持性的证据。

工业化、城镇化和农业现代化首先发端于西方。各国在工业化、城镇化和农业现代化发展过程中都留下了诸多的经验教训，值得我们总结。基于对英国、美国、日本、韩国、印度和巴西的经验总结获得这样的基本观察：一是良好的市场机制是"三化"协调发展的基础；二是政府对"三化"协调发展发挥着重要的作用；三是"三化"发展不协调往往与政府干预有关。

中国工业化从19世纪60年代始至今已经过一个半世纪的发展历程，其中包含诸多经验和教训。回顾从洋务运动以来中国工业化的历史可以获得以下发现：市场经济制度是工业化能否取得成功的关键。洋务运动时期的工业化逐渐取得一定的成就和政府逐渐放弃对企业的干预有关，从官办逐步走向官督商办，官商合办。民国时期的工业化所取得的成就也和民国时期所实行的市场经济制度有关，如果市场经济制度和和平建设相结合，工业可获得较好的发展。相反，计划经济制度时期中国的工业虽取得一定的成就，但问题甚多，大多和计划经济有关。中国的工业化道路还有大量问题需要探索，核心的问题仍然是市场和政府分工问题。现在中国工业的诸多问题不少和政府对工业的过多干预有一定关系。

中国乡镇企业兴衰值得总结。中国乡镇企业在计划经济所导致的卖方市场条件下取得过成功。当市场经济取代计划经济导致买方市场后，乡镇企业缺少规模经济、聚集经济以及体制等方面的弊端日益显露，终走向衰落。乡镇企业兴盛时曾唤起人们试图走一条农民离土不离乡具有中国特色的工业化和城镇化道路的希望，但乡镇企业衰落后，人们还是念念不忘，表达为试图通过依托新型农村社区兴办企业以解决农民就地就业。这种思想是否过时是值得反思的。

工业化推动了农业现代化，特别是其中的机械化，导致农户可有效耕种的土地面积大幅增加，导致了土地租赁市场供给的减少。工业化给农民带来了到城镇就业的选择，减少了租赁土地的需求，如果租赁土地耕种则要求缴纳完地租后获得和城镇居民相仿的收入，但在发达国家自耕农事实上只能获得与城镇居民相仿的收入。如此，地租下降，租佃制度走向式微。结论是，在土地私有制的条件下，工业化就有瓦解农地租佃制度的功能，其结果是大规模的家庭农场占据农业生产组织形式的主导地位。这也就意味着，只要有工业化以及土地私有制，废除土地租佃制度的改革并非必须。就广受称赞的日本、韩国的温和土地改革来说，也非必须。政府主导的土地改革导致的小农经济，给这些国家的农业经济带来诸多问题。这些国家需补土地市场化改革的课。

中国工业化的历史进程有诸多值得总结的经验和教训：一是市场机制在工业化发展过程中起主导作用；二是规模经济和聚集经济不容忽视；三是现代企业制度对于工业化发展具有重大意义；四是治理环境污染问题需要政府发挥主导作用。

基于1949年以后中国的城镇化发展，我们获得以下基本观察：一是市场机制是推动中国城镇化的基本力量。传统的计划经济体制限制了生产要素的自由流动，难以有效配置资源以有效地推动中国城镇化的进程。二是中国城镇化能否健康发展的关键在于，政府和市场能否合理分工。政府过度地参与资源的配置，就很容易阻碍资源向城镇集中，从而阻碍城镇化的进程。相反，如果资源更多地交由市场配置，则资源就会按照"三化"协调发展的要求，在利益的驱动下，不断向城镇集中。其道理就在于，"三化"协调发展是人们追求利益最大化的表现。

中国城镇发展战略关注的重点是城镇规模结构，诸如"严格控制大城市规模、合理发展中等城市和小城市"。但自改革开放以来，城镇的规模越来越大。目前，关于中国未来是优先发展中小城镇还是大城市的争论依然热烈，各方强调的重点是，中小城镇更具优越性还是大城市更具优越性。然而，这场讨论要有意义首先要弄清楚，在决定城镇规模结构上，政府和市场所能发挥作用的大小。如果城镇规模结构更多地取决于市场，则关于城镇发展战略讨论的意义就相当有限。分析表明，发现大城市的工资水平和公共服务水平要高于小城市，尤其是 100 万以上人口的大城市。没有发现城镇规模与居民幸福感带有任何趋势性的关系。这些发现可以帮助解释，为什么大城市比小城市有更大的吸引力，更能吸引居民就业生活，因而增长速度更快。由此可以这么认为，城镇规模结构的演变有着深刻的原因。这就意味着，在决定一个国家城镇规模结构方面，在市场经济条件下，政府所能发挥的作用是有限的，起决定作用的是市场。

"三化"协调发展要求实现城乡收入均等化，这就需要农业产出占国内生产总值的比重等于农村人口占总人口的比重，这样，关于未来城镇化率的讨论就演变成关于农业产出占国内生产总值比重的讨论。决定中国长期城镇化率的关键在于，未来中国农业产出占国内生产总值的比重。根据发达国家的经验和中国数据，我们可以预言，随着经济的不断发展、人均收入水平的不断提高，中国的农业产出占 GDP 的比重将持续下降。而根据发达国家的经验，现在发达国家农业产出占 GDP 的比重在 2% 左右，如果中国坚持市场化改革，没有理由怀疑中国的农业产出占 GDP 的比重也将在 2% 左右，保守估计也不会高于 5%。如此，我们预测在长期，中国的城镇化率会达到 95% 以上。

对影响农村劳动力转移的个人因素进行经验研究发现：男性的转移概率比女性明显要高。与 33 ~ 45 岁的农民来说，其他年龄段的农民的转移概率明显较低。受教育程度高的农民会更多地选择转移。具有较高城镇打工技能的农民工会更多地选择转移，相反农业生产技能高的农民工会更多地选择留在农村务农。

城镇化的资金从哪里来一直是政府特别焦虑的一个问题。从长期或动态的视角来分析，农民工进城就业后所增加的公共服务支出由农民工进城后直接或间接所缴纳的税收支付。根据搜集到中国123个城市年末常住人口、年末户籍人口以及年度公共财政支出数据，发现随着外来人口占城市常住人口百分比的提高，常住人口人均财政支出呈上升趋势。这就意味着，农民工进城并没有降低城市的公共支出的水平，因而对农民工进城钱从哪里来的问题可能是一个过分担忧的问题。

城镇化的快速推进意味着将会有大量的农村人口转化为城镇人口，导致农村村庄逐渐消失，由此使得依托于农村社会的乡土文化受到日益严重的冲击，引发关于城镇化与乡土文化保护之争。本书认为，城镇化导致村庄的减少是历史趋势，不应该也很难阻挡。城镇化已经对现在的乡土文化给予了塑造，即便村庄不消失，现在农村的村庄一般也很难找到原汁原味的乡土文化。乡土文化中包含诸多不适应现代文明的内容，这一部分乡土文化本不需要保护。乡土文化保护的主体是农民，农民选择远离甚至放弃乡土文化是农民自己的选择，包含着他们对自身利益的追求，所有人都必须予以理解与尊重。如果我们不希望乡土文化彻底离开我们，我们最终能做的就是对乡土文化进行现代方式的保护。

农业现代化有以下基本特征：采用现代农业科技，规模化生产，土地私有化，家庭农场经营，这些基本特征又派生出其他特征。

实现农业现代化要求农村土地实现私有化。土地私有化有着重要的意义：一是农民一旦获得土地产权，土地就获得了充分的流动性，有利于土地资源的有效配置，从而实现土地和劳动力的合理配置，实现土地的规模经营。二是能较好地避免农民经营土地的短期行为。三是能较好地解决农民和土地分离问题，加速城镇化进程。四是农民有了土地产权后可使土地及相关的利益得到有效的保护。五是有利于农民收入的提高。如果农民不再受土地的束缚，加之造成城乡分隔的户籍制度的改革，农民会大量离开农村。这样，继续留在农村的农民可获得更多的土地，从而实现规模经营，收入因此可大幅提高，而到城市就业的人也能够获得较高的收入。六是有利于物质资本对农业的投入。七是有利于人力资本对农业的投入。家庭经营土地增多，农业人力资本投资才能获得足够的回报，由此也才能推动农学教育的发展。八是实现土地私有化并在此基础上瓦解集体经济，村委会成员尤其是村委会主任利用集体土地、集体经济以权谋私的机会就会大大减少，贿选的经济动力就会大大减弱，这将有助于实现村委会选举的公正性，建设清明的乡村政治。九是实现土地私有化并在此基础上瓦解集体经济将避免城中村的形成。

中国政府严格控制土地使用，尤其是实行最严格的耕地保护制度，这种土地配置非市场的方式将导致效率损失。若完全由市场配置土地，均衡时在城市边界处，农业用地和城市用地的地租相等。若政府限定土地使用的规模，从而导致城市规模减小，此时在城市边界处，城市用地地租明显高于农业用地地租，城市用地地租高于农业用地地租的部分为效率损失。

城镇化的表现之一是农村耕地转变为城市建设用地，而耕地是农业生产的基础。城镇化和农业生产对土地有竞争，这就提出城镇化和农业生产如何相互协调问题。城镇化固然要减少耕地从而减少粮食耕种面积，但我们要同时关注农业现代化所带来的粮食亩产的提高。根据2013年《中国统计年鉴》，从1978年到2012年耕地年均减少0.29%，而这一时期粮食亩产年均增加3.18%。粮食作为一种商品也服从供给定律。这一价格机制是实现城镇化和粮食生产相协调的基本机制。试想如果城镇化的发展减少了耕地导致粮食产量下降，粮价就上升，从而导致粮食产量增加。另外，粮价上涨将导致地价上涨，从而减少城市建设对耕地的需求，可有效保护耕地。

关于粮食安全的国际化战略思考：一是选择国际市场并非表示中国可以不重视农业，尤其是粮食生产，而是通过参与国际分工以更低的成本和更高的效益保障粮食安全。二是在如今全球一体化的国际环境中，主要产粮食国家对中国实施粮食禁运的可能性几乎没有。三是相当多的人对中国利用国际市场帮助解决国内粮食供应的担忧与至今不能正确认识西方有直接的关系。四是我们不能过度地以殖民主义时代的经验来看待当今世界的国际关系，在今天这样一个时代任何一个国家试图以武力去侵犯别国都很难成功，更何况中国已成为一个在经济、政治、军事上强大的国家。五是不少人认为，国际农产品价格普遍低于国内市场，中国农民收入必然受到挤压进而影响社会的安定。然而，进一步思考就会发现，国外的粮食进入将导致部分农民放弃粮食种植从事其他职业，这是很正常的现象，反映的国家间基于比较优势原则所进行的合理分工。

"三化"协调发展要求农民工市民化，其重要表现是城镇居民与农民工工资收入的均等化。这就要研究导致城镇居民与农民工工资差距的个人因素。研究发现，导致城镇居民与农民工工资差距的主要因素是教育等。采用此方法还研究了影响农民工与城镇居民工作时间差距的个人因素，发现导致农民工工作时间比城镇居民长的第一因素是行业平均时间，这反映了农民工大多在长劳动时间行业就业，显然和行业分隔有着直接的关系。其次是教育。

对农民工劳动市场歧视进行研究发现：身体越健康的农民工受到的就业歧视越低；工作层次越高，越不会受到就业歧视；工作技能较高的农民工所受就业歧视会较小；在制造业、建筑业、采掘业就业的农民工比在其他产业就业的农民工受到更多的就业歧视；长期找不到工作的农民工感受到很强的就业歧视；打工区域对农民工受到歧视影响是显著的，中部农民工受到的就业歧视最强，其他区域之间相差不大。

为了促进农民工在城镇就业，政府组织了针对农民工职业培训。根据我们调查和分析发现：政府所组织的职业培训确实使大多数农民工感到有所帮助，但对提高农民工工资的作用并不显著。农民工感觉政府所组织的培训有帮助很可能主要是来自引导性培训。政府应从对农民工技能性的培训中逐渐退出。

农民工在城镇就业所享受到的社会保障水平低。对农民工在城镇就业生活比较具有保障作用的社会保障项目，如养老保险、失业保险、医疗保险、住房公积金等，参保率均远低于城镇居民。根据对农民工社会保障综合指数的个人因素分析发现：如果某个因素使得农民工在劳动市场处于相对稀缺地位，比如较高的受教育程度，较高的打工技能等，农民工的社会保障综合程度就会高。

中国的城镇化有可逆性，表现为不少农民工到了一定年龄选择返乡，是为逆城镇化。影响农民工留城既有制度政策的因素，也受着农民工个体因素的影响。男性、年轻的农民工更愿意留城，已婚农民工比非在婚农民工的留城意愿弱，教育程度越高的农民工留城意愿越强，在管理层就业的农民工比在操作层就业的农民工更愿意留在城镇，受到就业歧视轻、更能融入城镇的农民工更愿意留在城镇就业生活。对工作满意度最高的农民工也表现出明显的留城意愿。打工技能对农民工留城意愿有接近显著的影响。

要研究农民工对未来的信心，研究哪些因素会显著影响农民工对未来的信心，找出这些因素，以便进行必要的社会改革，从而进一步提升农民工对未来的信心。研究发现：和未婚与离异的相比，已婚的农民工对未来拥有更强的信心。汉族相对于少数民族的农民工对未来信心更强。学历越高、打工技能越高的农民工对未来信心越强。农民工越容易融入城市生活、对自身工作越满意以及受到歧视程度越低其对未来信心越强。行业上，从事科教文卫、金融保险、政府部门等待遇较好、所需文化程度较高行业的农民工相对于从事建筑、交通运输、制造业的农民工对未来更有信心。没有证据支持农民工的收入对其对未来信心有显著影响。

导致农民工市民化有一个被忽视的问题：城镇居民对农民工是否接纳。经验研究发现：男性比女性，年轻者比年长者更加接纳农民工。和农民工有较多工作接触的行业，城镇居民更加接纳农民工。工作中有较多的农民工同事、平时有较多的农民工朋友、邻居中有较多农民工、对农民工综合印象好的城镇居民会更多地接纳农民工。从以上结论我们发现，城镇居民对农民工的接纳程度在很大程度上取决于对农民工的了解程度。一个推论是，城镇居民对农民工有相当大程度的不了解从而产生误解。

新农村建设涉及诸多内容，但做得最多的是新型农村社区建设。调查发现：新型农村社区村民感觉生活比以前更加方便，居住条件有所改善。但调查发现，新型农村社区规模普遍偏小，原自然村大部分房屋并没有实现拆除还田，新型社区缺少院落影响农具存放，搬进社区后农民生活成本加大，新型社区建设过程中存在贪腐行为，农民搬入新型农村社区后增加了下田的距离，农民搬入新型社区的意向较低。

关于中国农村居民未来居住方式研究发现，为了有效缩短下田距离，避免劳动时间的浪费，中国农村居民将不得不选择更为分散的居住方式，即单户农场，这就意味着村庄在中国的消失。然而，新型农村社区的建设把原本分散的居民更为集中居住，这固然提高了社区居民的公共设施服务水平，然而集中居住会导致农民下田距离增加，居民为此付出的代价要远远高于服务水平提高带来的收益。因此新型农村社区的建设不符合中国未来农村现代化生产方式的要求，不符合中国未来农村居民居住方式演化的方向。

防止贫民窟出现是中国城镇化的一项长期任务。本书对贫民窟形成提出一个一般解释框架。贫民窟的形成通常与四个条件相联系：一是大量低收入居民居住在城市，往往与快速城镇化相关；二是劳动市场不能提供足够的就业机会导致这些低收入居民的高失业率，可能与城镇化过快有关，也可能是经济增长发生停滞所致；三是政府不能为这些失业或低收入群体解决就业和社会保障问题；四是不能对贫民窟的形成和发展予以有效阻止，特别在贫民窟形成的初期，以至于贫民窟蔓延失控。中国存在出现贫民窟的风险，应加以防范。

综观世界各国的城镇化进程，只有中国在城镇化过程中形成了大量的城中村。两项制度是导致城中村出现的基本原因：一是现行的农村土地集体所有制；二是城乡分隔的户籍制度。土地集体所有制产生出集体经济，通常要求村民必须在村庄居住，这样村民就大多不会选择离开，而城乡分隔的户籍制度又限制了村民的离开。村民集中在城市居住，就形成了城中村。

中国实行了城乡分隔的户籍制度阻碍了农民及时向城镇转移，转移后也很难市民化，是导致中国"三化"发展失调最重要的制度之一。其负面作用具体表现在：不利于统一高流动性劳动市场的形成，是中国城乡高收入差距的重要原因，有违现代社会平等的基本精神，城镇居民和农村居民都是城乡分隔户籍制度的受害者。

户籍制度改革的关键是，实现个人（或家庭）做出贡献和享受地方社会福利在区域上的一致性。通过户籍确定一个人为一个地方所做贡献从而可确定其享受的福利。通过公民个人所得税的普遍申报，首先可确定每个公民就业所在地，个人所得、个人所得税和社保缴纳以及持续的时间。有了这些信息，就可以比较容易确定一个公民是否具备了在某一城市成为正式市民的基础。

第二节　中国工业化、城镇化和农业现代化协调发展路线图

中国工业化、城镇化和农业现代化"三化"发展失调是在计划经济时期逐渐形成的。在市场经济不完善的条件下经济的快速发展加剧了"三化"发展的失调，如城乡收入差距拉大。改革的滞后和不彻底使得"三化"发展失调长期化。要实现中国的"三化"协调发展涉及诸多方面的改革，需要一整套的改革顶层设计，按一定步骤，方能见成效，这就需要一个路线图来确定这些改革的内容以及相互之间的关系，图 14 - 1 是本书提出的关于中国实现"三化"协调发展的路线图，以下对路线图作一说明，其根据主要基于前面的分析，不再详细说明理由。

中国实现"三化"协调发展路线图有以下关注点：

——大力发展教育和科学技术。工业化引领"三化"协调发展，因此要使工业化先行就必须大力发展教育和科学技术。大力发展民营经济。从中国以及世界工业化发展经验来看，民营经济是实现工业化健康发展的主力。而要发展好民营经济，就需要进一步开放市场，引入竞争，包括开放国内市场和国际市场，让中国的工业在更为竞争的环境中发展。中国加入 WTO 十几年过去了，如果我们再回顾入世前我们对很多行业在入世后的担忧，发现绝大多数的担忧是多余的。基本上是，越开放的行业发展得越快越健康，也越安全，人民受惠也较多。

——工业化的健康发展首先将促进农业科技进步，提高农业机械化水平，导致大量农村剩余劳动力产生，为城镇化向前推进提供劳动力的基础。随着农村剩余劳动力的转移，农业劳动生产率将被提高。

——工业化活动本身就直接推进城镇化，因为工业活动主要在城镇进行。由于工业的规模经济和聚集经济效应，只有越来越少的人直接从事工业生产，少部分人的工业活动所生产出的产品就足够

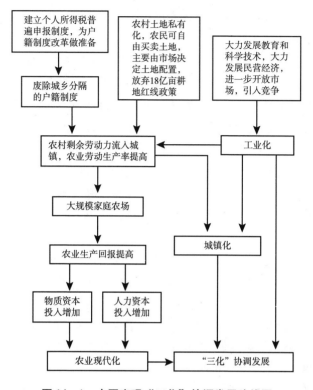

图 14 - 1 中国实现"三化"协调发展路线图

满足社会的需求，人们对服务的需求大幅增加，工业的发展由此将带动服务业的发展。服务业不断成为城镇中最主要的经济活动。

——建立个人所得税普遍申报制度，为废除城乡分隔的户籍制度的改革做准备。

——废除城乡分隔的户籍制度，鼓励农民进城务工，不断降低农民在城市落户成为普通市民的条件。

——如果农民具备在一个城市落户的条件并申请落户，则在一定范围内拍卖其承包地（如果土地还没有私有化）或私有土地（如果土地已经私有化）作为先决条件。

——在城市落户成为普通市民后即享受普通市民的社会福利。

——实行土地私有化，允许土地自由买卖。

——放弃18亿亩耕地红线政策，更多地让市场决定土地的用途。

——以上过程将导致农业生产越来越集约化，农业生产的规模经济得以更充分的表现，导致大规模家庭农场的出现并不断成为农业生产组织的基本形式。

——大规模家庭农场本身是农业科学技术在农业中应用的产物，又进一步推动农业科学技术在农业中的应用，因为农场主对利益的追求以及农业的竞争要求不断将现代农业科技应用于农业，这就导致不断加大对农业的物质资本的投入和人力资本的投入，又进一步推动了农业科学技术的进步和农学教育的发展。

——上述过程的推进将导致农业现代化的实现，其基本表现为：以现代农业科学技术为基础，实行大规模家庭农场制度，由受过良好教育和培训的农民专业从事农业生产，并为工业化和城镇化提供充足的食品保证。

——工业化和农业现代化共同推进城镇化。城镇化是工业化和农业现代化的产物，又进一步推动工业化和农业现代化。城镇聚集大多数工业经济活动，产生聚集经济效应，更有利于工业的发展，具体表现在聚集的工业生产活动扩大了单个企业的市场，产生出单个企业的规模经济，劳动市场的规模更大从而效率更高，知识的扩散更容易推动整个工业的发展和技术进步。

——上述过程将在市场经济的框架中展开，所有参加这一过程的个人和组织都是追求各自利益而参与了这一过程，彼此相互协调。由此，工业化、城镇化和农业现代化"三化"协调发展得以实现。

从以上所展示的"三化"协调发展过程我们可进一步讨论市场和政府的分工。

从以上所展示的"三化"协调发展过程来看，其基本过程都是市场经济合理的逻辑推导，也就是只要给出了合理的起点，后续的过程基本是基于自利性的展开。

如果实现了"废除城乡分隔的户籍制度"，"农村土地私有化，农民可自由买卖土地，主要由市场决定土地配置，放弃18亿亩耕地红线政策"，则在农村存在严重剩余劳动力的情况下，农民为追求更高的收入，必然会选择到城镇寻求就业机会，在存在严重剩余劳动力的条件下，剩余劳动力的离开必然提高农业劳动生产率。

在工业化不断向前推进的条件下，工业将向农业提供先进的技术装备。这时，一方面，采用这些先进的技术装备可带来利益；另一方面，如果拒绝采用，则在农业生产率快速提升所引发的激烈竞争条件下，必将被淘汰。市场强制农民采用先进的技术装备时，规模经济就日益凸显，家庭农场规模就会越来越大，当然是经过了农场相互兼并的过程。

农业的规模经济将带来对农业物质资本和人力资本的高回报。大型农业机械在大规模农场使用将带来显著的规模效益。大规模农场还使得对农业的人力资本的投入展现出高回报。中国是一个农业大国，但农学教育很落后，很少有人选择农学，即便是农家子弟。而美国农业经济活动人口占经济活动人口的比重为1.51%，但农学教育非常发达。为何？家庭农场的规模不同使然。中国的家庭农场体制是小农经济。如果一位农家子弟到农学院读书，即便可提高自家农场的产量，但在小规模农场的条件下，教育的回报非常低，甚至为负。相反，美国的农场规模很大，如果农家子弟在农学院学成，回家庭农场务农，可使其教育投入得到很高的回报。

当农场规模充分大后，农民的专业化也有着必然性。因为大农场的生产活动足以让农民成为全日制农民。但在小农经济的条件下，几乎全世界的农民都是兼职的，甚至是业余的，像中国的农民工式的农民。

至此，农业采用了现代技术装备，由受过良好农学教育的农民专业从事农业生产，农业现代化就是必然的结果。

再论工业化。如果实现了"大力发展教育和科学技术，大力发展民营经济，进一步开放市场，引入竞争"，工业化必然取得成就。工业化的基础是现代科技。如果教育和科技取得了进步，工业就获得先进科技的支撑。由受过良好教育和训练的人才从事工业，工业才能够得到健康的发展。

工业的发展，再带动服务业的发展，就成了城镇经济活动的主体，使得城镇化具有了坚实的基础。工业和服务业的发展对劳动力产生巨大的需求，而农村剩余劳动力进城寻求就业机会可正好满足这一需求，这样工业化和农业现代化相得益彰。

工业化、城镇化和农业现代化在市场的引导下可和谐发展。因此，市场是实现"三化"协调发展的基础和关键。当然，政府也有着重要的作用要发挥。从实现"三化"协调发展的路线图来看，政府应主要承担以下工作：

首先是改革。市场促进"三化"协调发展的机制要能够发挥作用首先要有良好的市场经济制度安排，至少包括以下内容：在农村实行土地私有化的改革，实现公民个人所得税的普遍申报制度，进而废除城乡分隔的户籍制度，放弃18亿亩耕地红线政策把土地的配置更多地交给市场。大力发展教育，促进科学技术的发展，加快政治体制的改革。中国的教育问题和科学技术发展缓慢问题，和中国的政治体制不够现代化有着直接的关系。良好的政治制度环境也是整个"三化"协调发展的基础。

当然，在进行了以上改革后，在整个"三化"发展过程中，也需要政府良好的管理控制。但要防止政府的越位，比如仍在进行中的新型农村社区建设，对教育科技不恰当的干预等。

总之，实现"三化"协调发展的关键是市场和政府的合理分工。然而，现在市场的力量有待加强，而政府需要回归到其应有的定位，这需要一场大改革，困难重重。有一点可以肯定，如果我们真正希望在中国，工业化、城镇化和农业现代化"三化"得到协调发展，不断深化的市场化改革就是必需的。"三化"协调的发展主要靠市场机制发挥作用。政府对市场进一步干预以及对民众选择的干预，如建设新型农村社区式的干预民众居住方式，只能加剧"三化"发展的失调。"三化"发展因政府干预市场而失调，只能通过确立政府与市场的合理分工寻求解决，不会有其他更好地选择。

参考文献

[1] 安虎森、高正伍：《韩国新农村运动对中国新农村建设的启示》，《社会科学辑刊》2010年第3期。

[2] 巴曙松：《城镇化大转型的金融视角——更广阔的视角思考中国城镇化转型之路》，厦门大学出版社，2013。

[3] 白林：《古村落大量消失，为守护乡土文化敲响警钟》，新华网，2012年10月14日。

[4] 白永秀、任保平：《现代政治经济学》，高等教育出版社，2008。

[5] 毕霞、魏从东：《农民工就业歧视问题的法律思考》，《青海师专学报（教育科学版）》2005年第1期。

[6] 蔡继明：《建设中大城市是城市化发展方向》，中国经济网，2010年3月4日。

[7] 蔡继明：《户籍改革是加快城市化进程的当务之急》，人民网，2011年3月5日。

[8] 蔡昉：《劳动力迁移和流动的经济学分析》，《中国社会科学季刊》1996年春季卷。

[9] 蔡昉、白南生主编《中国转型时期劳动力流动》，社会科学文献出版社，2006。

[10] 曹新：《西班牙经济成长过程及启示》，《中国经济时报》2007年7月16日。

[11] 曹文慧：《环境问题产生的原因及解决途径的经济学分析》，《经济论坛》2008年第14期。

[12] 曹应旺：《贾谊的经济干预思想》，《经济问题探索》1988年第12期。

[13] 车娟娟：《城市规模与级别对幸福感的影响分析》，燕山大学

硕士学位论文，2013 年 5 月。

[14] 陈丹：《新时期城镇化预测方法探讨》，《地理教育》2003 年第
2 期。

[15] 陈非文：《论严复的经济思想》，《益阳师专学报》2002 年第
4 期。

[16] 陈吉元：《论中国农业剩余劳动力转移——农业现代化的必由
之路》，经济管理出版社，2007。

[17] 陈佳贵：《工业化蓝皮书：中国工业化进程报告（1995—
2010）》，社会科学文献出版社，2012。

[18] 陈见微：《试析傅玄的经济思想》，《北华大学学报》（社会科
学版）1993 年第 2 期。

[19] 陈巨山、郭学堂：《斯大林主义的本质与根源》，《俄罗斯研
究》1992 年第 3 期。

[20] 陈绍闻、郭庠林：《中国近代经济简史》，上海人民出版
社，1983。

[21] 陈锡文：《中国城镇化率存虚高现象》，《人民日报》2011 年 4
月 11 日。

[22] 陈锡文：《没必要过度追求城镇化率》，法制网，2014 年 8 月
12 日。

[23] 陈晓芳、商彤：《中国封建社会传统的经济政策——"重农抑
商"》，《山东省农业管理干部学院学报》2011 年第 5 期。

[24] 陈晓华、张红宇：《中国农村劳动力的转移与就业》，中国农
业出版社，2005。

[25] 陈赵云：《春秋战国时期的商业发展与评价》，《郑州大学学
报》2002 年第 6 期。

[26] 陈志峰、刘荣章、郑百龙、曾玉荣：《工业化、城镇化和农业
现代化"三化同步"发展的内在机制和相互关系研究》，《农
业现代化研究》2012 年第 2 期。

[27] 程国强：《重塑边界——中国粮食安全新战略》，经济科学出
版社，2013。

[28] 戴金珊：《白居易经济思想略论》，《江淮论坛》1985 年第
3 期。

[29] 戴翔：《低处徘徊的南非经济：问题与原因》，《西亚非洲》2008 年第 1 期。

[30] 丁永刚：《张之洞的中国工业化思想及其实践》，《唐都学刊》1993 年第 2 期。

[31] 樊明：《健康经济学——健康对劳动市场表现的影响》，社会科学文献出版社，2002。

[32] 樊明：《居民收入差距的劳动市场因素——郑州问卷调查数据》，载《中国转轨时期收入差距与贫困》，蔡昉、万广华主编，社会科学文献出版社，2006。

[33] 樊明：《市场经济条件下区域均衡发展问题研究》，《经济经纬》2006 年第 2 期。

[34] 樊明：《不同经济制度条件下的区域差异》，《经济经纬》2004 年第 1 期。

[35] 樊明：《中国农业土地的产权问题》，载《政治经济学研究报告 6：产权理论与经济发展》，中国社会科学院经济研究所主编，社会文献出版社，2005。

[36] 樊明：《莫让城中村挡住城市化》，《中国经济导报》2008 年 2 月 23 日。

[37] 樊明等：《种粮行为与粮食政策》，社会科学文献出版社，2011。

[38] 樊明：《影响农村劳动力转移的个人因素》，《经济经纬》2012 年第 6 期。

[39] 樊明、喻一文等：《收入分配行为与政策》，社会科学文献出版社，2013。

[40] 樊明：《支农悖论与支农政策两难》，《河南工业大学学报》2013 年第 2 期。

[41] 方明：《新农村社区规划设计研究——社会主义新农村建设丛书》，中国建筑工业出版社，2006。

[42] 费孝通：《乡土中国》，三联书店，1986。

[43] 费孝通：《从实求知录》，北京大学出版社，1998。

[44] 冯骥才：《中国每天消失近百个村落》，中国新闻网，2012 年 10 月 21 日。

[45] 冯俭：《我国农民工培训存在的问题及对策建议》，《职业技术

教育》2008 年第 12 期。

[46] 逄金玉、蒋三庚等：《中国城镇化建设与投融资研究》，中国经济出版社，2014。

[47] 范舟游：《管仲经济改革思想初探》，《南昌教育学院学报》2007 年第 3 期。

[48] 高春亮：《中国城镇化趋势预测研究》，《当代经济科学》2013 年第 4 期。

[49] 高凯、于玲：《毛泽东大观》，中国人民大学出版社，1993。

[50] 高彦彦、杨德才：《农业租佃关系中的交易成本与土地产权分散程度的决定》，《制度经济学研究》2009 年第 2 期。

[51] 耿明斋等：《城镇化引领三化协调发展：理论思考与实践探索》，社会科学文献出版社，2012。

[52] 谷建全：《河南蓝皮书：河南城市发展报告（2013）：新型城镇化引领"三化"协调科学发展》，社会科学文献出版社，2013。

[53] 林宪斋主编《河南城市发展报告（2013）》，社会科学文献出版社，2013。

[54] 谷延方：《英国农村劳动力转移与城市化：中世纪盛期及近代早期》，中央编译出版社，2011。

[55] 郭爱民：《从英国农业现代化的历程看中国入世后农村土地问题的走向》，《安徽史学》2003 年第 6 期。

[56] 郭存海：《西班牙社会保障制度改革 30 年：1978～2008》，《拉丁美洲研究》2009 年第 2 期。

[57] 郭庆旺：《中国地方政府规模和结构优化研究》，中国人民大学出版社，2012。

[58] 国务院发展研究中心课题组：《中国城镇化前景、战略与政策》，中国发展出版社，2010。

[59] 国务院研究室课题组：《中国农民工调研报告》，中国言实出版社，2006。

[60] 国务院农民工办课题组：《中国农民工发展研究》，中国劳动社会保障出版社，2012。

[61] 国家统计局：《新中国 50 年系列分析报告之六：乡镇企业异军

突起》，1999。

[62] 何传启：《中国现代化报告 2012：农业现代化研究》，北京大学出版社，2012。

[63] 何磊、曹钢、杨晓：《马克思主义经典作家的城镇化思想及启示》，《中共天津市委党校学报》2011 年第 1 期。

[64] 何又春：《奉张统治时期日本对中国东北经济的侵略》，《沈阳师范学院学报》（社会科学版）2000 年第 2 期。

[65] 河南省社会科学院课题组：《发挥新型城镇化的引领作用（2011～2012 年河南新型城镇化发展形势分析与展望）》，社会科学文献出版社，2012。

[66] 黄继忠：《中国乡镇企业启示录》，中国经济出版社，1993。

[67] 黄明同：《超越时空的思想智慧：重新解读孙中山》，广东教育出版社，2011。

[68] 黄明同：《孙中山经济思想》，社会科学文献出版社，2006。

[69] 黄道霞：《中国农业现代化道路述论》，《中共党史研究》2002 年第 1 期。

[70] 黄国勤：《农业现代化概论》，中国农业出版社，2012。

[71] 韩启明：《建设美国——美国工业革命时期经济社会变迁及其启示》，中国经济出版社，2004。

[72] 韩毅：《外国近现代经济史》，高等教育出版社，2010。

[73] 韩长赋：《加快推进农业现代化，努力实现"三化"同步发展》，《求是》2011 年第 19 期。

[74] 郝宏桂：《朴正熙集权统治与韩国的农业现代化》，《盐城师范学院学报》（人文社会科学版）2008 年第 4 期。

[75] 郝宏桂：《晏阳初乡村建设理论与实践的历史启示》，《民国档案》2006 年第 4 期。

[76] 郝寿义、王家庭、张换兆：《日本工业化、城市化与农地制度演进的历史考察》，《日本学刊》2007 年第 1 期。

[77] 胡幸福：《社会转型时期中西封建土地制度状况及影响比较》，《山西师范大学学报》（社会科学版）2001 年第 4 期。

[78] 惠富平：《司马迁农业经济思想述论》，《古今农业》1998 年第 2 期。

[79] 纪晓岚：《英国城镇化历史过程分析与启示》，《华东理工大学学报》2004 年第 2 期。

[80] 姬建军：《陕西农民工培训"阳光工程"成效、问题和对策》，《长沙航空职业技术学院学报》2013 年第 2 期。

[81] 简新华、黄锟：《中国城镇化水平和速度的实力分析与前景预测》，《经济研究》2013 年第 3 期。

[82] 简新华、何志扬：《中国城镇化与特色城镇化道路》，山东人民出版社，2010。

[83] 蒋尉：《欧洲工业化、城镇化与农业劳动力流动》，社会科学文献出版社，2013。

[84] 蒋和平、宋莉莉：《韩国现代农业建设模式及其借鉴和启示》，两型社会建设网，2011 年 6 月 15 日。

[85] 姜长云：《乡镇企业融资问题新探》，山西经济出版社，2001。

[86] 姜爱林：《正确处理城镇化与工业化的关系（之一）》，《商洛日报》2005 年 1 月 11 日。

[87] 姜晔、吴殿廷、耿建忠：《我国统筹城乡协调发展的区域模式》，东南大学出版社，2013。

[88] 金英姬：《韩国的新村运动》，《当代亚太》2006 年第 6 期。

[89] 金柱哲：《城市绿化带地区村庄的再开发——汉城实例研究》，《国外城市规划》1994 年第 1 期。

[90] 金都郁等：《亚洲四小龙崛起的奥秘》，辽宁大学出版社，1989。

[91] 金小川：《试论春秋战国时期管制工商业的发展》，《黄淮学刊》1998 年第 2 期。

[92] 孔东、陈艾华：《农民工培训效果实证分析》，《社会科学战线》2013 年第 10 期。

[93] 孔祥智：《中国农业现代化道路的选择》，《调研世界》1999 年第 11 期。

[94] 郎咸平：《城镇化意味着什么》，2014 年 2 月 28 日，http://blog. sina. com. cn/jsmedia。

[95] 李邦铭：《论马克思、恩格斯的城乡关系思想》，《河北学刊》2012 年第 2 期。

[96] 李珀蓉：《中国新农村建设模式研究报告》，国家行政学院出版社，2009。

[97] 刘德喜：《论中国新农村建设的内涵和发展方向》，中州学刊，2006 年第 6 期。

[98] 李昌平：《我向百姓说实话》，远方出版社，2004。

[99] 李传裕：《基于核心－边缘模型的劳动力迁移动因分析》，《经济经纬》2011 年第 3 期。

[100] 李从军：《迁徙风暴：城镇化建设启示录》，新华出版社，2013。

[101] 李从军：《中国新城镇化战略》，新华出版社，2013。

[102] 李德昌：《试论印度的工业政策》，《南亚研究季刊》1998 年第 1 期。

[103] 李典军：《苏联农政模式研究》，中国农业出版社，2007。

[104] 李定坤：《治国之道，归心于农——也谈商鞅的重农抑商政策》，《西南民族学院学报》1996 年第 2 期。

[105] 李辉秋、王文靖、钟无涯：《城乡一体化背景下村镇空间结构理论探析》，《中国经贸导刊》2010 年第 7 期。

[106] 李辉：《韩国工业化过程中人口城市化进程的研究》，《东北亚论坛》2005 年第 2 期。

[107] 李辉、刘春艳：《日本与韩国城市化及发展模式分析》，《现代日本经济》2008 年第 4 期。

[108] 李慧国：《当代韩国人文社会科学》，商务印书馆，1999。

[109] 李菁：《天下为公——孙中山传》，华文出版社，2011。

[110] 李晶、谭少华：《国内外城市化研究进展综述》，《山西建筑》2007 年第 31 期。

[111] 李佩、李渊：《探源西周时期的商业管理》，《兰台世界》2013 年第 9 期。

[112] 李瑞林、王春艳：《巴西城市化的问题及其对中国的启示——兼与中国城市化相比较》，《延边大学学报》2006 年第 2 期。

[113] 李绍强：《中国封建社会工商管理思想的变迁》，《东岳论丛》2000 年第 3 期。

[114] 李晓波：《马寅初与 20 世纪 30 年代的工农立国之争》，《中州

学刊》2013 年第 7 期。

［115］ 李小建等：《农户地理论》，科学出版社，2009。

［116］ 李小建、罗庆：《专业村类型形成及影响因素研究》，《中国人口》2014 年第 2 期。

［117］ 李小建：《"人地关系"视角下的新型城镇化》，《光明日报》2013 年 8 月 11 日。

［118］ 李小建：《抓住土地问题是解决"三农"问题的关键》，《人民日报》2013 年 2 月 6 日。

［119］ 李小建：《从城乡和谐角度认识新型城镇化》，《人民日报》2013 年 5 月 28 日。

［120］ 李小建、周雄飞、郑纯辉、Scott Rozelle：《欠发达区地理环境对专业村发展的影响研究》，《地理学报》2012 年第 6 期。

［121］ 李小建、许家伟、任星、李立：《黄河沿岸人地关系与发展》，《人文地理》2012 年第 1 期。

［122］ 李欣：《清代东北封禁政策初步研究》，佳木斯大学毕业论文，2009。

［123］ 李苗：《县域城镇化问题研究》，经济科学出版社，2012。

［124］ 李铁：《城镇化是一次全面深刻社会变革》，中国发展出版社，2013。

［125］ 李铁、乔润令：《城镇化改革的地方实践》，中国发展出版社，2013。

［126］ 李铁、乔润令：《城镇化进程中的城乡关系》，中国发展出版社，2013。

［127］ 李亚：《中国新农村建设模式研究综述》，《佳木斯教育学院学报》2010 年第 6 期。

［128］ 李长安：《转轨时期农民工就业：歧视问题研究》，中国社会科学出版社，2010。

［129］ 李佐军：《中国新农村建设报告（2007）》，社会科学文献出版社，2007。

［130］ 李正升、李瑞林：《巴西城市化模式的分析及启示》，《城市问题》2006 年第 4 期。

［131］ 厉以宁：《中国道路与新城镇化》，商务印书馆，2012。

[132] 厉以宁：《工业化和制度调整：西欧经济史研究》，商务印书馆，2010。

[133] 联合国人居署：《贫民窟的挑战：全球人类住区报告 2003》，中国建筑工业出版社，2006。

[134] 林毅夫：《制度、技术与中国农业发展》，上海三联书店，1992。

[135] 林毅夫：《中国城市化率未来十年向 75% 迈进》，南都网，2013 年 10 月 13 日。

[136] 梁咏梅、李钢、向奕霓：《工业化带动三化协调发展——河南省南阳市双龙镇调研报告》，社会科学文献出版社，2013。

[137] 刘国华、李永辉：《论战后日本农户的兼业现象及对中国农业现代化的启示》，《农业现代化研究》2010 年第 1 期。

[138] 刘怀廉：《中国农民工问题》，人民出版社，2005。

[139] 刘甲朋：《"本宜重，末亦不可轻"：王源的重商思想》，《江苏商论》2006 年第 8 期。

[140] 刘军、陈有春：《论梁漱溟乡村建设理论中的农业发展思想》，《上饶师范学院学报（社会科学版）》2005 年第 4 期。

[141] 刘谟炎：《农业现代化：与工业化、城镇化同步发展研究》，江西科学技术出版社，2012。

[142] 刘新静：《警惕"鬼城"现象》，《光明日报》2013 年 7 月 4 日。

[143] 刘毅：《西部地区产业集聚与城市化互动发展研究》，中央民族大学博士学位论文，2010。

[144] 刘运梓：《英国几百年来农场制度的变化》，《世界农业》2006 年第 12 期。

[145] 梁国仙：《韩国工业化分析》，广西大学硕士学位论文，1998。

[146] 梁丽：《浅谈吴景超的工业化思想》，《沧桑》2011 年第 4 期。

[147] 梁志：《美国对韩国政治经济发展的影响与韩国的反美主义》，《历史教学》（高校版）2006 年第 9 期。

[148] 冷鹏飞：《论晁错的经济思想》，《湖南师范大学社会科学学报》1988 年第 5 期。

[149] 柳思维：《浅论商朝时期的商业思想》，《湖南商学院学报》

2009 年第 1 期。

[150] 凌照：《南京国民政府 1927～1937 对外贸易发展研究：外贸发展及对工业化作用分析》，北京工商大学硕士学位论文，2006。

[151] 吕文浩：《吴景超的工业发展观》，《中华读书报》2011 年 11 月 23 日。

[152] 罗国辉：《孙中山三农思想评述》，《华中科技大学学报》2009 年第 1 期。

[153] 鲁品越：《人间正道：重读〈社会主义从空想到科学的发展〉》，人民出版社，2013。

[154] 陆益龙：《农民中国：后乡土社会与新农村建设研究》，中国人民大学出版社，2010。

[155] 陆益龙：《户籍制度：控制与社会差别》，商务印书馆，2003。

[156] 马啸：《曾国藩与洋务新政》，《青海师专学报》2002 年第 4 期。

[157] 马寅初：《中国经济改造》，商务印书馆，1935。

[158] 马范文：《教育程度与工资收入相关性的中外比较》，《广州大学学报》2002 年第 4 期。

[159] 茅于轼、赵农：《中国粮食安全靠什么——计划还是市场》，知识产权出版社，2011。

[160] 孟健军：《城镇化过程中的环境政策实践：日本的经验教训》，商务印书馆，2014。

[161] 孟祥林、王印传：《新型城乡形态下的农村城镇化问题研究》，经济科学出版社，2011。

[162] 聂泉：《卢拉政府时期（2003～2010）的巴西经济和社会政策初析》，《拉丁美洲研究》2013 年第 2 期。

[163] 聂志红：《民国时期中国工业化战略思想的形成——"重农"与"重工"的争论》，《民主与科学》2004 年第 5 期。

[164] 南亮进：《日本的经济发展》，经济管理出版社，1992。

[165] 倪合金：《韩国经济发展的特征及其启示》，《安徽工业大学学报》（社会科学版）2007 年第 4 期。

[166] 潘培坤、凌岩：《城镇化探索》，同济大学出版社，2012。

［167］潘孝军：《中国城市化研究文献综述》，《四川职业技术学院学报》2010 年第 3 期。

［168］庞伟伟：《马克思主义城镇化思想的发展历程》，《铜仁职业技术学院学报》2011 年第 4 期。

［169］彭先国：《魏源经济思想中的农"本"商"末"观》，《邵阳师专学报》1994 年第 4 期。

［170］钱穆：《中国经济史》，北京联合出版公司，2013。

［171］秦晖：《南非的启示》，江苏文艺出版社，2013。

［172］曲福田：《中国工业化、城镇化进程中的农村土地问题研究》，经济科学出版社，2010。

［173］任海燕：《经济学视角下的中国幸福研究——以国外幸福经济学发展为参照》，华东师范大学博士学位论文，2012。

［174］任贤兵：《论王韬的经济思想的创生性》，《重庆工商大学学报》2005 年第 3 期。

［175］任志涛、姚国强：《中国新农村基础设施建设必要性分析》，《建筑经济》2007 年第 1 期。

［176］任军利、朱晓锋：《我国新农村建设与韩国新村运动的比较》，《求实》2008 年第 7 期。

［177］日本总务省统计局：《日本统计年鉴（平成 19 年版）》，http：//www. stat. go. jp/english/data/nenkan/index. htm/。

［178］上海市浦东新区档案馆：《民国时期浦东工商业档案选编》，上海社会科学院出版社，2010。

［179］尚娟：《中国特色城镇化道路》，科学出版社，2013。

［180］史探径：《世界社会保障立法的起源和发展》，《外国法译评》1999 年第 2 期。

［181］石青玲：《经济学家许小年：2014 持续性衰退刚开始》，地产综合网，2014 年 5 月 9 日。

［182］宋洪远、赵海：《我国同步推进工业化、城镇化和农业现代化面临的挑战与选择》，《经济社会体制比较》2012 年第 2 期。

［183］孙慧：《关于新生代农民工教育培训问题的研究》，上海师范大学硕士学位论文，2012。

［184］孙群郎：《20 世纪 70 年代美国的逆城市化现象及其实质》，

《生产力研究》2012 年第 1 期。

[185] 孙智君、朱凯：《孙中山工业化思想研究》，《河北经贸大学学报》2011 年第 6 期。

[186] 孙中和：《灰关联理论及 Logistic 模型在中国城镇化研究中的应用》，《中国农村观察》2001 年第 6 期。

[187] 苏崇民：《日本侵占时期的东北经济——统制与掠夺》，新浪网，2012 年 6 月 19 日。

[188] 汤德绍：《从〈货殖列传〉看司马迁的经济思想》，《社会科学》1990 年第 6 期。

[189] 汤德森：《对斯大林模式社会主义的评析》，《社会主义研究》2005 年第 4 期。

[190] 汤鹏主：《中国乡镇企业兴衰变迁（1978～2002）》，北京理工大学出版社，2013。

[191] 唐师曾：《我在美国当农民》，华艺出版社，2002。

[192] 田艳芳、李熙、彭璧玉：《中国城镇劳动力市场性别工资差异研究》，《南方人口》2009 年第 1 期。

[193] 田艳芳：《从拉美国家的教训看遏制中国的收入差距扩大》，《中州学刊》2012 年第 6 期。

[194] 陶文昭：《韩国农业：温室里的花朵》，《南风窗》2006 年第 12 期。

[195] 汪勤梅：《南非经济的地位和前景》，《西亚非洲》1998 年第 5 期。

[196] 汪冬梅：《中国城市化问题研究》，中国经济出版社，2005。

[197] 王东明、张明云：《先秦的重商思想——中国历史上商业贸易探源》，《中国商贸》1994 年第 11 期。

[198] 王凤林、梦繁隆、王斌新：《乡镇企业经济学概论》，新时代出版社，1988。

[199] 王发曾：《新型城镇化引领三化协调科学发展》，人民出版社，2012。

[200] 王建：《城镇化与中国经济新未来》，中国经济出版社，2013。

[201] 王俊强：《民国时期农业论文索引（1935～1949）》，中国农业出版社，2011。

［202］王克忠：《城镇化路径》，同济大学出版社，2012。

［203］王乃耀：《试论英国原始积累的主要方式——圈地运动》，《北京师范学院学报》（社会科学版）1992 年第 4 期。

［204］王榕平：《世界社会保障制度的历史渊源和发展概况》，《福建师范大学学报》1996 年第 4 期。

［205］王然：《美国与巴西经济发展的比较研究》，经济科学出版社，2008。

［206］王双：《近代沿江三家的商本思想——王韬、马建忠、薛福成经济思想试析》，《河南师范大学学报》（哲学社会科学版）1995 年第 3 期。

［207］王拓：《分工经济思想的发展：从亚当·斯密到新兴古典经济学》，《当代财经》2003 年第 11 期。

［208］王文元：《中等城市发展讨论会综述》，《城市问题》1990 年第 2 期。

［209］王小鲁、夏小林：《中国需要发展大城市》，中国宏观经济信息网，2001 年 4 月 30 日。

［210］王晓燕：《评洋务运动的企业体制》，《西北民族学院学报》（哲社版）1996 年第 1 期。

［211］王延涛：《陈炽的经济思想》，《辽宁科技大学学报》2009 年第 2 期。

［212］温铁军：《中国新农村建设报告》，福建人民出版社，2010。

［213］温铁军：《为何我国不能实行农村土地私有化》，《理论导报》2009 年第 2 期。

［214］韦洛索：《跨越中等收入陷阱：巴西的经验教训》，经济管理出版社，2013。

［215］戚晓明：《国内外乡村城市化的理论研究综述》，《农村经济与科技》2008 年第 8 期。

［216］魏后凯：《中国 2050 年城镇化率将超 80%》，中国建筑新闻网，2012 年 10 月 8 日。

［217］闻金华：《新农村建设存在的问题及对策》，《现代农业科技》2010 年第 21 期。

［218］武向荣：《中国农民工人力资本收益率研究》，《青年研究》

2009 年第 4 期。

[219] 武少文：《当代中国的农业机械化》，中国社会科学出版社，1991。

[220] 吴存浩：《简析贾思勰农业经济思想》，《昌潍师专学报》1997 年第 6 期。

[221] 吴德慧：《马克思恩格斯的农业社会主义改造思想》，《中共中央郑州市委党校学报》2011 年第 6 期。

[222] 吴景超：《有计划按比例地发展国民经济》，中国青年出版社，1954。

[223] 吴景超：《第四种国家的出路》，商务印书馆，1937。

[224] 吴敬轩：《春秋战国时期的重商政策与商品经济的发展》，《经济研究导刊》2009 年第 12 期。

[225] 吴恒心：《孙中山农业近代化思想论析》，《中国农史》2002 年第 3 期。

[226] 邬旭东、施光跃：《孙中山农业思想对我国新农村建设的启示》，《科学社会主义》2008 年第 6 期。

[227] 肖冬连：《崛起与徘徊》，河南人民出版社，1994。

[228] 夏吉生：《新南非十年土改路》，《西亚非洲》2004 年第 6 期。

[229] 薛继坤：《东北老工业基地形成、演变过程的历史分析》，《长春大学学报》2005 年第 5 期。

[230] 薛少仙：《实现农业现代化必须打破小农经济格局》，《中国党政干部论坛》2009 年第 7 期。

[231] 薛毅：《抗战时期中国现代工业的发展》，《光明日报》2005 年 8 月 11 日。

[232] 徐斌：《城镇化进程推动中国经济转型》，中国经济出版社，2014。

[233] 徐朝阳：《工业化与后工业化："倒 U 形"产业结构变迁》，《世界经济》2010 年第 12 期。

[234] 徐秋艳：《新疆城市化发展水平预测分析》，《商业时代》2009 年第 9 期。

[235] 徐旭辉：《广州市劳动力市场农民工就业歧视问题研究》，《统计与决策》2008 年第 15 期。

[236] 徐玉龙、王志彬、郭斌：《农民工就业歧视的经济学分析》，《财贸研究》2007 年第 1 期。

[237] 许苏民：《论顾炎武经济思想中的近代性因素》，《湖北大学学报》（哲学社会科学版）2004 年第 6 期。

[238] 《新型三化协调论》编委会：《新型三化协调论》，人民出版社，2012。

[239] 新浪乐居：《历年中国城镇化政策一览》，新浪网，2013 年 3 月 20 日。

[240] 新玉言：《国外城镇化：比较研究与经验启示》，国家行政学院出版社，2013。

[241] 新玉言：《新型城镇化：模式分析与实践路径》，国家行政学院出版社，2013。

[242] 新玉言：《新型城镇化：理论发展与前景透析》，国家行政学院出版社，2013。

[243] 新玉言：《新型城镇化：格局规划与资源配置》，国家行政学院出版社，2013。

[244] 宣杏云：《西方国家农业现代化的透视》，上海远东出版社，1998。

[245] 鄢圣文：《农村劳动力转移：结构分析与政策建议》，首都经济贸易大学出版社，2010。

[246] 颜欢、王海林：《艰难的蜕变》，《人民日报》2013 年 7 月 4 日。

[247] 杨德才：《中国经济史新论（1949～2009）》，经济科学出版社，2009。

[248] 杨风、陶斯文：《中国城镇化发展的历程、特点与趋势》，《兰州学刊》2010 年第 6 期。

[249] 杨华星：《试析司马迁的重商思想》，《广西师范学院学报》2003 年第 3 期。

[250] 杨贵庆：《社区人口合理规模理论假说》，《规划 50 年——2006 中国城市规划年会论文集》，中国建筑工业出版社，2006。

[251] 杨静：《论孙中山思想的发展与演变》，《西北民族学院学报》

2001 年第 4 期。

[252] 杨向奎：《关于中国封建社会土地制度问题》，《历史研究》
1961 年第 3 期。

[253] 杨玉梅、曾湘泉：《农民工培训与就业能力提升》，《中国劳
动经济学》2011 年第 1 期。

[254] 叶担：《苏轼经济思想研究——立足于商品经济观念的考
察》，《经济科学》1992 年第 2 期。

[255] 叶坦：《叶适经济思想研究》，《中国社会经济史研究》1991
年第 3 期。

[256] 叶连松：《新型工业化与城镇化》，中国经济出版社，2009。

[257] 叶欲民：《中国城市化之路：经济支持与制度创新》，商务印
书馆，2001。

[258] 叶普万、白跃世：《农业现代化问题研究评述——兼谈中国农
业现代化的路径选择》，《当代经济科学》2002 年第 5 期。

[259] 尹成杰：《加大城乡统筹力度，协调推进工业化、城镇化与农
业农村现代化》，中国农业出版社，2011。

[260] 尹成杰：《三化同步发展：在工业化、城镇化深入发展中同步
推进农业现代化》，中国农业出版社，2012。

[261] 尹豪：《评〈战后美国产业结构演变及与欧盟比较研究〉》，
《人口学刊》2007 年第 1 期。

[262] 于金：《乡镇企业发展深层问题研究》，黑龙江人民出版
社，2001。

[263] 于青：《逆城市化在美国》，《新周刊》2012 年第 383 期。

[264] 于秋华：《中国乡村工业化的兴衰变迁》，东北财经大学出版
社，2012。

[265] 喻新安：《河南经济发展报告（2012）——中原经济区"三
化"协调发展》，社会科学文献出版社，2012。

[266] 喻新安、谷建全：《新型城镇化引领论》，人民出版社，2012。

[267] 余政：《论马建忠的经济思想》，《苏州大学学报》1996 年第
3 期。

[268] 袁伟时：《中国近代史教学的几个问题》，《中学历史教学》
2012 年第 1~2 期。

[269] 严惠民：《郑观应经济思想新探》，《上海社会科学院学术季刊》1990 年第 2 期。

[270] 鄢圣文：《农村劳动力转移：结构分析与政策建议》，首都经济贸易大学出版社，2010。

[271] 殷际文：《中国城乡经济发展一体化研究》，东北农业大学博士学位论文，2010。

[272] 有林：《重读关于新经济政策的论述》，求是杂志社，2012。

[273] 张必兰、杜继淑：《农民工培训效果的评估模型与应用》，《西部论坛》2009 年第 6 期。

[274] 张传慧：《新生代农民工社会融入问题研究》，《武汉理工大学学报》（社会科学版）2013 年第 6 期。

[275] 张迪诚：《国企改革三十年：扩大企业自主权试点》，凤凰网财经，2009 年 9 月 2 日。

[276] 张季风：《战前日本农村剩余劳动力的转移及特点》，《日本学刊》2002 年第 3 期。

[277] 张俊利：《李鸿章经济思想与革新举措》，《兰台世界》2012 年第 21 期。

[278] 张力群：《印度经济增长研究》，东南大学出版社，2009。

[279] 张雷：《当代中国户籍制度改革》，中国人民公安大学出版社，2009。

[280] 张伶、何建华：《培训系统与农民工职业培训绩效关系的实证研究》，《经济管理》2011 年第 11 期。

[281] 张顺昌：《论孙中山民生思想与当代价值》，《广东社会科学》2010 年第 1 期。

[282] 张培刚、张建华：《发展经济学》，北京大学出版社，2009。

[283] 张谦元、柴晓宇：《城乡二元户籍制度改革研究》，中国社会科学出版社，2012。

[284] 张清华、张弘韬：《论韩愈的经济思想》，《中州学刊》1999 年第 3 期。

[285] 张炜：《论博物馆在城镇化进程中的地域文化保护作用》，《祖国》2013 年第 20 期。

[286] 张晓山：《合作社的基本原则与中国农村的实践》，《农村合

作经济经营管理》1999 年第 6 期。

[287] 张晓山：《中国城乡经济社会一体化新格局中的农业、农村发展问题刍议》，《经济经纬》2010 年第 4 期。

[288] 张朝元、况澜：《中国城镇化建设中的资本运作》，中国金融出版社，2013。

[289] 张建云：《农业现代化与农村就地城市化研究》，中国社会科学出版社，2012。

[290] 张培刚：《发展经济学》，北京大学出版社，2009。

[291] 张谦元、柴晓宇：《城乡二元户籍制度改革研究》，中国社会科学出版社，2012。

[292] 张旭昆：《经济思想史》，中国人民大学出版社，2012。

[293] 张占仓：《三化协调发展的河南实践》，人民出版社，2012。

[294] 赵靖：《中国近代经济思想史》，北京大学出版社，2004。

[295] 赵晓雷：《中国工业化思想及发展战略研究》，上海财经大学出版社，2010。

[296] 张秀芬：《孙中山振兴商业思想评析》，《北京工商大学学报》2002 年第 4 期。

[297] 张树林：《农村劳动力转移：改革开放以来的实证分析》，《商业研究》2010 年第 4 期。

[298] 张雪艳：《中国经济制度变迁理论与实践研究》，白山出版社，2006。

[299] 张毅：《中国乡镇企业——艰辛的历程》，法律出版社，1990。

[300] 张友彬：《从〈史记·货殖列传〉看司马迁的经济思想》，《文史博览》（理论）2008 年第 5 期。

[301] 张兆岭：《孙中山解决农民问题思想论述》，湘潭大学中国近代史专业硕士学位论文，2007。

[302] 仉建涛、郑秀峰：《论中国农业产业利益与金融利益的对接》，《当代经济研究》2004 年第 12 期。

[303] 长子中：《为什么要推进农业现代化与工业化、城镇化协调发展》，《中国改革报》2011 年 4 月 22 日。

[304] 赵晓雷：《20 世纪 30－40 年代中国工业化思想发展评析》，《社会科学战线》1992 年第 4 期。

［305］赵晓雷：《中国工业化思想及发展战略研究》，上海财经大学出版社，2010。

［306］赵煦：《英国城镇化的基本前提——农业发展与农村劳动力转移》，《兰州学刊》2007 年第 9 期。

［307］赵耀辉：《中国农村劳动力流动与教育在其中的作用》，《经济研究》1997 年第 2 期。

［308］赵忠：《农村移民的特点和经济分析》，蔡昉、白南生主编《中国转型时期劳动力流动》，社会科学文献出版社，2006。

［309］张振忠：《浅谈农家书屋与新农村文化建设》，《大众文艺（理论）》2009 年第 6 期。

［310］翟雪玲、赵长保：《巴西工业化、城市化与农业现代化的关系及对中国的启示》，《世界农业》2007 年第 5 期。

［311］周建雄：《孙中山经济发展思想研究》，湖南师范大学中国近代史专业博士学位论文，2002。

［312］周金华：《论春秋战国时期商品经济的产生》，《郴州师范高等专科学校学报》2001 年第 3 期。

［313］周娜：《英国殖民统治与印度工业化的起步》，《甘肃广播电视大学学报》2008 年第 6 期。

［314］周其仁：《中国农村改革：国家与土地所有权关系的变化》，《中国社会科学季刊》1995 年第 6 期。

［315］周宪文：《新农本主义批判》，国民出版社，1945。

［316］周一星、杨齐：《我国城镇等级体系变动的回顾及其省区地域类型》，《地理学报》1986 年第 2 期。

［317］钟钰：《推进工业化和农业现代化发展》，《农民日报》2014 年 4 月 5 日。

［318］钟祥财：《孙中山经济思想中的传统因素》，《贵州社会科学》2012 年第 10 期。

［319］钟水映、李魁：《中国工业化和城镇化过程中的农地非农化》，山东人民出版社，2009。

［320］中国城市经济学会中小城市经济发展委员会：《海城模式：三化并举协调发展——海城市科学发展道路研究》，社会科学文献出版社，2012。

[321] 中央电视台《大国崛起》节目组：《大国崛起》，中国民主法制出版社，2006。

[322] 中共中央马克思恩格斯列宁斯大林著作编译局：《马克思恩格斯全集》，人民出版社，2008。

[323] 中国发展研究基金会：《中国发展报告2010：促进人的发展的中国新型城市化战略》，人民出版社，2010。

[324] 中国科学院中国现代化研究中心：《农业现代化的趋势和路径》，科学出版社，2013。

[325] 潘家华：《中国城市发展报告No.6》，社会科学文献出版社，2013。

[326] 中国社会科学院：《中国农业转移人口市民化进程报告》，中国社会科学网，2014年3月19日。

[327] 中国（海南）改革发展研究院：《人的城镇化》，中国经济出版社，2013。

[328] 中国城市和小城镇改革发展中心课题组：《中国城镇化战略选择政策研究》，人民出版社，2013。

[329] 朱坚真：《中国商贸经济思想史纲》，海洋出版社，2008。

[330] 朱文俊：《乡镇企业建设》，湖南科学技术出版社，1991。

[331] 朱宇：《城市化的二元分析框架与我国乡村城市化研究》，《人口与经济》2002年第2期。

[332] 住房和城乡建设部课题组：《"十二五"中国城镇化发展战略研究报告》，中国建设工业出版社，2011。

[333] 左峰：《中国近代工业化研究》，上海三联书店，2011。

[334] 21世纪经济报道：《全国城镇化规划将出 2020年城镇化率达60%左右》，http://hn.house.sina.com.cn/news/2013-08-21/10282377994.shtml，2013。

[335] 〔英〕埃比尼泽·霍德华：《明日的田园城市》，金经元译，商务印书馆，2010。

[336] 〔英〕阿萨·勃里格斯：《英国社会史》，陈叔平等译，中国人民大学出版社，1991。

[337] 〔美〕埃弗里特·M.罗吉斯等：《乡村社会变迁》，王晓毅等译，浙江人民出版社，1988。

[338]〔美〕巴泽尔:《产权的经济分析》,费方域、段毅才译,上海三联书店、上海人民出版社,1997。

[339]〔日〕高桥幸八郎、永原庆二:《日本现代史》,吉林教育出版社,1988。

[340]〔俄〕列宁:《列宁全集》,人民出版社,1955。

[341]〔英〕莫尔:《乌托邦》,戴镏龄译,商务印书馆,1982。

[342]〔德〕马克思:《马克思全集》,人民出版社,1979。

[343]〔美〕迈克·戴维斯:《布满贫民窟的星球》,新星出版社,2009。

[344]〔日〕速水佑次郎:《农业发展的国际分析》,中国社会科学出版社,2000。

[345]〔美〕舒尔茨:《改造传统农业》,商务印书馆,2010。

[346]〔英〕亚当·斯密:《国富论》(修订本),谢祖钧译,中华书局,2012。

[347]〔美〕约瑟夫·熊彼特:《经济分析史》,李宏、孙鸿敬等译,商务印书馆,1996。

[348]〔美〕约瑟夫·E.斯蒂格利茨、沙希德·尤素福:《东亚奇迹的反思》,王玉清、朱文晖译,中国人民大学出版社,2003。

[349]蔡继明、邝梅主编:《论中国土地制度改革》,中国财政经济出版社,2009。

[350]文贯中:《吾民无地——城市化、土地制度与户籍制度的内在逻辑》,东方出版社,2014。

[351]温铁军:《将中国农业问题与国外情况简单类比,得出的会是南辕北辙》,红豆社区网,2008年10月11日。

[352]温铁军:《不能靠贫民窟加快城市化道路》,腾讯网,2007年12月28日。

[353]吴漾:《论新生代农民工特点》,《东岳论丛》2009年第8期。

[354]上海市决策咨询委员会考察组:《从巴西"贫民窟"现象反思城市流动人口管理》,《决策咨询通讯》2007年第5期。

[355]中华人民共和国国务院办公厅:《关于做好农民进城务工就业管理和服务工作的通知》,中国政府网,2003年1月5日。

[356]人力资源和社会保障部:《2012年度人力资源和社会保障事

业发展统计公报》，人力资源和社会保障部网站，2013 年
5 月。

[357] Bear, W. (2001), *The Brazilian Economy: Growth and Development*,
London: Praeger Publishers Press.

[358] Fan, Ming (2010), "Theoretic Base of Extending Retirement
Ages in China and Policy Suggestions", *Contemporary Asian Economy
Research*, April.

[359] Hare, D. (1999), " 'Push' versus 'Pull' Factors in Migration
Outflows and Return: Determinants of Migration Status and Spell
Duration among China's Rural Population", *Journal of Development
Studies*, Vol. 35, No. 3.

[360] Harris, J. R. & Todaro, M. P. (1970), "Migration Development:
A Two-Sector Analysis", *The American Economic Review*, Vol.
60, No. 1.

[361] Maddala, G. S. (1983), *Limited-dependent and Qualitative Variables
in Econometrics*, Cambridge: Cambridge University Press.

[362] Say, J. B. (1880), *A Treatise on Political Economy*, Philadelphia:
Claxton, Remsen & Haffelfinger Press.

[363] Tadaro, M. (1969), "A Model of Labor Migration and Urban
Unemployment in Less Developed Countries", *The American
Economic Review*, Vol. 59, No. 1.

[364] Zhu, Nong (2002), "The Impact of Income Gaps on Migration
Decision in China", *China Economic Review*, Vol. 13.

后　记

当我写这个"后记"时，我指导一群本科生合作完成的"公众行为与国家政策研究丛书"的第6部《工业化、城镇化和农业现代化：行为与政策》已完成，相信很快会面世。此时，疲惫至极，但心情是愉快的，而且感觉所有的付出非常值得。

为这6部专著，有数百名同学参加了我组织的在全国各地的调查。有147名本科生，甚至在本科二年级时，就有自己参与研究并撰写的专著问世。

我注意到，一些平时寡言的同学可以从容地和陌生人交流。一些平时独来独往的同学在参加写书时懂得如何和同学合作、和同学竞争，然后他们都成了好朋友。一些平时独立思考不多的同学开始懂得独立思考的意义和价值，并将自己独立思考的结果通过这一本本专著公之于世。一些同学发现我们的专著的思想被广泛报道，被关注，看到国家的一些政策和我们专著的思想变得契合了，于是感受到自己参与改变世界的意义和价值。

作为一名老师看到这么多同学的成长进步，非常欣慰。

已问世的5部专著对政策的演变已经发挥出一定的积极影响。第一部《退休行为与退休政策》提出延长退休年龄，现在延长退休年龄已成为越来越多人的共识，相信不久将成为政策。还有的名牌大学研究生的课堂上在介绍我们本科同学在老师指导下完成的专著。

第二部《生育行为与生育政策》提出，中国的计划生育政策是一项高成本但效果有限的公共政策，应不断放宽。现在中国的计划生育政策已在逐渐放宽。

第四部《房地产买卖行为与房地产政策》提出，政府反市场的房地产调控只能导致房价的上涨，要把解决民众居住问题更多地交给市场，市场会让房价回归到合理水平。之后不久房价上涨了不短的时间。政府放宽对房地产市场的干预后，房价现已有了一些下降的趋势。

当然，这不是说，因为我的学生和我的研究能直接影响国家的政策，但以我们研究所获得的关注，我们直接或间接对中国的一些政策演变发挥的积极作用应是可以肯定的。

经常和一群生机勃勃的学生讨论学术是一件令人高兴的事。我指导我的学生，我的学生也启发我。我们经常为我们新的发现而感到欣喜。我们的专著虽然由老师和本科生合作完成，但并不因此而降低其学术的原创性。其实，这6部专著从一开始就基本上贯彻了一个原则：凡非原创，概不入书。我经常跟我的学生说，没有人逼我们写书。如果我们写的书缺少原创性，就像你们为写书而读的一些参考文献那样，那我们的写作和出版将毫无意义。这6部专著包含不少理论成果，对促进学术的发展有着积极意义。

中国的学问在世界上算不上一流。但我们要有做一流学问的志气，并让我们的学生从一开始就有做原创性研究的追求，把起头的路走正。假以时日，中国的学问会有成为世界一流的一天。

指导本科生合作写书在我看来首先是一项教学活动，是对创新教育的一种具体探求。我深知教育代表着一个国家的希望和未来。但如果我们的大学所培养出来的学生，缺少批判精神和创新能力，中国的教育就失败了，国家也就难有太大的希望，让太多中国人辛苦却不赚钱的"中国制造"还将继续，甚至连能否长期持续都可能是问题。

当然我也知道，中国的教育问题很多，不少问题积重难返。我只是做了一位普通教师能做的事。我再次强调，不是每个教师都要教学生写书，但一定要教学生创新；也不是每一位学生都要学写书，但一定要学创新。创新是教育的灵魂。

通过和一群本科生合作研究撰写专著，我还是获得了很大的信心：中国的学生是可教的，只要我们的教师再多花一些时间和精力在他们身上。

中国的教育问题可能表现在学校，但根源更多地在校园外，需要整个国家的政治体制、经济体制以及社会文化有助于大学做原创性的研究，更多地培养学生批判精神和创新能力。我期盼着中国的改革进一步向前推进，如此中国的教育才更有希望，中国也才有真正的希望。

感谢社会科学文献出版社谢寿光社长、本书项目统筹周丽副总编辑、经管中心恽薇主任和本书的责任编辑王莉莉。转眼间"公众行为与国家政策研究丛书"出到第 6 部了，没有你们的支持和鼓励是难以完成的。感谢清华大学蔡继明教授一贯的支持和鼓励，并为 6 部专著作序。感谢河南财经政法大学领导长期的支持、鼓励以及包容。感谢新闻界的朋友们对丛书的一贯支持，让读者在每年出版的几十万种新书中注意到我们出的这一本。感谢读者对丛书长期的支持，在一个全民出书的时代，没有读者支持的出版是缺少意义的。

这一次，我要特别感谢《工业化、城镇化和农业现代化：行为与政策》的学生作者以及"公众行为与国家政策研究丛书"之前 5 部专著的所有学生作者。作为一名老师，和你们的合作是我教师职业生涯中最让我感到骄傲并让我终生难忘的事，和你们的相处是我一生中最愉快的时光，那是一种收获的喜悦，虽然我们在一起时打量彼此的眼神常带着疲惫，但我们都懂这与忽视毫无关系。我常说，最好的师生关系是师生之间相互成全，我们做到了。我衷心祝福我的学生们，和你们合作的专著将永远放在我书架上最显著的位置，和你们的合影将永远放在我的书房最显著的位置，你们的才华和优秀的品德将永远保留在我记忆中存放最美好东西的地方。

樊明

2014 年 8 月

作者分工

根据老师和同学共同讨论商定的大纲，本书的每一章节由一位或数位同学执笔起草，经过老师和同学集体反复讨论方定稿。以下为每一章节的起草执笔者。

第一章第一节、第二节由许妍执笔；第三节由宋兴娜执笔；第四节、第五节、第六节由姚瑞瑞执笔。第二章第一节由尹艳孺执笔；第二节由李松晖、徐培执笔；第三节由王洋、田家耀执笔；第四节由车婷婷、田家耀执笔；第五节由李松晖、王洋执笔；第六节由姚瑞瑞执笔；第七节由罗坦宁执笔。第三章第一节由徐培、姚瑞瑞执笔；第二节由罗坦宁、毛雅婷执笔。第四章由樊明执笔。第五章第一节由魏嘉迪执笔；第二节由刘梦瑶执笔；第三节由张博执笔；第四节吴天艺、赵二娟执笔；第五节由李宁执笔；第六节由张博执笔；第七节由赵二娟执笔。第六章第一节由吴天艺、姚瑞瑞执笔；第二节由张博执笔；第三节由毛雅婷、樊明执笔；第四节由姚瑞瑞执笔。第七章第一节由李宁执笔；第二节由许妍执笔；第三节由赵二娟执笔；第四节由毛雅婷执笔；第五节由李小勇执笔；第六节由张晶执笔；第七节由赵二娟执笔。第八章第一节、第二节、第三节由樊明执笔；第四节由李小勇执笔；第五节由张晶执笔。第九章第一节由姚瑞瑞收集整理；第二节由姚瑞瑞、吴天艺收集整理。第十章第一节由宋媚婷、张晶执笔；第二节由张晶、宋兴娜执笔；第三节由张博、宋兴娜执笔；第四节由白一珂执笔；第五节由宋兴娜执笔、第六节由田家耀执笔、第七节由白一珂执笔；第八节由李莹执笔。第十一章第一节由刘帅歌、毛雅婷执笔；第二节由宋媚婷执笔。第十二章第一节、第二节、第三节由李莹执笔；第四节由樊明执笔。第十三章第一节由李宁、宋兴娜执笔；第二节由樊明执笔。第十四章由樊明执笔。

同学感言

　　书没有完成的时候，樊老师曾经对我说："等到有一天书写完了，你们会在一段时间内不知道自己应该干什么。"现在书写完了，我真的不知道自己应该去忙些什么。回想2013年的11月到今天书完成，十个月的时间，作为团队的队长，我真的已经不再是原来的我。从最初的招募，到组织两次全国调研，带队到人生地不熟的地方，一路走来，真的非常感谢这个团队给予我的包容与理解。曾经的我害怕开口和陌生人说话，厌烦处理杂乱的事情，根本不懂得如何独立地去思考。然而，现在的我已经得到了一个全面的提升。当樊老师让我通知大家，我们的书终于完成了，大家可以回家休息了，我感觉自己心里五味杂陈。当有一天你真的不用去做某件事情的时候，你才发现它的珍贵！感谢这本书带给我们每个人的成长与感动，真的十分怀念曾经和大家一起在外面做问卷的日子，怀念我们在办公室进行激烈争论的日子，怀念那些大家整日整夜疯狂找数据的日子，更怀念我们这个大团体相互扶持、相互激励的日子。最后，感谢我最敬爱的樊老师，感谢我最亲爱的团队，谢谢你们！

——许妍

　　"选择、责任、坚持、创新"，这几个词是我从这次写书过程中得到的最宝贵的财富。在艰辛又极富挑战的写书过程中，我懂得了"独立思考，敢于质疑权威"的重要性，而我的思维方式也变得创新活跃起来。"位卑不敢忘忧国"，虽然我现在还只是一名普通的本科生，但我时刻谨记我所肩负的责任，我希望以我有限的知识为中国的"三化"协调发展贡献一份自己的力量。我相信，信心、毅力、勇气、努力四者俱全，就会有收获。从开始的问卷调查到最后的完稿，这一路走来，感谢愿意为我们填写问卷的路人，最最感谢的是我们的指导老师——樊明教授，从来没有这样一位教授这么悉心指导本科生，感谢我的伙伴们，这将会是我人生中最难忘的经历，这美好的经历将会历久弥新。

——姚瑞瑞

书山有路勤为径，学海无涯苦作舟。写书的过程，虽苦，但大家在一起，便不觉得苦。

还记得全国调查时，大家一起，跑到乡村，跑到地头，对村民进行调查；也记得奋笔熬夜时大家踌躇满志的情怀。一路走来，感谢老师，让我再一次成长，让我收获了满满的友谊与知识。如今，书写完了，青春不散场，回忆留心中。

——张博

本来只觉得写书是一件有趣的事，但真正融入进去才发现写书需要的不仅仅是兴趣，更重要的是坚持和团结。写这本书用了将近一年的时间，从审核问卷到全国调研再到最后的撰写，我们一直都在一起努力，一起进步。书终于写完了，我们从陌生到熟悉到亲密无间。我们收获的不仅仅是能力上的提升，更建立了深厚的友谊，知道了什么是团结的力量。

我不禁想起了希腊神话中的玫瑰。众神看到美神维纳斯身上雪白的泡沫后为之惊美不已，纷纷洒以琼浆，而使之变成玫瑰，获得芳香。在我看来，《工业化、城镇化和农业现代化：行为与政策》这本书就如玫瑰一般，如果只是单纯的好看确实是没有什么好夸赞的，然而它是樊明老师和我们23位本科生共同努力在上面洒之以琼浆，使这枝玫瑰散发出经久不衰的香味，而这种香味足以使我们回味一生。最后，我想说："感谢您，樊老师！谢谢您一直以来对我们无私的栽培和理解；感谢队友们！是你们一起陪着我走到最后！"

——李莹

从2013年12月份开始，到2014年7月底完工，经过了10个月的不懈努力，书终于写成了。为了获得第一手资料，我们去了很多地方调研。与其说调研，不如说历练。写书的过程充实而美好，使我深深地体会到为自己喜欢的事而努力是多么的幸福。老师的深刻以及同学的睿智让我敬佩，让我不断追赶。通过写书，我结识了一群志同道合的朋友，也真正懂得了付出总有回报的含义。越努力，越幸运。我会带着这些精神馈赠在属于我的路上越走越远，也希望和小伙伴们一起创造辉煌的明天。加油！

——李宁

　　从写书前的青涩懵懂到写书完成的耕耘收获，如人饮水，冷暖自知。累累的硕果都源于不断辛苦的耕耘，刻骨的成长都源于不断努力的经历。前期调研的口干舌燥，调查数据的细心分析，学术文献的大量查阅，研究方法的不断突破，每一个通宵的晚上，每一次思路的探讨，每一个敲打的字句，都是我们写书过程中一步步走来的印迹，都在述说着我们每一个人成长的故事。相信书的完成不是结束，更是下一个成长的开始。越努力，越幸运，未来的路还有很长，将此次的经历牢牢握紧，我们依旧在前行的路上。

——张晶

　　一年的时间很短，如白驹过隙，在人生数十年中，只留下片影。但一年也很伟大，一年足够一个新生命的孕育，从胎儿发育成婴儿。在这一年里，我们也如同新生一般，有了脱胎换骨的改变。刚做第一张问卷时，那是在从学校开往我家的列车上，我胆怯又激动，几乎是语无伦次，连我们做的主题都说不明白，一直只是在重复叫着"叔叔、阿姨"。到后来，参加第一、第二次全国调研，北京、天津和济南的火车站、汽车站、公园、小区都是我的工作地点，我已不再胆怯。刚开始写书时，我无法准确表述观点，也几乎没有自己的思想。但是，在樊老师的启发引领下，我开始了独立思考。经过写书，我对"作者"有了更深的感悟：我们没有足够的知识储备，我们也没有足够的写作能力，甚至我们连最基本的写作规则都不懂。但是，我们更多的是在调研实践的基础上表达自我的观点，即使不成熟，但是我们勇于提问，我们敢于思考。作者是社会思想的代名词。如今，我们在向作者靠近，这就是进步。经过一年的写书历程，我深深地感觉到：越辛苦，越充实；越努力，越幸福！

——赵二娟

如果有人问我大学里做过最有意义的事情是什么？我会毫不犹豫地说："跟着樊老师写书。"在写书的整个过程中，像父亲一样的樊老师身体力行，教我们做人、做事、做学问。樊老师的这种教育理念已经深深地影响了我，使我明白无论什么时候，方法总比困难多，再微小的个人，也可以先做好自己来影响周围的人，进而或许可以改变一些事情。樊老师渊博的知识和豁达的人生态度将成为我一生努力的方向。书写完了，但我们的路才刚刚开始，感谢一路相伴的小伙伴们。和你们探讨问题的日日夜夜里，不仅拓展了知识，而且建立了深厚的友谊，这将是我们一生珍贵的财富。

——刘帅歌

一次偶然的机会，了解到樊明老师要写这本书的消息。在听宣讲会的时候根本想不到，自己可以坚持到最后，可以感受此刻内心的这份满满的收获和喜悦。从发出的第一张试调查问卷，到后来拿到的将近一千份问卷；从开始的懵懵懂懂，到后来带着两支团队"出征"。从输入问卷、分析数据，到此时一个字一个字敲打出来。在这不足一年的时间里，自己在慢慢地蜕变，在不知不觉中成长。

如果没有这本书，我也许不会真正了解，什么叫专注；如果没有这本书，我也许不会真正明白，什么叫坚持；如果没有这本书，我也许不会学会，什么叫付出；如果没有这本书，我也许不会懂得，过程比结果更重要。感谢樊明老师带领我们这一路走来，在失意时对我们鼓励，在骄傲时对我们告诫，在落后时对我们鞭策，在困难时对我们支持。老师，您辛苦了！

——宋兴娜

书终于写完了，像一场旅行在末尾画上了句点。闭上眼睛，便是一张一张的问卷以及问卷背后的故事，或温暖，或辛酸。这一次，我真的为自己骄傲。这是一个之前我从未涉及的领域，其中的各种准备工作以前也都没有尝试过，还好这一路有老师和学长、学姐的帮助，让我从中学到了很多东西，无论是团队精神抑或各种技能，并让我得以顺利完成写作。谢谢你们！蓦然回首，我们已经一起走了这么远。

或许以后再也不会有这样的经历了，再也不用熬到凌晨，看舍友桌上的台灯一盏一盏地暗了下去；再也不用排队等老师的点评；再也不用反反复复地听着老师的录音修改稿子；再也不用在办公室熬通宵被蚊子咬……可我明明还很怀念，怀念大家温暖的笑脸，怀念这么多人为了共同的目标一起努力的感觉。我行过许多路，见过许多人，却只遇到一群志同道合的你们。如此，便足矣！

——宋媚婷

写书是一场夹杂着荣耀的旅程，在这里我们遇到了艰辛和痛苦，但收获更多的是感激、友谊和成长。感谢樊老师在长达 7 年里 6 本书接力赛中的坚持和付出，对于写书团队 23 个小伙伴和樊老师而言，光辉岁月里我们一起走过。

——毛雅婷

从开始做问卷调查到写书结束，我们走了大概十个月的路程，这本书就像一个怀胎十月的婴儿，它即将要诞生了！想到这我已经抑制不住内心的激动，我们团队的每一个人都是它的母亲，这份感情是深厚的。一路走来，有做问卷时的辛苦，有翻遍文献时的纠结，有完稿时的喜悦，有稿子被删掉的无奈。曾经以为自己不会成为那二十三分之一，但我幸运地留到了最后，这一次，我对自己很满意。

樊老师，这个大朋友，他让我们感动。面对一群渴望飞翔的小鸟，他不是叹息他们不能飞翔，而是为他们插上翅膀，任他们自由地飞。也许以后我不会再遇到这样的老师，但我已经很满足了。

——吴天艺

书稿完成的这天，我的心中突然充满了不舍。谢谢和老师一起努力的这些日子，谢谢和朋友们共同成长的美好时光。这会是我大学生活中拥有特别印记的一段生活。

——罗坦宁

一路走来，我收获的早已不仅仅是这本书了。书已经写完了，可还是会时常想起亲切的樊老师，可爱的战友们，熟悉的 617 办公室，还有那一份份来之不易的问卷，一遍遍逐字修改的书稿，和小伙伴们一起走过的城市，一起并肩作战的不眠之夜。其中，我有过彷徨，有过忧心，有过疲惫，但从未想过放弃。感谢樊老师和可爱的小伙伴们，因为有你们，让我觉得无论结果如何，我已收获很多。

——白一珂

刚开始怀着自己肯定能行的态度来写自己所负责的章节，觉得要完成自己所负责的工作是一件很容易的事情。但是真正投入自己的全部精力去完成的时候，发现自己仍存在许多不足之处。写书过程中我的格式一直不对，樊老师提醒我即使是很简单的一个问题，也要认真对待，要提高自己思想的高度，老师的话让我体会到治学的严谨。在写书过程中能经常和老师交流思想，也得到了更多的知识积淀。真的很幸运能够跟着老师完成这本书的调查与写作。感谢樊老师，感谢这个团队。

——李松晖

"路漫漫其修远兮，吾将上下而求索。"艰辛的写书道路老师陪我们一起度过，我们从没有犹豫，没有退缩。因为我们坚信，付出一定会有回报。一本书把大家紧紧连在一起，一个目标让我们和老师一起努力。回首将近十个月的写书历程，我们日夜兼程，有过泪水，有过欢乐，有过感动。我们一起学习做饭，一起熬夜赶书稿，这段非凡的经历让我们大家变得亲如一家人。书写完了，我最大的感受就是，我觉得自己变成了一个真正的男子汉。

——李小勇

这是一次神奇的旅行，神奇的老师、神奇的同学、神奇的自己，若不是写书，今生无法如此。老师为何神奇？除了在这，还有哪位教授愿意带着一群乳臭未干的本科生搞研究？除了在这，还有哪位教授愿意自己开车带学生一起跑几千公里满中国地去调研？除了在这，还有哪位教授愿意将自家大门敞开，当作这群孩子们的工作地，给他们做饭，陪他们一起熬夜？只有在这，才能见到一位教授能和他的学生们像朋友一样谈笑风生，在饭桌上一起吟诗作赋。今生得一此神奇老师，足矣！同学为何神奇？全校同学层层淘汰，最终留下了23位。我们可以自发地在一起熬过一个又一个的通宵，我们可以互帮互助战胜一个又一个困难。我们吃在一起，睡在一起，哭在一起，笑在一起。自己为何神奇？从未想过自己可以写出可以出版的书，从未想过自己的观念可以得到如此大的改变，从未尝试过自己全力做一件事，从未想过自己可以遇到这位神奇的老师和这些同学们。谢谢樊明老师！谢谢同学们！谢谢自己！

——田家耀

曾经我的一个同桌告诉我年轻的时候会经历很多个第一次，第一次参与写书不仅仅让我经历了写书，还第一次知道我也可以挑战自我，第一次能坚持十个月的时间完整地完成一件事……许多的第一次让我不再是学术上的学生，变得更成熟更加了解自己的潜力，为以后自我成长汲取了更多的营养。

——徐培

当这部书完成的那一刹那，每个人的心里都长长地呼了一口气。书的完成是老师与我们辛苦付出最好的见证。而我感触最深的依旧是朋友劝我不要放弃时的那份感动，以及自己终于被肯定时的那份喜悦。有的时候真的不是所有的事情都如你所愿，在被 pass 的时候，不要轻言放弃，也不能只想着自己付出却没有回报，更多的是认识到也许别人付出的是你的十倍甚至百倍。在一步步走来的路上，我深有体会。谢谢樊老师，更谢谢不让我轻言放弃的朋友们，因为你们，我才有幸留下，有幸得到成长。

——王洋

写书，曾经是我想都不敢想的事情。但是一步步走来，看着书慢慢完成，发自内心的自豪油然而生。用心去做一件事情，认真体会每一步，都会有不一样的感受。其实，并没有想象的那么难，贵在坚持。

——车婷婷

仍记得去年，我坐在台下，看着樊老师带领第 5 本书的同学们做报告，当时满心是羡慕的感觉。转眼间一年的时光即将逝去，没想到我竟然幸运地留到了最后，跟着老师参与这本书的研究和撰写。在这里我学到了课堂中一些难以学到的知识，认识到了许多可爱的同学，更为老师严谨地做学问的态度所折服。相信和樊老师在一起的这段时光会成为我大学生活中最难忘的一抹回忆。

——魏嘉迪

书终于写完了，自己也收获了许多。一遍遍地修改、完善，我明白了努力才有结果；一天天地熬夜、查找资料，我看到了"功夫不负有心人"；一次次地和学长、学姐一起讨论思路、确定方向，我懂得了团体的力量是无穷的。这一路走来，有失落、有伤心、有欢笑、有兴奋，而始终不变的是坚持和信心。感谢老师的循循善诱，感谢学长、学姐的热心帮助，感谢这个可爱的团队所带给我的一切。写书虽然已经结束，但我从中得到的收获将会使我受益一生！

——刘梦瑶

一路走来，想想已经经历过这么多。想过放弃，可依然坚持到了现在。熬过夜，跑过很远的地方，等待过，一遍遍认真录入数据。到现在看到已经成型的书，心里全是满足和惊喜，想起那些伙伴认真又欢乐的模样，想起樊老师不厌其烦地修改，这一路走来的收获会永远留在我的回忆里。

——尹艳孺

图书在版编目（CIP）数据

工业化、城镇化和农业现代化：行为与政策/樊明
等著.—北京：社会科学文献出版社，2014.12
（公众行为与国家政策研究丛书）
ISBN 978 - 7 - 5097 - 6782 - 5

Ⅰ.①工… Ⅱ.①樊… Ⅲ.①工业化 - 研究 - 中国
②城市化 - 研究 - 中国 ③农业现代化 - 研究 - 中国
Ⅳ.①F424 ②F299.21 ③F320.1

中国版本图书馆 CIP 数据核字（2014）第 267400 号

·公众行为与国家政策研究丛书·
工业化、城镇化和农业现代化：行为与政策

著　　者／樊　明　等

出 版 人／谢寿光
项目统筹／周　丽　王莉莉
责任编辑／王莉莉

出　　　版／社会科学文献出版社·经济与管理出版中心（010）59367226
　　　　　　　地址：北京市北三环中路甲 29 号院华龙大厦　邮编：100029
　　　　　　　网址：www. ssap. com. cn
发　　　行／市场营销中心（010）59367081　59367090
　　　　　　　读者服务中心（010）59367028
印　　　装／三河市尚艺印装有限公司

规　　　格／开　本：787mm×1092mm　1/20
　　　　　　　印　张：21.4　字　数：400 千字
版　　　次／2014 年 12 月第 1 版　2014 年 12 月第 1 次印刷
书　　　号／ISBN 978 - 7 - 5097 - 6782 - 5
定　　　价／85.00 元